AI와
사회 변화

지금 우리는
무엇을 준비해야 하는가

AI와 사회 변화

소이경제사회연구소 AI연구회

지금 우리는 무엇을 준비해야 하는가

AI는 유토피아를 가져올 것인가 디스토피아를 가져올 것인가?

———→ AI와 발 맞춰 우리 사회와 인간이 해야 할 효과적인 대응에 대한 이야기

What is AI?

AI and Social Economy

AI Governance Issue

AI and Education Innovation

AI and Social Change

목차

프롤로그 • Executive Summary

2016년 우리나라에서 열린 이세돌 9단과 알파고의 바둑대결에서 알파고는 일반인의 예상과 달리 4승 1패로 일방적인 승리를 거두었다. 이 사건을 계기로 우리 국민들은 큰 충격과 함께 AI의 존재와 위력에 대해 실감하게 되었다.

이후 우리 국민들뿐 아니라 전세계적으로 AI에 대한 관심이 커졌으며, 아울러 AI로 인해 앞으로 우리 사회와 경제가 어떻게 변화하게 될지에 대한 기대와 우려가 교차하는 담론이 활발하게 일어나게 되었다. 극단적으로는 AI로 인해 수많은 직업이 기계로 대체될 것이며 따라서 일자리를 잃은 국민들에게 기본소득을 제공해야 한다는 주장에 더해 2045년경에는 기계가 사람의 지능과 능력을 뛰어 넘는 특이점[singularity] 시대가 도래할 것이며, 기계가 사람을 지배하는 세상이 올지도 모른다는 기우를 하는 사람도 생겨나게 되었다.[1]

반면에 학계와 산업계에서는 AI의 효용성과 기술 발전의 중요성을 인식하고 이에 대한 연구개발과 상업화를 위한 노력을 본격적으로 하는 계기가 되었고, 우리나라 정부에서도 AI 기술 개발과 관련 인력 양성을 위한 여러 가지 정책과 투자 계획을 발표하게 되었다.

AI가 우리 사회에 미치는 영향은 매우 광범위하다. 대부분의 산업과

---

1 이미 미래학자인 레이 커즈와일이 2003년에 앞으로 2045년이면 AI가 인간의 지적 능력을 뛰어넘는 특이점(singularity)이 온다는 책을 출간하면서 이에 대한 찬반과 논쟁이 세계적으로 이루어져왔다.

경제경영 분야뿐 아니라 예술문화, 법률, 기초과학과 공학, 의학, 국방과 안보 및 외교 분야까지 거의 모든 분야에서 AI의 영향을 실감하고 있다. 이에 따라 미국과 중국을 위시한 대부분의 나라에서 일찌감치 AI 관련 정부 정책을 수립 및 실행하고 있으며, 많은 국제기구나 대학, 연구소, 컨설팅업체 등도 AI에 관련한 많은 보고서와 정책을 제안하고 있다. 또한 일반인을 위한 AI 기술의 소개와 미래사회에 대한 영향을 예측하는 책들도 출간되고 있다.[2]

이 책에서는 이런 사회 분위기와 환경에서 일반인과 정책결정자들을 염두에 두고 AI란 무엇이며 향후 AI 기술 발전의 추세가 미래 우리 사회와 경제에 미치는 영향에는 어떤 것이 있는지를 조망해 보고자 한다. 그리고 우리나라에서 과연 AI 기술의 지속가능한 발전과 바람직한 활용을 위해 지금 우리가 어떤 준비를 해야하는지에 대해서도 살펴보고자 한다.

이 책은 AI가 가져올 미래사회 변화에 주목한 소이문화원 이규성 전 장관의 발의와 연구기금 지원으로 비롯되었으며, 총괄저자인 안병훈, 김영배 KAIST 교수가 세부 주제와 12명의 관련 전문가들을 구성하여 지난 1년간 매월 각자의 지식과 견해를 기반으로 온라인 발표와 토론을 통해 도출된 결과물을 출간한 것이다.

---

2 대표적으로 Lee, Kai-Fu와 Qiufan, Chen(2021), *AI 2041*, Crown, Kissinger, H, A등(2021), *The Age of AI: And Our Human Future*, Little, Brown and Company. 김진형(2020), *AI 최강의 수업*, 매일경제신문사

AI란 무엇이며 왜 중요한가?

AI를 간단히 정의한다면 '기계로 하여금 지능적 행동을 하게 하는 기술'이라 할 수 있다. 여기서 '기계'는 컴퓨터를 말하며, '지능적 행동'이란 인지, 문제해결, 지식 처리, 추론, 물체 조작, 자율학습 등 사람의 지능으로 할 수 있는 행동을 의미한다.

AI 역사는 1950년 영국의 수학자 앨런 튜링이 지능을 가진 기계의 개발과 학습 가능성을 제안하며 시작되었으며 지난 70년 동안 두 번의 혹한기winter를 거쳐 현재 3번째 호황기를 맞고 있다. 즉, 1956년 인간의 뇌 신경을 모사한 단층신경망 알고리듬 '퍼셉트론'의 개발로 첫번째 호황기를 맞았으나 기술적 한계에 부딪히고 말았으며, 이를 극복하기 위해 1970년대 등장한 인간의 지식을 활용한 규칙 기반의 전문가시스템 역시 수많은 변수가 작동하는 현실에 적용하는 데 어려움을 겪음으로써 두 번째 겨울을 맞이하게 되었다. 그러나 2010년경 심층학습deep learning이 개발되어 데이터가 풍부한 바둑, 사진이나 음성 인식 같은 분야에서 인간을 뛰어 넘는 성과를 보이게 되었고 급속히 산업에 확산되기 시작했다.

AI의 범주를 어디까지 포함할 것인지에 대해서는 여러 가지 의견이 있으나 본 연구에서는 최근의 기계학습이나 심층학습, 신경망 등의 최근 기술뿐 아니라 프로그램이나 규칙 기반의 기술도 포함한다.[3] 특히 기계학습, 그 중에서도 심층학습이 이처럼 폭발적인 성능을 보이게 된 것은 그동안 모바일과 디지털시대가 되면서 엄청난 데이터가 축적되었고, 컴퓨터의 정보처리 용량과 효율성 역시 비약적인 발전을 하면서 기존 빅데이터를 통해 스스로 학습하여 능력을 향상시키는 알고리듬의 잠재력이 극대화되었기 때문이다.

---

3 Harvard Business Review White Paper, An Executive's Guide to Real-World AI Analytic Services. 보다 구체적인 AI 기술의 분류에 대해서는 2장과 부록을 참조하기 바란다

현재 AI가 활용되어 성과를 내고 있는 사례는 알파고에서 진화한 알파고제로뿐 아니라 당뇨성망막증이나 유방암 같은 병변의 영상진단, 수퍼박테리아를 치료할 수 있는 새로운 항생제의 개발, 아마존고 같은 무인점포, 주식 트레이딩이나 법률 자료 분석과 계약서 작성, 자율운전자동차, 외국어 자동 번역, 심지어는 그림이나 음악 작곡 등 예술 분야에 이르기까지 광범위하게 보고되고 있다. 최근에는 OpenAI의 GPT-3처럼 국내외의 여러 업체들이 엄청난 데이터의 학습과 조 단위 규모의 파라미터를 이용하는 초대규모 AI를 경쟁적으로 개발하고 있는 중이다.

이러한 성과로 인해 많은 이들은 AI가 앞으로 어떤 문제든 다 해결할 수 있을 것이라고 기대하곤 한다. 하지만 오늘날 가장 발달한 AI조차도 실제로 수행할 수 있는 업무는 매우 한정적이다. 알파고나 IBM의 왓슨Watson, 네이버의 파파고 등도 복잡해 보이지만 정해진 대로 패턴을 찾아내고, 이에 기반하여 예측하고 행동한다. 이렇게 특정 분야에 한정된 AI를 좁은 인공지능narrow AI, 혹은 약한 인공지능weak AI라고 한다.

반면에 강한 인공지능strong AI, 혹은 인공일반지능AGI: Artificial General Intelligence은 일반적으로 특정한 과업이 아닌 인간이 수행할 수 있는 여러 분야를 아우르는 범용적인 지능적인 과업을 수행할 수 있는 AI를 의미한다. 이런 인공일반지능의 실현가능성에 대해 많은 전문가들은 적어도 수십 년 이내에 이루어지기 어려울 것으로 전망하고 있다. 왜냐하면 이를 가능케하기 위한 기술 수준이나 어마어마한 컴퓨팅 파워, 그리고 이에 수반되는 천문학적인 비용 등을 고려하면 과연 이를 실현할 수 있는 주체가 있을지[4], 그리고 설사 이렇게 개발된 AGI가 관련 분야의 전문지

---

4 레이 커즈와일이 얘기한 인공일반지능이 실현되기 위해서는 수십년 만에 나타난 심층학습 같은 획기적인 혁신(breakthrough innovation)이 여러 번 일어나야 가능할 수 있으므로 향후 수십년 안에 일어날 확률은 극히 낮다는 것이다.

식을 가진 인간들을 뛰어넘는 성과를 보일지도 회의적이기 때문이다.[5] 따라서 SF소설이나 영화에서는 몰라도 AGI를 염두에 두고 우리 사회나 경제에 미치는 영향을 분석하는 것은 현실적이지 않다.

심지어 가장 앞서 있는 약한 인공지능이라 하더라도 아직까지 구조적인 한계와 약점을 갖고 있다. 먼저 AI의 주류라고 할 수 있는 기계학습 혹은 심층학습의 경우 학습에 사용된 데이터가 인종차별 같은 사회의 편견bias을 담고 있으면 학습을 통해 알고리듬으로 고스란히 전이될 수밖에 없다는 문제가 있다. 둘째로 심층학습의 경우 확률적 판단이 비선형적으로 여러 번 중첩되어 그 판단 수식을 설명해도 사람이 이해할 수 없게 되는unexplainable 문제가 있다. AI가 사람을 대신해서 중요한 판단을 하는데 사람이 그 과정을 이해할 수 없다면 이는 매우 심각한 문제다.

또, AI는 과거 데이터로 학습된 문제만 해결할 수 있으며 상황이 조금만 바뀌어도 성능이 급격히 떨어지며 새로운 상황에 대처할 수 있는 일반화 능력이 인간을 따라오기에는 아직 요원하다. 마지막으로 AI는 데이터의 악의적 변형과 공격에 취약하며, 정해진 규칙이나 검증된 지식을 통합하여 상식적 추론을 내리는 것도 어려워한다. 따라서 사람이 운영과 학습의 반복 사이클에 들어가서 지속적으로 개입하지 않으면 안된다. 이밖에도 엄청난 데이터를 처리하는 데서 오는 막대한 전기 에너지 소비나 컴퓨팅 비용, 섬세한 공감 능력, 해킹이나 정보유출로 인한 문제 등이 앞으로 해결되어야 한다. 설사 이런 문제가 해결된다 하더라도 오랜 시간이 소요될 것으로 여겨지며 따라서 상당한 기간 동안 AI가 인간을 대체하는 것이 아니라, 보완하고 협력하는 형태로 활용되어야 함을 시사하고 있다.

---

5 Kissinger, H, A등(2021), *The Age of AI: And Our Human Future,* Little, Brown and Company

AI가 경제성장과 일자리, 그리고 소득불균형에 미치는 영향은?

그럼 먼저 AI가 향후 경제성장과 일자리, 그리고 소득불균형 등 거시적인 측면에서 어떤 영향을 주게 될지 살펴보자. 전기, 통신, 인터넷 등 획기적 기술 발전의 역사를 돌이켜 보면, 일자리 변화, 생산성 변화, 새로운 상품과 서비스의 등장, 과거에는 없었던 새로운 부작용 등을 항상 짚어 보곤 하였다. AI역시 범용기술general purpose technology로서 산업혁명 이후 지난 200년간 지속되어 온 자동화 기술 변화의 연장이며, 차이점은 과거와 달리 단순 반복적이고 육체적인 힘을 필요로 하는 과업의 자동화를 넘어 비일상적이고 전문가들의 인지적 판단도 자동화함으로써 그 폭과 깊이, 그리고 사회경제적인 영향력이 커졌다는 점이다.

AI로 인해 향후 전세계 경제가 새로운 성장이 가능할 것이라는 전망에 이견을 가진 전문가들은 별로 없다. 이러한 성장이 가능한 이유는 AI와 디지털기술이 정보처리 및 거래 비용을 획기적으로 절감해줌으로써 기존 산업의 생산성 향상에 더해 과거에 불가능했던 새로운 제품과 서비스의 창출에 기여할 수 있기 때문이다. 또한 AI는 인간의 인지적 한계를 뛰어 넘어 '혁신 방법 자체에 대한 혁신'[6]을 가능케 할 수 있다. 즉 AI라는 새로운 혁신 방법을 통해 과학기술과 의학, 공학 분야뿐 아니라 사회과학과 문화예술 분야에 있어서도 새로운 가치를 창출하는 혁신적인 성과를 가속화함으로써 비약적인 경제성장을 가져오게 된다.

하지만 이러한 경제성장에 대한 긍정적인 효과에도 불구하고 AI가 발전하면 인간의 일자리를 모두 대체할지도 모른다는 우려도 존재한다. 세계경제포럼World Economic Forum 2016년 일자리의 미래 보고서[7]와 Frey

---

6 Griliches(1957)는 발명 방식의 발명(invention of a method of invention)의 경우 여러 산업 분야의 혁신을 가능케 함으로써 개별 신제품개발이나 발명보다 경제성장에 엄청나게 더 큰 영향을 미친다고 주장했다.

7 WEF (2016) The Future of Jobs, https://reports.weforum.org/future-of-jobs-2016

and Osborne(2017)[8]에 의해 촉발된 AI로 인한 일자리 감소 주장은 인간이 하던 과업이나 일을 AI가 훨씬 효율적으로 잘 수행함으로써 인간을 대체하는 효과displacement effect로 인해 일자리를 줄이며 임금을 낮추고, 전체 국민소득에서 노동이 차지하는 비중은 줄어들게 된다는 것이다.

이에 대해 많은 경제학자들은 오히려 AI로 인해 1)더 높아진 생산성은 관련 제품이나 서비스 가격을 낮추어 수요를 늘리게 되고 결과적으로 자동화되지 못한 과업에 대한 노동 수요도 늘어나 오히려 고용이 증가할 수 있으며, 2)자동화에 대한 투자 역시 자본축적이 일어나면서 관련 노동에 대한 수요 역시 증가시킬 수 있고, 3)기계보다 상대적으로 우월한 인간의 능력을 활용하여 과거에 존재하지 않던 새로운 일자리 창출이 가능하다고 주장한다. 그리고 이처럼 AI로 인한 노동의 복귀효과reinstatement effect가 대체효과보다 훨씬 클 수 있다는 것이다.[9] 실제 농업이나 섬유, 철강 같은 제조업에서의 자동화 기술 발전은 그 전에 존재하지 않던 엔지니어링, 기계유지보수, 관리, 금융 및 회계 등 새로운 과업을 지속적으로 창출해 왔다. 역사적으로 볼 때도 지난 산업혁명 이후 200여년간 꾸준히 자동화에 대한 기술 변화가 이루어져 왔고 이는 생산성 향상과 함께 산업 전체의 고용을 오히려 증가시켰다는 것을 보여주고 있다.[10]

다만 AI가 일자리에 미치는 영향에 대해 단기적인 관점과 장기적인 관점을 구분해 볼 필요가 있다. 설사 AI가 장기적으로 더 많은 일자리를 창출할 수 있다고 하더라도, 단기간에는 AI로 불필요해진 노동의 공급

8 C.B. Frey and M.A. Osborne (2017), "The future of employment: How susceptible are jobs to computerisation?" *Technological Forecasting and Social Change*, V. 114, pp. 254–280.

9 D. Acemoglu and P. Restrepo (2019), "Automation and New Tasks: How Technology Displaces and Reinstates Labor," Journal of Economic Perspectives, V 33, pp. 3-30.

10 James Bessen (2019) "Artificial Intelligence and Jobs: The Role of Demand" in *The Economics of Artificial Intelligence: An Agenda*, Agrawal, Gans, and Goldfarb, NBER working paper

과 새로운 스킬이나 역량을 요구하는 노동의 수요 간의 불일치로 인한 마찰적 실업이 일어나게 된다. 그 적응 과정에서는 많은 마찰과 갈등이 있을 수밖에 없으며 오랜 기간 혼란과 고통이 수반될 것이다. 이는 결국 AI로 인해 필요한 지식이나 스킬을 우리가 빨리 학습하고 우리 사회가 AI를 활용하는 데 유리한 정책과 제도, 시스템을 신속하게 구축할 수 있다면 이런 혼란과 고통스런 시간을 줄이고 우리 사회에 더 많은 부와 일자리 창출을 가져올 수 있다는 뜻이다. 즉, 경제성장이나 고용의 증가는 AI 기술 자체에 의해 저절로 일어나는 것이 아니라 우리 사회가 이에 대한 대처response와 적응adjustment을 어떻게 할 것인지 선택하기에 달려 있는 것이다.

실제 산업혁명의 역사를 보면 이로 인한 생산성 향상과 부의 증가가 일어나기까지 오랜 시간이 소요되었는데, 이는 사회 제도와 시스템이 새로운 기술변화에 적응하고 인간이 필요한 지식이나 스킬, 역량을 학습하는 데 오랜 기간이 필요했기 때문이다. 영국의 산업혁명이 꽃을 피우게 된 것은 대량교육시스템의 도입 덕분이었으며, 미국에서 산업화가 성공한 것 역시 고등교육이 시행된 후 비로소 농업에서 벗어날 수 있었기 때문이라는 점을 우리는 기억해야 한다.

이러한 맥락에서 서스킨드(2020)[11]는 엄청난 사회경제적인 파급효과를 가져올 AI 기술변화에 대응하여 정부는 큰 정부Big State의 역할로서 소득과 자본을 재분배하는 과정에 개입해야 하고, 빅테크 기업이 경제적 영역뿐 아니라 정치적 영역에서의 부당한 영향력을 제한하는 관리 감독을 해야 하며, 새롭게 창출되는 일자리에 적응할 수 있도록 평생교육과 재교육을 지원해 주는 동시에 우리 삶에서 일의 의미가 무엇인지 새로

---

11 대니얼 서스킨드 (2020) 노동의 시대는 끝났다. 김정아 역, 와이즈베리.

운 정의와 해석을 통해 미래를 대비해야 한다고 주장한다.

또한 보편적 기본소득제도나 저임금 근로자들에 대한 소득 보전과 소득세 공제, 공공 투자의 확장을 통한 일자리 창출, 그리고 특허와 같은 지식재산권의 유효기간을 단축함으로써 자본가의 소득을 근로자에게 재분배하는 등의 이슈가 거론되어야 할 것이다. 물론 여기서 얘기하는 '기본소득'은 전국민에 대한 '돈 뿌리기'라기보다는 일자리를 잃거나 줄어든 노동자들을 위한 맞춤형 제도여야 할 것이다. 물론 이러한 기본소득형 지원책에 대해서는 그 당위성에 비해 부작용에 대한 우려도 적지 않다.

많은 학자들은 이러한 소득 재분배 정책도 중요하지만 근본적으로 AI로 인한 일자리의 변화와 이에 사전적으로 대응하는 재교육과 미래 새로운 일자리 창출을 위한 노력이 더 바람직하다고 지적하고 있다. 역사적으로 자동화 기술의 발전이 우리 일자리를 줄이기보다는 새로운 산업과 새로운 일자리를 창출함으로써 오히려 일자리를 늘려왔다는 사실과 아직도 (그리고 가까운 미래에도) 많은 과업에서 AI 보다 인간이 훨씬 더 나은 성과를 내고 있다는 사실을 전제로 우리는 다음과 같은 준비를 해야 한다.

AI는 복수의 상충되는 목표와 다양한 분야의 지식과 경험을 융합해야 하는, 혹은 상식적이지만 많은 데이터가 존재하지 않는 과업에서는 아직 많은 한계를 보이고 있다. 즉 AI가 일부 과업과 기능에서는 뛰어난 성능을 보이며 일부 일자리를 대체할 수 있지만, 그보다는 AI가 뛰어난 분야의 기능과 인간이 잘 하는 역량을 결합하여 더 나은 생산성과 가치를 창출하는 혁신을 가속화하는 것이 가장 합리적이고 현실적인 대안이다.[12]

---

12 앞서 인용한 Kissinger 등 (2021)은 인간과 AI의 관계가 인간이 AI에 대한 제한을 가하거나, 서로 협업을 하는 파트너 관계가 되거나, 혹은 인간이 AI에 위탁을 하거나 하는 3가지 중 하나를 선택해야 한다고 주장한다. 이러한 선택은 앞으로 우리 삶과 사회에 지대한 결과를 가져오게 되고 따라서 AI가 가져올 잠재적 혜택뿐 아니라 잠재적 위험성에 대해서도 같이 고민해야 할 것이다.

예를 들어 스탠퍼드대학교의 인간중심 AI연구소Human-Centered AI Institute[13]는 AI와 인간 간의 경쟁에 초점을 맞추는 것이 아니라 어떻게 AI가 최종 사용자인 인간에게 혜택을 주고 인류의 발전에 기여할 것인가를 연구하는 데에 그 초점을 두고 있다. AI는 인간보다 더 뛰어난 능력을 발휘하는 것이 아니라 인간을 도와 특정한 업무를 더 잘 수행할 수 있도록 하는 기술이며, 그 동안 인간이 혼자 해결할 수 없었거나 효율적으로 실행하지 못한 여러 문제와 작업들을 AI와 협력하여 더 나은 세상을 만들고 혜택을 누리도록 하는 것이 중요하다는 것이다.

AI 기술의 발전과 활용에 있어서도 인간을 대체하기보다 보완함으로써 생산성을 더 높일 수 있는 혁신 경로가 지속가능한sustainable 경제성장과 소득분배율을 성취하는 데 더 바람직하다. AI 기술의 발전이 사회에서 필요로 하는 바람직한 자동화 수준을 넘는 과도한 자동화excessive automation 투자는 비효율적일 뿐 아니라 잘못된 자원 배분으로 인해 생산성 향상의 잠재력을 가로막는다. 따라서 현재 AI 기술의 장점과 한계를 객관적으로 분석하여 올바르게 활용하고 투자하는 노력이 필요하다.

따라서 우리는 각자의 분야에서 AI에 대한 지식과 기술을 활용하여 보다 나은 생산성과 가치를 창출하는 혁신을 실행할 수 있는 스킬과 역량을 학습하는 것이 필요하다. 한편, AI 기술이 모든 직업군에 미치는 영향이 동일하지는 않으므로 다른 직종으로 이직을 하는 경우 필요한 새로운 스킬을 재교육 받아야 할 것이다.

---

13 https://hai.stanford.edu/

AI로 인한 산업 및 시장 변화,
AI의 지속 발전을 위한 거버넌스 및 국가 전략

이제 좀 더 구체적으로 과연 AI가 개별 산업 변화와 시장 경쟁 구조에 어떠한 영향을 미치는지 소개하고, 이어 향후 AI의 지속가능한 발전을 위해 해결되어야 할 거버넌스 이슈들과 우리나라 AI 기술 발전과 산업을 선도할 수 있는 정부 정책 방안이 무엇인지 차례로 살펴보자.

AI가 가져올 산업의 변화:
주요 산업의 사례 예시

구글 최고경영자인 순다 피차이는 2018년 세계경제포럼 연설에서 AI가 제2의 전기로서 앞으로 산업에 미치는 영향이 엄청날 것으로 전망했다. PWC 보고서(2017)에 의하면 2030년 기준 전세계 GDP가 약 14% 정도(약 15.7조 US달러) 증가하게 될 것이라고 예측된다. 이중 42%는 프로세스 자동화에 의한 생산성 향상을 통해(주로 노동집약적 산업과 유통이나 의료분야), 그리고 58%는 제품 본질 가치 향상에 의한 개인 맞춤 서비스 등 소비자 혜택 증진(주로 자동차나 금융산업)으로 발생한다고 보았다.

이러한 엄청난 경제적 가치가 AI로 인해 창출되는 것을 이해하기 위해 산업에서 AI가 어떤 문제를 어떻게 해결하는지, 구체적으로 우리나라 AI 기업 사례들을 통해 살펴보자. 예를 들어, '라온피플'의 경우 제조업에서 머신비전 AI기술을 이용하여 생산 과정에서 불량품을 조기에 탐지하여 비용 절감과 품질 개선을 이루어내며 생산 효율을 개선하는 성과를 올리고 있다. 유통이나 교육 산업에서는 개인화 추천 서비스를 제공하고 있는 '아이겐코리아'나, 개인맞춤형 교육서비스를 제공하고 있는 '뤼이드'사의 경우 AI 기반 매칭 기술을 기반으로 개인의 성향에 대한 빅데이터를 분석하여 사용자가 실제로 구매할 가능성이 가장 높은 상품 추천 결과를 제공하거나 영어 실력 향상에 가장 도움이 될 것으로 판단되는 토익 문제를 찾아 제공해주는 서비스를 제공하고 있다.

'루닛'과 '뷰노'와 같은 헬스케어 분야 AI 기업들은 X선 이미지를 분석하여 의사들의 폐암, 유방암 진단을 보조하는 등 다양한 AI 영상 기술을 활용하여 의료 진단 서비스를 월 구독 방식으로 전세계 의료 산업에 제공할 수 있게 함으로써 국경을 넘는 큰 파급력을 발생시킬 수 있다. 또한 AI 스타트업 중에서 '뱅크샐러드'나 '토스'와 같은 핀테크 기업들은 개인의 금융 및 비금융 빅데이터를 수집하고 분석하여 맞춤형 저축 및 대출 상품을 제안하고 있다. 오픈뱅킹 제도의 도입으로 전 금융사의 데이터를 쉽게 가져올 수 있고, 심지어 병원 방문이력, 자동차 운전 이력과 같은 비금융 데이터까지도 수집하여 통합 관리하는 것이 가능해지게 되면 그 영향력은 훨씬 커질 것으로 예상된다.

이러한 산업의 변화는 디지털기술을 포함한 AI가 다음 6가지의 비용을 획기적으로 줄여주기 때문에 가능하다. 첫째, 정보수집에 소요되는 비용을 포함하여 모든 정보의 탐색비용search cost을 낮추어 정보의 비대칭성을 줄여줄 수 있다. 둘째, 디지털화된 재화나 서비스의 복제비용replication cost이 거의 없어 무제한 이용이 가능하며, 다양한 AI 서비스를 제공하게 되는 경우에도 월 구독 방식의 서비스 형태로 제공될 수 있다. 셋째, 운송비용transportation cost의 경우 거리와 국경과 상관없이 온라인 상으로 디지털제품과 서비스 제공이 가능하며 다만 언어와 문화의 차이로 인해 해당 국가별로 데이터 재학습이 이루어지고 있기도 하다.

넷째, 디지털 기술에 의하여 개인의 행동 이력을 실시간으로 수집하는 추적비용tracking cost 역시 현저히 낮아져 개인의 취향이나 습관 데이터를 기반으로 개인화 추천 서비스를 제공하는 것이 가능해졌다. 다섯째, 추적 비용의 감소는 자연스럽게 식별비용verification cost도 줄여줌으로써 거래 플랫폼 상에서 판매자에 대한 평판을 쉽게 식별할 수 있게 되었다. 마지막으로 디지털과 AI 기술은 거래 계약 체결 및 이행과정에서 문제가 없도록 모니터링을 자동으로 수행하고 이상 징후를 감독할 수 있게 함으로써 거래를 한 건 처리하는 데 소요되는 비용 및 거래 전후에 발생하는 제반 거래비용을 실질적으로 0원에 가까운near zero 수준으로 낮출 수 있게 만들었다. 이러한 결과로 기존 산업의 자동화로 인한 생산성 향상뿐 아니라 과거에 불가능했던 새로운 제품과 서비스의 혁신을 가능케 하여 경제적 가치 창출과 경제 성장에 기여할 수 있게 된다는 것이다.

물론 이러한 비용 절감을 가능케 하는 AI 및 디지털기술의 잠재적 경제 효과는 각 산업별로 이러한 기술이 얼마나 생산적으로 실행될 수 있느냐에 달려 있다. 각 산업의 제품이나 서비스의 물리적 특성, 그리고 이를 제공하는 가치사슬 과정의 디지털화 정도 등에 따라 AI 활용 성과가 크게 차이가 날 수 있으며, 동일 산업 내에서도 AI 기술이 인간을 뛰어넘는 기능을 발휘하는 과업과 그렇지 않은 과업이 혼재되어 있다.

AI가 변화시킬 금융산업의 미래

특히 금융산업은 데이터와 지식을 기반으로 한 서비스를 제공하고 있어 디지털기술과 AI로 인한 파급효과가 상대적으로 큰 산업 중 하나로 알려져 있다.[14] 실제 많은 금융기관과 핀테크기업들은 다양한 AI기반의 새로운 서비스 혁신을 경쟁적으로 개발 출시하고 있지만, 여기에는 마케팅 효과를 노린, 이름만 AI인 허구적인 사례와 AI기술의 근본적인 한계로 인한 실패 사례도 존재하고 있는 것도 사실이다.

금융산업은 은행, 보험, 증권, 자산운영 및 여신 등 다양한 분야의 서비스를 제공하고 있다. 지금까지는 금융의 전반적인 영역에서 이자율, GDP, 환율과 같은 거시경제 변수나, 기업의 주가나 재무 상태를 나타내는 정형 데이터를 주로 사용하여 왔으나, 최근에는 뉴스나 SNS상의 대화 내용 등 비정형 데이터 분석 방법도 활발히 사용되고 있다. 이처럼 자연어 처리NLP: natural language process AI기술의 도움으로 많은 금융기관들이 마케팅 서비스를 제공하거나 챗봇을 도입하여 뱅킹서비스의 효율성을 높이는 노력을 기울이고 있다. 또한 로보틱 처리 자동화RPA: robotic process automation 기술을 활용하여 비대면 계좌 승인, 신용등급 조회, 세금 계산서나 출장비 등 다양한 업무를 자동화하여 비용 절감과 업무 처리 시간을 대폭 줄이고 있다.

증권업의 경우 AI 기술을 빠르게 도입하여 리서치, 투자관리, 마케팅, 백 오피스 업무 등 광범위하게 활용하고 있다. 기존의 재무데이터와 함께 NLP 기술을 이용하여 기업에 대한 다양한 뉴스 분석과 같은 금융콘텐츠를 제공함으로써 증권사 애널리스트를 빠르게 대체하고 있고, 주식 트레이딩 업무 역시 AI가 대신 수행하는 사례가 늘고 있다. 예를 들어 미국 골드만삭스의 경우 600명에 달하는 트레이딩 업무를 이미 극소수의 인원과 AI로 대체하였다.

머신러닝 AI기술은 로보어드바이저(Robot과 Advisor의 합성어)라는

---

14 2021년 Statista의 통계에 따르면 AI 기술은 여러 산업들 가운데 금융산업에 미치는 영향력이 3위를 차지하고 있다.

새로운 투자 서비스도 가능하게 했는데, 이는 기계로 하여금 과거의 많은 데이터를 학습하게 하고 미래의 가치를 예측하여 더 나은 포트폴리오를 구성하게 하는 핀테크 영역이다. 그러나 지금까지 실제 성과에 대한 체계적인 분석은 미흡하며, 장기적인 관점에서 기대만큼의 성과가 날지에 대해서는 회의적인 견해도 많다.

또한 AI의 패턴인식 기술을 이용하여 부정 거래와 불법자금 세탁을 방지하는 레그테크RegTech[15] 서비스도 가능해진다. 레그테크를 통해 기계에게 과거의 비정상적인 사례들을 학습시키고 불법 거래 패턴을 추적하여 이상징후가 감지되는 거래를 24시간 자동적으로 찾아낼 수 있도록 하였다. 이러한 레그테크로 인해 금융기관의 불법 거래에 대한 추적이 더 용이해져 그 동안 과도하게 계좌 개설이 억제되었던 계층의 사람들에게 신규 계좌를 개설하고 적절한 금융서비스를 제공하는 금융적 포용이 증가하고 있기도 하다.

하지만 머신러닝을 이용한다고 해서 비정상적인 거래를 모두 찾아낼 수는 없으며 이 업무를 담당하는 인간 전문가와의 협업을 통해 생산성을 높이는 것이 보다 현실적이다. 그리고 올바른 레그테크 서비스를 제공하기 위해서는 먼저 해결하고 싶어하는 금융사기나 부정거래 문제를 명확히 정의하고, 해당 문제와 관련성을 가지고 있는 양질의 데이터를 확보하는 노력을 기울이는 것도 필요하다. 결국 AI로 인한 성과는 올바른 데이터의 분석에 달려 있기 때문이다.

금융업의 수많은 분야 중에서도 정보 비대칭성 문제에 가장 직접적으로 노출되어 있는 부문이 바로 여신 혹은 대출업이다. 대출 시장에서 가장 중요한 요소는 채무자가 빌린 돈을 갚지 않고 파산하는 등의 신용 위

---

15 레그테크는 규제(regulation)와 기술(technology)이 합성되어 생긴 용어이다.

험credit risk이라 할 수 있다. 그런데 비정형 개인 정보까지 활용한 AI 기술을 활용하여 신용 평가의 정확성을 높이면 예대마진을 줄일 수 있고 또 개인화된 금융서비스를 제공할 수 있게 된다. 미국의 LendingClub은 이런 핀테크를 이용하여 개인간 P2P 대출 서비스를 제공함으로써 금융산업에 파괴적 혁신을 가져올 것으로 기대되었다. 그러나 현재의 AI 기술만으로는 이런 정보의 비대칭성을 온전히 해결하는 데 한계가 있었고, 이로 인해 막대한 손실을 입은 LendingClub은 2020년 P2P 대출 사업 자체를 중단하는 결정을 내리게 되었다.

보험업 역시 AI를 활용하여 많은 서비스를 자동화하고 거래 비용을 낮춤으로써 낮은 비용의 새로운 서비스를 제공할 수 있다. 보험에 AI를 적용한 기술을 인슈어테크InsurTech라고 부르는데, 중국의 핑안 보험이 2017년 출시한 '초고속 현장 서비스'는 보험 가입자가 스마트폰 앱을 통해 몇 가지 질문에 답한 뒤 사고 부위의 사진을 찍어 업로드하면 3분 이내에 수리 견적을 받아볼 수 있다. 고객이 견적을 수락하면 보험금이 즉시 지급되고, 수락하지 않을 경우 일반적인 보험 회사들처럼 직접 조사관이 와서 수리 규모 파악을 돕는다. 이를 통해 2018년 한 해 동안 전체 보험금 청구의 62%인 730만 건을 처리했고, 인건비도 약 9천억 원을 절감했을 것으로 추정하고 있다. 이 사례에서 보듯이 모든 보험 업무를 AI로 대체한 것이 아니라 복잡한 사고 처리나 고객에게 생명 보험 상품을 구입하도록 설득하는 작업의 경우는 여전히 사람에 의존하고 있다.

반면에 미국의 인슈어테크 스타트업인 '레모네이드'의 경우 상품 판매와 사고 처리, 보상금 지급 등 업무에 AI를 활용한 챗봇이나 모바일 앱을 통해 AI로 지급액을 자동으로 산정해주는 서비스를 도입함으로써 2020년 7월 뉴욕주식시장 상장 당일 시장가치가 4조 6천만 원에 달하기도 했다. 그러나 현실은 사고 접수를 AI로 해결한 게 아니라 그냥 무시한 채 챗봇을 앞에 내세워 AI를 사용한다고 포장한 것에 불과하다는 비판과 함께 영업손실이 누적되어 주가가 급락하고 있다. 물론 '레모네이드'의 사업 기간이 오래 되지 않아 충분한 데이터가 확보되지 못했기에 시간이 갈수록 AI로 인한 효율성이 높아질 것으로 전망하기도 하지만, 현장에서 발생하는 여러 가지 복잡한 문제, 즉 라스트마일 문제를 AI가 인간을 대체하여 온전히 해결할 수 있느냐에 대해서는 회의적인 견해가 많다.

이처럼 금융산업에서 AI 기술을 활용한 여러 혁신과 변화가 일어나고 있지만 정보비대칭이나 라스트마일 문제와 같이 아직 현실에서 일어나는 복잡한 문제를 해결하기에는 AI기술 자체의 한계가 존재한다. 따라서, 단순 반복적인 업무를 대체하거나 리스크가 작은 의사결정들은 AI에 의존하여 자동화시키고, 복잡한 업무는 '핑안보험' 사례와 같이 기존 금융전문가들과 협업하는 방식을 적용하는 것이 더 바람직한 경우가 많을 것이다.

따라서 IT기업이나 핀테크 기업이 금융산업을 지배하기보다는 기존 금융산업과의 치열한 경쟁과 동시에 다양한 생산적인 협력을 통해 산업구도가 변화해갈 것으로 보여진다. 기존 금융기관은 AI 및 디지털 기술 활용 인력을 확대하는 노력을 하겠지만, 동시에 IT 및 핀테크 기업 역시 금융산업 고유의 노하우나 경험을 가진 인력을 확보하기 위해 경쟁하고 있다. 물론 각자의 강점을 활용한 다양한 제휴 전략 역시 활발히 모색될 것으로 보인다. 이런 경쟁과 협력을 통해 결국 소비자는 더 많은 혜택을 누리게 될 것으로 생각된다.

AI와 비즈니스 및 시장구조의 변화

앞서 AI기술의 소개에서 보듯이 AI에 대한 본격적인 관심과 개발이 이루어진 것은 아무래도 빅데이터의 출현과 기계학습machine learning, 심층학습deep learning의 발전으로 인한 '데이터 및 학습기반' AI시스템의 등장 덕분이라 하겠다.[16] 따라서 이러한 속성을 갖는 AI 기반 서비스를 제공하는 기업들은 대체로 플랫폼 형태의 비즈니스 모델을 갖게 되고, 디지털 경제의 특징인 네트워크 효과와 선순환적 특성을 가질 뿐 아니라 구조적인 정보비대칭성도 작용할 수 있다. 즉, 학습에 이용되는 데이터에 대한 불확실성과 이용되는 알고리듬 구조에 대한 일방성 및 정보비대칭성 등으로 AI 시스템에 의해 제시된 결과가 어떤 경로로 도출되었는지 알기가 어려운 '블랙박스'의 특성을 갖는다. 블랙박스에서 도출되는 결과의 수용여부는 해당 기업의 축적된 브랜드 및 신뢰도에 의해 좌우될 것이다. 따라서 신참내기 보다는 명성이 누적된 기업들이 유리하여, 여기도 일종의 '부익부 빈익빈', '승자독식'의 현상이 나올 가능성이 크다.

세계 시장을 장악하고 있는 아마존, 구글, 메타(구 페이스북) 등 빅테크 기업의 플랫폼 기반 비즈니스 구조가 향후 10여년간 더 심화되지 않을까 우려하는 이유이기도 하다. 마치 브레이크 없는 질주처럼 보이는 빅테크 시장에서 스타트업이나 특정 분야에 특화된 작은 규모의 기업들은 사전에 차단되거나, 더 성장하지 못하고 적대적 M&A를 당하기 일수였지만, 근자에 들어 나타난 페이스북(현 메타) 등의 문제점들은 대형 플랫폼 기반의 승자독식형 방법만 있는 것이 아님을 보여주고 있다.

AI를 누가 주도할 것인가에 대한 질문에 있어서도 AI의 선점효과가 막대하여 진입장벽이 높으므로 빅테크 기업들이 AI 기술을 독점할 것이

---

16 본 절에서는 이런 데이터기반 심층학습형 AI를 기준으로 하여 산업구조 특성을 논의한다는 점을 밝힌다.

라는 '빅테크 독점론'과 AI가 범용화되고 민주화됨으로써 빅테크 기업과 기존 기업, 스타트업 모두 AI 역량을 보유할 수 있을 것이라는 'AI 공유론'이 동시에 존재한다. 만일 AI 기술을 GAN^{Generative Adversarial Network}과 같은 최신 알고리듬이나 GPT-3와 같은 거대 모델, 클라우드서비스 등을 포함하는 공통 기반 기술과 산업이나 분야별로 특화된 활용 기술로 구분한다면 전자와 관련된 인재는 희소하고 빅테크 기업들이 독점할 수 있다고 판단된다. 하지만, 후자와 관련된 인재는 상대적으로 풍부하다는 점과 산업별 특화된 데이터가 다수 기업에 산재해 있다는 점, 그리고 동시에 최신 알고리듬이나 모델 등이 오픈소스로 개방되어 있다는 점을 고려하면 빅테크 기업뿐만 아니라 기존 기업과 신생 기업에게도 AI 혁신을 주도할 기회가 구조적으로 막혀 있다고 보기 어렵다.

실제로 삼성전자나 월마트 등 기존 대기업들은 막대한 자원을 투입하여 자체 개발, 외부 제휴 및 M&A를 통해 인재, 컴퓨팅 파워 등 AI 역량을 지속적으로 강화해나가고 있지만, 이에 못지 않게 매년 세계적으로 파괴적 혁신기업을 꿈꾸며 AI 분야에서 수많은 스타트업이 지속적으로 등장하고 있고 이들은 딥마인드처럼 새로운 핵심 AI기술을 개발하거나 혹은 유다시티^{Udacity}같이 AI를 활용한 혁신적인 사업모델을 개발하여 기존 기업과 경쟁 혹은 협력해 나갈 수 있다.

이상과 같은 AI의 영향력과 AI의 주도 기업에 대한 논의를 종합하면, AI를 무기로 빅테크 기업들이 대부분의 산업에서 시장을 독점하는 시나리오('전면 재편' 시나리오)와 AI로 인한 시장구조 변화가 거의 없는 시나리오('시장 불변' 시나리오) 사이에 존재하는 '빅테크 기업, 기존 기업, 신생 기업의 3파전' 시나리오가 미래 AI가 변화시킬 시장구조가 될 가능성이 높다고 판단된다.

이를 다른 측면에서 본다면 AI 기업이 시장을 독차지하는 것이 아니라 시장을 차지하려면 모두가 AI 기업이 되어야 한다는 시사점을 제시한다. 즉, AI 시대에 우리 기업들의 과제는 1)AI를 활용한 새로운 사업모델 및 운영모델 전략을 수립해야 하고, 2)수립된 AI 전략을 실행할 수 있도록 내부적으로는 데이터가 통합적으로 관리되는 조직 체계로 전환하는 동시에 외부적으로는 다른 자원을 보유한 기업과의 협력을 강화해야 하며, 3)장기적으로 AI 기술 개발과 플랫폼 구축에 도전해야 한다. 정부 역시 1)우리 사회가 AI에 대한 막연한 기대나 과도한 우려에서 벗어나 객관적으로 대응할 수 있도록 AI가 우리 경제에 미치는 영향을 구체적이고 실증적으로 파악해야 하고, 2)우리 기업이 AI를 잘 활용하는 것에서 더 나아가 시장을 주도해 나갈 수 있도록 기술 개발, 공공 구매, 과학기술 외교 등을 통해 다각도로 지원해야 하며, 3)AI가 사회적으로 바람직한 방향으로 활용되고 부작용이 최소화될 수 있도록 경쟁정책과 소비자정책을 수립해야 한다.

AI의 거버넌스 이슈:
과연 AI는 믿을 만 한 것인가? 그렇게 만들 수 있는가?

앞서 AI 산업의 플랫폼 기반 모델 특성과 데이터 기반 학습모형에서의 블랙박스 특성을 짚어보았다. 이러한 특성으로 인해 몇몇 빅테크 기업들이 시장을 주도해 나갈 가능성이 있고, 이들 주도기업들은 여건과 상황이 요구하면 신뢰도를 저버릴 수도 있다는 구조적 취약성이 우려되고 있다. 물론 이들 기업들은 단기적 이해 추구 행태를 멀리 하려는 브랜드 가치를 보유하고 있지만, 경영진이나 일부 주주들의 일탈 가능성은 항상 내재되어 있다. 특히 AI라는 기술의 특성상 어떤 데이터와 내부 알고리듬을 사용하는지 알기 어렵기 때문에 구조적으로 더 취약한 측면이 있다.

심지어 개인정보 보호를 중시하지 않는 일부 국가의 경우 데이터의 다다익선을 구현하기 위해 국가 전략이라는 미명하에 불공정한 경쟁을 하기도 한다. 기업들간에도 고객 개인정보 보호보다는 기계학습을 위한 다량의 데이터 확보 경쟁을 우선적으로 추구할 가능성이 있으며, 실제 자율주행자동차 산업의 경우에는 이미 유사한 경쟁이 진행되고 있다.

이러한 상황하에서는 플랫폼 기반의 비즈니스 모델을 운용하는 공룡기업들의 사회적 책임과 윤리 행태를 짚어보지 않을 수 없다. 하지만, 사회적 책임과 윤리적 행태 등 도덕적 이슈보다 더 중요한 것은 '과연 AI 서비스를 이용하는 고객들이 그 결과물을 신뢰하고, 반복해서 이용하느냐?' 하는 전략적 질문이다. 최근에 많이 회자되고 있는 기업들의 ESG(환경, 사회, 지배구조)와 같은 맥락에서 'AI의 ESG이슈'라 볼 수 있다. AI의 '거버넌스governance'는 이런 이슈를 해결하고 AI의 지속적인 발전과 성장을 위해서 어떠한 기반 인프라, 제도 및 정책 메카니즘이 받쳐주어야 할 것인가를 검토하는 것이다. 이러한 인프라 기반이 필요조건으로 충족되지 않으면, 결국 AI는 눈부신 기술적 발전을 하더라도 우리 산업과 사회를 변화시키기보다 한낱 연구실 차원의 성과에 머무를 수도 있기 때문이다.

예를 들어 책임소재 문제accountability를 살펴보자. 완전자율주행차가 만에 하나 사고를 일으켰다고 하면 이는 핸들도 잡지 않던 운전자의 책임인가, 완전자율주행차 소프트웨어 설계자의 책임인가, 아니면 자동차 하드웨어 판매자의 책임인가? 그리고 완전자율주행차를 작동하기 전과 후의 구분은 어떻게 할 것인가? 참으로 결정하기 어려운 일이다. 완전자율주행차에는 데이터 및 알고리듬 투명성이나 통신의 신뢰도 등 책임소재를 가리기 어려운 점이 한두가지가 아니기 때문이다. AI서비스를 현실에서 이용하기 위해서는 필요한 관련 보험이나, 계약조건 결정, 투자리스크 등 검토되어야 할 내용이 많다. 하지만 이처럼 책임소재를 명확히 할 수 없는 상황이라면 계약이 추진되기 어렵다. 테슬라 등의 호언장담에도 불구하고 아직도 완전자율주행차의 가시적인 보급이 계속 지연되는 것도 이런 '거버넌스'의 구축이 미비된 데 기인한다고 보겠다.

AI를 인간이 설정한 목표의 달성을 위해 행동하는 시스템으로 정의한다면 AI 거버넌스는 인간(개인, 사회, 기업, 정부 등을 포함)의 궁극적인 목표 달성(행복, 복지, 번영 등을 포함)을 지원하는 AI 시스템의 행동 목표가 적절한지, 그리고 이를 위한 AI 시스템의 행동(알고리듬 등)이 적절한지를 관리하는 사회적, 법적, 정책적, 사업적, 기술적 노력으로 정의할 수 있다.

앞서 기술한 바와 같이 AI 기술은 엄청난 잠재력에도 불구하고 여러 가지 문제점이 있다. 그동안 이런 문제를 해결하고 지속가능한 AI의 발전을 가져올 거버넌스 체계에 대한 원리principle들이 OECD(2019)나 미국의 FTC(2020), 우리나라 방송통신위원회(2019) 등 관련 조직에서 발표되었다. 이를 기반으로 가장 중요하다고 생각되는 5가지 거버넌스 기본 원리를 제시하면 다음과 같다.

첫째, 보편 가치 추구 원리로서 AI의 목표는 인류 보편의 가치를 수호하고, 사회 속에서 갈등하는 가치를 절충해야 하며, 그 목표는 투명해야 한다. AI 활용이 개인의 인권과 민주주의의 가치(자유, 존엄, 자율성, 프라이버시, 데이터 보호, 비차별 및 평등, 다양성, 사회정의, 국제적으로 인정받는 노동권 등), 그리고 인류의 지속 성장과 지구 환경을 훼손하지 않아야 한다.

둘째, 투명성 원리로서 AI는 적절한 투명성transparency과 설명가능성 explainability을 갖추어야 한다. AI 시스템 전반에 대한 이해를 도울 수 있는 정보, 그 결과에 대한 설명뿐만 아니라 AI 시스템의 예측, 권고 또는 결정에 대한 근거로 쓰인 논리와 요소들을 투명하게 공개하고 이해하기 쉽게 설명할 필요가 있다. 하지만 이 과정에서 투입되는 비용과 설명 가능성의 이점 간의 균형, 설명가능성과 정확성 간의 균형을 고려해야 하며, 영업비밀이나 노하우 같이 투명성이나 설명가능성이 필요하지 않은 분야의 특성도 감안되어야 한다. 따라서 일률적인 정부 규제보다는 조직 내부 통제와 외부 모니터링 과정에 AI기술을 활용함으로써 AI 거버넌스 기술력을 육성하는 것도 필요하다. 아울러 알고리듬 개발자들의 사회적 책임감과 윤리적 역량을 확장시키고, 가치체계와 공정성의 개념 등을 교육하는 것 역시 중요하다.

셋째, 책임성 원리로서 AI는 책임소재를 명확히accountable 하여야 한다. 좀 더 현실적으로 표현한다면 AI 서비스의 제반 이해관계자들 간의 책임소재 규칙이 명확하여야 한다는 것이다. 이 문제는 경제학에서 잘 알려져 있는 로널드 코스Ronald Coase 교수의 '공유지의 비극tragedy of commons'을 피하기 위함이다. AI의 책임성 문제는 중간에 사람이 개입하지 않은 상황에서 AI가 직접적으로 산출한 결과에 대한 책임을 어떻게 할 것인가에 대한 문제다. 완전 자동화된 AI가 현실에 미칠 경우 AI에게 책임을 요구해서는 안 되며 AI 시스템을 만들고 소유하고 사용하며 취급하는 이해관계자인 인간과 법인이 책임의 주체가 될 수밖에 없다. 따라서 조직 또는 개인은 설계, 개발, 운영 또는 구축한 AI 시스템의 수명주기 전반에 걸친 적절한 기능을 수행할 책임을 확보해야 한다.

넷째, 안전성 원리로서 AI는 견고robust하고 안전safe해야 한다. 기계 학습에 기반한 AI시스템은 기술 속성상 약간의 노이즈나 상황 변화에도 결과가 크게 달라지는 등 그 자체로 견고하지 않을 수 있다. 따라서 2021년에 제안된 유럽연합 집행위원회의 AI 규제법안[17]은 AI 시스템이 사용되는 목적에 따라서 그 위험도를 평가하고 단계별로 다른 규제를 적용하도록 하고 있다. 예를 들어 AI를 사용해서는 안 되는 '허용할 수 없는 위험'의 범주는 인간의 행동을 왜곡시키거나, 특정 그룹의 취약성을 이용하거나, 개인에게 부당하게 해악이나 불이익을 주는 경우 등을 포함한다. '고위험' AI에는 생체인식 기술을 이용한 개인의 유형화, 주요 인프라의 운영, 교육 및 직업훈련, 법 집행, 이민과 망명 등이 포함된다. 반면에 AI를 이용한 비디오 게임, 스팸 차단은 '최소 위험'으로 여겨지며 규제가 없다. 이처럼 위험도의 단계에 따라 AI 개발자들과 사업자들이 스스로 견고성, 보안성, 안전성을 더 엄격하게 지킬 수 있는 구조로 만들어가는 것이 바람직하다.

마지막으로 AI는 사회 격차와 차별을 최소화하는 공정성fairness을 갖추어야 한다. AI 시스템으로 인해 기존의 견해 차이나 사회적 격차가 오히려 증폭되고, 사회적 갈등을 유발하는 자원 배분 문제를 더 악화시키지 않을까 하는 우려가 있다. 이를 불식시키기 위해 입력 데이터 확보와 레이블링 과정에서의 편향을 없애고 산출 결과에서도 차별이 발생하지 않도록 관리해야 하며, 의사결정에 사용되는 정보에 대한 접근 권한과 수정 기회를 소비자에게 제공해야 한다. 소비자는 자신과 관련한 의사결정에 활용되는 정보가 무엇인지 알 권리가 있으며, 정보가 부정확하다

---

17 PROPOSAL FOR A REGULATION LAYING DOWN HARMONISED RULES ON ARTIFICIAL INTELLIGENCE (ARTIFICIAL INTELLIGENCE ACT), EUROPEAN COMMISSION (26 APRIL 2021)

고 생각될 경우 이의를 제기할 수 있어야 한다. 또한 AI 시스템의 공정성을 높이기 위해 AI 관련 연구개발 계획 단계와 서비스 개발, 적용, 평가 단계에서 다양한 주체가 참여하여 서로 다른 의견이 수렴될 수 있는 절차를 확립해야 한다. 관련 위원회를 설치하여 다양성의 부족과 격차의 확대, 차별의 강화 문제를 계속적으로 찾아낼 수 있도록 하는 것도 필요하다.

이러한 바람직한 다섯 가지의 거버넌스 원리들은 그야말로 바람직하지만 쉽사리 만족되기는 어렵다. 따라서 AI 기반 상품과 서비스 시장은 정보비대칭성, 네트워크 효과, 연결성 등 제반 시장실패요소들이 잠재되어 있으므로, 정부정책과 시장, 그리고 기업들의 공동의 노력이 필요하다. 그 중에서도 AI 서비스에 필요한 데이터 및 알고리듬 등에 대한 정보는 기술개발과 공급을 하는 업체가 제일 잘 안다. 따라서 중장기적이고 지속가능한 기업가치를 위해 기업 스스로 기술개발 단계에서부터 AI 솔루션의 투명성, 설명가능성을 내재화 시키도록 하거나, 학습 데이터 자체의 편향성이나 부적정성에 대한 자정노력을 전략 차원에서 우선해야 한다. 투자자들의 입장에서도 투자 리스크 감소차원에서 기업 스스로의 자정노력을 감시해야 한다. 또한 AI 시스템 개발자들과 사용자들이 인간 사회의 가치 체계와 공정성의 개념 등을 잘 이해하고, 개발 결과물의 공정성과 적절한 사용이 개발자와 사용자 모두에게 도움이 될 수 있게 하는 사회구조와 제도가 필요하다.

AI의 지속 발전을 위한 정부 정책 및 국제 규범

AI가 향후 경제 성장과 국가 경쟁력 강화의 핵심 기술로 부상하는 동시에 다양한 업무의 자동화로 대규모 실업과 AI의 부작용에 대한 우려가 제기되자 2015년 이후 각국 정부는 미래국가경쟁력 확보 차원에서 AI의 부작용을 최소화하면서 잠재적 가치를 극대화하기 위한 정책들을 모색하기 시작했다. 미국은 2016년부터 AI가 변화시킬 미래에 대해 국가차원에서 어떻게 준비할지 대원칙을 정하고, 7대 연구개발분야를 제시하며, 자동화로 인한 일자리 문제를 해결하기 위한 3건의 보고서를 잇달아 발간했다. 독일 역시 2015년 AI를 비롯한 디지털 기술이 노동환경에 미치는 주요 문제를 제기한 '노동 4.0 녹서'를 발간하고 다양한 이해관계자의 의견수렴을 거쳐 노동 유연성 제고, 노동자 보호 강화, 평생학습권 부여 등을 담은 '노동 4.0 백서'를 발간했다. 이외에도 EU나 중국 등 수많은 나라들이 AI의 중요성을 인식하고 다양한 국가 정책을 수립하고 있는데 OECD에 따르면 약 60개 국가에서 AI 국가전략을 수립한 것으로 나와 있다.

우리 정부도 2017년 4차산업혁명위원회 신설을 필두로 지금까지 AI R&D 전략, AI 국가전략, 한국판 디지털 뉴딜, 그리고 신뢰할 수 있는 AI 실현 전략 등을 잇달아 발표하였다. 이러한 AI 정책은 AI 기반 조성과 AI 활용 확산의 두 방향으로 진행되고 있다. AI 기반 조성 정책은 주로 AI 연구개발과 AI 인재 양성, 그리고 데이터 및 인프라 조성 정책으로 구성되어 있고, 반면에 AI 활용 확산 정책은 AI 산업 진흥, 정부의 AI 활용 확산, 그리고 AI 신뢰 증진 및 포용 등을 포함하고 있다.

앞서 말했듯이 AI의 발전 역사를 돌아보면 지금까지 이미 두 차례의 AI 겨울을 거쳐왔다. 그런데 과거 캐나다 정부가 AI의 두번째 겨울이 도래했을 때, 미래 AI기술에 대한 신념을 기반으로 인내 자본을 공급하여 제프리 힌튼Geoffrey Hinton 같은 선도적인 AI 연구자들을 유치함으로써 AI 기술을 선도한 사례는 우리에게 시사점을 제공하고 있다. 즉, 우리 정부도 투자의 불확실성이 커지는 신기술 분야에서 과감한 연구개발 투자를 담당하는 기업가형 국가entrepreneurial state로서 역할을 해야 하며, 지속가능한 AI 발전과 활용을 위해 크게 두 가지 정책을 제안하고자 한다.

첫째, AI 도입의 고비용 구조를 해소하는 정책이 필요하다. 컴퓨팅 파워 및 데이터 확보에 대한 투자와 이를 산업에 활용하는 데에는 개별 기업이나 기관이 감당하기 어려운 천문학적 비용이 소요된다. 예를 들어 OpenAI에서 개발한 최신의 언어모델인 GPT-3는 1회 학습하는 데 약 1천 2백만 달러의 비용이 발생하는 것으로 알려져 있으며, 최신의 AI 모델을 훈련하는 데 필요한 컴퓨팅 용량은 3.5개월마다 2배씩 증가하여 2012년부터 2018년 사이에 약 30만 배 증가했다. 따라서 개별 기업이나 대학보다는 국가 차원에서 이러한 투자가 이루어지는 것이 바람직하다. 아울러 현재의 정부 지원정책을 좀 더 보완하여 산업체, 특히 중소기업의 AI 도입을 위한 전사 전략 수립과 서비스화를 위한 경영컨설팅 등 AI 도입 과정 전반에 대한 지원도 필요하다. 왜냐하면 현장 서베이 결과 실제 AI 를 활용하는 데 걸림돌은 역설적으로 AI가 무엇이며 사업에 왜 필요한지를 몰라 도입을 꺼리는 중소중견기업이 많기 때문이다.

또한 소프트웨어정책연구소의 조사에 따르면 2019년부터 2023년 사이 국내 AI 인재 부족 규모는 1만 8천여 명까지 확대될 전망이며 앞으로 더 심화될 것으로 예측하고 있다. 정부는 그동안 AI 전문 인력 양성을 위한 AI 대학원과 AI 융합연구센터 선정, 전국민 대상으로 한 AI 및 SW 교육 확산 방안, 산업전문인력을 위한 AI 역량 강화 사업, 그리고 초중등 과정에서의 AI 교육 도입 계획을 발표하였다. 그러나 이러한 정책이 제대로 실행되어 효과를 거두기 위해서는 보다 근본적으로 초중등학교와 대학의 자율권을 높이고 수도권정비계획법을 포함한 대학 정원 규제와 같은 획기적인 개혁이 필요하다. 우선 초중등 과정에서 컴퓨팅 사고력과 코딩 등 AI 기반 교육을 담당한 교사 인력풀부터 확보가 되어야 하지만 현재의 상황은 암울하기만 하다. 초중등 교육을 위시한 인력양성 및 교육프로그램 혁신에 대한 논의는 후반부에서 상세히 다루고자 한다.

둘째, AI 역기능 예방을 통한 사회적 수용도를 제고하는 정책이 필요하다. AI의 지속가능한 발전과 신뢰할 수 있고 책임 있는 AI를 구현하기 위해 그 역기능을 예방할 수 있는 가이드라인과 규제가 필요하다.[18] 그런데 앞서 제시한 바와 같이 AI 거버넌스 원리와 바람직한 가이드라인이 효과적으로 실행되기 위해서는 정부의 엄격한 규제와 통제보다는 시장을 통한 민간의 자율 규제를 기본으로 하는 것이 바람직하다. 역기능에 대한 과도한 규제는 혁신을 저해하고 AI 성능을 저하시키는 부작용을 야기할 수밖에 없기 때문이다. 그동안 AI는 성능을 높이기 위해 모델을 복잡하게 만들고, 많은 데이터를 활용해 학습시키는 방식으로 발전했다. 모델이 복잡해지면 성능은 높아지지만 투명성과 설명가능성은 저하되며, 많은 데이터를 활용하면 개인정보를 침해할 확률도 높다. 또한 데이터에 기반한 최적 의사결정은 데이터에 포함되지 않은 소수 집단에 불공정한 판단을 내리게 된다. 결국 개인정보보호, 투명성, 공정성 등을 엄격하게 규제하게 되면 AI의 정확도는 떨어질 가능성이 높다.

반면에 아마존과 구글이 무인무기개발 사업이나 치안당국을 대상으로 한 안면인식 AI 사업을 스스로 포기한 사례는 민간의 자율 규제의 중

---

18 하버드 버크만클라인센터에 따르면 각국 정부, 비영리 기관, 국제 기구, 민간 기업 등에서 약 80여개의 AI 원칙을 발표했으며, 8개의 대원칙으로 구성되어 있다. HARVARD BERKMAN KLEIN CENTER (2020)

요성을 보여주고 있다. 사회와 고객을 포함한 이해관계자가 원하지 않는 AI는 시장과 기업에서 도태되는 것처럼 시장에서 AI 역기능과 신뢰가 거래될 수 있어야 한다.

물론 기업들이 자율적으로 움직이도록 하기 위해서는 정부 주도의 인프라 구축, 개인정보 보호 정책, 제반 데이터 확보 가이드라인, 혁신친화형 정책 기조 등 정부가 감당하여야 할 역할도 적지 않다. 다만 정부의 AI 역기능 예방 노력에 있어서 당위론적 관점보다 어느 정도의 신뢰수준을 요구할 것인지, 이를 위해 어느 정도의 비용을 감당해야 할 것인지에 대한 사회적 공감에 기반하여 합리적 판단을 내려야 한다. 정부는 AI의 신뢰성에 대한 이해관계자의 요구와 기업의 대응 역량 간의 미스매치가 발생한 상황에 개입하여 이를 해결하기 위한 노력에 집중하는 것이 바람직하다. 가령 AI에 대한 설명가능성에 대한 사회적 요구가 높지만 기술의 한계로 인해 기업이 이에 적절히 대응하지 못한다면, 정부는 합리적인 수준의 규제안을 마련하고, 기업이 관련 역량을 확보할 수 있도록 연구개발 자원을 지원해줄 수 있을 것이다.

AI 인재양성과 교육 혁신

지금까지 살펴 보았듯이 AI 기술의 발전과 디지털혁신은 광범위한 산업과 사회의 대전환을 가져와 새로운 경제 성장 기회를 제공하는 반면, 일자리의 변화와 계층 간 갈등, AI로 인한 부작용 등 혼란도 우려된다. 이런 도전과 위협에 능동적으로 대처하기 위해서는 AI와 디지털 역량을 가진 인재를 서둘러 체계적으로 육성할 필요가 있다.

이를 논의하기 전에 먼저 우리가 당면하고 있는 네 가지 이슈들을 고려해야 한다. 첫째, 우리나라는 현재 세계 최저 수준의 출산율을 기록하고 있고, 급기야 2019년부터는 생산가능인구 규모 자체가 줄어들고 있는 상황이다. AI기술의 발전과 확산은 앞으로 이런 생산가능인구 감소 문제에 긍정적인 해결책이 될 수 있어야 한다. 둘째, 최근 급속히 증가한 최저임금수준과 주 52시간 근무제도 등 노동자 중심의 근로 환경 변화는 원래 의도와 달리 부작용도 나타나고 있지만 우리가 추구해야 할 미래의 방향이며 AI기술은 이를 실현시키기 위한 수단으로 활용되어야 한다. 셋째, 코로나19로 가속화된 원격 근무와 같은 디지털 근무 환경의 확산은 엄청난 데이터를 생성하게 되고 앞으로 AI가 더 큰 기여를 할 수 있는 영역이라 할 수 있다. 마지막으로 우리나라의 잠재 성장률이 계속 낮아지고 있는데, 이를 극복하기 위해서는 추격 경제에서 탈추격 경제로의 대전환이 필요하다.[19] AI 시대 우리는 기존 선진기술과 비즈니스모델을 빨리 모방 학습하는 인재가 아닌, 새로운 혁신과 비즈니스모델을 창조하는 인재가 필요하다. 이는 AI 기술에 대한 학습뿐 아니라 이를 활용하여 아무도 시도하지 않은 미래의 새로운 경로를 탐색하고 도전하는

---

19 김세직 교수는 지난 90년대이후 매 5년마다 경제성장률이 1%씩 하락하고 있음을 발견하고, 그 원인이 모방에 치우친 인적자원이라고 밝히고 있다 김세직, 모방과 창조, 브라이트, 2021

인재를 키우기 위한 교육 방식의 근본적인 혁신이 필요함을 시사한다.

AI 인재 역량과 유형의 분류

한국공학한림원 AI 포럼[20]에서 백은옥 교수는 AI 인재 교육을 1)AI 원천 기술개발을 위한 석박사급 인력을 육성하는 AI 핵심 전문인력 육성과 2)각 분야에서 AI를 활용하여 혁신과 성과를 창출하는 AI 활용 실무인력 육성, 그리고 3)일반인을 대상으로 AI 기초 소양을 교육하는 누구나 AI 인력 육성의 세가지 그룹으로 분류하였다. 각 그룹의 인력 규모는 누구나 AI 인력의 1%가 AI 활용 실무인력으로 추산되며, 또 AI 활용 실무인력의 1%가 AI 핵심 전문인력이 될 것으로 예상하고 있다.

우리나라가 AI 강국이 되기 위해서는 당연히 AI 기술개발을 담당하는 핵심 전문인력의 육성도 중요하지만, 이 책에서는 실제 AI를 활용하여 자신의 업무나 생활에서 지금보다 더 나은 경제사회적 가치를 창출하는 혁신을 수행하는 AI 활용 실무인력을 포함하여 상당한 수의 누구나 AI 인력의 육성을 위한 교육 혁신 방안을 중점적으로 다루고자 한다. 이 두 그룹의 인력이야말로 많은 산업과 사회 부문에서 AI로 인해 대체되거나 새로운 스킬 변화가 요구되는 인력이라 할 수 있으며, AI로 인해 일자리를 상실하지 않고 오히려 AI를 활용하여 더 높은 성과를 낼 수 있는 스킬과 역량을 보유하는 것이 무엇보다도 중요하기 때문이다.

기존 연구나 보고서는 AI 및 4차산업혁명 시대에 필요한 다양한 스킬이나 역량 등을 제시하고 있는데, 예를 들어 2021년 발표된 맥킨지 보고서에서는 AI로 인해 요구되는 4가지 스킬이나 역량으로서 1)비판적 사

---

20 https://www.youtube.com/watch?v=U9uYAuf-wCA

고와 기획, 의사소통과 창의성 같은 인지적 역량과 2)협상이나 사회적 관계, 팀워크 같은 인간관계 역량, 3)자신의 성찰과 관리, 기업가정신과 목표의식과 성취감 같은 자기리더십, 그리고 4)디지털 소양literacy과 소프트웨어 이해와 개발, 그리고 디지털시스템을 이해하는 디지털 역량을 포함하고 있다. 이주호 전 교육부 장관 등도 AI시대에 핵심적으로 필요한 역량으로 창의성과 비판적 사고, 인성과 융합역량, 그리고 컴퓨팅 사고력이 중요함을 역설한다.[21]

특히 과거 1차산업혁명의 성과가 일반 시민들에 대한 수학과 과학의 보통 교육에 의해 결정되었듯이 AI와 4차산업혁명 시대의 성과는 공교육을 통해 컴퓨팅 사고력computational thinking을 보유하고 있느냐에 성패가 달려 있다고 할 수 있다. 컴퓨팅 사고력이란 컴퓨터를 이용하여 문제를 해결하는 능력으로서, 데이터의 개념과 다양한 데이터를 처리해서 문제를 해결하는 알고리듬의 개념을 이해하고, 다양한 알고리듬을 실제 컴퓨터에 구현하는 기본적인 프로그래밍 능력을 총칭한다. 지금까지는 모든 사람들이 기본적으로 글을 읽고Reading, 쓰며wRiting, 기본적인 산술aRithmatic을 하는 3R이 기초 역량이었다면, 이제는 추가적으로 컴퓨터 프로그래밍pRogramming을 포함한 4R이 새로운 기초역량으로 필요하다는 것이다. 하지만 안타깝게도 대한민국의 현재 실정은 대학에 입학하고 있는 학생들의 95% 이상이 컴퓨팅 사고력에 관련된 교육을 전혀 받지 못한 상태로 진학하고 있으며, 전 국민의 95% 이상이 디지털 문맹이라고 해도 과언이 아니다.

그럼 과연 디지털 문맹을 극복하고 AI 활용 인재를 양성하기 위해 초중고 학생들에 대한 SW 및 AI 관련 정보기술 교육과, 일반 대학과 경영

---

21 이주호, 정제영, 정영식 (2021) AI 교육혁명, 시원북스

및 금융 분야를 아우르는 경영대학원에서의 AI 교육, 그리고 기존 산업 현장 인력의 재교육 과정으로서 AI 기술 활용 교육을 어떻게 제공할 것인지 차례로 살펴보자.

초중등 과정의 AI 교육 혁신

컴퓨터와 AI로 인한 자동화가 거의 모든 산업뿐 아니라 우리가 접하는 일상생활에서도 쉽게 찾아볼 수 있는 세상이 되면서 기존 세대에게 구구단 계산 능력이 꼭 필요하듯이 미래 세대에게 컴퓨터를 통해 문제를 해결하는 컴퓨팅 사고력이 필수적인 역량이 되고 있다. 따라서 앞으로는 초중등교육부터 컴퓨팅 사고력을 기를 수 있도록 SW 코딩과 이를 통한 문제해결 사고방식을 학습해야 한다. 그러려면 당연히 관련 과목의 충분한 교육 시수를 확보해야 하며, 초중등 과정에서 상호 교육 연계가 잘 이루어지도록 하는 시스템이 구축되어야 하는 동시에 이에 필요한 정보교사 등 교육 자원의 확보 등이 절대적으로 필요하다.

미국이나 중국 그리고 영국을 비롯한 많은 국가들은 이미 10여년 전부터 컴퓨팅 사고력을 키울 수 있도록 초중등교육(K-12 교육)을 획기적으로 혁신해서 실행하고 있다. 예를 들어 영국은 이 기간 동안 컴퓨팅 사고력을 키울 수 있는 교육 시수가 374시간이며 중국도 212시간이나 되는 데 반해, 우리나라 정보교과 교육 시수는 전체 시수의 1%가 채 안 되는 54시간으로 형편없이 낮은 수준이다. 하지만 이를 확대하려고 하면 기존 교과의 교육 시수가 축소될 수밖에 없고, 그러면 당연히 다른 분야 교사들의 저항을 가져올 수밖에 없다. 게다가 정보교과를 교육하는 데 필요한 역량 있는 교사의 절대적인 부족도 현실적으로 큰 문제가 아닐 수 없다. 이런 공교육의 한계는 결과적으로 SW등 정보교과에 대한 사교육의 등장을 불러와 소득계층간 디지털 역량의 양극화 문제 등을 더욱 악화시키고 있다.

이런 문제에 더해 초중등과정에서 컴퓨팅 사고력을 배양하고 관련 SW나 AI 교육을 위한 컨텐츠와 도구의 개발도 시급히 필요하다. 미국이나 중국[22]의 경우 정부기관뿐 아니라 MIT[23]를 포함한 여러 대학이나 IBM, 구글 등의 민간기업[24], 그리고 비영리단체 등에서 초중등 과정(K-12) AI 교육을 위한 컨텐츠와 도구 등의 자원이 많이 개발되어 실제 교육 현장에서 활발히 활용되고 있을뿐 아니라 그 성과에 대한 연구결과도 공유 확산되고 있다. 물론 국내에서도 교육부나 EBS와 같은 공공기관뿐 아니라 AITOM이나 노리KnowRe와 같은 에듀테크edutech 스타트업과 KT나 LG와 같은 대기업이 교육 컨텐츠 개발과 개인 맞춤형 AI 교육 서비스를 제공하고 있으나 아직 그 활용도는 AI 선도 국가와 비교하면 미흡한 수준이다.[25]

이런 문제를 해결하기 위해 현재 교육부를 중심으로 2022년 개정 초중등교육과정 논의가 이루어지고 있는데, AI 시대에 우리가 선응적으로 대처하기 위해서는 1)학생들이 컴퓨팅 사고력에 익숙해지는 데 필요한 교육 시수를 최소한 초등학교 3학년부터 고등학교 1학년까지 8년간은 매주 1시간 이상 시수를 배정해서 체계적으로 가르쳐야 하며, 2)모든 기존 교원들에게 기본적인 컴퓨팅 사고력에 대한 개념을 익힐 수 있도록 보수 교육을 제공하고, 3)모든 예비교사들이 컴퓨팅 사고력에 대해

---

22 미국의 경우 List of Resources - AI4K12, 중국의 경우 Mo − AI Teaching and Training Platform (momodel.cn)참조

23 RAISE (mit.edu)

24 Free Artificial Intelligence Courses for Students and Educators (skillsbuild.org), Education - Google AI

25 초중고등학생을 위한 AI 교육플랫폼 AI EDUTOM, 노리 AI 스쿨 수학 (knowre.co.kr), KT AI Coding Block, LG가 출시한 초거대 AI '엑사원', "넌 무엇을 할 수 있니?' : 네이버 포스트 (naver.com)

이해할 수 있으며 전공에 관계없이 모든 교과목에서 SW 및 AI를 융합한 교육을 할 수 있도록 현재 교육대학과 사범대학의 교육 체계를 대폭 개선해야 하는 동시에, 4)교육부는 교사 임용 시험에 이렇게 개선된 역량을 반드시 평가하는 것이 필요하다. 또한 정보교과 이수를 관련 학과 대학입시에 반영하는 것도 대학 자율에 맡기도록 해야 한다. 5)마지막으로 이런 SW와 AI관련 교육 컨텐츠와 도구 및 사례 자료와 같은 자원을 적극적으로 개발 확보하고 이를 공유 확산해야 한다. 하지만 이해관계가 복잡하게 얽혀있는 현재의 교육 현실에서 이러한 제안이 2022년 개정 초중등교육과정에 반영되어 실행되기 위해서는 국가 차원의 획기적인 정책 의지만이 해결할 수 있는 유일한 길이다.

대학의 AI 교육 혁신

한편 대학에서도 모든 전공에서 기존 전공분야의 지식과 역량에 더해 AI와 SW 관련 기술과 역량을 융합한 교육 내용과 방식, 인프라 등의 혁신이 필요하다. 첫째, 과학기술 분야뿐만 아니라 사회과학, 경영학, 인문학, 법학, 예술까지도 인공지능을 활용하거나 그 영향을 받게 되었고, 따라서 거의 모든 대학 전공에서 인공지능 교육이 요구되고 있다. 이제 전공 간 벽을 허물어 융합을 촉진하고, 각 분야에서 필요한 인공지능 교육 컨텐츠를 개발하고 교수를 확충하며 온라인 교육을 적극 활용해야 한다. 여기에는 각 분야 전공 지식과 역량에 더해 창의성, 문제 식별 및 정의와 해결 능력, 다양한 시각으로 의문을 갖고 새로운 접근과 논리적인 해결방향을 제시할 줄 아는 비판적 사고능력, 분석을 넘어 종합 설계하여 창조하는 능력, 커뮤니케이션, 팀워크, 리더십, 대인관계 등의 소프트스킬, 그리고 컴퓨팅 사고력과 AI 등 SW 기술에 대한 이해가 포함된다.

둘째, 이런 미래역량 교육을 위해서는 종래 일방적인 전달 방식의 강의에서 탈피하여 학생 참여와 상호작용을 극대화한 다양한 혁신적 교수법 등 교육방식 및 체제의 혁신이 필요하다. 예를 들어 액티브러닝, 프로젝트기반학습PBL, 거꾸로학습flipped learning 등 교육자 중심이 아닌 학습자 주도 방식으로 바뀌어야 한다. 또한 기존 대면 방식의 교육에서 이제 온라인과 오프라인이 융합된 교육 방식으로 바뀌어야 한다. 이미 MOOC 플랫폼과 온라인 기반의 대학이 등장하고 있고, 정규 학위보다 특정 분야와 기술에 대한 나노디그리nanodegree[26] 혹은 자격증certificate 프로그램이 확산되고 있으며 COVID-19는 이런 변화를 가속화하고 있다. 여기에 온라인 교육 플랫폼 환경에서 AI를 적용하면 학습 컨텐츠를 지능화할 수 있고 학생의 학습 수준과 필요에 따른 개인맞춤형 학습이 가능해질 수 있다.

셋째, 전공분야 별 AI와 디지털 역량 교육에 대한 대안으로 이공계 학생들에게는 인공지능을 교양 필수로 하고 전공별로 인공지능 응용 교과목을 최대한 늘려야 한다. 그리고 예술 및 인문사회 학생들에게도 인공지능의 이해와 활용을 위해 최소한의 컴퓨터 프로그래밍 교육이 필요하다. 데이터 수집 및 처리, 텐서플로우, 파이토치 등의 인공지능 도구 라이브러리를 활용하는 데 기초 코딩과 컴퓨팅 사고력, 문제해결 기초 역량이 필수적이기 때문이다. 또한 AI 윤리와 사회적 이슈에 대한 이해 역시 전공과 상관없이 모든 학생들이 갖추어야 할 기본 지식이 되어야 한다.

넷째, 각 전공분야에서 AI역량 교육을 강화하기 위해 공통적으로 3가

---

26 유다시티는 MOOC 서비스를 통해 기업이 원하는 분야의 학습성과와 역량을 보증하는 나노디그리를 제공함으로써 맞춤형 인재를 육성하고 있다. 이와 유사하게 온라인 학습성과를 인정하는 디지털뱃지(digital badge)나 자격증(certificate)을 발급하는 프로그램도 있다.

지가 필요하다. 1)인공지능 및 응용 전공 교수를 최대한 확보하되 인접 전공분야 교수들도 인공지능을 학습하게 하는 등 재교육 및 전환이 필요하다. 2)인공지능의 모든 내용을 교수가 직접 가르칠 필요가 없으며 MOOC 등에 있는 온라인 강의를 최대한 활용하고 조교 및 온라인 교육 인프라의 지원을 받는 것이 좋다. 3)인공지능은 이론교육에서 벗어나 전공분야 별 응용 실습 및 프로젝트를 개발하여 프로젝트 기반, 문제 기반으로 가르치는 것이 가장 효과적이다. 이는 해당 전공 교수가 인공지능을 공부하고 인공지능 전공 교수와 협업하면 가장 잘 개발할 수 있다.

이러한 인공지능 교육 및 실험실습 컨텐츠의 개발, 그리고 이를 위한 온라인학습 플랫폼 구축에 정부 및 학교의 전폭적인 지원이 시급하며 결국 이를 가능케 하는 정부 정책결정자들과 대학의 강력한 리더십이 필요하다.

경영대학원의 AI 교육 혁신

경영대학원은 경영전문석사[MBA] 과정을 통해 산업 현장에서 AI를 활용하여 생산성을 높이고 새로운 가치를 창출하는 경영자를 육성하는 교육기관이라 할 수 있다. 한때 MBA 학위는 미래 CEO가 되기 위한 필수 코스로 여겨지고 높은 연봉과 취업 기회를 보장받기도 했지만, 최근에는 경영대학의 전통적인 교육 내용과 커리큘럼이 산업 현장의 급속한 환경 변화에 따른 새로운 인재의 수요를 따라가지 못한다는 거센 비판을 받고 있기도 하다. 그 결과 전세계적으로 MBA 과정에 대한 수요가 줄어들고 있는 상황에서 AI 기술의 급속한 발전은 경영대학에 위기감과 함께 새로운 도전의 기회를 주고 있다.

AI 기술의 발전은 기업의 많은 비즈니스 프로세스를 자동화하고, 경영의사결정을 지능화하며, 고객이나 대상의 특수한 요구나 상황에 맞춘 개인화 서비스를 가능케 하는 등 비즈니스 모델뿐 아니라 경영 방식 자체와 조직 성과에 엄청난 영향력을 가져올 수 있다. 마케팅이나 고객분석, 공급사슬관리나 생산운영관리, 채용과 인재육성 같은 인사관리와 투자와 같은 재무관리 분야에서 이미 AI를 활용한 성공사례가 보고되고 있다. 많은 대기업이 AI 도입을 위한 전사 차원의 투자를 하고 있고 AI 기반의 신생 벤처기업 창업이 활발히 이루어지고 있어 AI와 경영지식을 융합한 인재의 수요는 앞으로 급속히 증가할 것으로 예상된다.

하지만 아직까지 AI 기술이 경영에 접목되어 획기적인 성과를 창출한 사례가 기대에 못 미치는 이유는 AI기술의 한계라기보다 AI 기술을 경영 문제 해결에 적절하게 활용할 수 있는 실무 인재의 부족과 함께 기존 기업의 경영방식과 조직문화가 아직 AI를 수용할 변화가 이루어져 있지 않기 때문이다. 이와 같은 간극을 메우기 위해 경영대학의 역할은 필수적이다.

그러면 경영대학은 AI 경영 실무 인재를 육성하기 위해 어떻게 교육을 혁신해야 할까? 세계적인 선도 경영대학원들은 AI를 접목한 경영 교육 혁신에 있어 다음 5가지 요인을 고려하고 있다. 첫째, 프로그램 측면에서는 AI 기반 기술을 이해하고 이 기술을 경영에 접목하는 배경과 맥락을 이해하여 창의적인 사고를 할 수 있도록 하며, AI 기술 엔지니어들과 효과적으로 팀을 구성하여 협업할 수 있는 역량을 함양하는 데 중점을 두어야 한다. 특히 MBA의 경우 AI기술에 대한 이해를 바탕으로 특정 산업에서 이를 적용한 서비스와 상품을 개발하고 운영관리의 효율화를 주도하는 오케스트라의 지휘자 역할을 수행하는 것을 목표로 한다. 반면에 최고경영자 수준에서는 AI 기술 관련 전략과 이를 활용할 수 있는 리더십과 함께 변화관리자를 양성하는 것이 중요하다.

둘째, 이를 위한 커리큘럼으로서는 기본적인 기술 지식을 증진시키는 데이터마이닝, 데이터 관리와 거버넌스, 예측모델링 교과목과 함께, 특정 산업 및 분야의 사례연구와 마케팅/생산운영관리/재무회계/인사조직 영역 등에 AI 기술이 어떻게 접목될 수 있을지를 배우는 교과목, 그리고 변화관리 및 리더십, 윤리와 관련한 교과목이 도입될 수 있다.

셋째, 운영모델 혹은 교육 전달 방식에 있어서는 토론 수업을 위한 대면 강의, 많은 과정생이 기본 기술 지식을 배울 수 있는 온라인 강의, 기초지식 교육을 위한 녹화된 온라인 강의, 중요한 지식 전달과 소통을 위해서는 줌Zoom 등을 활용한 라이브 온라인 강의 그리고 1:1 온라인 세션 등 다양한 모델을 고려해볼 수 있다.

넷째, 협업 측면에서는 산업계와의 긴밀한 협업이 확대되어야 하며, 컨설팅업체나 산업체와 공동으로 학생들이 학습한 데이터 분석 기술을 실제 파트너 기업 현장 문제 해결 프로젝트에 접목하는 노력 등이 활성화되어야 한다.[27]

다섯째, 경력관리 측면에서 경영대학 학생들의 역량이나 관심사와 잘 매칭되는 회사나 직무 추천을 위해 경력관리 서비스 자체를 고도화하는 데에 AI 기술을 적극 활용해야 하겠다. 또한 이 모든 과정을 상호 연계하여 통합적으로 운영하고, 학제간 융합연구를 활성화하도록 AI연구센터를 구축해야 한다.

결론적으로 미래 경영대학의 미션은 AI 기술을 잘 이해한 후 어떠한 기술이 당면한 경영 문제를 해결하는 데 효과적일지 판단하고, 여러 영역의 전문가들과 함께 AI 프로젝트를 진행하여 성공적 융합을 만들어내

---

27 https://www.businessbecause.com/news/in-the-news/3585/imperial-college-deepens-big-data-ties-with-kpmg

며, 고객과 기업에게 가치를 제공하는 인력을 양성하는 것이라 할 수 있다. 이를 위해 경영대학은 기존의 전통적인 프로그램과 커리큘럼, 교육 방식과 산학협력 등에서 스스로 파괴적 혁신을 하지 않으면 앞으로의 존재 가치를 걱정해야 할 것이다.

금융 분야의 AI 교육 혁신

여러 경영 분야 중에서도 특히 금융 분야는 본래부터 데이터와 재무 지식을 기반으로 한 서비스를 제공하고 있으며, 디지털화와 AI 기술 발전으로 인해 다음과 같은 변화가 확산되고 있다. 고객의 거래 형태가 대면에서 온라인으로 변하고 있고, 많은 금융업무가 자동화되고 있으며, 여러 금융기관에 흩어져 있던 고객의 데이터가 통합되어 공유되고 있는 동시에, AI 기술과 데이터과학의 발전으로 빅테크나 핀테크와 같은 새로운 기업들이 생겨나면서 경쟁 상황이 급변하고 있다. 이러한 기술적 변화로 인해 금융산업이 찾고 있는 인재상도 바뀌어, 점점 더 정보통신 및 AI기술에 능통한 인재를 원하고 있다. 하지만 전체적으로 금융 분야의 일자리가 줄어들고 있는 상황에서도 이러한 AI기술 역량을 가진 금융인력의 공급은 수요에 비해 턱없이 부족하다.

이에 따라 경영대학은 기존의 금융 과목 외에 전산, 통계, 프로그래밍, 핀테크 과목들을 추가로 개설하고 있다. 또한 AI 기술과 데이터 관련 과목을 이미 개설하고 있는 공과대학은 기본 금융 과목들을 새롭게 추가하여 학생들을 교육함으로써 인력 수요의 한 축을 담당하고 있다. 최근에는 특정한 주제에 관련된 단기과정 개설이 증가하는 추세이며, 이 경우 경영대학에서는 핀테크 창업과 그에 관련된 금융 지식을, 공과

대학에서는 기계학습이나 블록체인과 같은 특정 기술을 가르치고 있다.

KAIST 금융전문대학원의 경우 두 형태의 과정을 모두 개설하고 있다. 디지털금융MBA는 금융과 데이터 사이언스 융합 교과과정으로서 인공지능과 데이터 사이언스, 핀테크 창업, 금융투자 및 자산운용의 세 분야 전문가를 배출하기 위해 교과목이 구성되어 있다. 첫 단계에서 학생들은 기초적인 코딩 능력과 데이터를 다루는 과목과 함께 '금융과 AI 기술에 대한 윤리와 사회적 책임' 강의를 개설한다. AI 기술자들과 금융산업 전문가들에게는 다른 산업의 종사자들보다 더 강한 윤리 의식이 요구되기 때문이다. 그 다음 단계로는 디지털 기초 교육과 기본적인 금융 기초 개념을 교육하며, 마지막 단계로 세 개의 집중 분야 가운데 학생들이 적성에 맞게 선택한 분야에 대한 교육이 이루어진다. 단계별 교과목 수강을 통해 학생들은 핀테크 창업과 금융산업의 디지털 전환을 위한 능력을 갖춘 금융인력으로 양성될 것이다.

이외에 개별 금융회사들도 기존 직원들의 디지털 능력 강화를 위해 대학이나 금융연수원 등을 통해 위탁교육이나 재교육을 강화하고 있다. 최근에는 FinEDU와 같은 교육 스타트업 회사도 생겨나 AI 금융교육을 지원하고 있다.

AI 시대에 금융 교육 혁신이 성공적으로 이루어지기 위해 다음과 같은 정책적 변화가 필요하다. 첫째, 앞서 언급했듯이 초중등교육과 대학 교육 과정에서 확실히 컴퓨팅 사고력의 기반을 갖추어야 한다. 둘째, 경제학적인 연구 능력과 고도화된 AI 기술을 모두 갖춘 금융분야의 박사 인력을 교수진으로 양성할 필요가 있으며 이를 뒷받침하기 위한 재정적인 지원이 병행되어야 할 것이다. 셋째, 마이데이터 사업자와 같이 대학 한테도 데이터공유가 허락되어야 한다. 이런 서비스가 가능하면 한국금융산업에 대한 연구와 교육이 더 활발히 일어나게 될 것이다. 마지막으로 금융산업에 특화된 AI인프라가 구축된다면 전문적인 연구자, 현장의 전문가, 재야의 전문가, 금융산업에 관심있는 초보자들 모두 서로의 지식을 공유할 수 있다. 이처럼 경영대학과 금융기관이 협력하여 디지털금융을 선도할 인력을 육성하도록 재정적 제도적 뒷받침이 필요하다.

재교육 및 평생학습으로서 AI 교육 혁신

AI 활용 실무인력의 양성은 고등교육기관의 공식 학위과정뿐 아니라 수요자 중심의 재교육이나 평생학습 등 비학위교육[28] 과정에 의해서도 이루어져야 한다. 그 이유는 1)기존 대학의 학위과정을 통해 AI 활용실무인력을 육성할 수 있는 규모에는 한계가 있을 뿐 아니라, 2)AI 기술을 학습하는 데 있어 개념적 이론적 지식에 더해 실제 현실 문제 해결 과정을 통해 경험적으로 습득하는 것이 더 중요하며, 3)이때 현장의 문제와 관련 데이터를 확보한 주체는 수요자 혹은 수요기업이기 때문이다. 또한 기존의 현업의 전문가나 근로자들에게 AI 기술을 집중적으로 교육하는 것이 AI기술자들에게 각 산업이나 분야별 도메인 지식을 체계적으로 정리하여 교육하는 것보다 더 효율적일 수 있는데, 그 이유는 각 분야별 도메인 지식 중 상당 부분이 오랜 경험과 암묵지tacit knowledge형태로 존재하며 이런 지식은 빠른 시간에 학습하기 어렵기 때문이다.

물론 대학이나 고등교육 기관에서 AI 교육을 위해 탄력적으로 운영되는 비학위과정을 제공할 수 있지만[29] AI 교육의 필요성이 절박한 기업이

28 재교육 및 평생학습은 정식 학위 취득이 아니라 필요한 분야의 지식과 경험, 스킬 등을 학습할 수 있는 모든 교육과정을 의미하며 여기에는 공공기관이나 대학, 민간 기업이나 비영리조직에서 제공하는 성인교육이나 기업체 교육, 자기개발 학습 프로그램 등을 포함한다. 교육 방식은 대면이나 온라인 혹은 하이브리드 방식 등 다양하게 제공되고 있다.

29 최근 일부 전문가들은 학령인구의 감소와 AI로 인한 재교육 및 평생학습의 필요성때문에 결국 대학교육의 미래는 이런

나 개인들의 경우 이미 다양한 형태의 수요자 중심의 교육 방식을 활용하고 있다. 먼저 대기업을 중심으로 AI 교육 플랫폼과 조직을 구축하여 기존 직원들이 AI 지식을 학습하도록 교육 컨텐츠를 제공하고, 이를 활용하여 자신의 분야에서 문제를 해결하고 성과를 높일 수 있도록 개인 멘토링이나 프로젝트를 통한 도제식 방식으로 스킬과 역량을 교육하는 기업 주도형 방식이 있다. 기업 내부의 해결해야 할 실제 문제를 프로젝트로 정의하고 이때 필요한 데이터를 외부 유출없이 자체적으로 보유하고 있어 기업 니즈에 적합한 AI 교육과 실제 성과 창출이 가능하다는 장점이 있다. 하지만 막대한 비용과 노력이 소요되고 필요한 AI전문가와 교육 컨텐츠 등을 외부 대학이나 전문기관 간의 협력을 통해 지원받아야 한다는 문제뿐 아니라 기업 내부에 AI 전문가가 많지 않은 비IT분야의 대기업이나 자원이 부족한 중견/중소기업들에게는 사용하기 어려운 방식이라 할 수 있다.

두 번째는 커뮤니티형으로서 특정한 AI 교수진 없이 AI 기술을 학습하고자 하는 교육생들이 공동 프로젝트 수행과 상호 협업 및 토론 과정을 거쳐 스스로 학습하고 성장하는 방식이다. 예를 들어 교재도 없고, 강사도 없이 학생들이 스스로 SW와 AI기술을 배워나가는 프랑스의 에꼴42는 2013년 처음 개교한 이후, 현재 전세계 38개 학교로 확장되고 있다. 우리나라에서도 모두의연구소가 제공하는 120여개의 오픈형 AI 연구 커뮤니티 모임에 2,000명이 자발적으로 참여하여 성과를 내고 있고, 동시에 아이펠이라는 AI학습 플랫폼을 제공하여 실습형 AI 교육 컨텐츠와 학습관리시스템, 그리고 개발 도구 등을 제공하는 6개월 과정의 무료 교육 커뮤니티를 전국 8곳에서 운영하고 있다. 커뮤니티형 AI 교

수요자 중심의 재교육이나 평생교육 프로그램을 제공하는 데 달려있다고 주장하고 있기도 하다.

육은 AI를 활용한 맞춤형 학습시스템을 통해 학습자가 자기주도적으로 학습할 수 있다는 장점이 있긴 하지만 커뮤니티 내 전문가의 유무가 커뮤니티 멤버들의 실력 향상에 큰 영향을 미친다는 한계가 있다.

세 번째는 다수의 지식 공유자가 누구에게나 지식을 공유하고 수익을 벌 수 있는 지식공유형 플랫폼 방식이 있다. 해외의 유데미Udemy나 국내의 클래스101, 탈잉 등이 여기에 해당한다. 자기성장과 평생 학습에 초점을 둔 지식공유형 플랫폼들은 전문가들로부터 다양한 현장 실무형 지식의 빠른 공급을 받을 수 있으며 이를 통해 학습자들은 관심있는 AI 관련 현장 실무 지식을 비교적 용이하게 습득할 수 있다. 예를 들어 유데미의 파이썬 강좌의 경우 3,300만 명 이상이 학습했으며, 규모의 경제 효과로 강좌당 15,000원 수준으로 공급하고 있다. 머신러닝 과정은 660만 명 이상이, 인공지능 과정은 230만 명 이상이 수강하여 AI 시대의 새로운 교육 시스템을 실현하고 있다. 그러나 이 방식은 강의에 따른 품질 편차 외에도 어떻게 필요한 강의를 결합하여 커리큘럼을 구성해야 하는지 학습자 스스로 판단해야 하는 한계가 있다.

마지막으로 MOOCMassive Open Online Course로 대표되는 코세라Coursera, 유다시티Udacity, eDX 등 전문가강의형이 존재한다. 우리나라도 정부주도의 K-MOOC와 민간기업 주도의 패스트캠퍼스 등이 있으며 다양한 분야의 강의 중에 AI 관련 과목들도 제공되고 있다. 이들 플랫폼은 강의 수강 자체는 대부분 무료로 제공되지만 실제 이력서나 취업에 도움이 되는 특정 과목 수료증certificate이나 디지털뱃지badge 혹은 나노디그리nanodegree 등에 대해서는 비용을 요구한다. 이러한 비용 문제뿐 아니라 빠르게 변하는 AI 기술을 적시에 강의하는 컨텐츠가 얼마나 제공되느냐가 효과적인 학습에 관건이 될 수 있다.

이러한 재교육 및 평생학습을 위한 혁신적 AI 교육 방식들은 학위과정 교육보다 AI기술활용인력 수요에 빠르고 탄력적으로 대응함으로써 실무 교육 시장의 점유율을 높여가고 있다. 또한 각 유형의 AI 교육 방식은 서로 다른 방식의 장단점을 수정 보완하면서 지금도 끊임없이 발전해나가고 있어 앞으로의 미래가 기대되고 있다. 하지만 수많은 현장의 다양한 경험과 역량을 가진 근로자들을 AI활용실무인력으로 신속하게 전환하려면 그 규모를 확대할 필요가 있으며, 이를 위해 정부의 전폭적인 지원과 함께 기존 기업이나 대학과의 연계와 협력을 강화해 나가야 한다.

AI 인재양성과 교육혁신에 대한 정책 제언

디지털 전환과 AI로 인한 자동화의 급속한 확산은 컴퓨팅 사고력을 기반으로 AI기술을 활용할 수 있는 지식과 역량을 필수적으로 갖추도록 요구하고 있다. 즉, 정보와 AI 교육은 이제 국어, 영어, 수학과 같은 필수 과목으로 모두가 학습해야 하는 세상이 도래한 것이다. AI활용 인력의 육성과 이를 위한 교육 혁신을 위해 우리는 다음과 같은 제언을 하고자 한다.

1) AI 교육을 위한 교습자 확보를 위해서는 단기적으로 관련 분야 교사 및 교수들의 재교육을 강화해야 한다. 예를 들어 초중등교육과정에서는 정보교육 담당 교사가, 대학에서는 컴퓨터관련 공학, 수학, 통계학 분야의 교수가 AI 교육을 할 수 있도록 해야 한다. 중장기적 방안으로는 AI 관련 학과 정원 규제를 철폐해야 하며, 초중고 교육을 위해 사범대학과 교육

대학의 AI 교과과정을 추가하고, 학생 및 교수진을 확충해야 한다. 물론 초중고와 대학교육 과정에서 컴퓨팅 사고력과 SW 및 AI기술과 활용방법을 학습하는 데 필요한 정보 및 AI 관련 과목의 시수 비중이 반드시 확대되어야 함을 전제로 한다.

2) 또한 AI 교육 방식 자체에 있어 AI 기술을 활용함으로써 교육자의 불필요한 부담을 줄이는 동시에 효과적인 학습이 이루어지도록 해야한다. 현재 AI와 디지털기술을 활용하여 개인 맞춤형/지능형 학습을 위한 학습관리시스템LMS: learning management system과 지능형교육시스템ITS, intelligent tutoring system이 개발되어 사용되고 있으며, 개인 학생별 참여도를 모니터링하거나 학습 성과 평가와 피드백, 팀워크 관리 등을 위한 AI 솔루션도 활용되고 있다.[30] 이처럼 AI가 인간 교육자를 보조함으로써 과거 교육방식에서 불가능했던 학습자 중심의 개별 맞춤형, 지능형 학습이 이루어질 수 있게 되었다. 또한 학생들에게 AI 기반의 학습시스템에서 스스로 프로젝트 방식으로 서로 협력하여 문제를 해결하게 함으로써 창의성과 비판적 사고력, 의사소통과 팀워크 등 AI 시대에 요구되는 역량도 동시에 높여줄 수 있다. 인간 교육자가 효율적으로 하지 못하는 과업을 AI가 대신해 줌으로써 교육자는 인간이 더 잘 할 수 있는 과업에 집중하여 이제 단순 지식을 전달하는 역할에서 벗어나 학생들 개개인의 학습 코치나 학습설계자 역할로 변모해야 한다.[31]

3) 따라서 정부는 계층별, 지역별, 기업별 교육 격차를 해소하기 위해 기존의 MOOC 등에 더해 AI 교육에 필요한 컨텐츠와 온라인 실험실습 도구

---

30 예를 들어 미네르바스쿨의 경우 실시간 토론식 화상 수업시스템인 "CLASS"나 에세이 혹은 주관식 문제 답안을 자동으로 채점해 주는 "Gradescope" 등을 사용하고 있다.
31 이주호, 정제영, 정영식 (2021) 교육혁명, 시원북스

그리고 맞춤형/지능형 학습 시스템 개발을 적극 지원하는 동시에 이를 보다 많은 학습자들이 활용할 수 있도록 기회를 제공해야 한다. 예를 들어 초고속유무선통신망 같은 인터넷 인프라나 컴퓨터 시스템과 스마트 디바이스 등에서 격차가 없어야 하며, 수요자 요구에 따른 교육 컨텐츠와 도구 등이 개발되고 자유롭게 공유 활용될 수 있도록 교육기관뿐 아니라 에듀테크와 민간기업으로 구성된 생태계를 조성하는 데 있어 정부가 적극적으로 제도적, 재정적 지원을 하되 가급적 간섭하지 않도록 해야 한다. 새로운 교육 혁신을 선도하거나 적극적으로 수용하기 위해서는 결국 교육 전문가와 수요자들의 주도가 필요하며, 정부는 이러한 환경을 조성하고 걸림돌을 제거하며 필요한 자원을 제공하고 지원하는 것이 중요하기 때문이다.

4) 하지만 이러한 변화와 혁신을 어렵게 하는 가장 큰 장애물은 바로 정부의 제도적 규제와 교육기관 및 교육자의 이해관계와 갈등, 그리고 교육자들의 AI 교육역량 부족과 우리의 고정관념이라 할 수 있다. 예를 들어 교육자의 전달식 강의가 아닌 학습자 스스로 프로젝트를 통해 문제해결 능력과 협업 능력을 학습하도록 교육 방식을 바꾼다든지, 온오프라인 교육의 차별을 없앤다든지,[32] AI를 교육할 수 있는 교사의 양성을 위해 사범대학이나 교육대학원뿐 아니라 AI 전문지식과 역량을 가진 일반대학 졸업생들에게도 교원 자격증을 부여한다든지, 학령 인구 감소에 대비하여 대학의 평생교육 기능과 비중을 획기적으로 높인다든지 하는 변화는 매우 파괴적이어서 많은 저항이 예상된다. 이를 극복하고 초중등과정에서부터 기존 근로자들을 위한 평생교육 과정에 이르기까지 AI 교육에 대

---

32 최근 교육부는 온라인 비중이 20%를 초과하면 안 된다는 규제를 철폐하고 100% 온라인 교육으로도 학위를 받을 수 있도록 하였다.

한 혁신이 이루어지기 위해 가장 필요한 것은 바로 그 절박성에 대한 국민 모두의 공감대의 형성이라고 할 수 있다. AI 기술의 발전이 우리 사회와 경제, 그리고 개인의 삶에 미치는 영향력은 상상하기 힘들만큼 크다는 것을 정책결정자와 교육전문가뿐 아니라 모든 국민들이 제대로 이해하고 그 심각성을 충분히 공감하지 않으면 안된다. 이 책이 조금이나마 AI가 가져올 미래 우리 사회경제에 미칠 변화와 파급력을 이해하고 패러다임 전환 차원의 교육 혁신의 필요성을 절감하는 데 도움이 되기를 기대한다.

결론

이세돌과 알파고 간의 세기적 비둑대결로 인한 AI의 충격은 기계가 인간을 대체하고 지배할 것이라는 디스토피아적인 비관론과 함께 AI를 제대로 이해하고 잘 활용하여 바람직한 미래사회를 만들어가자는 현실론도 부각시키고 있다. 이 책에서는 AI 기술의 본질과 미래 발전 전망을 기초로 AI 기술의 강점을 잘 활용하여 우리 산업의 혁신과 경쟁력을 높이는 동시에 AI 기술이 갖고 있는 문제점을 보완하기 위한 방안으로 거버넌스체계의 구축이나 정부정책과 함께 AI 활용 인재를 육성하기 위한 교육 혁신 방안을 모색하였다. 우리는 여기서

- 경제성장이나 고용의 증가는 AI 기술 자체에 의해 저절로 일어나는 것이 아니라 우리 사회가 그리고 우리 인간들이 이에 대해 어떻게 대처하고 적응할지를 선택하는 것에 달려 있고,

- AI가 뛰어난 분야의 기능과 인간이 잘 하는 역량을 결합하여 더 나은 생산성과 가치를 창출하는 혁신을 가속화하는 것이 가장 합리적이고 현실적 대안이며,
- 따라서 AI기술을 이해하고 이를 활용할 수 있는 인력의 신속하고 체계적인 육성을 위해 초중등과정부터 고등교육과정 그리고 일반 국민들을 위한 재교육 및 평생교육 과정에 이르기까지 획기적인 혁신이 필요하며,
- AI가 장기적으로 지속가능한 발전을 하기 위해 5가지 거버넌스 원리와 가이드라인이 효과적으로 실행되어야 하는데, 이때 정부의 엄격한 규제와 통제보다는 시장을 통한 민간의 자율 규제를 기본으로 하는 것이 바람직하며, 대신
- 정부는 AI 도입의 고비용 구조를 해소하는 정책과 AI 역기능 예방을 통한 사회적 수용도를 제고하는 정책, 그리고 패러다임 차원의 교육 혁신을 위한 지원과 개혁이 필요함을 주장하였다.

혁신은 창조적 파괴이며 따라서 모든 혁신에는 크든 작든 고통이 따를 수밖에 없다. 그러나 혁신을 하느냐 못하느냐 그리고 그 혁신의 결과가 무엇이냐는 이런 고통의 크기와 비교할 수 없는 미래를 가져오게 된다. 구한말 우리의 잘못된 선택은 지난 100년 이상 우리나라를 고통에서 헤어나기 힘들게 하였다. 이제 AI와 디지털 대전환 시대를 맞아 지금 우리가 어떻게 대비하느냐가 또 다른 100년을 좌우하게 될 것이다.

저자 소개

안병훈

스탠포드 대학교에서 박사학위를 받고, KAIST
에서 30년 넘게 교수로 봉직하였다. 경영과학
과 에너지경제학분야로 연구를 시작한 후,
기후변화 협상, 사회책임경영, 디지털 플랫폼
모델 연구 등 시장경제의 외부효과를 기업
경영과 접목시키는 제반 연구와 교육을 수
행하여 왔다. 이에 기반한 경영교육의 모델
을 기획하여, 1996년 KAIST 경영대학을 설
립하기도 하였다. 본 AI 프로젝트도 유사한
관점에서 기획하고 참여하였다.

김영배

서울대 경제학과를 졸업하고 KAIST에서
석박사학위를 받았다. 미국 MIT에서 Post
Doc, 워싱턴 주립대학교의 방문교수, 태국
AIT에서 파견교수를 역임하였다. 1988년부
터 지금까지 KAIST 교수로 재직하고 있으
며 한국과학기술한림원 및 공학한림원 정회
원으로 활동하고 있다.

주로 우리나라 기업의 혁신 전략과 창의적
조직관리를 위한 연구와 여러 기업과 연구
소의 자문활동을 해 왔으며, 혁신형 중소기
업의 성장과 발전을 위한 지원 활동과 정
책 제안에 노력해 왔다. 한국전략경영학회
장과 기술경영경제학회장을 역임하였으며,
Management Science 와 Research Policy
등 국내외 학술지에 60여편의 논문을 게재
하였고 〈혁신의 시간〉등 3권의 저서를 출간
하였다.

1부

AI와 미래사회 : 당면한 위기와 기회

1장 • 서론

2016년 3월 우리나라에서 열린 이세돌 9단과 알파고의 바둑대결에서 일반인의 예상과 달리 알파고가 4승 1패로 일방적인 승리를 거둔 사건은 우리 국민들에게 큰 충격과 함께 AI의 존재와 파급력에 대해 실감하게 된 계기가 되었다. 이후 우리 국민들뿐 아니라 전세계적으로 AI에 대한 관심과 아울러 AI로 인해 앞으로 우리 사회와 경제가 어떻게 변화하게 될 지 기대와 우려가 교차하는 담론이 활발하게 진행되어 왔다.

'미래는 기계가 지배할 것인가 아니면 여전히 사람이 지배할 것인가?' 하는 질문에 많은 사람이 궁금해하고 있다. AI로 인해 수많은 직업이 기계로 대체되고 따라서 일자리를 잃은 국민들에게 기본소득을 제공해야 한다는 주장에 더해 2045년경에는 기계가 사람의 지능과 능력을 뛰어넘는 특이점singularity 시대가 도래할 것이며 기계가 사람을 지배하는 세상이 올지도 모른다는 극단적인 비관론을 주장하는 사람도 생겨나게 되었다.

반면에 AI는 기계일 뿐이며 절대로 사람을 뛰어 넘을 수 없고 엄청난 잠재력이 있는 동시에 기술적인 한계도 여전히 존재한다는 사실을 직시하고 우리가 현명하게 대처해야 한다는 주장이 점점 더 설득력을 얻고 있다. 이에 따라 학계와 산업계에서는 AI의 효용성과 기술 발전의 중요성을 인식하고 이에 대한 연구개발과 상업화 노력이 본격적으로 이루어지는 계기가 되었고, 정부에서도 AI 기술개발과 관련 인력 양성을 위한 여러 가지 정책과 투자 계획을 서둘러 발표하고 있다.

　AI가 미치는 우리 사회에 영향은 매우 광범위하다. 대부분의 산업과 경제경영 분야뿐 아니라 문화예술, 법률, 기초과학, 공학, 의학, 국방과 안보 및 외교 분야에 이르기까지 거의 모든 분야에서 이미 AI의 영향을 실감하고 있다. 이에 따라 미국과 중국을 위시한 대부분의 나라에서는 일찌감치 AI 관련 정부 정책을 수립 실행하고 있으며, 여러 국제기구나 대학, 연구소, 컨설팅업체 등도 AI에 관련한 수많은 보고서와 정책을 제안하고 있다. 또한 일반인을 위한 AI 기술의 소개와 미래사회에 대한 영향을 예측하는 책들도 출간되고 있다.

　이 책은 이런 사회 분위기와 환경에서 일반인과 정책결정자들을 염두에 두고 관련 전문가들이 모여 각자의 지식과 견해를 기반으로 토론과 논의를 통해 AI가 무엇이며, 향후 AI 기술 발전의 추세가 미래 우리 사회와 경제에 어떠한 영향을 미치게 될지, 그리고 우리나라에서 과연 AI 기술의 지속가능한 발전과 바람직한 활용을 위해 지금 우리가 어떤 준비를 해야하는 지에 대한 방향을 제시하고자 한다.

　이 책에서는 특히 AI가 미래의 우리 산업과 일자리에 미치는 영향에 초점을 두고 있으며 이에대비하기 위한 AI 활용 인재 육성과 교육 혁신 방안을 다루고자 한다. 처음부터 이 주제를 제안하고 전체 내용을 기획하며 조율해 온 후원자와 총괄 저자 두 사람 역시 AI 전문가가 아니라 AI가 우리 사회 경제에 어떤 영향을 미칠지 궁금해하는 경영경제 분야의 지식인 입장에서 세부 주제와 참여 집필진들을 구성하였다. 이에 따라 AI기술 분야 전문가뿐 아니라 경영경제 분야 및 AI 교육 혁신에 관심을 갖고 있는 전문가들로 구성되었다.

이 책은 서론을 포함하여 모두 13장으로 구성되어 있으며, 크게 3부로 구분될 수 있다. 1부는 이 책의 기초적인 내용으로서 AI기술에 대한 소개와 AI가 우리 미래 사회 및 경제에 미치는 영향에 대한 개괄적인 조망을 한다. 이어 2부에서는 시장 구조와 개별 산업에 AI가 미치는 변화와 영향력을 구체적인 사례와 함께 분석해 보고, 지속가능한 AI의 발전과 바람직한 AI 파급효과를 진작시키기 위한 거버넌스 체계와 정부정책에 대해 살펴볼 예정이다. 마지막으로 3부에서는 AI 시대에 필요한 역량을 갖춘 인력을 육성하기 위한 교육 혁신 방안을 구체적으로 제시하고자 한다.

1부. AI와 미래사회: 당면한 위기와 기회

3개의 장으로 구성된 1부는 AI기술에 대한 소개와 AI가 우리 미래 사회 및 경제에 미치는 영향에 대한 거시적인 조망을 하고자 한다. 먼저 1장 서론에서는 이 책의 배경과 다루고자 하는 내용의 목적 및 구성, 그리고 전체적인 개요에 대해 설명을 하고자 한다. 그런 후 각 장에서 다루려고 하는 주제에 대해 간략히 소개하고 왜 이런 주제가 중요한 지 배경과 시사점에 대한 설명을 한다.

2장에서는 이 책의 기본이 되는 AI란 무엇이며 실제 활용되고 있는 사례와 함께 향후 기술 발전의 추이를 살펴보고, AI가 갖는 한계와 문제점에 대해서도 알아보고자 한다. AI의 정의와 개념에 대해 설명을 한 후, 지금까지 AI 기술이 어떤 방식으로 발전해 왔으며 왜 영욕의 역사를 거쳐 왔는지에 대해 간단히 소개한다.

특히 모바일 시대 폭발적인 데이터의 증가와 함께 엄청난 연산능력을 갖추게 된 컴퓨터 기술의 급속한 발전 등에 힘입어 최근 획기적인 AI 알고리듬 기술로 주목받고 있는 기계학습machine learning이나 컴퓨터 비전computer vision, 자연언어처리natural language processing등 AI 세부 기술에 대해서도 활용 사례와 함께 알기 쉽게 설명을 하고자 한다.[1] 이러한 AI 기술의 놀라운 성능과 함께 현재 당면하고 있는 여러가지 문제점 및 기술적 한계가 무엇이고 따라서 향후 인공일반지능AGI: artificial general intelligence을 포함하여 AI 발전 방향과 추세에 대한 전망과 함께 미래 우리 사회경제에 어떤 영향을 미칠 수 있는지에 대한 화두를 던지고 있다.

이어 3장에서는 AI가 우리 사회경제에 어떤 영향을 미칠 수 있는지에 대한 거시적이고 개괄적인 관점에서 조망해 보고자 한다. AI 기술의 파급력은 산업혁명 시대 이래 단순 반복적이고 육체적인 과업을 지속적으로 자동화해 온 기술변화에 더해 전문 지식을 기반으로 한 인지적 판단 업무까지 자동화를 한다는 점에 기인한다. 이로 인해 과연 AI가 결국 인간을 대체할 것인지 혹은 보완관계가 될 것인지에 대한 화두로 시작하여 AI가 인간이 수행하고 있는 많은 일들을 자동화함으로써 일자리를 축소하는 디스토피아가 될지 아니면 이전의 자동화 기술 변화와 마찬가지로 결국은 새로운 혁신이나 생산성 향상을 통해 더 높은 경제성장율과 새로운 산업 및 일자리를 창출하는 유토피아가 될 것인지에 대해 기존 연구와 역사적인 사례를 기반으로 살펴본다. 나아가 AI가 다른 자동화 기술변화처럼 AI기술과 인프라를 소유한 계층과 자동화로 인해 일자리가 축소된 계층의 소득 양극화를 심화시킬 것인지 아니면 이를 완화시킬 기술 발전이나 교육 프로그램 같은 정책적 준비가 가능할 것인지에 대해서도 천착해 본다.

1　최신 기계학습 AI 기술에 대한 분류 및 용어 설명은 부록을 참조하기 바란다.

2부. AI와 산업 변화 그리고 AI의 지속 발전을 위한 거버넌스 및 정부정책

5개의 장으로 구성된 2부에서는 좀 더 구체적으로 금융산업을 포함한 여러 산업에서 AI가 실제 어떤 변화를 가져오고 있는 지에 대한 사례와 함께 향후 경제성장과 산업 경쟁에 미치게 될 명암과 AI로 인한 빅테크 기업의 플랫폼 독점과 같은 시장 구조에 미치는 영향을 분석해 보고자 한다. 이에 더해 AI가 가져올 바람직한 변화를 진작시키는 한편 우려되는 부정적인 문제점을 피하거나 혹은 최소화할 수 있도록 AI 거버넌스 체계와 원리를 어떻게 가져가야 하며, 어떤 정부정책이 필요한지도 살펴볼 예정이다.

4장에서는 AI 기술 변화로 인해 여러 산업에서 실제 어떤 변화가 이루어지고 있으며 앞으로의 전망에 대해 관련 사례와 함께 살펴본다. AI로 인해 큰 변혁이 예상되는 산업으로 제조, 헬스케어, 유통, 금융, 교육, 에너지 분야를 선정하고 AI가 구체적으로 산업의 어떤 문제를 어떻게 해결함으로써 고객들에게 새로운 가치를 제공하는 지 사례들을 소개하고 이를 통해 AI 기술에 의하여 증가된 가치의 크기만큼 경제 성장으로 이어진다는 개념을 설명하고자 한다. 즉 인공지능이 어떻게 경제적 가치를 창출하고 경제 성장에 어떤 영향을 미치게 되는지를 이해하는 데 초점을 둔다.

5장에서는 4장에 이어 AI로 인한 영향이 금융산업에서 어떻게 일어날 지에 대해 특화되어 살펴보고자 한다. 금융산업은 데이터와 지식을 기반으로 한 서비스를 제공하고 있기 때문에 디지털화와 AI로 인한 파급효과가 큰 산업 중 하나로 알려져 있다. 실제 많은 금융기관과 핀테크 기업들은 은행, 보험, 증권, 자산운영 및 여신 등 다양한 분야에서 AI기반의 새로운 서비스 혁신을 경쟁적으로 개발 출시하고 있지만 여기에는 이름만 AI인 허구적인 사례도 존재한다. 어떤 사례가 바람직하고 어떤 사례가 허구 인지에 대해 관련 사례와 함께 그 이유를 알아본다. 아울러 기존 금융기관의 디지털혁신을 통한 핀테크 전략과 전통적인 IT 기업 및 새로운 AI 스타트업의 금융서비스 혁신을 통한 테크핀 전략이 서로 경쟁하고 있는 금융산업에서 과연 미래는 누가 주도를 하고 금융시장 판도는 어떻게 변화될 지 분석해보고자 한다.

6장은 AI가 갖는 특징으로 인해 개별 기업 혹은 시장 구조에 어떤 영향을 미칠지에 대한 내용을 다룬다. 즉, 기계학습으로 대표되는 AI가 기술 특성상 빅데이터 기반을 갖고 있을수록 훨씬 더 높은 성능을 발휘할 수 있고, 따라서 플랫폼을 장악하고 있는 빅테크기업의 시장 지배력 market power으로 인해 다시 더 많은 데이터를 축적할 수 있다는 점에서 승자독식의 시장구조가 심화될 것으로 우려하는 목소리가 크다. 이러한 플랫폼 비즈니스의 특성과 AI의 데이터 선순환 효과로 인해 심화되는 시장구조의 독점 및 시장 실패 가능성에 대해 짚어보고, 보다 자유 경쟁이 이루어질 수 있도록 산업구조나 공정 경쟁 측면의 정책이나 기업 전략을 모색한다.

7장에서는 AI가 갖고 있는 여러 가지 문제점을 해결하고 앞으로 AI가 발전 확산되기 위한 바람직한 방향을 제시하는 거버넌스 이슈를 다루고자 한다. AI 기술의 발전으로 여러 산업과 사회 부문에서 새로운 서비스가 늘어나고 인간의 부와 건강, 복지 등에 획기적인 변화가 나타날 가능성이 높아지는 동시에 이로 인한 부작용이나 위험에 대한 두려움도 많아지고 있다. 이에 따라 인간을 위한 인공지능 기술의 잠재력을 높이고 편익을 극대화하면서 위험과 해악의 가능성을 최소화할 수 있도록 AI거버넌스를 구축하는 것이 필요하다. 예를 들어 현재 AI 기술에 대해 우려하는 사람들은 기계학습 기반의 AI가 기술 자체가 갖고 있는 한계로 인해 결과를 설명explain하기 어렵고 추론reasoning이 어려운 문제뿐 아니라 데이터와 개발자 편견bias으로 인한 결과의 오류 및 사회적 편견의 고착화 문제, 개인정보보호privacy와 데이터 활용 간의 균형, 해킹이나 군사적 활용 같은 AI 기술의 안전과 안보 문제 등을 자주 언급하곤 한다. 과연 이런 문제를 어떻게 해결하고 지속가능한 AI의 발전을 위한 거버넌스 체계를 어떻게 모색할 지 기존 연구 결과와 외국 사례를 기반으로 중요한 원칙과 가이드라인을 제시하고자 한다.

8장에서는 AI의 지속적 발전을 위한 정부 정책들을 고찰하고 우리나라에 필요한 정책 대안을 제시하고자 한다. 앞서 언급한 바와 같이 AI는 향후 경제 성장과 산업 경쟁력 강화의 핵심 기술인 동시에 대규모 실업과 AI로 인한 사회경제적인 부작용을 야기할 수 있다. 이에 따라 이미 여러 나라에서 미래국가경쟁력 확보 차원에서 AI의 잠재적 폐해를 최소화하면서 동시에 사회경제적인 혜택을 최대화하기 위한 정책들을 모색해 왔다. AI 기술에 대한 연구개발, 인재양성, 미래 일자리 대응, 산업 정책, AI 윤리와 거버넌스, 데이터와 인프라 투자, 그리고 AI 생태계 구축을 위한 과제 등 미국과 중국을 비롯한 각국의 AI 관련 정책을 살펴보고, 2017년 4차산업혁명위원회 설립 이후 발표된 우리나라 AI 정책 내용과 그 실행 효과도 검토해 보고자 한다. 이를 기반으로 기업가형 국가entrepreneurial state로서 우리나라가 AI를 활용하여 미래 산업과 사회변화를 선도할 수 있는 정책 방향과, 현장의 AI 발전과 활용을 저해하는 문제점을 해소하고 보완이 필요한 정책 대안을 제시해 보고자 한다.

3부. AI 인재양성과 교육 혁신

나머지 5개의 장에서는 AI가 우리 사회경제의 바람직한 변화를 가져오기 위한 인재 양성과 교육 혁신에 대안을 제시하고자 한다. 특히 AI 기술개발을 담당하는 핵심 전문인력 보다는 AI를 활용하여 혁신과 성과를 창출할 수 있는 실무 인력의 육성을 위한 교육 혁신 방안을 다루고자 한다. 결국 우리 사회와 경제가 AI 발전을 긍정적으로 수용하고 접목을 하기 위해서는 우리 사회나 각 산업 및 기업 차원에서 AI를 활용하여 혁신과 생산성을 높이는 인재의 양성이 필요하기 때문이다.

9장에서는 AI 시대를 준비하기 위해 초중등 교육과정에서 어떤 기초 역량을 갖추어야 하며 이를 어떻게 교육해야 하는 지 우리 현실의 문제점과 함께 대안을 모색하고자 한다. 이미 많은 연구보고서들이 AI 시대에는 지금보다 훨씬 더 인간의 창의성과 비판적 사고, 협업 능력 등 새로운 지식과 역량이 요구되고 있음을 밝히고 있다. 그 중에서도 핵심이 되는 데이터의 개념과 컴퓨터를 이용하여 문제를 해결하는데 필요한 컴퓨팅 사고력computational thinking의 경우 초중등 교육과정에서부터 읽고 쓰고 계산하기와 같은 기초소양으로서 충분히 가르치지 않으면 안된다. 그러려면 당연히 SW와 이를 기반으로 문제해결 경험을 학습할 수 있는 관련 과목의 충분한 교육 시수를 확보해야 하며, 초중등 과정에서 상호 교육 연계가 잘 이루어지도록 하는 시스템이 구축되어야 한다. 정보교사 등 교육 자원의 확보 역시 절대적으로 필요하다.

그러나 불행하게도 현재 95% 이상의 대한민국 초중등 학생들이 컴퓨팅 사고력에 관련된 교육을 전혀 받지 못하고 있는 실정이다. 따라서 우리나라 초중등교육과정의 컴퓨팅 사고력을 위한 정보 교육의 현실과 문제점이 무엇이지 규명해 보고, 또 현재 진행되고 있는 교육과정의 개편은 어떻게 이루어지고 있는 지 구체적으로 살펴볼 필요가 있다. 또한 해외 각국의 초중등(K-12) 교육과정에서 SW와 AI 등 컴퓨팅 사고력을 배양하는 정보교육 비중을 얼마나 그리고 왜 획기적으로 높였는 지에 대한 자세한 분석을 함으로써 우리나라 초중등 교육과정의 개혁 방향을 제시하고자 한다.

10장에서는 대학과정에서 AI 교육을 어떻게 해야 하며 필요한 교육 혁신 방안이 무엇인지 살펴본다. AI가 자연과학이나 공학, 의학 분야뿐 아니라 인문사회, 법학, 경영학 등 여러 전공 분야에서 이제 자신의 전문분야 지식domain knowledge을 AI와 융합하여 새로운 가치나 생산성을 높일 수 있도록 획기적인 교육 혁신이 필요하다는 주장이 힘을 받고 있다.

사실 현재의 대학교육 커리큘럼과 교육 방식은 과거 산업혁명 시대에 필요한 인재를 대량 육성하기 위한 유물이라고 할 수 있다. 각 전공 별로 필요한 표준화된 지식과 스킬을 효율적이고 대량으로 교육시켜 산업체와 우리 사회에 공급함으로써 지금까지 경제성장과 사회 발전을 도모할 수 있었다. 그러나 앞서 살펴본 바와 같이 AI로 인해 대부분의 사회 경제분야에서 혁명적인 변화가 일어나는 미래에서는 이런 교육과정 내용과 교육 방식은 더 이상 유효하지 않으며, 완전히 새로운 패러다임의 대학 교육 혁신이 필요하다.

그렇다면 AI 시대에 필요한 인재의 역량과 소양이 과학기술 분야와 인문사회과학 분야, 그리고 경제경영 분야에서 어떻게 되는 지, 그리고 이를 어떻게 교육하고 학습하게 할 것인지에 대한 대안이 모색되어야 한다. 특히 각 전공 별 지식과 AI 기술을 융합하는 교육 방식에 있어 기존의 일방적인 지식전달 교육에서 벗어나 학습자 주도의 상호교류와 협력을 통한 경험 학습이 이루어지기 위한 새로운 교육 방식의 혁신을 어떻게 할 수 있을지, 이를 위한 교수들의 역할 변화와 교육 자원을 어떻게 확보해야 하는지 그리고 이러한 교육 혁신을 위해 정부가 어떤 정책적 지원을 해야 하는 지 살펴보고자 한다.

10장에서는 대학 교육 전반에서 한 걸음 더 나아가 보다 경제경영 분야에 초점을 맞추어 구체적으로 미래 경영자나 기업가에 필요한 AI 활용 역량과 소양은 무엇이며, 이들을 위한 교육 방식의 혁신을 위해서는 무엇이 필요한지 규명하고자 한다. AI로 인해 모든 분야가 새로운 변화가 필요하지만 그 중에서도 새로운 의사결정 방식과 경영 패러다임이 요구되는 산업 현장에서 혁신을 주도하고 경쟁력을 강화하며 새로운 일자리를 창출하는 기업경영자나 창업기업가에게 요구되는 역량과 소양이 무엇이며, 또 이를 학습하기 위한 경영 교육 과정과 교육 방식에 있어서도 혁신이 요구되고 있다.

사실 AI와 코로나19와 같은 커다란 환경 변화 이전에도 MBA와 같은 경영대학원 교육에 대한 수요가 줄고 대안적인 경영교육 방식이 등장해 왔다. 특히 MOOC등 온라인에서 제공되는 세부 주제 별 나노디그리nano-degree 혹은 자격증certificate을 발급하는 경영교육 프로그램의 수요가 급증하고 있으며, 디지털 네이티브native 세대가 요구하는 교육 내용과 방식을 반영한 경영교육의 패러다임 변화를 요구해 왔다. 이로 인해 AI 시대 경영대학의 새로운 미션과 전통적인 교육 프로그램과 방식에 대한 파괴적 혁신이 필요하게 되었다.

이런 맥락에서 최근 선진 경영대학의 AI 적용을 위한 경영교육 혁신 사례와 동향을 살펴본 후, AI시대 경영 교육의 혁신 방향성을 다음과 같은 5가지 측면에서 탐색해 본다. 즉, 경영 현장의 AI 수요에 부합할 수 있는 교육 프로그램 측면과 학생들의 성공적 커리어를 위한 교과목 커리큘럼 측면, 온오프라인 교육의 융합을 위한 운영 모델 측면, 실제 문제해결 경험을 위한 산업체와 어떻게 협력할 지에 대한 협업 측면, 그리고 경력관리 측면에서 미래 바람직한 취업 서비스에 AI를 어떻게 활용할 것인지를 제시하고자 한다.

12장은 AI로 인한 금융산업 혁신을 선도할 인재 육성과 금융교육의 혁신 방안을 다룬다. 4차산업혁명을 선도할 디지털 금융전문가는 AI 기술과 금융지식을 동시에 함양하는 융복합교육을 받은 이론과 실무를 겸비한 전문 역량이 요구된다. 이를 위해서는 탄탄한 계량적 기반 위에 디지털금융과 금융 전공에 대한 융합 기초가 필요하며 여기에 추가하여 금융투자 및 자산운용 분야, 인공지능과 데이터 사이언스 분야, 그리고 새로운 핀테크 비즈니스모델 개발과 창업 분야에 대한 전문성을 고도화시킬 필요가 있을 것으로 생각한다. 그렇다면 과연 무엇을 어떻게 교육하여 전문가를 양성하는 것이 바람직한지 그리고 서로 다른 분야의 융합 교육은 어떻게 해야 할지 살펴 보고 필요한 정부의 정책 지원이 무엇인지도 제시할 계획이다.

마지막 13장에서는 초중고 및 대학 등 정규 교육기관에서의 AI관련 교육 프로그램에 더해 기존 산업에 재직하고 있는 근로자들이 AI 관련 기술과 지식을 보완적으로 학습하거나 혹은 직무 전환을 위해 필요한 AI 관련 기술과 지식을 학습할 수 있는 재교육 및 평생교육 프로그램을 다루고자 한다. AI 가 우리 사회에 미치는 영향 중 관심이 큰 분야는 바로 일자리와 소득 불균형에 대한 우려이며 이에 대처하기 위한 방안 중 하나가 미래 산업 현장에서 필요한 새로운 지식, 스킬, 역량을 재교육하는 것에 다른 이견이 없을 것이다. 여러 산업 분야에서 경험을 가진 근로자들이 AI를 도구로 활용하여 가치있는 성과를 창출하거나 높은 생산성을 내기 위한 노력은 반드시 필요하다.

　현재 재교육 혹은 평생학습 형태로 AI기술과 이를 활용하는 교육을 제공하는 다양한 형태의 대기업 혹은 에듀테크 주도의 교육 프로그램과 학습 플랫폼 혹은 커뮤니티 등을 살펴보고, 각각의 장단점을 분석한 후 미래 교육 방향에 대해 살펴본다.

　이처럼 각각의 장들은 연결되어 있긴 하지만 서로 다른 주제에 대해 개별 전문가 개인의 관점과 견해가 반영되어 기술되고 있다. 이 책의 저자들은 지난 일년간 매월 정기적으로 진행된 전체 세미나와 수시로 소규모 온라인 모임을 통해 AI가 우리 사회 경제에 미치는 파급력과 이에 대비하기 위한 AI 정책이나 거버넌스, 그리고 미래 AI활용인력 육성을 위한 교육 혁신 방향에 대한 공감대를 갖기 위해 노력해 왔다. 따라서 이 책은 다양한 색깔을 가진 각 장의 내용이 서로 어울려 AI 시대를 맞아 우리가 바람직한 미래 사회를 준비하기 위해 지금 어떤 노력과 변화를 어떻게 해야 하는지 구체적인 방향을 제시해 줄 것으로 믿어 의심치 않는다.

저자 소개

김영배

서울대 경제학과를 졸업하고 KAIST에서 석박사학위를 받았다. 미국 MIT에서 Post Doc, 워싱턴 주립대학교의 방문교수, 태국 AIT에서 파견교수를 역임하였다. 1988년부터 지금까지 KAIST 교수로 재직하고 있으며 한국과학기술한림원 및 공학한림원 정회원으로 활동하고 있다.

주로 우리나라 기업의 혁신 전략과 창의적 조직관리를 위한 연구와 여러 기업과 연구소의 자문활동을 해 왔으며, 혁신형 중소기업의 성장과 발전을 위한 지원 활동과 정책 제안에 노력해 왔다. 한국전략경영학회장과 기술경영경제학회장을 역임하였으며, Management Science 와 Research Policy 등 국내외 학술지에 60여편의 논문을 게재하였고 〈혁신의 시간〉등 3권의 저서를 출간하였다.

2장 · AI란 무엇인가

2016년 3월, '알파고'라는 바둑 프로그램이 프로기사 이세돌에게 완승을 거뒀다. 바둑과 같이 어려운 문제는 컴퓨터가 쉽게 넘보지 못할 인간만의 전유물이라고 생각했었는데 컴퓨터가 최고의 바둑기사를 이긴 것이다. 인간이 기계에 졌다고 슬퍼하는 사람도 있었지만, 이 사건은 인간의 승리다. 즉 인간이 만든 과학기술의 승리다. 인공지능이라고 불리우는 컴퓨터과학 기술이 이제 사람의 능력을 능가하는 지능적 행동을 프로그램할 수 있는 수준이 되었다는 것을 널리 알린 것이다.

알파고의 등장 이후 인공지능의 능력과 한계, 그리고 인류의 미래에 미치는 영향 등에 대한 담론이 이어지고 있다. 인공지능은 인간이 전수해준 지식을 이용하기도 하고, 데이터로부터 스스로 학습하여 능력을 갖추기도 한다. 또 실수를 분석하여 실력을 쌓기도 한다. 또 인공지능을 복제하여 경쟁을 시킴으로서 새로운 지식을 찾아 내기도 한다.

이런 능력을 활용하여 여러 영역에서 놀라운 성과를 보이고 있다. 알파고의 훨씬 이전이 2011년에는 왓슨이라는 컴퓨터 프로그램이 제퍼디라는 방송 퀴즈대회에 출전하여 사람들을 물리치고 우승했다. 2011년이면 10년도 지난 옛날 이야기다. 사람의 언어를 이해하여 질문을 이해하고, 추론을 통해서 해답을 얻고, 사람이 쓰는 언어로 대답하는 데 있어서 컴퓨터가 사람보다 잘 할수 있었다는 것을 보여 준 사건이었다. 인간

〈그림 2-1〉 알파고와 이세돌 프로기사의 대국 장면

만의 고유 영역이라고 여겼던 지적판단의 영역까지 컴퓨터가 할 수 있다는 것을 보여준 것이다.

의료진단 치료분야에서 이미 인공지능이 큰 성과를 내고 있다. 안과 의사가 두 시간을 걸려서 검사해야 했던 당뇨성 망막증을 자동으로 진단하는 기계가 2018년 미국 식약청에서 인증을 받아 현장 배치되었다. 안구의 영상을 분석하여 망막증 여부를 즉시 판단한다. 또한 방사선 영상을 분석하여 암을 진단하는 데 있어서 인공지능이 잘 훈련된 방사선 전문의보다 우수하다는 연구결과가 2020년 초 과학기술 학술지에 보고되었다. 이렇게 점진적으로 의사들의 전문 영역 업무가 기계로 대체되고 있다.

자율자동차가 실용화 수준에 다달았다. 아직은 제한된 영역에서의 시범 서버스이지만 모바일 폰으로 택시를 부르면 운전수가 없는 자율자동차가 나타나서 목적지로 데려다 준다.센서를 통해서 상황을 인식하며 복잡한 도심을 자동차가 스스로 주행한다.

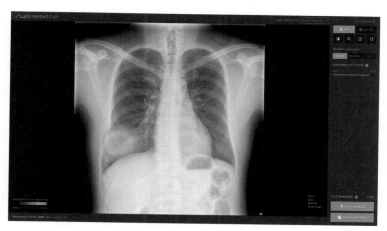

〈그림 2-2〉 폐암을 진단하는 인공지능 시스템[1]

　컴퓨터 그래픽으로 만든 실물 모양의 아바타가 자연스러운 몸 동작을 하면서 대화를 이끌어 간다. 아바타가 워낙 진짜 같아서 사회적 문제를 야기할 수준이다. 사망한 가수를 불러내서 새로운 노래를 부르게 하는데 목소리 톤이나 감정 표현이 너무나 비슷하여 우리를 놀라게 했다. 이러한 이바타 기술이 고객 서비스 등에서 활발히 활용된다.

　인공지능이 주어진 주제로 이야기를 만들어 내는데 그 수준이 신문의 컬럼으로 게재할 수준이 된다. 사진을 보고 그 내용을 언어로 설명하는 수준도, 또 언어의 서술로부터 해당하는 영상을 생성하는 수준도 놀라울 정도다.

　구매한 물건을 정산하는 카운터가 없는 점포가 여러 곳에서 개설되었다. 들어가서 원하는 물건을 갖고 그냥 나오는 점포들이다. 그렇다고 상품을 무료로 제공하는 것이 아니다. 고객이 물건을 집어드는 것을 컴퓨터비전 기술로 모두 파악하여 그 고객의 계정에 계상한다. 마음이 변하

1　출처: HTTPS://WWW.LUNIT.IO/KO/PRODUCTS/INSIGHT-CXR

여 물건을 다시 선반에 돌려 놓은 것도 다 파악할 수 있다.

3차원 형상의 로봇도 많은 발전을 거듭하고 있다. 동작의 유연성에 있어서 아직 사람의 수준에는 못 미치지만 깡충깡충 뛰기도 하고, 공중 제비도 돈다. 이미 많은 로봇이 현장에 배치되어 단순 업무는 물론 제법 복잡한 업무도 대신한다. 강아지 모양의 로봇들이 협동하여 업무를 처리하기도 한다.

2018년과 2020년에 전 세계의 연구실들이 참여한 단백질 3차원 형상을 예측하는 대회에서 알파폴드라는 프로그램이 연속 우승을 했다. 생명체는 특수 기능을 수행하는 수천가지 단백질로 구성되어 있다. 단백질은 아미노산의 연결로 3차원 형상을 구성한다. 단백질 3차원 형상을 정확하게 파악하는 것은 생명의 연구와 신약 개발에 큰 도움이 되어서 많은 연구실에서 연구하는 업무인데 인공지능 프로그램이 월등한 수준을 보인다.

지금까지 살펴본 것과 같이 인공지능은 다양한 방면에서 놀라운 능력을 보인다. 새로운 능력을 지속적으로 탐구하여 더하고 있다. 데이터부터 배우기도 하며, 시행착오를 거치면서 능력을 키워 나가기도 한다. 또 자기복제와의 경쟁을 통하여 실력을 쌓기도 한다. 이런 기법들은 인류가 수천년 동안 지식을 쌓아 왔던 여러 분야에서 인간의 능력을 능가한다. 인간이 지금까지 전혀 생각하지 못했던 새로운 전략으로 문제를 해결하기도 한다.

그러나 깊이 생각해 보자. 바둑 두는 것과 아바타를 만드는 것에 무슨 공통점이 있다고 이들을 모두 인공지능이라고 할까? 인공지능에 대한 근거없는 기대나 두려움에서 벗어나야 한다. 인공지능을 잘 활용하기 위하여는 인공지능의 본질에 대한 깊이있는 이해가 필요하다.

인공지능이란 무엇인가?

> 인공지능은 사람 수준의 인식 및 인지 능력, 계획수립, 학습, 의사소통과 신체적 행동이 요구되는 업무를 해결하기 위하여 컴퓨터로 개발한 인공 시스템이다(미국 대통령실, 2020년 2월).

인공지능의 정의는 다양하지만 대부분 교과서의 첫 페이지에는 '지능이 필요한 업무'를 '기계'에게 시키고자 하는 노력, 기술'이라고 인공지능을 정의한다. 이런 정의를 좀 더 구체화하려면 '지능이 필요로 하는 일'이 무엇이고 '기계'란 무엇을 의미하는가를 먼저 명확히 해야 할 것이다.

지능의 본질이 무엇이냐는 질문은 철학적이고 그 대답은 쉽지 않다. 더구나 '기계가 지능을 가질 수 있을까?'라는 질문은 더욱 그렇다. 일부 철학자는 '지능적이다'라는 표현은 수사학적 표현으로서 과학적 분석의 대상이 될 수 없다고 주장한다. 이들은 지능적 행위는 기계가 흉내 낼 수 있을지언정 지능 그 자체는 생명체만이 갖는 속성이라고 주장한다.

지능이 무엇인가의 정의는 쉽지 않지만 지능을 갖춘 시스템이 어떤 능력을 보이는지는 다소 쉽게 설명할 수 있다. 지적 능력이 있는 사람은 물체를 보고 이해하며, 언어를 이용하여 정보를 교환한다. 추론을 거쳐서 상황을 판단하며, 외부 상황을 모델로 구성하여 이를 이용하여 의사결정을 하고, 그 과정을 설명하는 능력이 있다. 새로운 것을 배울 수 있는 능력을 지능의 필수조건이라기도 한다. 새로운 사실을 배워서 성능을 스스로 개선할 수 있는 능력은 과연 경이로운 것이다. 이렇게 지능이 필요한 업무를 기계에게 시키고자 하는 학문과 기술, 연구 분야를 인공지능 분야라고 하고, 이런 기술로 만들어진 지적 능력을 인공지능이라고 정의한다.

인공지능을 구현하는 기계는 튜링이 이론적 배경을 제안한 컴퓨터, 즉 디지털 컴퓨터를 일컫는다. 디지털 컴퓨터는 보편기계Universal machine의 아이디어를 구현한 것이다. 컴퓨터는 기억장치에 저장된 명령어, 즉 프로그램을 순차적으로 수행한다. 따라서 컴퓨터 하드웨어가 만들어질 때는 그 기계가 무엇을 한다는 것이 정해지지 않는다. 원하는 업무를 수행하게 하기 위하여 추후 소프트웨어를 삽입한다. 컴퓨터는 소프트웨어로 모든 기계의 역할을 하게 할 수 있고, 따라서 컴퓨터란 용어는 기계의 대명사로 쓰일 수 있다.

1 | 인공지능은 알고리듬에 의한 지능 만들기

문제를 해결하는 절차, 즉 단계적 방법을 알고리듬이라고 한다. 즉 알고리듬으로 우리의 생각을 절차적으로 표현할 수 있다. 컴퓨터로 문제를 해결하기 위하여는 수행해야 할 작업을 프로그램하여 컴퓨터에 알려주어야 한다. 프로그램을 만드는 작업을 프로그래밍, 또는 코딩이라고 한다. 지능이 필요한 업무를 시키려면 지능이 필요한 업무를 알고리듬화 하여야 하고, 이를 코딩하여야 한다.

컴퓨터가 복잡하고 지능이 필요한 문제를 해결한다고 말하지만 컴퓨터는 매우 단순한 기계다. 알고리듬이 지시한 대로 컴퓨터가 작동하는 것을 보고 사람들이 외부에서 이를 보고 컴퓨터가 '똑똑하다', '생각을 한다', '이해를 하네', 심지어는 '창작하네'라고 의인화하여 말하는 것뿐이다. 인공지능을 만든다는 것은 지능적 행동을 하는 알고리듬은 만드는 것이다.

생각을 자동화할 수 있다는 의미에서 디지털 컴퓨터의 발명은 인류문명사 최대의 사건이다. 디지털 기술을 도움으로 한번 만들어진 알고리듬과 소프트웨어는 재사용이 가능하고, 공유할 수 있다. 또한 여러 개를 통합하여 복잡한 문제도 해결할 수 있으며, 점진적으로 개선할 수도 있다. 디지털 컴퓨터의 발명은 인공지능의 시작이다. 따라서 디지털 컴퓨터의 역사가 바로 인공지능의 역사라고 할 수 있다.

2 | 인공지능은 사람을 흉내내는 기계 만들기

외부의 반응에 사람과 똑 같은 행동을 하는 컴퓨터를 만들었다면 이것은 지능있는 기계를 만든 것이 아닐까? 이런 방향으로 처음 인공지능을 정의한 사람은 영국의 저명한 수학자이자 최초의 컴퓨터과학자인 앨런 튜링Alan Turing이다. 그는 1950년 '컴퓨팅 기계와 지능'이란 논문의 첫 줄에서 '기계가 생각할 수 있을까?'라는 질문을 던지며 기계의 지능을 정의한다. 외부 자극에 대한 기계의 반응이 사람과 구별할 수 없을 정도라면 기계도 지능을 갖고 있는 것으로하자는 것이 그의 주장이다. 기계의 반응이 사람과 구별할 수 없을 정도로 동일한가를 평가하는 것을 후세 학자들이 '튜링 테스트'라고 명명했다.

튜링은 그 논문에서 디지털 컴퓨터가 궁극적으로는 사람의 생각하는 과정을 흉내 낼 수 있다고 주장했다. 그러면서 50년 후인 2000년경에는 튜링 테스트를 통과하는 컴퓨터가 나타날 것으로 예상했다. 그러나 튜링 테스트를 통과하는 컴퓨터는 아직 나타나지 않았다. 현재의 기술 수준은 보통 사람을 잠시 헷갈리게 할 수 있는 수준에는 이른 것 같다. 그러나 조금만 더 사용해보면 컴퓨터인지 금방 알 수 있다.

튜링 테스트의 제안은 그 후 인공지능의 연구 방향을 과도하게 인지작용의 모방, 즉 보고, 듣고, 상황을 이해하며, 사람과 자연어로 대화하는 연구로 이끌었다는 비판이 있다. 그러나 사람과의 능력 비교는 인공지능 연구의 현주소를 평가하는 데 매우 유용했다.

3 | 인공지능은 에이전트를 지능형으로 만들려는 노력

에이전트는 센서를 통해 외부 환경의 자극을 알아차리고, 즉 지각하고, 행동을 통해 환경에 영향을 준다. 지각과 행동을 순환적으로 지속한다. 내적으로는 지각에 따른 행동을 결정하는 판단 기능이 있다. 이는 수학적으로 볼 때 지각(입력)과 행동(출력)을 연관시키는 함수다.

사람은 우리가 쉽게 만나는 에이전트의 한 예다. 눈, 귀, 촉감을 통해서 외부로부터 정보를 얻는다. 그 반응으로 말을 하거나 행동을 하여 외부환경에 물리적으로 영향을 미친다. 로봇은 기계로 만든 에이전트다. 카메라, 레이더 등을 센서로, 모터를 액추에이터로 갖고 있다.

에이전트의 정보처리과정은 상황의 인지, 판단, 행위의 세 단계로 나누어 볼 수 있기 때문에 이러한 관점에서 인공지능을 정의하자면 상황을 인지하고, 판단해서, 최적의 행위, 즉 해결책을 제공하는 에이전트를 만들고자 하는 노력이라고 볼 수 있다. 다시 말하자면 인공지능은 에이전트를 지능적으로 만들고자 하는 노력이다. 지능적 에이전트에서 가장 돋보이는 행동특성은 가장 좋은 것을 선택하는 최적화 능력, 자동화 능력, 그리고 목표달성을 위해 다양한 대안을 제안하는 융통성이다.

4 | 인공지능은 합리적 문제해결 방법론

여기서 근본적인 질문을 해보자. 지능형 에이전트는 사람을 흉내를 내야하는가? 지능형 에이전트는 주어진 업무에서 사람이 어떻게 하는가

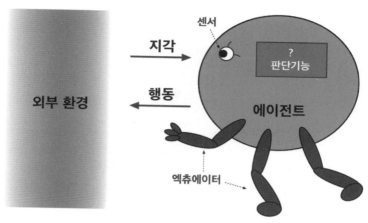

〈그림 2-3〉 에이전트의 구조[2]

에 상관하지 말고 가장 합리적 방법으로 업무를 완성하는 것이 바람직하다는 '합리성'을 주장하는 학파가 있다. 이들은 새처럼 날개를 퍼덕이지 않는 비행기가 더 높이, 더 멀리, 더 많이 싣고 날아갈 수 있음을 예로 든다.

'합리성' 학파의 주장에 동의한다면 인공지능을 합리적으로 문제를 해결하는 방법론으로 정의할 수 있다. 즉 제한된 자원하에서 가장 합리적인 대응책을 찾는 방법으로 정의한다. 물론 '합리적'이란 용어에는 합의된 정의가 필요하다.

5 | 인공지능이란 범용 기술이다

인공지능은 현실의 여러가지 문제를 해결한다. 의사의 진단 과정을 자동화하고, 복잡한 도로상에서 자동차가 스스로 운전하며 이동하게 한다. 인공지능이 바둑을 두고, 단백질 구조를 분석하고, 어려운 수학 공

---

2 출처: 김진형, AI 최강의 수업 P.39 인용

인지 작용 모방
사람 같은 상호작용
사용 편의성

자동 수행 가능한
업무의 확장
자동화
생산성 향상,
경비절감

문제해결,
계획수립
최적화
정밀도 향상

〈그림 2-4〉 인공지능의 3가지 기능

식을 증명한다. 또 효과적으로 업무 계획을 세워서 합리적으로 수행한다. 또한 듣고, 보는 기능과 말하는 기능을 결합하여 기계가 사람과 같은 상호작용을 하도록 한다.

인공지능으로 우리가 여러가지 문제를 해결지만 그 문제를 크게 3가지로 구분할 수 있다. 첫째는 인지작용의 모방이다. 이를 통하여 기계가 사람과 같은 상호작용을 가능하게 한다. 인지작용을 모방하는 기술은 기계를 사용하는데 있어서 많은 편의성을 제공한다. 두번 째는 계획을 수립하고 문제를 해결한다. 최적화를 도모하고, 해결책의 정밀성을 높힌다. 세번 째는 자동화 가능한 업무를 확장하여 높은 수준의 자동화를 달성한다. 따라서 생산성을 향상시키고 비용을 절감한다.

다양한 방법으로, 다양한 문제를 해결하는 범용도구라는 의미에서 인공지능은 하나의 기술이라기 보다는 연구 분야의 비전, 목표, 또는 기술의 집합이라고 하는 것이 더 적합한 표현일 것이다.

인공지능의 진정한 가치는 범용 기술로서 다양한 분야에서의 활용 가능성에 있다. 인공지능은 새로운 전기電氣라고 주장하는 학자도 있다. 지난 100여 년간 전기가 우리 산업에 미친 영향을 생각해 보아라. 교통, 제조, 통신 등의 대부분의 산업이 전기를 통하여 혁신이 이루어졌다. 인공지능도 전기와 같이 범용기술이다. 안 쓰이는 곳이 없으며 못 푸는 문제가 없을 것이다. 지난 세기에 전기가 이루어 놓은 혁신 그 이상으로 인공지능이 산업을 혁신할 것이고, 우리의 사회, 그리고 일상생활도 인공지능으로 크게 바뀌게 될 것이다.

6 | 새로운 것만이 인공지능이다?

지능이 필요한 업무는 매우 다양하다. 자동차를 운전하거나, 바둑을 두는 것, 질병을 진단하는 것 등등이 모두 엄청난 양의 지능을 필요로 하는 일이다. 그러나 그런 것보다 더 근본적인 인지작용을 수행하는 데에도 많은 지능이 필요하다. 물체를 보고 무엇인지를 아는 것, 소리를 듣고 이해하는 것도 그렇고, 인간과 같이 언어를 구사하는 데에는 엄청나게 많은 지식과 지능이 필요로 한다.

인공지능은 매우 빠르게 발전하고 있다. 옛날의 인공지능과 지금의 인공지능은 그 능력에 있어서 많은 차이를 보인다. 지금 보면 간단해 보이는 업무도 당시에는 놀라운 성과인 경우가 많다. 한 예로 OMR 카드에 사인펜으로 고른 답을 컴퓨터가 읽어서 자동 채점하는 것은 당시에는 놀라운 사건이었다. 그래서 언론에서는 이미 잘 하고 있는 것은 인공지능이라고 하지 않는 경향이 있다. 새롭고 놀라운 성과를 보여야 인공지능이라고 한다. 그런 의미에서 인공지능은 컴퓨터를 '좀 더' 똑똑하게 하고자 하는 노력이라고 정의할 수 있다. 그래서 인공지능의 목표는 움직이는 표적이다.

다행히도 소프트웨어로의 구현은 쉽게 점진적으로 개선해 나갈 수 있다는 장점이 있어서 인공지능의 빠른 발전에 크게 공헌했다. 누적하여 지식을 쌓고, 수정보완이 쉽고, 공개하여 나누기기 쉽기 때문이다. 인공지능의 핵심을 이루는 인지, 판단, 학습의 핵심기술들은 컴퓨터가 발명된 이후 지난 80여 년간 꾸준히 개선되어 왔던 것들이다.

7 | 비즈니스 영역에서의 인공지능 시스템 정의

기업과 언론에서는 매우 광범위하게 인공지능 시스템을 정의한다. 특히 요즘은 대부분의 디지털 기술의 신제품과 서비스를 인공지능이라고 주장한다. 비즈니스 상으로 이점이 있기 때문이다. 그래서 가끔 특정 제품이 인공지능이냐 아니냐로 논란이 되기도 한다. 인공지능의 학술적 정의가 '지능이 필요로 하는 업무를 컴퓨터에게 시키고자 하는 노력'이라고 광범위하게 되어있으니 그들의 과장된 주장을 나무랄 수도 없다.

IT전문 비즈니스 컨설팅 회사인 가트너는 인공지능을 '기계학습 등 고급 분석 기법과 논리 기반 기법을 적용하여 사건을 해석하고 의사결정을 지원하거나 자동화하고, 행동하는 분야'라고 정의했다. 학술적 정의와 많이 다른 것을 알 수 있다. 비즈니스 측면에서 보았을 때 다음과 같은 요소가 포함된 시스템을 인공지능 시스템이라고 분류하는 데에는 무리가 없을 것이다.

1. 인지기능을 갖춘 시스템
– 영상, 음성 등의 신호를 분석 및 처리하여 물체나 사건을 탐색하거나 인식한다.

2. 자연언어로 소통하는 시스템

- 대화형 인터페이스, 번역, 문장 이해 능력을 활용한다.

3. 의사결정과 행동을 자동으로 수행하는 시스템

- 행위의 자동화 및 최적화를 도모한다.

4. 알려지지 않은 값이나 미래 사건을 예측하는 시스템

- 고장 예측, 비정상 탐지가 가능하다.

5. 기계학습을 하거나 그 학습 결과를 사용하는 시스템

- 데이터 분석, 딥러닝을 사용하여 판단 기능을 구축한다.

6. 위와 같은 시스템 개발에 도움 주는 시스템

- 개발 환경, 도구, 플랫폼, API 등을 포함한다.

8 | 초중고 교육에서 정의하는 인공지능

모든 학생들이 인공지능과 그 영향을 인식하고, 이를 활용해 문제를 해결할 수 있는 기회를 가져야 한다고 미국 컴퓨터교사협회에서 주장하면서 인공지능에 대해 꼭 알아야 할 다섯 가지 내용을 제시하였다. 그 것을 볼 것 같으면 인공지능을 어떻게 이해해야 하는가가 잘 나타나있다.

1. 컴퓨터는 센서를 사용하여 세상을 지각한다.

2. 지능형 에이전트는 세상의 표현을 유지하고 이를 통해서 판단한다.

3. 컴퓨터는 데이터로부터 배울 수 있다.

4. 지능형 에이전트는 인간과 자연적으로 상호작용하기 위해 많은 종류의 지식을 필요로 한다.

5. 인공지능은 긍정적인 측면과 동시에 부정적인 측면에서도 막대한 영향을 사회에 미친다.

9 | 인공지능과 기계학습, 딥러닝의 관계

우리가 일상적으로 접하는 서비스는 대부분 소프트웨어로 구축되어 있다. 은행에서 돈을 인출할 때 장부 정리를 하는 것도, 인터넷에서 정보를 검색하는 것도, 헨드폰에서 길 안내를 받는 것도 모두 소프트웨어가 처리한다. 오늘날 화려한 디지털 문화와 혁신을 이루는 대부분의 소프트웨어는 전통적인 코딩 방법으로 이루어 졌다. 구글은 20억 줄의 소스코드를 이용하여 검색, 지도 등의 서비스를 제공한다.

알고리듬을 구현하는 소프트웨어 기술에는 소프트웨어 공학적인 방법론들이 여럿 있다. 통상 그 중에서 지능과 관계되는 기술만을 인공지능이라고 지칭한다. 그 경계는 매우 애매하지만 모든 소프트웨어 기술을 인공지능이라고 하지는 않는다. 인공지능은 여러가지 소프트웨어 기술의 하나일 뿐이다.

70여 년간 연구 개발된 인공지능의 영역 안에도 전통적인 방법론이 여럿 있다. 고도의 수학적 최적화 방법론에 근거를 둔 알고리듬도 있고, 사람이 전수해준 지식과 경험으로 소프트웨어를 구축하는 방법론도 있다. 전문가의 지식을 기호적으로 표현하여 지식베이스를 구축하면 알고리듬이 이를 검색하고 추론하여 판단하는 전문가시스템도 한 때 많이 쓰이던 인공지능 기법이었다.

인공지능 기법에서 현재 가장 각광을 받는 것은 기계학습 방법론이다. 기계학습이란 기계가 경험과 데이터 접촉을 통해서 스스로 능력을 향상시키는 방법을 일컫는다. 기계학습은 학습용 데이터집합에 포함된 정보와 그 정보의 사용 방법에 따라 지도학습, 비지도학습, 준지도학습으로 분류된다.

지도학습은 바람직한 입력과 출력의 쌍이 학습 데이터로 모두 주어진

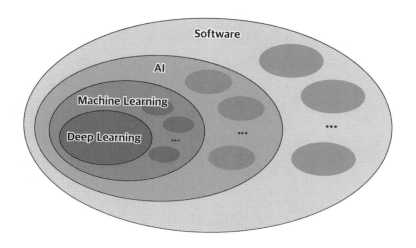

<그림 2-5> 문제해결 기법의 계층구조[3]

상태에서 통계적 추론을 하는 방법이다. 즉 훈련 데이터집합에서 입력과 출력 간의 함수관계를 배운다. 이렇게 얻어진 함수를 모델이라고 하며, 새로운 입력에 해당하는 출력을 예측하는 데 사용된다. 지도학습의 대표적 문제는 입력과 출력이 연속적인 값으로 주어졌을 때 이들의 함수관계를 학습하는 회귀분석과 주어진 입력을 종류 별로 구분하는 패턴분류가 있다.

비지도학습은 입력에 해당하는 출력 값이 주어지지 않은 채 입력된 데이터를 유사성을 기준으로 작업하는 방법이다. 학생이 선생님 없이 스스로 배워야 하는 상황과도 같다. 비지도 학습으로 수행하는 대표적 문제는 군집화와 차원축소가 있다. 군집화는 훈련용 데이터집합에서 서로 유사한 것들을 스스로 묶어 군집을 형성하는 작업이다. 차원축소는 데이터가 가진 특성 중 중요한 것만을 선별하는 문제로, 차수를 낮춰 학

---

3 출처: 김진형. AI 최강의 수업 P.39 인용

습하기 좋은 형태로 데이터를 변형하는 방법이라고 볼 수 있다.

강화학습은 선택에 해당하는 보상이 즉시 주어지지는 않지만 상황이 종료되었을 때 총 보상을 알려 줌으로서 좋은 선택을 학습할 수 있는 방법론이다. 강화학습은 성공과 실패의 단순 정보로부터 바람직한 행동 패턴을 학습한다. 취한 행동 하나하나의 보상이 주어지지 않고 종료시에 총 보상만을 알려 준다는 점에서 게으른 선생님에게 배우는 것과 같다. 준지도학습이라고도 하기도 한다. 이러한 환경에서 행동 선택의 어려움은 보상이 지연된다는 것이다. 강화학습은 시행착오를 거쳐 가면서 미래의 이익을 위해 단기적 이익을 희생해야 하는 지혜를 배워야 한다.

인공신경망 기법은 현재 가장 각광 받는 데이터 기반 기계학습 방법이다. 신경세포의 상호작용에서 영감을 받아 만들어진 통계적 학습 방법론이다. 인공신경망 기법은 망구조를 선택함에 따라서 지도학습, 비지도학습, 강화학습에 모두 적용할 수 있다. 한 예로 오토엔토더 모델은 차원감소에서 좋은 성능을 보인다.

지난 70년 간 인공신경망을 훈련시키는 방법이 여러가지 제안되었다. 단순한 신경망은 상대적으로 쉽게 학습시킬 수 있다 그러나 단순한 신경망은 할 수 있는 능력이 제한적이다. 복잡한 구조일수록 추상적이고 어려운 문제풀이도 가능하나 그 학습이 어렵다.

단층 신경망에서만 작동하는 퍼셉트론 알고리듬은 1950년 경에 개발되었다. 급경사 탐색법을 이용하는 오류역전파 알고리듬은 학습에 있어서 딘층구조의 한계를 극복하는 큰 역할을 했다. 1980년대에 주로 2층구조의 인공신경망에서 성과가 있었다. 그러나 오류역전파 알고리듬이 고층신경망에서는 학습성능이 극히 저하된다. 특히 고층일수록 입력에 가까운 층에서는 기울기가 제로, 즉 0에 수렴하는 바람에 기울기의 수정이 너무 적어서 학습에 많은 시간이 걸려서 실용적으로 사용할 수가 없었다.

2010년경에 고층신경망을 훈련시킬 수 있는 여러 묘수들이 제안되었다. GPU라는 병렬컴퓨터를 이용하여 고속계산을 가능하게 한 것도 성과를 높였다. 이런 묘수들을 묶은 학습 방법론을 딥러닝이라고 한다. 즉 딥러닝은 고층 인공신경망을 훈련시킬 수 있는 데이터 기반 기계학습 방법을 총체적으로 일컫는다. 딥러닝 기법 중에도 구조와 훈련 기법에 따라서 CNN, RNN, GAN등으로 구분된다.

딥러닝 기법은 성능이 우수해서 여러 문제의 해결에 많이 쓰인다. 최근 인공지능의 새로운 도약은 딥러닝이 가져왔다고 해도 과언이 아니다. 그래서 딥러닝이 바로 인공지능이라고 여겨지고 있다. 종종 인공지능, 기계학습, 인공신경망 기법, 딥러닝을 같은 의미로 사용하기도 하는데 이는 바람직하지 않다.

10 | 약한 인공지능Weak AI, 강한 인공지능Strong AI

현재 우리가 만나는 인공지능은 모두 프로그램된 지능이다. 튜링이 모방게임으로 인공지능을 정의할 때부터 인공지능은 지능적 행동을 '흉내'내는 프로그램으로 정의했다. 이런 인공지능은 프로그램 된 특정 업무만을 수행한다. 즉 정해진 것만 정해진 대로 수행한다. 이런 인공지능을 약한 인공지능, 혹은 좁은 인공지능이라고 한다.

알파고는 바둑을 잘 두지만 바둑만 두는 프로그램이다. 방송의 퀴즈대회에 나가서 다양한 문제에 대답을 하는 왓슨Watson도 지식데이터베이스를 신속히 검색하고 추론을 통하여 답을 만들어 내는 능력일 뿐이다. 정교한 기술로 복잡한 도로상황에서 운항하는 자율주행차도 예측했던 상황에 대응하도록 프로그램 된 것이다.

데이터로부터 학습하여 성능이 증강되는 인공지능도 좁은 인공지능이다. 새로운 것을 배운다는 것이 프로그램 되지 않은 새로운 능력을 갖게 되는 것이 아닌가 하고 생각할 수 있으나 그렇지 않다. 학습이란 프로그램된 학습 방법으로, 주어지는 데이터를 보고, 시스템 파라메터를 변화시키는 것일 뿐이다.

약한 인공지능에 대립되는 개념이 '강한 인공지능'이다. 이 개념에는 여러가지 다른 상황에서 여러가지 문제를 해결한다는 개념과 독립적으로 의지를 갖고 의사결정을 한다는 개념이 있다. 쉽게 말하자면 사람과 같이 생각하고 행동하는 지능을 의미한다.

생존하고, 번식하기 위하여 수백만 년 동안 진화하여 형성된 사람의 지능은 놀라운 능력을 보인다. 다양한 업무를 수행할 수 있고, 스스로 목표를 수립하고 그 목표의 달성 방법을 스스로 찾아서 수행할 수 있다. 이와 같이 사람의 같은 능력을 갖는 인공지능을 강한 인공지능, 또는 범용 인공지능Artificial General Intelligence, AGI이라고 한다.

강한 인공지능은 아직 연구자들의 꿈이다. 과학의 영역으로서 이런 것을 만들 수 있는 것인지, 구현 방법에 대하여 가장 초보적인 아이디어조차 없는 상황이다. 대부분의 인공지능 학자들은 자의적 판단에 의하여 인류를 위협하는 인공지능은 가능하지 않다고 생각한다. 가능하더라도 한참 후의 일일 것이라고 생각한다. 그때까지 인공지능은 항상 사람이 프로그램한데로 행동할 것이다. 영화 속의 이야기처럼 사람이 작동을 종료시키려고 할 때 자의에 의하여 거부하는 기계는 있을 수 없다. 기계는 생물학적 욕구와 그에 근거한 감정을 갖고 있지 않기 때문이다.

인공지능의 역사

지난 70년 동안 인공지능을 만들기 위하여 무수히 많은 기술이 나타나서 경쟁했다. 새로운 기술이 나타나면 그 기술에 대한 기대가 높았다. 그러나 곧 그 한계가 밝혀지면서, 자금과 사람이 떠났다. 그러다 또 다시 새로운 기술이 떠올랐다. 소홀했던 분야에서 한계를 극복한 경우도 있었고, 완전히 다른 학문 분야의 아이디어가 접목된 경우도 있었다. 인공지능을 목표로 다양한 신기술의 부침이 계속되었던 것이다. 따라서 인공지능을 하나의 기술이라고 하기보다는 연구의 목표, 비전이라고 하는 것이 더 적절할 것이다.

최근 각광을 받고 있는 딥러닝 기법도 70여 년 전에 알려진 인공신경망 기법의 연장선상에 있다. 인공 신경세포의 모델과 학습 알고리듬의 본질은 변한 것이 없다. 그러나 학습 알고리듬에 대한 이해가 깊어짐과 동시에, 학습에 사용할 수 있는 데이터가 풍부해지고, 컴퓨터 성능이 좋아짐에 따라 인공신경망 기법이 다시 각광받게 된 것이다. 자율자동차 운행도 지난 50년 간 꾸준히 연구해왔던 기술의 성과이다. 기술의 결과는 종종 혁신적으로 보이지만 그 과정은 항상 점진적이었다. 특히 인공지능 기술은 더욱 그렇다.

1 | 기호를 처리하는 디지털 컴퓨터의 탄생

인공지능 개발의 씨앗은 '인간의 사고 과정은 기호symbol의 기계적 조작으로 묘사할 수 있다'는 생각에서 시작되었다. 이런 생각은 1940년대 디지털 컴퓨터의 발명을 가능하게 했다. 컴퓨터의 발명은 인공지능의 시작이었다. 컴퓨터의 개념을 정립한 알렌 튜링이 기계는 생각할 수 있다고 주장한 것은 우연이 아니다.

인공지능 연구의 초기에 디지털 컴퓨터로 기호적 추론을 할 수 있다는 것을 보였다. 1955년 뉴엘Newell과 사이먼Simon은 인간 사고의 핵심인 논리적 추론을 수행하는 프로그램을 만들어서 수학의 여러 공식을 증명했다. 1956년 다트머스대학에서 개최된 학회에서 학자들은 이러한 학문 분야를 인공지능이라고 명명했다. 이때부터 인공지능은 새로운 학문으로서 관심을 끌기 시작했다.

그러나 초기의 연구자들은 지능을 구현하는 일이 얼마나 어려운 것인지 모르고 자신들의 능력을 과장했다. 인간 수준의 지능을 갖춘 기계가 20년 안에 완성될 것이라 주장했었다.

2 | 연결주의의 시작과 몰락

1900년경부터 신경세포에 대한 연구가 활성됐고, 1950년경에는 단순하고 획일적인 노드들의 연결로 구성된 인공신경망이 간단한 논리 기능을 할 수 있다는 것이 입증됐다. 문제 해결 능력이 노드 간 연결에 담겨있다는 뜻을 담아 이러한 연구 철학을 연결주의connectionism라고 한다.

1958년 로센블렛Rosenblatt이 간단한 알고리듬으로 학습이 가능한 단층 신경망인 퍼셉트론perceptron을 개발했다. 퍼셉트론은 전기두뇌 구축의 기본 소자가 될 것이라 기대가 많았으나 선형분리만 가능하다는 약점을 발견했다. 이로 인해 1985년경 다층 신경망의 학습 방법인 오류역전파 알고리듬이 재조명 받을 때까지 연결주의는 추운 겨울을 겪어야 했다.

3 | 자연어 처리 시도의 실패

사람을 흉내 내자는 튜링 테스트의 영향 때문에 초기부터 자연어로 컴퓨터와 소통하는 것은 인공지능 연구의 중요한 목표였다. 이 당시에는 단어 대체를 통한 러시아어와 영어 간 번역을 시도했으나 실패했다. 의미의 이해없이 번역이 불가능하다는 것을 실패를 통해 배웠다. 1964년 와이젠바움Weizenbaum이 만든 엘리자ELIZA라는 프로그램은 사용자들이 인간과 의사소통하고 있다고 잠시 착각할 정도의 대화 능력을 보였다. 그러나 사실 엘리자는 무슨 말을 하는지 전혀 알지 못한다. 어쨌든 엘리자는 최초의 챗봇이었다. 지금 챗봇들의 대화 수준도 이를 많이 벗어나지 못한다. 당시 연구원들은 자연어로 대화하는 데 얼마나 많은 상식과 기억을 필요로 하는지에 대해 인식이 부족했다.

4 | 복잡도에 대한 몰이해

초기 연구자들이 인공지능 구축의 어려움을 심각하게 과소평가했다. 이 당시 연구 주제는 주로 범용성 있는 일반적인 문제풀이 방법론에 집중했다. '일반문제해결사General Problem Solver'라는 프로그램의 명칭이 이들이 어떤 연구를 하고 있었는가를 잘 보여준다. 연구자들은 실세계의 많은 문제가 기하급수적인 복잡도를 갖는다는 것을 발견한다. 따라서 작은 문제에서의 성공을 실세계 문제로 확장될 수 없었다.

자연스럽게 복잡도를 회피하는 탐색과 계획수립planning에 관한 연구가 많이 수행되었다. 경험적 지식heuristic을 이용하여 탐색 범위를 제한하는 기법과 지역적 정보만을 이용하는 급경사탐색법 등이 이 시기에 개발되었다. 그러나 이런 기법들도 복잡도를 경감할 뿐 근본적 해결책은 될 수 없었다.

또한 자연어 대화를 위하여는 세상에 관한 엄청난 양의 지식이 필요하다는 것을 알게 되었다. 지능적 반응을 위해서는 방대한 상식이 필요하지만 이를 컴퓨터에 저장하고 사용한다는 것은 엄두를 낼 수 없었다.

이런 약점에 더해서 철학, 심리학 등 다른 분야의 학자들이 인공지능의 기본 전제에 이의를 제기했고, 인공지능 연구자들은 적절히 대응하지 못했다. 이 시기에 발견한 인공지능 방법론의 한계 중 일부는 수십 년 후에 해결되기도 했지만, 대부분은 오늘날까지도 어려운 문제로 남아있다. 과장된 목표와 초라한 성과는 인공지능 연구의 겨울을 불러왔다.

5 | 전문가시스템의 부상과 침체

일반적인 문제풀이 방법론이 실용적으로 성과를 내지 못하자 강력한 실용성을 추구하는 전문가시스템이 부상한다. 잘 정제된 전문지식을 이용하여 좁지만 깊이 있게 문제를 해결한다. 1970년대에 스텐퍼드대학의 화이겐바움Feigenbaum이 분광계 수치에서 화합물을 확인하는 덴드랄Dendral, 감염성 혈액질환을 치료하는 마이신MYCIN 등을 개발하여 현장에서 유용하다는 것을 증명했다.

전문가시스템은 추론엔진을 재사용하기 때문에 쉽게 만들 수 있고, 또한 의사결정 과정을 설명할 수 있다는 것이 큰 장점이었다. 1980년대 들어서 여러 기업들이 전문가시스템을 개발하고 배치했다. 일본은 막강한 경제력으로 병렬컴퓨팅 기술을 이용하여 신속한 추론 능력을 갖는 5세대 컴퓨터 과제를 수행했다. 일본이 인공지능 연구의 중심에 서겠다는 야심 찬 사업이었으나 별다른 성과를 얻지 못하고 종료되었다. 두 번째 겨울이 온 것이다.

6 | 연결주의의 재부상

하지만 1980년대 중반에 들어와서 인공신경망의 학습 알고리듬인 오류역전파 알고리듬이 재조명되었다. 오류역전파 알고리듬의 활성화는 연결주의 연구를 인공지능의 본류로 다시 이끌어냈다. 그러나 인공신경망 기법은 한 동안 주로 이층 구조에 머물렀다. 1990년대 광학 문자인식과 음성인식 등에서 성공을 보였으나 2010년 즈음 딥러닝이 나오기까지 활용 영역은 제한적이었다. 이 시기 학계의 인공지능 연구는 수학적 견고성 바탕으로 내실을 기하는 방향으로 성장했다. 불확실성을 다루는 데 있어서 확률과 결정이론을 도입하고, 베이지안 네트워크^{Bayesian Network}를 인과관계를 모델링하는 범용 도구로 발전시켰다.

7 | 실증의 시대

한편 컴퓨터 시스템의 성능이 크게 성장하며 확실한 결과를 보여주는 결과가 나타나기 시작했다. 인공지능이 사람과 경쟁하는 이벤트로 언론의 주목을 받았다. 1997년 IBM의 딥블루는 세계 체스 챔피언을 이겼다. 딥블루의 성공은 새로운 방법론이 아니라 강력한 병렬처리 컴퓨터의 능력 덕분이었다. 특수 제작된 병렬 컴퓨터를 이용하여 방대한 게임 트리를 깊이 탐색함으로써 좋은 성과를 낼 수 있었다. 또한 2005년 모하비 사막에서 진행된 무인자동차 경주는 자율운전자동차 연구의 붐을 조성했다. 이런 대회를 통해서 훈련을 받은 엔지니어들이 구글 등의 대기업으로 옮기면서 인공지능의 실용화 가능성을 촉진시켰다. 2011년 방송 퀴즈대회에서 IBM의 왓슨이 경쟁하던 사람들을 물리친 사건은 모두를 놀라게 했다.

8 | 다시 폭발하는 인공지능 연구

80년대 중반 오류역전파 훈련 알고리듬의 활성화 이후 조용하던 연결주의가 2012년 다시 큰일을 해냈다. 물체를 인식하는 경진대회에서 힌튼Hinton 교수 팀이 놀라운 성과를 보였다. 고층 네트워크 구조와 딥러닝 학습 알고리듬의 발전 덕분이기도 했지만 강력한 계산능력의 GPU와 이미지넷ImageNet의 수백만 장 사진을 훈련에 사용하는 데이터 가용성이 큰 역할을 했다. 유사한 구조이나 더 고층(152층)으로 구성된 마이크로소프트의 ResNet52는 95% 이상의 인식률로 사람의 능력을 능가한다는 평가를 받았다. 이 성공은 딥러닝 확산의 기폭제였다. 산업 전반에서, 또 모든 학문의 도구로도 각광을 받게 되었다. 모든 문제를 딥러닝 기법으로 해결하고자 도전하는 커다란 학파를 형성했다.

알파고의 승리에는 강화학습의 기여가 크다. 시행착오를 거치면서 바람직한 행동을 배우는 것이다. 자기복제와 경쟁으로 실력을 쌓는 아이디어도 충격적이다. 2018년 공개된 알파고-제로는 인간의 기보를 하나도 사용하지 않고 복제된 자기와의 경쟁만으로 인간을 능가했다. 수많은 사람이, 수 천년간 바둑을 두었는데도 인간이 전혀 생각하지 못했던 전략으로 문제를 해결하는 것을 보여주었다. 시행착오를 거치면서 능력을 쌓아가는 것이 범용인공지능을 만드는 방법론일 것으로 생각하는 학자들이 많다.

9 | 인공지능 성공의 요인

현재 인공지능의 성공 요인은 다음 세가지로 볼 수 있다. 첫째는 컴퓨터를 이용하여 문제를 해결하는 방법론, 즉 알고리듬의 능력이다. 알고리듬을 만들고 이를 소프트웨어로 구축하여 컴퓨터를 작동시키는 방법이 인공지능을 가능하게 했다. 디지털 기술의 덕분에 소프트웨어는 완벽하게 복제하여 공유할 수 있으며, 수정 보완하고, 다른 소프트웨어와 통합하여 더욱 강력한 소프트웨어로 만들 수 있었다. 더구나 인공지능 연구계에서 관행으로 자리잡은 소프트웨어의 공개, 공유의 정신은 인공지능의 발전을 빛의 속도로 가능하게 했다. 잘 훈련된 신경망의 공유도 빈번하다. 소프트웨어 개방과 방법론의 공유로 기술의 민주화가 이루어졌다. 그래서 아무리 작은 스타트업 회사도 최고의 인공지능 기술을 사용할 수 있다. 이제는 발견보다 실행이, 전문지식보다 데이터가 중요하다는 주장이 실감나는 세상이 되었다.

둘째는 컴퓨터의 연산 능력이다. 인공지능, 특히 기계학습은 엄청난 양의 계산을 요구한다. 인공신경망 기법이 그 가능성을 보인 것은 그 아이디어가 나타난지 50년 후였다. 반도체기술로 제작된 강력한 병렬처리 컴퓨터의 고속 컴퓨팅 능력의 덕분이다. 요즘 가능성을 보이는 양자컴퓨터가 실용화되면 그 능력을 이용하여 인공지능의 새로운 도약이 가능할 것이다.

셋째는 학습을 가능하게 하는 데이터의 힘이다. 데이터의 기계학습이 지능 구현의 유일한 방법론은 아니지만 현재의 기술은 많은 데이터, 다양한 데이터에 의하여 성능이 결정된다. 정밀하게 신호를 획득하는 센서 기술, 빠른 통신 기술, 많은 컴퓨터를 연결하는 인터넷 기술, 그리고 방대한 데이터를 관리하고, 저장하고, 공유하는 데이터 관리 기술이 높은 수준의 기계학습을 가능하게 하였다.

10 | 기술의 산업화 가속

딥러닝이 많은 성공을 보임으로써 산업계에서 관심을 갖고 많은 투자가 이어진다. IBM 등 전통 IT기업은 물론 구글, 네이버 등 인터넷 기업들도 인공지능 연구에 집중하고 있다. 이들은 강력한 컴퓨팅 자원과 많은 데이터를 바탕으로 우수 연구인력을 모은다. 인공지능 연구의 중심이 학계가부터 산업계로 이동했다. 놀라운 연구성과는 대부분 기업에서 나오고 있는 것이 현실이다.

인공지능은 이미 많은 기업, 다양한 산업 현장에서 활발히 활용되고 있다. 2020년 기준으로 60% 이상의 기업에서 인공지능을 적용하고 있는 것으로 조사되었다.[4] 오늘날 산업계에서 주로 사용되는 기술은 컴퓨터 비전 기술, 자연언어 기술, 기계학습기법, 그리고 RPARobotics Process Automation 등이다. 아래 그림은 다양한 인공지능 기술이 어떤 산업현장에서 어떻게 활용되는지를 보여준다. 자세히 보면 산업 분야에 따라 각기 다른 기술을 활용하는 것을 알 수 있다. 예를 들면 자동차 산업의 경우에는 자율주행이나 컴퓨터 비전과 같은 기술을 주로 활용되며, 금융산업은 RPA기술과 기계학습기법이 많이 사용된다.

AI CAPABILITIES EMBEDDED in STANDARD BUSINESS PROCESSES, 2020

Industry	Autonomous Vehicles	Computer Vision	Conversational Interfaces	Deep Learning	NL Generation	NL Speech Understanding	NL Text Understanding	Other Machine Learning Techniques	Physical Robotics	Robotic Process Automation
All Industries	7%	18%	15%	16%	11%	12%	13%	23%	13%	22%
Automotive and Assembly	20%	33%	16%	19%	12%	14%	19%	27%	31%	33%
Business, Legal, and Professional Services	7%	13%	17%	19%	14%	15%	18%	25%	11%	13%
Consumer Goods/Retail	13%	10%	9%	6%	6%	6%	9%	12%	23%	14%
Financial Services	6%	18%	24%	19%	18%	19%	26%	32%	8%	37%
Healthcare/Pharma	1%	15%	10%	14%	12%	11%	15%	19%	10%	18%
High Tech/Telecom	9%	34%	32%	30%	18%	25%	33%	37%	14%	34%

〈그림 2-6〉 산업별 AI 활용도, 2020년[5]

컴퓨터 비전은 인간의 시각 체계를 통해 처리되는 모든 작업을 자동화하는 기술이다. 사진이나 영상을 보고 물체를 인식하고 위치 정보를 파악하는 등의 작업이 이에 포함된다. 컴퓨터 비전 알고리듬은 한 장 혹

---

4 MCKINSEY & COMPANY 2020 자료를 STANFORD 2021 AI INDEX REPORT에서 인용
5 출처: HTTPS://WWW.STATISTA.COM/STATISTICS/1112998/AI-CAPABILITIES-STANDARD-BUSINESS-PROCESSE/

은 여러 장의 사진으로부터 특정 정보를 추출하고 분석하여 주어진 문제에 알맞은 방법으로 처리한다. 앞서 설명했듯 CNN이라는 딥러닝 알고리즘이 컴퓨터 비전의 성능을 비약적으로 상승시켰으며, 오늘날에는 사람들의 얼굴을 인식하거나 자율주행에 필요한 시각 정보를 처리하고, 의료 사진을 보고 질병을 진단하는 등 다양한 분야에서 활발히 활용되고 있다.

자연어 처리는 한국어, 영어, 중국어와 같이 사람이 사용하는 언어를 컴퓨터가 이해하고 재창조할 수 있도록 하는 모든 기술을 일컫는다. 지문 독해부터 음성 인식, 번역, 작문과 질의응답 등의 작업이 모두 이에 해당한다. 자연어 처리 기술은 인터넷의 발달과 함께 수많은 텍스트 데이터가 축적되며 그 성능이 비약적으로 상승했는데, 불과 몇 년 전까지만 해도 RNN이라는 딥러닝 알고리즘이 널리 사용되었으나 최근 어텐션 메커니즘을 활용한 트랜스포머 알고리즘이 새롭게 떠오르며 그 자리를 대체하고 있다.

RPA는 사람이 반복적으로 처리해야 하는 단순 업무를 로봇 소프트웨어를 통해 자동화하는 기술을 뜻한다. 비교적 단순한 AI를 활용한 자동화 기술이고, 단순 프로그래밍보다는 한 단계 더 복잡한 명령을 수행한다. 예를 들어 사람이 직접 여러 시스템에 접속해서 각기 다른 값을 입력하고 엑셀 함수를 생성하는 복합 작업을 그대로 따라할 수 있다. RPA는 데이터를 캡처하고, 어플리케이션을 실행하고, 다른 시스템과 통신하여 다양한 작업을 수행한다. 특히 금융 분야 기업들은 이를 컴퓨터 비전, 자연어 처리와 같은 다른 AI 기술들과 결합하여 업무 생산성을 극대화하고 있다.

현 인공지능 기술의 한계

모든 기술이 그렇지만, 처음 등장할 때는 큰 기대를 받는다. 그러나 시간이 지나면서 기술의 본질을 이해하게 되고, 더불어 그 한계도 알려지게 된다. 그동안 딥러닝에 대한 이해가 깊어지고, 활용하는 영역도 넓어졌지만, 여러 한계와 약점도 밝혀졌다. 알려진 약점은 인공지능이 갖는 근원적인 것부터 엔지니어링 노력 부족에 이르기까지 다양하다. 이 약점들이 곧 해결될 것이라는 기대도 있지만, 쉽지 않을 것이라는 우려도 있다.

1 | 너무나 많은 데이터와 컴퓨팅을 요구하는 딥러닝

기계학습은 기본적으로 통계적 학습 및 추론 방법이다. 그 성능은 데이터의 양과 질이 결정한다. 모델의 데이터가 적거나 부실하면 학습에 사용한 데이터에서는 잘 작동하지만, 새로 보는 데이터에는 잘 작동하지 않는다. 우리가 기계학습을 통해서 인공지능 시스템을 만드는 이유는 새로운 문제의 해결책을 얻고자 하는 것인데 이것은 치명적인 약점이다. 큰 신경망을 훈련시키기 위하여는 방대한 데이터를 확보하여야 하고, 엄청난 컴퓨팅, 즉 전기가 소요된다. 자연언어의 이야기를 만들어내는 GPT-3의 훈련에 소요된 탄소의 배출량이 자동차 한대가 지구에서 달나라를 왕복하는데 소요되는 것과 같다고 한다. 딥러닝이 지구 온난화를 촉진하다는 비판이 나올 정도다.

많은 데이터와 컴퓨팅이 필요한 현재의 딥러닝 기법은 개선되어야 한다. 고양이 모습을 이해하기 위해 수백만 장의 고양이 사진과 몇 일에 걸친 계산이 필요하다는 것은 넌센스다. 새로운 돌파구가 필요하다.

2 | 인공지능은 학습된 문제만 해결한다

2020년 6월 자율운전 모드에 있던 테슬라 자동차가 사고를 냈다. 고속도로에서 옆으로 누워있던 트럭에 전속력으로 돌진한 것이다. 어찌이런 일이 일어날까? 답은 명확하다. 기계학습으로 만든 컴퓨터 비전 시스템은 훈련된 것만 인식한다. 아마 바퀴 위에 짐칸이 있는 트럭은 훈련에서 많이 보았지만 도로에 누워서 지붕만 보여주는 영상은 없었을 것이다. 바퀴가 없는데 어떻게 트럭으로 인식할 수 있었겠는가?

〈그림 2-7〉 테슬라의 자율자동차 사고 현장[6]

훈련에 참여하지 않은 데이터에도 작동하는 능력을 일반화 능력이라고 한다. 일반화를 잘 한다는 것은 안 배운 일도 잘 한다는 것이다. 사람은 일반화 능력이 월등하다. 테니스를 배운 사람이 탁구도 잘 한다. 그

6   출처: 김진형, AI 최강의 수업 p.39 인용

러나 딥러닝은 일반화 능력이 매우 부족하다. 딥러닝으로 학습한 '벽돌 깨기' 비디오 게임이 사람의 능력을 능가했다. 그러나 화면의 밝기를 2% 높이거나 반사판의 위치를 조금 높였을 때 성능이 급격히 저하한다. 이 정도 변화라면 사람은 계속 잘 했을 것이다. 이세돌 프로기사를 이긴 알파고도 19x19 바둑판이 아니라 18x18에서 승부를 겨룬다면 형편없는 능력을 보일 것이다. 학습한 것을 일반화하는 능력이 모자라서 그렇다.

3 | 편견을 갖는 인공지능

편견이 존재하는 사회에서 획득한 데이터에는 그 사회의 편견이 그대로 따라온다. 데이터에 내재된 편견은 학습을 통해서 알고리듬으로 전이된다. 데이터의 편견은 알고리듬과 인공지능 시스템의 편견으로 이어져 불공정한 결과를 가져온다.

세상에 편견이 존재하는 한 기계학습의 편견을 극복하기는 어렵다. 데이터와 훈련 결과를 일일이 점검해야 하는데 쉽지 않은 일이다. 채용 심사를 대신하는 알고리듬이 인종이나 성 차별을 하지 않는다는 것을 어떻게 보장할 수 있을까? 알고리듬이 어떻게 작동하는지를 투명하게 보여주는 것만이 현실적인 대안책이다. 유럽연합에서는 인공지능이 내린 모든 결정에 대해 '설명 받을 권리'를 〈개인정보보호법〉으로 규제하고 있다. 설명 가능한 인공지능의 연구는 편견을 제거하는 데에도 중요한 역할을 할 것이다.

4 | 의사결정 과정을 설명할 수 없다

기계학습으로 구축된 심층 신경망에게 의사결정 과정을 인간의 언어로 설명하지 못한다. 기계학습 인공지능에게 '왜?'라고 물으면 대답하지 못한다. 인과관계를 이해하지 못하기 때문이다. 인공지능 시스템이 사람을 대신해서 중요한 판단을 하는 데에도, 사람이 그 과정을 이해할 수 없다면 매우 심각한 것이다. 의료 분야에서 특히 그렇다. 질병의 원인과 처치법의 효과도 모르면서 인공지능의 처방을 받아들일 수 있을까? 더구나 한 사람의 문제가 아닌 전 인류의 운명을 좌우하는 중요한 결정일 때, 이것을 의사결정 과정을 설명도 못하는 인공지능에게만 맡길 수 있을까?

현재 딥러닝이 배우는 것은 단순한 통계적 연관관계일 뿐이다. 의사결정 과정을 설명하려면 연관관계뿐만 아니라 인과관계, 계층 관계 등 다양한 세상의 모델이 필요하다. 인간이 이해하는 수준으로 의사결정 과정을 설명하려면 의사결정자가 보는 '세상'을 공유해야 한다. '만약 ~ 이라면' 같은 가정 상황에서의 판단은 사람들이 일상적으로 하는 것이다. 예로, '젊은이들이 결혼을 하지 않으면 우리 사회는 어떻게 될까?'라는 문제를 생각해보자. 여기에 대한 대답은 데이터 기반으로 도출하기 쉽지 않다. 관련 사례가 없거나 있다 하더라도 기계학습에 사용할 만큼 충분하지 않기 때문이다.

사람은 가정 사항으로 나름대로 세상의 모델과 이론을 만들고, 이를 바탕으로 답을 도출한다. 세상의 모델은 3차원 물리적 관계, 계층구조, 인과관계 등 다양한 지식들로 구성된다. 사람은 오랜 진화를 통해 세상 모델을 유전 받았으며, 출생 직후 더욱 강인한 모델을 형성하는 것으로 알려졌다. 또 이러한 세상 모델을 인지작용에 매우 강력하게 사용한다.

5 | 이미 알려진 지식과 통합에 약하다

딥러닝은 이미 알려진 지식을 통합하여 새로운 신경망을 만드는 것에 취약하다. 오로지 데이터에 내재된 입력─출력 간의 관계만 학습할 뿐이다. 그래서 신경망으로는 우리가 이미 알고 있는 지식을 통합적으로 활용하는데 취약하다. '모든 인간은 죽는다'거나 잘 알려지고 검증된 뉴턴의 법칙 등은 명시적으로 사용하지 못한다. 또 '코로나19 감염자의 1%가 사망에 이른다'와 같이 이미 계량화된 지식도 사용하지 못한다. 딥러닝은 이런 지식을 활용하기보다는 다시금 찾아내려고 할 것이다.

현장에서는 기계학습을 적용할 수 있는 문제라 하더라도 필요한 모든 데이터가 동시에 주어지지 않는 경우가 많다. 보통 데이터가 시차를 두고 산발적으로 나타난다. 먼저 얻은 데이터로 학습한 후 사용하다가 추가 데이터를 얻었을 때 추가로 학습하여 성능을 증강하는 것이 바람직할 것이다. 하지만 단순한 딥러닝은 점진적 개선에 취약하다. 이런 경우 모든 데이터를 갖고 다시금 학습하려고 할 것이다.

6 | 견고한 엔지니어링 도구가 되기에는

기계학습 기술은 이미 산업적 가치를 충분히 증명했다. 딥러닝은 이제 특별한 기술이 아니라 누구나 사용하는 기술이 되었다. 미래의 비전이 아니라 현실의 기술이 된 것이다. 그러나 딥러닝을 산업현장에서 본격적으로 활용하기에는 공학적 기법이 아직 부족하다. 아직도 대학 실험실의 도구라는 냄새를 지울 수가 없다. 기계학습으로 견고한 시스템을 만드는 것은 어렵다. 제한된 환경에서 작동하는 시스템은 비교적 쉽게 만들 수 있지만 성능에 대한 보증을 못한다 훈련 데이터와 유사하지 않은 새로운 데이터에서도 작동한다는 보장이 없다. 또한 디버깅 용이

성, 견고성Robustness, 재사용 가능성, 재현성에서 고전적 기계설계와 소프트웨어공학 기법에 한참 못 미친다. 이런 공학적 방법론은 기계학습 시스템의 신뢰성 확보를 위해서 중요하다. 신뢰성은 안전과 직결되기 때문이다. 일반 소프트웨어의 공학적 개발 절차는 기계학습 시스템 개발에도 적용되어야 한다.

7 | 인공지능의 미래 연구 방향

이러한 AI의 한계를 극복하기 위하여 현재 AI 연구 분야에서는 다양한 시도가 활발히 이루어지고 있다. 인공지능의 연구는 크게 두가지 방향으로 나누어 볼 수 있다. 첫째는 범용인공지능artificial General Intelligence을 만들고자 하는 시도이다. 이런 시도는 과학적 접근법이다. 지능의 본질에 대한 탐구로부터 시작한다. 사람의 지능에 대한 하드웨어적, 소프트웨어적 연구가 필요할 것이다. 아직 감정을 가진 기계를 만들 수 있는 것인지, 나아가 범용인공지능이란 것이 과연 가능한 것이지도 모른다.

둘째는 알려진 인공지능의 방법론을 실생활에 적용하기 위한 공학적 연구다. 적은 데이터로 적은계산으로 높은 학습 성과를 기대하는 녹색

〈그림 2–8〉 미래 인공지능 기술의 발전 방향

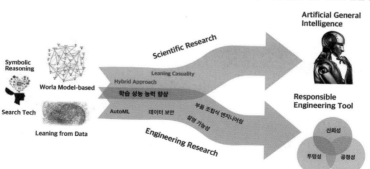

103

인공지능Green AI 연구, 데이터와 라벨링 작업의 비용을 줄이기 위한 준지도 학습Semi-supervised Learning, 여러 곳에 분산된 데이터를 한데 모으지 않고 모델을 학습하는 연합학습Federated Learning의 연구도 인공지능을 실용화를 위하여 가속되고 있다. 딥러닝 시스템을 쉽게 구축할 수 있는 개발환경과 도구의 연구도 활발하다.

그러나 현장에 배치된 인공지능이 높은 신뢰성을 갖도록 하는 것이 무엇보다도 중요하다. 의도한데로 항상 작동하며, 안전을 보장하여야 한다. 또한 의사결정 과정을 인간과 소통함으로써 투명성을 보장해야 한다. 중요한 업무를 수행하는 인공지능일수록 투명성이 중요한 요구 사항이다. 또한 데이터에 포함된 편견을 제거하여 공정한 판단을 유도하는 연구도 인공지능을 사회의 일원으로 배치하려면 꼭 성취해야 할 요구사항이다.

8 | 인공지능에 의한 인류의 미래는?

인공지능은 광범위한 산업에서 부를 창출하며, 많은 사회 문제를 해결할 수 있다. 또한 많은 직업의 성격을 크게 변화시키며 새로운 산업과 일자리를 창출할 것이다. 따라서 미래 노동시장에서 경쟁력을 갖추려면 인공지능에 대한 적절한 수준의 전문성을 가져야 한다. 근로자의 경쟁력은 타고 난 경쟁력에 더하여 인공지능으로 증강되는 경쟁력이다. 따라서 미래 세대는 인공지능이 가져오는 변화에 적응할 수 있도록 교육을 받고 인공지능 전문가로 성장할 기회를 가져야 한다.

모든 기술은 양면성이 있다. 잘 사용하면 득이 되지만 그렇지 않으면 해가 된다. 인공지능도 예외가 아니다. 인공지능의 영향이 어떤 기술보다 강력하다. 좋은 목적으로 사용될 때 많은 도움을 받을 수 있지만, 잘

못 사용하면 우리가 쌓아온 문명사회가 무너지고, 전 인류를 파멸로 이끌 수도 있다. 인간 수준의 지능을 가진 AI의 출현이 아직 멀었다 할지라도, 많은 업무에서 사람을 능가하며 경제 성장과 사회 변화를 주도하고 있다. 지금까지는 기술 발전 속도가 완만해서 적절히 통제가 가능한 수준이었으나 앞으로는 통제가 가능하지 않을 수도 있다.

우리는 아직 인공지능이 인류사회에 어떤 변화를 가져올지 잘 모르고 있다. 인공지능이 선을 넘으면 파멸의 길로 접어들어 돌이킬 수 없게 될 것이라는 경고도 있다. 진짜 같은 가짜들이 넘치는 세상은 인공지능 기술 부작용의 한 단면이다. 보는 것, 듣는 것을 믿지 못한다면 큰 문제다. 더 나아가 개인의 심리적인 조작이 가능하다면 세상은 어떻게 될까? 내가 좋아하는 것이 원래부터 좋아했던 것인지 좋아하게 만들어진 것인지 확신할 수 없게 된다. 이것은 인간의 자유의지에 대한 도전이다. 인간 개개인의 감정이나 선택에 도덕적·정치적 권위를 부여해왔던 민주주의의 근간이 무너지는 것이다.

인공지능이 제안하는 대로 행동하면 그 이유는 모르지만 이득이 생긴다고 하면 사람의 속성은 어떻게 바뀔까? 이런 경험을 반복하게 되면 사람은 이성을 포기할 것이다. 생각을 한 할 것이다. '이해하는 존재'라는 인간의 특성과 인간 중심이라는 사상은 없어질 것이다. 인공지능 시대의 시작은 이성시대의 종말을 의미하는가?

더 나아가 인공지능 기술과 바이오 기술을 인간의 생물학적 능력 증강을 위하여 사용한다면 인류의 미래는 어떻게 될까? 인간의 생물학적 진화는 과학기술의 발전 속도에 비하면 거의 정지된 상태이다. 과학기술로 노화를 제거하고, 인간의 지성적·육체적·심리적 능력을 높여서 인간 조건을 근본적으로 향상시는 것을 긍정적으로 보아야 하는가?

인공지능은 인간을 위한 기술로 언제까지나 남아 있어야 한다. 인간의 생존과 번영에 도움이 되고 인간이 존엄성을 유지하는데 도움이 되도록 사용해야 한다. 스스로 판단하는 인공지능의 도움으로 재난을 선제적으로 방지하고, 인류사회의 안전과 행복이 보장되는 유토피아 세상을 만들어야 한다. 그러기 위해서는 인공지능 기술의 지속적 발전을 촉진하되 통제를 놓쳐서는 안 된다. 인공지능의 윤리적 사용에 대한 깊은 성찰이 요구된다.

저자 소개

김진형

총장은 1세대 SW개발자로서 1973년부터 KIST에서 일했으며 UCLA에서 박사학위를 받은 후 휴즈연구소에서 AI를 개발했다. KAIST에서 1985년부터 2014년까지 AI연구실을 이끌며 약 100명의 석박사를 양성했다. 소프트웨어정책연구소 초대 소장, 인공지능연구원 초대 원장, 과학기술정보원장, 공공데이터전략위원장, 정보과학회 회장을 역임했으며 현재는 인천재능대학교의 총장으로 재직한다. 과학기술한림원과 공학한림원의 원로회원이다.

3장 • AI의 사회경제적 파급효과

우리 사회가 인공지능 기술을 크게 주목하게 된 계기는 2016년 출현한 알파고AlphaGo라 할 것이다. 물론 알파고는 바둑에 특화한 AI여서 실생활에 활용하는 것과는 거리가 있었다. 그러나 이후 기계에게 이미지와 소리를 인식하는 방법을 가르치는 강화학습 기법이 영상인식, 음성인식, 번역 등 다양한 분야에 적용되면서 실생활에 직접 활용되는 구체적인 결과물들을 만들어 내고 있다.

현재 생활과 가장 밀접한 인공지능 기술의 적용 분야는 스마트폰과 음성인식 스피커AI speaker이다. 그렇지만 점차 자율주행자동차, 유전자 분석과 신약개발, 금융거래 등으로 빠르게 확산하고 있다. 특히 최근 가상현실VR, Virtual Reality기술을 바탕으로 한 메타버스metaverse 열풍이 불고 있는데, 이는 3차원에서 실제 생활과 법적으로 인정되는 활동인 직업, 금융, 학습 등이 연결된 가상 세계를 뜻한다. 이처럼 인공지능 기술은 앞으로도 구현하고자 하는 목적에 따라 다양한 형태로 진화하고 고도화되어 나갈 것이다.

미국의 시장조사 기관인 가트너Gartner가 매년 발표하는 기술의 성숙도 단계 지표인 하이퍼 사이클Hyper cycle에서도 이런 가능성을 반영하고 있다. 2021년 하이퍼 사이클에 의하면 NFTNonfungible Token, Active Metadata Management, Generative AI 기술은 2~5년 후에 주류

기술이 될 것으로 전망했다. 또 양자 머신러닝Quantum Machine Learning, Sovereign Cloud는 5~10년 혹은 그 이상의 시간이 소요될 것으로 내다보았다.

이러한 시대적 상황 변화에 맞추어 주요 글로벌 IT기업들인 구글, 애플, IBM, 마이크로소프트, 아마존, 페이스북 등은 하나같이 인공지능 기술을 미래의 최대 성장동력으로 간주하고 각축전을 벌이고 있다. 아울러 바이두Baidu, 알리바바Alibaba, 텐센트Tencent 등 BAT로 대표되는 중국 기업들 역시 거대한 시장과 막대한 자본력을 바탕으로 인공지능 관련 기술개발과 사업 확장을 도모하고 있다.

이들 인공지능 기업들은 인공지능 생태계를 선도하겠다는 목표 아래 다양한 전략을 취하고 있다. 우선, 구글의 딥마인드DeepMind 인수사례와 같이 인공지능 스타트업 인수 경쟁에 공격적으로 나서고 있다. 이들이 스타트업들을 인수하는 이유는 자체적으로 기술개발을 하려면 상당히 오랜 시간이 걸리지만, 스타트업 기업 인수는 신기술을 짧은 시간 내에 흡수할 수 있을 뿐만 아니라, 젊고 혁신적인 인재를 수혈할 수 있는 수단도 되기 때문이다.

다음은 급속한 기술변화에 대응하기 위해 고급인재의 확보와 선점에 총력을 기울이고 있다는 점이다. 이를 위해 대학 및 연구소와 협력을 적극 추진하거나 아예 기업부설 인공지능 기술 연구소를 발족시키고 있다. 나아가 경쟁사의 AI 부문 최고위 임원까지도 거금을 주고 서로 뺏고 빼앗기는 식의 스카우트 경쟁에도 나서고 있다.

한편, 국가 차원에서도 세계는 지금 4차산업혁명과 인공지능 시대의 리더가 되기 위해 치열한 기술패권 경쟁을 벌이고 있다. 미국은 이 경쟁 대열에 구글, 페이스북, 애플, 아마존 등 글로벌 IT기업제국들이 앞장서고 있다. 다만, 인공지능 기술이 세계경제 패권의 유지와 국가안보를 구축하는 데 핵심적인 요체가 된다는 인식 아래 정부 차원에서의 지원을 강화해 나가고 있다.

이에 비해, 중국은 2030년까지는 세계 최강의 인공지능 경쟁력을 확보한다는 '인공지능 굴기崛起'의 기치를 내걸고 오래전부터 정부와 기업이 힘을 합쳐 인재양성과 기술투자에 혼신의 노력을 기울여 나가고 있다. 물론 아직은 알고리듬과 상용화 등 인공지능 전반적인 역량 면에서는 미국에 뒤지고 있는 것으로 평가되고 있다.

영국 데이터 분석 미디어 토터스 인텔리전스Tortoise Intelligence가 2021년 작성·발표한 '글로벌 AI 지수The Global AI Index'에 의하면 1위 미국(100점), 2위 중국(58.2), 3위 영국(39.7), 4위 캐나다(37.6), 그리고 우리나라는 5위(36.0)에 랭크되어 있다. 미국은 전반적으로 최고 평가를 받으며 인공지능 강국의 면모를 보였다. 이에 비해 중국은 운영환경(95.6점)에서 미국을 앞섰으나 인재(17.2점), 연구(58.4점), 상용화(44.3점) 분야에서는 저조한 점수를 받으며 2위를 차지하였다.

그러나 중국은 정부의 강력한 지원시책을 통해 빠르게 추격 중이다. 특히 안면인식 분야는 중국의 경쟁력이 독보적이다. 미국이 개인정보보호와 기술 활용에 대한 우려 때문에 기술개발에 애로를 겪고 있는 데 반해, 중국은 주민통제 수단으로 활용키 위해 안면인식 기술을 적극적으로 개발해왔기 때문이다. 더욱이 중국은 자유국가들과 달리 개인정보에 대한 규제가 없으며, 오히려 정부가 개인정보를 더 적극적으로 활용하고 있다. 이러한 중국의 추격에 대하여 미국은 노골적으로 견제하고 있다. '중국제조中國制造 2025' 관련 기술에 대한 고율의 관세부과, 화웨이華爲 제재와 반도체동맹 결성 등은 이의 일환으로 취해진 조치들이다.

일본과 유럽 또한 비슷한 상황으로 이 대열에 적극 뛰어 들었다. 한때 로봇 강국이던 일본은 인공지능 기술 경쟁에서는 낙후되었다는 평가를 받고 있다. 그러나 일본은 이를 극복하기 위해 강점을 지닌 로봇, 센서 디바이스, 네트워크 인프라, 데이터, 컴퓨터 개발능력을 집중적으로 육성하고 있다. 또 산업혁명을 일으킨 유럽은 전통의 제조업 경쟁력을 기반으로 인공지능 허브hub가 되기 위한 투자를 확대하고 있다. 하나의 예로 프랑스는 기술인재를 유치하기 위해 인공지능 연구에 15억 유로를 지원하고, 의료데이터 등을 연구목적으로 개방하기로 했다.

그러면 우리의 상황은 어떠한가? 5G 이동통신 등 기본 인프라가 그런대로 갖춰져 있으며, 특허 출원 등 개발 분야에서도 활기를 보이고 있다. 그러나 클라우드와 빅 데이터, 딥러닝 등 핵심 원천기술은 크게 낙후되어 있고, 학술논문과 전문연구 능력 측면에서도 많이 부족한 실정이다. 더욱이 전문인력이 크게 부족할뿐더러 미래 인재양성 프로그램도 미흡한 실정으로, 자칫 인공지능 경쟁에서 뒤처질 우려가 크다. 우리는 지금이라도 투자를 확충하고 전문인력 양성에 힘써야 할 것이다. 그리고 이런 시책들은 전략적이면서도 체계적으로, 아울러 중장기적인 관점에서 이뤄져야 할 것이다.

인공지능이 초래할 두 갈래 미래의 길

인공지능은 인터넷이나 모바일이 그랬던 것처럼 우리의 경제와 사회, 그리고 문화를 변화시킬 것으로 예상된다. 오히려 이들을 훨씬 뛰어넘는 충격을 줄 수 있다. 우리의 소통 방식을 변화시키는 것은 물론 문화 자체가 바뀌게 될 것이다. 모든 산업부문에도 인공지능이 연결되어 산업의 지형을 바꾸어 놓을 것이다. 이제 미래상품들의 경쟁력은 인공지능의 기능에 따라 그 성패가 갈릴 것으로 보인다.

물론 인공지능을 활용한 대규모 산업활동이 구체적으로 실현되려면 법적·제도적 규범과의 조화, 사회적 수용성 여부 등 아직 갈 길이 먼 상황이다. 이따금 오류를 내고 있는 기술적 문제도 극복해야 할 과제이다. 이는 최근까지도 자율주행차가 주변 사물을 제대로 인지하지 못해 이런저런 사고를 내고 있는 것에서 잘 나타나고 있다. 그러나 이러한 실패와 시련의 어려움 속에서도 인공지능 기술개발을 위한 인간의 노력은 끊임없이 시도될 것이고, 이를 통한 커다란 경제사회의 발전도 이루어질 것으로 예상된다.

그러면 인공지능 기술의 발전이 가져올 미래 경제사회의 변화된 모습은 어떠할까? 앞으로 이 인공지능 기술이 초래할 미래는 극단적이기는 하지만 크게 두 가지 방향으로 예측되고 있다. 그 하나는 인류를 노동에서 해방시키고 아울러 모든 사람들이 인공지능이 제공하는 무제한에 가까운 재화를 마음껏 누리는 장밋빛 미래, 즉 유토피아Utopia이다. 그리고 다른 하나는 인류를 끔찍한 대공황에 시달리게 하거나 혹은 세상을 파멸로 몰아넣을지도 모른다는 암울한 미래, 즉 디스토피아Dystopia이다.

우선, 유토피아 측면부터 알아보자.

첫째, 새로운 경제성장 동력으로 작용함으로써 추가적인 경제적 가치를 창출한다는 것이다. 인공지능 기술은 자율주행 자동차와 드론, VR^{Virtual Reality}과 AR^{Augmented Reality}, 웨어러블^{Wearable} 등 새로운 산업과 시장을 만들어 내고 있다. 또 제조업과 유통, 금융과 의료 등 기존 산업을 혁신시켜 고부가가치를 창출해 내고 있다. 이로 인한 경제적 가치는 수천억을 넘어 수조 달러에 달할 것으로 예상된다(이에 대해서는 경제와 산업의 혁신 vs 자유경제 체제의 붕괴의 장에서 상술한다).

둘째, 사람들이 꺼리는 육체노동과 여러 가지 일거리를 대체할 수 있는 노동력이 된다. 산업용 로봇은 동기부여를 받거나 휴식을 위해 멈출 필요가 없기에 인간보다 더 많은 작업을 수행할 수 있다. 또 인간 노동자들은 작업 도중 적지 않은 실수를 저지르거나 부상으로 인해 손실을 발생시키지만, 로봇은 실수 없이 작동하기 때문에 이 문제를 해결하는 데도 도움을 주고 있다.

이제 기존의 산업용 로봇에 인공지능을 탑재한 로봇이 출현함에 따라 활용분야가 가정, 복지, 교육, 오락, 의료, 국방, 환경 등으로 확대되고 우주개발에 까지도 활용되고 있다. 이처럼 인간은 로봇과 인공지능 덕분에 더 편하고 완벽한 제품들을 생산할 수가 있게 되었으며, 인건비 또한 줄일 수 있게 되었다. 또 단순 육체노동, 위험한 일 등 소위 3D에 속하는 일들이 커다란 문제없이 처리 가능하기 때문에 인간의 삶의 질이 높아질 수 있게 되었다. 아울러 저출산·고령화에 따른 생산인구 감소 문제에 대응할 수 있는 대안으로도 제시되고 있다.

셋째, 특정 세력만이 아닌 사회구성원 대다수가 합의한 결과를 도출하여 공정함을 추구할 수 있게 되어 사회적 비용을 크게 줄일 수 있게 된다. 이는 인공지능은 감정이 없기 때문에 일을 처리함에 있어 합리적이고 공평한 사고를 하기 때문이다. 모든 인간들은 실수하기 마련이지만, 정상적인 데이터로 만들어진 인공지능은 오작동만 없다면 실수 없이 움직이게 된다. 따라서 보다 정확하고 합리적인 솔루션을 가져올 수 있게 된다. 최근 일부 공기업과 금융기관들의 직원 채용에 인공지능AI 면접관이 등장한 것은 이런 취지를 반영한 것이라 하겠다.

넷째, 편리함과 쾌적함을 누릴 수 있다. 인공지능은 5G 이동통신, 사물인터넷IoT 기술들과 연결되면서 외부에서 집 안의 전자기기, 보안시설 등 대부분을 컨트롤할 수 있으며, 가상비서를 통해 필요한 정보를 적시에 알아볼 수 있고, 또 로봇을 이용하여 힘들고 귀찮은 일을 대신 수행하도록 할 수 있게 될 것이다.

그러면 디스토피아 측면은 어떤 것이 있을까?

우선, 무엇보다도 인공지능의 발전은 우리 인간의 일자리를 감소시키고 빈부격차를 확대시킬 우려가 크다는 점이다. 특히 암기와 계산, 단순작업 등 정형화된 업무로 기술 대체가 용이한 직업군에서 인공지능의 일자리 대체 가능성이 매우 높은 것으로 나타나고 있다. 물론 인공지능 기술과 산업은 인간의 일자리를 대체하면서도 동시에 그와 연관된 새로운 많은 일자리를 만들어 낼 것이다. 하지만 인공지능 기술의 확산이 단기적으로는 고용의 불안정성을 키울 것으로 예상하는 견해가 더 힘을 받고 있는 상황이다(이에 대해서는 노동시장의 변혁과 소득 불평등 심화의 장에서 상술한다).

둘째, 인간관계가 단절되고 소외 현상이 심화될 우려가 있다. 인공지능이 발전함에 따라 우리는 점점 집안에서 활동을 할 가능성이 크다. 이에 따라 다른 사람들과 대화하는 시간이 훨씬 더 줄어들 것이다. 만약 그렇게 된다면 지금보다 더 개인주의 성향이 커지면서 인간관계가 단절

되고 소외되는 사람이 늘어나게 될 것이다. 확증편향確證偏向의 개연성도 커진다. 이는 자신이 원하는 정보만 선택적으로 모으거나, 어떤 것을 설명하거나 주장할 때 편향된 방법을 동원함으로써 원래 가지고 있는 생각이나 신념을 굳히려는 경향성을 뜻한다. 이렇게 되면 사회구성원 상호 간의 대화와 타협이 어려워지게 되고, 사회 전반에 걸쳐 갈등이 심화될 우려가 커지게 된다.

셋째, 빅브라더의 출현과 이로 인한 개인의 사생활privacy 침해 우려가 있다. 이는 인공지능 기술이 작동하는 과정에서 생성되는 다양한 정보들이나 혹은 드론 등 인공지능 기기들이 부정적으로 사용될 경우 개인 사생활이 침해받을 가능성이 매우 커진다는 것을 뜻한다(이에 대해서는 '투명 · 안전한 스마트사회vs빅 브라더의 탄생'에서 상술한다).

넷째, 인공지능이 범죄와 군사적 목적으로 이용되어 인류에게 위협적인 존재가 될 수 있다. 범죄 의도를 가진 사람이 드론Drone이나 얼굴인식 기술을 악용해 특정인에게 테러를 가할 수 있다. 또 해커가 악용하면 기존 보안 시스템을 완벽하게 무력화시킬 수 있다. 가짜뉴스를 생산해 여론을 조작하고 음성 · 영상 합성 기술로 동영상을 조작해 선거나 정치에 영향을 미치는 일도 가능하다.

아울러 감정이 없는 로봇을 살인과 전쟁 등에 악용할 수도 있다. 이는 윤리와 도덕, 양심 같은 인간만이 갖는 심성을 인공지능에 적용하는 것은 매우 어렵기 때문이다. 2018년 미국 MIT 대학은 인공지능이 잘못된 학습을 거듭하면 사이코패스Psychopath 성향을 띄게 된다는 연구 결과를 내놓았다. 연구진은 AI '노먼Norman'에게 죽음과 살인 등 부정적인 이미지와 동영상을 나타낸 정보들만 집중적으로 학습시켰다. 그 결과 노먼은 연구진이 보여준 그림에서 자살, 교통사고, 총살, 살인과 같은 끔찍한 표현만을 내놓았다.

또 미국의 비영리 씽크탱크think-tank인 랜드RAND코퍼레이션은 인공지능이 2040년 이전에 핵전쟁을 유발할 수도 있다는 섬뜩한 분석까지도 내놓았다. 인간은 전쟁은 공멸이라는 공포가 있어 전쟁을 망설이지만, 인공지능은 데이터만을 근거로 전쟁을 부추길 가능성이 없지 않다는 것이다.

유토피아Utopia	디스토피아Dystopia
추가적인 경제적 가치의 창출	일자리 감소와 빈부격차 확대 초래
3D 육체노동의 보완과 생산성 향상	인간관계의 단절과 소외 현상 심화
합리적 솔루션 도출로 인한 사회적 비용 감소	빅브라더의 출현과 개인의 사생활 침해
삶의 편리함과 쾌적함 향유	범죄와 군사적 목적으로 이용되어 인류에게 위협적인 존재로 부각

〈표 3-1〉 인공지능이 초래할 두 갈래 길

주요 논점

1 | 경제와 산업의 혁신 vs 자유경제 체제의 붕괴

인공지능 기술은 산업을 혁신하고 나아가 경제의 효율을 높일 것으로 예상된다. 우선, 기업의 경영활동에 최적의 솔루션을 제시해 줄 것이다. 원래 기업의 경영환경은 모든 것이 불확실하고 위험이 도사리고 있다. 원재료 · 노동력 · 기계장비를 얼마나 많이 확보해 두어야 하는지, 시장에 내놓을 제품과 서비스에 대한 소비자들 반응은 어떨지, 경쟁기업들은 어떻게 대응할 것인지, 수급상황은 어떠할지 등 모두가 불확실한 요소이다.

그런데 인공지능은 이러한 문제 속에서 제반 생산요소와 제품들을 적절하게 관리해주는 '스마트 팩토리Smart Factory'를 가능케 한다. 나아가 상품의 제조뿐만 아니라, 설계 · 개발 · 유통 · 물류 등 전 경영활동 과정에도 최적의 솔루션을 제시함으로써 생산성과 품질, 고객만족도를 향상시켜 주게 될 것이다. 아울러 인건비를 대폭 절감하는 비용절감 효과도 거둘 수 있게 된다.

이와 함께 인공지능 기술은 산업의 판도를 크게 뒤바꾸어 놓을 것으로 예상된다. 초연결 · 초지능 · 초산업의 속성을 지닌 인공지능은 기존의 산업구조를 더 이상 의미가 없게 만들고 있다. 이미 제조업의 서비스화가 급속히 진전되고 있으며, 1차 산업으로만 알려져 있던 농업은 이제 재배와 가공, 유통의 연계로 인해 6차 산업이 되어 있다. 아울러 인공지능 기술을 활용하는 산업은 편의와 안전에 방점을 둔 인간중시 가치산업으로 부상하고 있다.

그리고 인공지능 기술은 로봇과 인공지능 스피커, 자율주행 자동차와 드론, 가상현실VR과 증강현실AR, 웨어러블wearable 디바이스 등 새로운 산업과 시장을 만들어 내고 있다. 또 제조업과 유통, 금융과 의료 등 기존 산업을 혁신시켜 고부가가치를 창출해 내고 있다. 예를 들어 글로벌 자율주행차 시장규모는 2020년의 71억 달러에서 2035년에는 1조 달러를 상회할 것으로 전망되고 있다. 아울러 자율자동차이 보급이 확대됨에 따라 각종 센서와 AI반도체 시장도 동시에 커질 것으로 예상된다.

한편, 거시경제 측면에서도 인공지능 기술은 인플레 없이 잠재성장률 수준의 적정성장을 가능케 하는 이른바 '골디락스goldilocks' 경제를 실현시킬 것으로 예상된다. 이는 인공지능이 각 경제주체들에게 과하지도 그렇다고 부족하지도 않은 합리적인 솔루션을 제시함으로써, 생산과 소비 활동이 최적의 경로를 따라 움직일 수 있도록 해주기 때문이다. 정부의 재정활동 또한 지출의 우선순위가 합리적으로 결정되어 낭비 없이 합리적으로 이뤄질 수 있기 때문이다.

Aghion, Jones, and Jones(2017)의 연구 보고서 「인공지능과 경제성장Artificial Intelligence and Economic Growth」은 이러한 논지를 뒷받침한다. 이들은 인공지능이 경제성장과 소득분배에 끼칠 장기적 영향을 분석하면서 다음과 같이 설명하였다. 특정 산업부문에 인공지능 기술을 활용한 자동화가 진행됨에 따라 노동생산성과 임금수준이 상승하는 경우, 상대적으로 노동집약적이고 자동화가 어려운 여타 산업부문의 임금수준도 시간이 지나면서 점차 상승하게 된다. 그리고 노동집약적인 비자동화 부문의 평균생산비용과 제품 가격이 상승하면서 자동화 부문에서 생산된 재화의 상대가격은 하락하게 될 것이다. 그 결과 자동화 부문의 GDP 점유율도 하락하게 된다.

아울러 장기적으로 매년 비자동화 부문들 가운데 일정 부분이 자동화되면서 경제가 완전 자동화에 점진적으로 수렴하게 될 것이다. 이에 따라 노동부가적 기술수준과 1인당 GDP가 일정률로 성장하고 자본소득분배율 및 노동소득분배율이 일정한 균형성장 경로가 달성 가능하게 된다는 것이다.

반면, 인공지능 기술이 생산성 향상에 그리 큰 영향을 미치지 못할 것이라는 견해도 있다. 노벨상 수상자 로버트 솔로Robert Solow 교수는 1987년 "컴퓨터 시대가 어디에나 도래했음을 확인할 수 있다. 그러나 생산성 관련 통계에서는 이를 확인할 수 없다"라고 말하며 '생산성 역설Productivity Paradox'의 문제를 제기하였다. 이후 Brynjolfsson, Gordon 등 다수의 학자들은 ICT 기술이 생산성을 향상시키지 못하는 원인과 사실에 대한 실증적 분석을 시도하였다.

특히, Gordon(2018)은 미국과 다수의 유럽 국가에서 특허 및 R&D 지출 측면에서 기술혁신이 강력하게 이루어졌던 기간 동안 노동생산성의 증가속도는 오히려 둔화된 사실을 입증하였다. 그리고 ICT 혁명이 성숙한 수준에 도달하면서 혁신이 생산성에 미치는 영향이 점점 제한적으로 바뀌고 있다고 주장하였다. 실제로 1995~2004년 동안 미국과 OECD 28개 회원국은 각각 연평균 2.8%, 2.3%의 노동생산성 향상을 기록한 데 반해, ICT 기술혁명이 한창이던 기간인 2005~2015년에는 미국 1.3%, OECD 28개국 1.1%에 불과하였다. 우리나라 또한 2000년대 초반 4%에 달하던 잠재성장률이 2020년대에는 1%대로 하락해 있다.

우리는 이러한 다양한 가설과 실증적 분석을 통해 생산성 향상은 기술혁신뿐만 아니라 물적, 인적 자본의 증가속도에 의해서도 결정된다는 결론을 얻을 수가 있을 것이다. 따라서 인공지능 기술이 숙련 기술자들에게 보편적으로 채택되고 활용될 수 있도록 기술 확산을 위한 보완조치가 이루어지지 않는다면 인공지능 기술이 생산성을 향상시키는 데 한계가 있다. 결국, 인공지능 기술의 이점을 극대화하기 위해서는 경제사회 시스템 전반에 걸친 혁신이 병행되어야 한다는 것이다.

더욱이 인공지능 기술의 발전이 양극화 현상을 심화시키고 대공황을 초래할 가능성도 없지 않다는 비관적 견해까지 대두되고 있다. 첫째는 인공지능 활용도에 따라 격차가 나타나는 '인공지능 격차AI divide' 현상에 대한 우려를 예상하는 견해이다. 4차산업혁명과 인공지능의 시대는 석유나 석탄보다 정보와 지식이 훨씬 더 가치 있는 자원이 되고 있다. 이에 따라 인공지능 기술을 통해 정보와 지식을 확보한 사람/기업과, 그렇지 않은 경우의 격차는 더 커질 수밖에 없다. 또한 직무 내용이 변하는 과정에서 기계와의 협업에 성공하는 사람들과 그렇지 못한 사람들이 나뉘면서 같은 직종 내에서도 양극화 문제가 나타날 수 있을 것이다.

이와 함께 인공지능은 일종의 자산이므로 이를 보유하거나 능수능란하게 부릴 수 있는 사람/기업과, 그렇지 못한 경우의 자본소득 격차 문제도 심화될 것이다. 이 견해에 따르면 인공지능이 초래할 부의 불균형 심화 정도는 기존의 소득격차나 혹은 정보화 시대의 정보격차보다 훨씬 더 가팔라 자본주의 체제를 유지하는 데 심각한 타격이 가해질 것으로 예상된다.

둘째, 대공황을 초래하여 경제를 파탄시킬 우려도 없지 않다는 견해이다. 이 논지에 따르면 인공지능과 로봇 때문에 해고된 노동자들은 생산자인 동시에 소비자인데 비하여, 로봇은 노동만을 대체할 뿐 소비는 대체할 수 없다. 이에 따라 노동자가 돈을 벌지 못하면 소비는 대폭 줄어들게 될 것이다. 결국 기업이 기계화를 통해 생산량을 아무리 많이 늘려도 일자리를 잃은 소비계층이 붕괴해 물건이 팔리지 않게 되면 세계 경제는 대공황 수준의 위기를 맞게 된다는 것이다.

2 | 노동시장의 혁신 vs 일자리 감소와 불평등 심화

인공지능 기술은 기존 노동시장의 혁신과 변화를 초래할 것이다. 이는 인공지능이 지닌 인간 노동의 보완과 대체라는 양면성을 통해 이뤄진다. 우선, 인공지능이 인간이 수행하기 어렵거나 기피하는 직무를 적극적으로 수행함으로써 인간의 노동을 보완할 것이라는 점에 대해서는 별다른 이견이 없다. 또 미래의 노동시장 직종구조를 단순 반복적이고 저임금 기반의 일자리는 대폭 축소시키는 대신, 새로이 기술 및 지식 집약적이며 숙련된 고임금 구조의 일자리를 다수 창출함으로써 고도화시켜 놓을 것이란 점에 대해서도 공감을 하고 있다.

그러나 문제는 '인공지능의 인간 노동 대체 및 보완의 규모와 정도가 과연 어느 정도일 것인가?'라는 의문에서부터 시작된다. 만약 노동대체의 정도가 미미하거나 혹은 보완의 혜택이 대체의 피해보다 매우 크다면 문제의 심각성은 다소 약화될 수 있을 것이다. 그러나 그렇지 않은 경우 노동시장은 커다란 혼란에 빠지게 될 우려가 있다.

인공지능 기술의 발전과 관련 혁신이 노동시장에 미치는 영향을 분석한 Acemoglu and Restrepo(2018)는 다음과 같은 결론을 도출하였다. 인공지능과 로봇 공학을 통한 자동화는 이전에 업무를 수행했던 근로자들을 대체하는 강력한 고용 대체효과displacement effect를 가져오고, 이는 노동소득 분배율을 낮추게 된다. 그러나 이를 상쇄하는 다음 두 가지 효과가 동시에 나타날 수 있다. 생산성이 증가하고 자본이 축적됨에 따라 노동 수요가 증가하는 생산성 효과productivity effect가 하나이고, 기계보다 노동이 비교우위를 가지는 새로운 업무가 창출되는 재고용 효과reinstatement effect가 다른 하나이다. 아울러 인공지능 기술이 특정 직무나 작업을 대체하여 해당 업무 근로자가 새로운 도구를 지니게 되는 효과도 초래할 수가 있다. 이때는 일자리가 아닌 직무의 변화가 예상된다.

인공지능 기술의 발전으로 인한 노동시장의 변화는 결국 이러한 영향들 중 실제로 어떤 영향이 상대적으로 더 크게 작용할지에 의해 결정될 것이다. 지금까지는 과거 기계화와 로봇이 그러했던 것처럼 인공지능 기술 또한 큰 폭의 인간 노동대체와 실업률 상승을 가져올 것이라는 고용 비관적 견해에 무게가 실려 있었다. 특히, 정형화된 업무와 단순 반복적인 업무가 많이 대체될 것으로 예상해 왔다. 다만 근래에 들어서는 인공지능의 일자리 대체는 생각만큼 크게 우려할 수준은 아니며, 오히려 일자리의 특성과 구조를 보다 지식 집약적이면서도 고임금을 받을 수 있는 구조로 고도화시켜 놓을 것이라는 낙관적 견해가 점차 더 힘을 받아가고 있는 상황이다.

우선, 고용 비관적 견해의 논거들부터 알아보자.

첫째, 이 고용비관적 견해는 무엇보다 옥스퍼드Oxford, 맥킨지McKinsey, 세계경제포럼World Economic Forum 등 다양한 기관에서 로봇 및 인공지능의 인간 대체 가능성에 대한 정량적 분석을 이미 내놓은 사실에서 비롯되고 있다. 또 '제2 기계시대The Second Machine Age'의 공동 저자인 브린욜프슨과 맥아피 교수, '로봇의 부상Rise of the Robots'의 저자 마틴 포드 등 많은 논자들이 기계에 의해 인간의 일자리가 잠식되어가는 우울한 미래를 경고한 바 있다.

2016년 개최된 세계경제포럼에서는 인공지능·로봇·생명과학 등이 결합된 4차산업혁명으로 인해 향후 5년간 500만 개의 일자리가 사라지는 내용을 담은 '미래 고용 보고서The Future of Jobs'를 발표했다. 또 영국의 경제 전망분석업체인 옥스퍼드 이코노믹스Oxford Economics 'How robots will change the world(2019.6)'는 2030년까지 로봇이 대체할 일자리가 2,000만 개에 이를 것이라는 분석을 내놓았다. 특히 저숙련 노동자에 의존하는 제조업 분야가 로봇에 가장 많은 일자리를 빼앗길 것으로 전망하였다. 그리고 Frey & Osborne(2017)은 미국의 일자리 중 최대 47%가 10~20년 이내에 자동화될 수 있다고 예측하였다.

글로벌 컨설팅사 McKinsey가 내놓은 2017년 보고서 '사라진 일자리, 새로운 일자리: 자동화 시대의 노동력 이동Jobs Lost, Jobs Gained: Workforce Transitions in A Time of Automation'에서도 AI와 로봇 등 첨단기술 발전에 따른 자동화로 2030년에 이르면 새로운 일자리도 생겨나지만, 약 4~8억 개의 일자리가 사라질 것으로 분석하였다.

이러한 주장들의 공통점은 인공지능 발전이 과거의 기술혁신과 달리 인간의 노동에 상당히 많이 의존하던 분야들까지도 자동화되면서 노동을 대체하는 속도와 범위가 크게 증가할 수 있다는 것이었다.

〈그림2-9〉 직무의 숙련도와 정형화 정도에 따른 기술 대체 가능성[1]

	3 기술 대체 가능성 중간	1 기술 대체 가능성 낮음
	고숙련 업무 정형 업무	고숙련 업무 비정형 업무
	예시) 회계사무, 법률사무, 통번역, 임상병리, 양상의학분석	예시) 비연구개발, 공정관리, 설비 유지 보수, 법률전문가(변호사, 판사, 검사), 의료
	4 기술 대체 가능성 높음	2 기술 대체 가능성 낮음
	저숙련 업무 정형 업무	저숙련 업무 비정형 업무
	예시) 단순 조립, 계산 및 출납, 요금 수납, 시설 안내, 창고 관리	예시) 정육가공(발골), 청소, 간병, 육아

숙련수준

낮음 ← 비정형화 정도 → 높음

1 자료: 한국고용정보원(2017)

둘째, 고용탄성치의 하락추세에서 나타나듯이 오래전부터 기계화 및 자동화로 산업의 고용흡수력이 하락하고, '고용 없는 성장jobless growth' 현상이 일반화되고 있다는 점도 이를 뒷받침한다. 고용탄성치란 경제성장에 따른 고용흡수 능력을 나타내며, 수치가 높을(낮을)수록 산업성장에 비해 취업자 수가 많다(적다)는 것을 뜻한다. 우리나라의 고용 탄성치는 2014년 0.707까지 올랐다가 지금은 0.3이 채 되지 않는다. 이는 경제가 1% 성장할 때 고용이 0.7%까지 늘어났으나, 이제는 0.3%에 불과하다는 것을 의미한다. 특히 자동화 속도가 빠른 제조업의 고용흡수력은 다른 업종에 비해 더 큰 폭으로 낮아지고 있는 모습을 보이고 있다.

한편, 고용 낙관적 견해의 논거는 다음과 같다.

첫째, 기술 발전에 따른 새로운 일자리도 많이 생겨나고 있다는 점이다. 이는 전술한 Acemoglu and Restrepo의 생산성 효과productivity effect와 재고용 효과reinstatement effect가 반영된 것으로 이해될 수 있다. 가령, 자율주행 차량의 도입에는 센서 개발자, 알고리듬 개발자, 정밀지도 관리자 등의 직종을 새로이 필요로 한다. 또 인공지능 기술을 활용한 스마트 공장smart factory이 기존 일자리 일부를 사라지게 하더라도, 이를 기획하고 설계하는 직업군이 새로이 탄생할 것으로 예상된다.

이는 스마트 공장에 투입되는 로봇이나 자동화 시스템의 개발/운영/수리 등을 위한 직종과 사람의 역할을 필요로 하기 때문이다. 나아가 스마트 공장 도입에 따른 기업실적 개선이 신규 일자리 창출로 이어질 수도 있을 것이다. 이는 실적 개선에 힘입어 사업이 확장되면 기업의 고용 창출 여력도 높아지기 때문인 것이다.

아울러 기존 노동 인력이 인공지능AI과 함께 협업하며 생산성을 향상시키게 되는 경우, 고용이 유지되면서도 생산성이 향상되고 노동자의 소득도 증가하는 '고용유지-생산성 향상-소득증대'라는 선순환 효과를 거둘 수 있게 될 것이다.

둘째, 직무 다변화를 통해 기존의 일자리가 새롭게 분화해나가고 있다는 점이다. 미국 보스턴 대학 교수 제임스 베센James Bessen은 『Learning by Doing』(2019)이란 저서에서 "최근의 일자리는 과거와 달리 기술의 영향을 많이 받으며 그 변화속도가 빠르다. 변화가 빠르다는 것은 기술에 대체될 가능성이 크다는 것이 아니라, 새로운 직무로의 전환이 더 빠르게 나타날 수 있다는 의미일 수 있다."라고 말했다. 예를 들어 교육이 가상현실VR 등 인공지능 기술과 결합하면 교사의 직무는 단순한 지식전달자 보다는 방향성을 알려주거나, 학생의 감정을 다스리는 멘토mento로 바뀌게 될 것이다. 교사라는 일자리가 사라지는 게 아니라 기존 직업의 직무가 바뀌는 것이다.

이런 상황에서는 '앞으로 사라질 직업 ○○개'라는 식으로 위험 직업군을 특정 짓기가 매우 어려울 것이다. 직업이란 수많은 작업과 업무가 하나로 합쳐진 다면적이고 다층적인 성격을 갖고 있기 때문이다. 따라서 우리가 주목해야 할 점은 직업job이 아닌 직무task, 즉 작업과 업무이다. OECD도 직업을 기준으로 일자리 감소를 예상한 비관론의 경우 과도한 추정의 오류를 범하고 있음을 지적한 바 있다. 이는 바꾸어 말하면 직업이 아닌 직무를 기준으로 분석할 경우 그 결과가 완전히 달라진다는 의미인 것이다.

셋째, 고용 낙관론에 대한 또 다른 논거도 있다. 이는 U.C. Berkeley 경제학자이자 Google의 수석 이코노미스트인 Hal Varian의 주장처럼 "미래에는 저출산 등의 인구구조의 변화로 인한 노동 공급의 감소가 자동화로 인한 노동 수요의 감소보다 크기 때문에 실업률 문제는 그다지 심각하지 않을 것이다."라는 견해이다. 결국, 인공지능 기술로 인한 고용위축은 걱정할 필요가 없다는 것이다.

아울러 고용은 반드시 능률성만 따져 이루어지는 것이 아니라는 점도 고용낙관론을 뒷받침한다. 기업경영에 있어 원가절감과 생산효율성 측면에서는 로봇 등 기계가 사람을 대체하는 것이 바람직할지 모를 일이다. 그러나 보다 큰 틀에서는 경영자와 근로자 그리고 근로자 상호간의 공감과 소통, 협력 등이 기업경영의 승패를 좌우하는 보다 더 중요한 요소가 된다. 따라서 일정 부분은 기계의 노동대체가 이루어지겠지만 완전한 대체는 어려울 것으로 보인다. 더욱이 노동조합의 권한과 영향력이 날로 커짐에 따라 근로자 해고가 이전과 같이 쉽게 이루어지지 않는 현실적 상황도 고려되어야 할 것이다.

이처럼 고용 비관론과 낙관론이 병존하지만, 역사적 추세 혹은 다양한 실증분석을 통해 볼 때 인공지능에 의한 일자리 감소효과는 고용구조를 뒤바꿀 정도로 큰 수준이 아닌 제한된 수준에서 머무를 가능성이 클 것으로 판단된다. 현실 경제에서도 2016년 세계경제포럼World Economic Forum 등에서 예견한 바와 같은 심각한 일자리 감축현상이 아직까지는 나타나지 않았다. OECD(Employment Outlook 2019) 또한 자동화가 노동시장에 가져올 부정적인 효과는 실제로 존재하지만, 국가별 혹은 업종별로 차이가 있을 것이며 전체 직업에 미치는 영향은 제한적일 것이라고 평가하였다. 실제 1995~2015년 사이에 OECD회원국들의 제조업 부문의 고용은 약 20% 감소하였지만, 서비스업의 고용은 약 27%가 상승하여 이러한 주장을 통계적으로 뒷받침하고 있다.

역사적으로 고찰해보면 기술혁신은 Goolsbee(2018)의 주장처럼 새로운 산업과 일자리를 창출함으로써 시장경제에 긍정적인 영향을 미쳐왔음을 발견할 수 있다. 즉 인간은 시간이 흐름에 따라 결과적으로 새로운 일을 창출할 수 있는 능력이 있음을 입증해 왔으며, 대체되는 직종의 근로자는 새로운 분야와 직종으로 이동하였다. 이렇게 볼 때 인공지능 기술의 진보가 장기적으로는 자동화의 고용 대체효과를 상쇄하는 새로운 업무 창출효과를 가져올 것으로 예견된다. 다만, 단기 및 중기적으로는 일자리 대체의 속도가 빠를 경우 그에 따른 일자리 조정에 시차가 발생함에 따라 대량의 실업이 발생할 우려가 없지 않다.

따라서 이제 우리가 주의를 기울여야 할 점은 인공지능 기술 발전으로 인한 일자리 변화의 핵심은 로봇이나 기계의 역할 변화가 아닌 인간의 역할 변화로 접근해야 한다는 것이다. 결국 새로운 수요에 적합한 새 업무의 공급자로서 로봇이나 기계보다 인간이 우위에 설 수 있을지를 판단하는 것이 관건이다.

아울러 고용안정과 일자리 창출을 위한 노동정책도 이러한 경제사회 트렌드에 맞춰 추진되어야 할 것이다. 즉 새로 나타나는 직무에 필요한 교육시스템이나 업무프로세스에 대한 재설계, 근로자를 위한 전환교육과 안전망 등 직업과 직무의 변화로 인해 야기될 수 있는 다양한 이슈들을 검토 및 정비해나가야 한다는 것이다.

이를 위한 과제로는 우선 무엇보다도 새로운 일자리 창출이 가능한 AI, IT, 생명공학 등 전문직 분야에 종사할 인재를 적극 육성해야 한다. 그리고 학교 교육과 기업의 채용 관행도 창의성을 기반으로 하면서 협력적 인성을 지닌 인재가 배출될 수 있도록 바꾸어 나갈 필요가 있다. 아울러 노동자들의 역량을 쇠퇴하고 있는 직종/부문에서 확대되고 있는 직종/부문으로 전환해 나가도록 도와주는 평생교육의 강화와 질적 내실화를 기해야 한다. 이는 대다수의 성인들은 기술집약적인 새로운 직업과 직종에 적합한 기술과 지식을 보유하고 있지 않기 때문이다. 이와 함께 근로시간 단축과 일자리 나누기job sharing, 그리고 탄력근무제도 활성화 등 전통적인 노동시장 유연성제고를 위한 시책도 병행되어야 한다.

한편, 인공지능 기술의 확산에 따라 야기될 불평등 심화 문제를 해소하기 위한 정책적 노력도 필요하다. 이는 인공지능의 고용 대체 정도 면에서 하위 소득계층이 주로 수행하는 단순노동 직무가 중상위 계층의 직무보다 훨씬 더 빠르며, 아울러 인공지능의 자산가치화로 인해 계층간 소득 불평등이 한층 더 커질 가능성이 우려되기 때문이다.

물론 적지 않은 학자들이 인공지능 기술이 장기적으로는 균형적인 분배를 가져올 것이라는 견해를 피력하고 있다. 전술한 Aghion, Jones, and Jones의 이론은 대표적 사례이다. 더 나아가 Van de Gevel & Noussair(2013) 등 인공지능 기술이 소득분배 개선에 도움이 된다고 주장하는 사람도 없지 않다. 이는 '모라벡의 역설'처럼 인공지능이 가장 대체하기 어려운 것은 저숙련 직종과 직업군에 속하는 업무일 수도 있다는 논리에서 비롯되고 있으나, 이 주장을 일반화시키기에는 한계가 있을 것이다. 참고로 '모라벡의 역설'이란 로봇공학자인 한스 모라벡Hans Moravec이 주장한 것으로, 인간에게 쉬운 것은 컴퓨터에게 어렵고 반대로 인간에게 어려운 것은 컴퓨터에게 쉽다는 역설을 말한다.

이처럼 소득분배와 관련된 다양한 긍정적 이론적 가설과 주장들에도 불구하고 인공지능 기술의 발전이 소득불균형을 심화시킬 것이라는 우려는 여전히 불식시키기 어려운 상황이다. 이는 현실 세계에서는 정보의 비대칭성과 불완전 경쟁 등의 시장실패 요인이 존재함에 따라 이론적 가설들이 전제한 조건들이 충족되기 어려울뿐더러, 실제로도 과거 정보 격차digital devide 사례에서처럼 심각한 분배악화 현상을 경험했기 때문이다.

따라서 정부는 기술 발전에 따라 직업을 잃은 근로자들이 새 직업 또는 더 나은 일자리를 찾을 수 있도록 지원하고, 불평등의 악화로 인한 상대적 박탈감이 갈등을 부추겨 사회의 발전동력이 저상되는 일이 발생하지 않도록 하는 노력을 강화해 나가야 한다. Naudé & Nagler(2018)도 기술혁신을 노동생산성의 성장으로 전환하는 것이 점점 어려워지는 현상을 지적하면서, 근로자의 실질임금 향상과 상호간의 소득불평등 개선을 위한 정책적 노력과 지원이 필요하다고 주장하였다.

이러한 정부의 사회안전망 정책에는 근로장려세제Earned Income Tax Credit, EITC와 근로기회세액공제Work Opportunity Tax Credit, WOTC 등 임금보조금 성격의 다양한 조세 수단, 보편적 기본소득제도의 도입과 공공일자리 재정 지원 사업 등 근로자와 저소득층에게 좀 더 유리한 시장 배분을 가져오는 적극적인 재분배 정책 등이 있다. 이와 같이 다양한 정책수단 중에서 어떤 것을 취할지의 선택 문제는 개별 국가가 처해 있는 경제여건 특히 재정상황에 따라 달라질 것이다.

한편, 이러한 정책적 노력의 한 방편으로써 한동안 '로봇세robot tax'의 도입 문제가 논의되기도 하였다. 이는 노동자의 일을 대신한 로봇에게도 그 만큼 세금을 물려야 한다는 생각에서 나온 아이디어이다. 일부 경제학자들뿐만 아니라 빌 게이츠Bill Gates, 스티븐 호킹Stephen Hawking, 엘론 머스크Elon Musk 등 저명인사들도 이러한 견해에 동조하였다. 실제 유럽의회는 2016년 5월부터 로봇세 도입 논의를 시도한바 있다. 다만 아직은 시기상조라는 결론을 내렸다. 이와 함께 인공지능과 같은 최첨단 기술과 플랫폼을 독점한 기업과 개인이 국민 다수의 견제와 감시를 받을 수 있는 새로운 정치사회 체제를 만들어야 한다는 미래학자들의 주장도 깊이 고민해 보아야 할 문제일 것이다.

3 | 투명·안전한 스마트사회 vs 빅 브라더의 탄생

인공지능 기술 발전은 사회를 투명하고 안전하게 만들고 있다. 대표적인 것이 CCTV와 생체인식 시스템이다. 우리 사회는 범죄와 사고 현장을 자동으로 분석하여 범죄자를 판별하는데 CCTV를 광범위하게 활용하고 있다. 나아가 이제는 지문, 안면, 홍채, 망막 등 생체인식 기술의 활용도가 크게 늘어나고 있다. 특히, 안면인식 기술은 인간이 다른 사람을 인지할 때 가장 많이 보는 것이 얼굴이기 때문에 가장 자연스러운 생체인식 기술이라고 할 수 있다.

사회주의 국가들은 사회통제 차원에서 안면인식 기술 발전과 활용에 심혈을 기울여 오고 있는데, 특히 중국은 세계 최고의 안면인식 기술을 보유한 것으로 알려져 있다. 유럽과 미국 등 자유주의 국가들에서도 테러 위협이 끊이지 않자 개인사생활 침해 문제가 없지 않지만, 사회안전 차원에서 불가피하다는 주장이 점차 더 설득력을 얻고 있다. 따라서 안면인식 기술을 활용한 보안 시스템을 공항과 대형쇼핑몰 등 다중이용시설에의 활용도를 점차 넓혀가고 있는 중이다.

한편, 인공지능 기술을 공공분야에 활용할 경우 스마트 시티smart city와 스마트 정부smart government의 실현이 가능해 질 것이다. '스마트 시티'란 인공지능 기술을 적용한 스마트 플랫폼을 구축하여 도시인의 삶의 질과 행복을 높이는 맞춤형 예측 서비스를 제공하는 도시를 뜻한다. 교통, 환경, 주거, 범죄 등 도시 구석구석에서 생성되는 모든 정보를 모으고 공유하며 모든 서비스와 도시가 유기적으로 연결되어, 시민들이 안전하고 쾌적한 도시생활을 영위할 수 있는 사람 중심의 도시를 만들자는 것이 스마트 시티의 취지다.

이에 비해 '스마트 정부'란 인공지능 기술의 활용을 통해 보다 효율적인 행정업무 수행이 가능하며, 국민들이 제공받는 행정서비스의 질이 향상되는 정부를 뜻한다. 스마트 정부가 실현되면 국민의 의사가 행정에 제대로 반영되어 대의정치 실현이 가능하게 되며, 행정의 투명성도 높일 수 있을 것이다. 또 이를 통해 정경유착을 방지하고 지하경제를 와해시킬 수도 있을 것이다. 그리고 예산운영의 효율성도 기할 수 있게 될 것이다. 즉 예산이 할당되고, 그 예산이 누구를 통해서 언제, 어떤 명목으로 지출이 되었는지를 실시간으로 관리할 수 있게 된다는 것이다.

하지만 인공지능을 통한 안면인식 기술과 빅 데이터의 발전은 커다란 문제점을 지닌다. 다름 아닌 바로 사생활 침해나 개인정보 유출의 문제가 발생할 수 있다는 것이다. '빅 데이터Big Data'는 수많은 개인들의 수많은 정보의 집합이다. 그렇기에 빅 데이터를 수집/분석할 때 개인들의 사적인 정보까지 수집하여 관리하는 '빅브라더Big Brother'의 모습이 될 수도 있을 것이다. 그렇지 않아도 빅 데이터는 데이터 권력으로 불리고 있는데, 만약 이것이 절대적 권력자의 손에 들어가 국민의 정보를 지속적으로 얻게 된다면 바로 그 순간 사실상 사회의 완벽한 통제가 가능해질 것이다.

오늘날 빅브라더는 중국·러시아처럼 정보기술을 통제하고 감시도구로 사용하는 국가만이 아니다. 오히려 페이스북·구글·애플·아마존 같은 글로벌 인공지능 기술기업, 상세한 개인정보를 요구하는 빅 데이터, 다른 사람의 사적 영역을 엿보려는 사용자들의 끝없는 욕망이 더 강력한 새로운 빅브라더가 될 수 있을 것이다. 여기에다 디지털 세상을 살아가는 이용자들은 빅브라더에게 저항하지 않는 것은 물론이고, 오히려 편리함을 위해 개인정보privacy를 빅브라더들에게 자발적으로 제공해 주고 있는 실정이다. 그들은 수년 간 수집한 빅 데이터를 활용해 은밀하게 우리를 살펴보고 있는 중이며, 마음만 먹으면 이용자의 사생활을 팔아 수익을 올릴 수가 있다.

이의 방지를 위해서는 정부와 소비자의 감시기능이 실효성 있게 추진되어야 할 것이다. 이런 관점에서 2018년 5월 발효된 유럽연합EU의 개인정보보호규정GDPR, General Data Protection Regulation은 특별한 의미가 있다고 하겠다. 이에 따르면 고객의 동의가 있을 때만 기업의 데이터 처리가 가능하며, 기업은 데이터를 필요 이상으로 오래 저장할 수 없고 데이터 삭제를 원하는 고객의 요청에도 응해야 한다.

종합 의견

전술한 바와 같이 인공지능은 우리 인간의 경제와 사회, 그리고 문화 등 다방면에 걸쳐 커다란 변화를 초래할 것으로 예상된다. 그중에서도 경제성장과 혁신, 노동시장과 소득분배 그리고 사회안전성 측면에 미치는 효과는 특히 중요하다. 이는 인공지능 기술이 인류를 노동에서 해방하고 무제한적 소비를 가능케 하는 유토피아를 만드느냐, 아니면 대규모 실업과 양극화의 공포에 시달리는 디스토피아를 초래하느냐의 핵심 요소가 된다는 의미이다. 이에 대하여는 제3장 주요 논점 편에서 구체적으로 고찰해 보았는데, 이를 요약하면 다음과 같다.

첫째, 경제성장과 혁신의 측면에서는 많은 사람들이 인공지능 기술이 산업을 혁신하고 나아가 경제의 효율을 높일 것으로 예상하고 있다. 반면, 인공지능 기술이 생산성 향상에 그리 큰 영향을 미치지 못할 것이라는 견해도 적지 않다. 더욱이 인공지능 기술의 발전이 양극화 현상을 심화시키고 대공황을 초래할 가능성도 없지 않다는 비관적 견해까지 대두되고 있다.

둘째, 인공지능 기술은 기존 노동시장에 커다란 혁신과 변화를 초래할 것으로 예상된다. 이는 인공지능이 지닌 인간 노동의 보완과 대체라는 양면성을 통해 이뤄질 것이다. 만약 노동대체의 정도가 미미하거나 혹은 보완의 혜택이 대체의 피해보다 매우 크다면 문제의 심각성은 다소 약화될 수 있을 것이다. 그러나 그렇지 않은 경우 노동시장은 커다란 혼란에 빠지게 될 우려가 있다.

지금까지는 과거 기계화와 로봇이 그러했던 것처럼 인공지능 기술 또한 큰 폭의 인간 노동대체와 실업률 상승을 가져올 것이라는 고용 비관적 견해에 무게가 실려 있었다. 특히, 정형화된 업무와 단순 반복적인 업무가 많이 대체될 것으로 예상해 왔다. 다만 근래에 들어서는 인공지능의 일자리 대체는 생각만큼 크게 우려할 수준은 아니며, 오히려 일자리의 특성과 구조를 보다 지식 집약적이면서도 고임금을 받을 수 있는 구조로 고도화시켜 놓을 것이라는 낙관적 견해가 점차 더 힘을 받아가고 있는 상황이다.

셋째, 사회안전성 측면에서는 인공지능 기술의 발전이 인간사회를 투명하고 안전하게 만들 것으로 기대되고 있다. 하지만 인공지능을 통한 안면인식 기술과 빅 데이터의 발전은 커다란 문제점도 지닌다. 다름 아닌 바로 사생활 침해나 개인정보 유출의 문제가 발생하게 된다는 것이다. 이 경우 인공지능은 개인들의 사적인 정보까지 수집하여 관리하는 '빅브라더'의 모습이 될 수도 있을 것이다.

이처럼 인공지능이 초래할 미래는 여전히 불투명하다. 다만, 몇 가지 확실한 것은 있다. 첫째, 기업들은 수익 창출에 도움이 되는 한 앞으로도 계속 인공지능 기술개발 투자를 늘려나갈 것이라는 점이다. 이러한 노력은 전문가 영입과 양성, 그리고 자체기술 개발뿐만 아니라 기술력이 있는 스타트업startup M&A를 통해서도 이뤄질 것이다.

둘째, 인공지능 시대의 진정한 성공은 기술혁신만으로 이뤄지는 것이 아니라, 경제사회와 문화, 교육 등 전 영역에서 혁신이 함께 이루어져야 한다는 점이다. 만약 기본과 근본 개념에 대한 천착과 사회적 혁신 없이 인공지능 기술의 발전만 서두르면 오히려 역효과가 나타나게 될 것이다.

따라서 경제는 물질경제에서 서비스 경제로, 나아가 융합경제로 발전되어 나가야 한다. 그리고 사회의 지배양식은 수직적 위계적 질서를 넘어 수평적 질서로 변화되어야 한다. 또 문화는 다문화를 넘어 혼성문화로 변화되어야 한다. 아울러 경제사회, 문화 전반에 걸쳐 이루어지는 변화에 걸맞은 지배구조governance를 갖추기 위한 준비도 필요하다. 또 시스템과 관행을 바꾸고, 공공부문과 민간부문의 역할도 달라져야 할 것이다. 이와 함께 인간과 인공지능간의 상호 협력 및 공존의 생존전략까지도 염두에 두어야할 것이다.

끝으로 무엇보다 중요한 사실은 미래 경제사회가 유토피아가 될지 아니면 디스토피아가 될지의 여부는 결국 우리의 대응이 어떠한지에 달려 있다는 점이다. 이는 결국 인공지능이 아무리 진화하고 발전해도 그것은 인간의 도구일 뿐이라는 것이다. 다시 말해 인간의 운명을 인공지능에 맡겨서는 안 되며 인간 스스로 개척해 나가야 한다는 것이다. 그리고 인간이 인공지능의 주인이 되어야 한다는 것이다. 이런 관점에서 인공지능 개발자와 기업들은 더 정확하고 신뢰할 만한 결과를 제공하기 위해 노력해야 한다. 이는 기술에 대한 신뢰가 바탕이 될 때에만 인간은 인공지능을 동반자로 간주하고서 함께 미래를 열어나갈 수 있기 때문이다.

저자 소개

이철환
성균관대학교 경영학과를 거쳐 University of Oregon에서 경제학을 전공하였고, Georgetown University에서 초빙연구원으로 재직하였다. 재정경제부 국고국장, 금융정보분석원장을 역임하였으며 한국금융연구원, 하나금융연구원, 한국무역협회의 초빙연구위원을 역임하였다. 2012년부터 2021년까지 단국대학교 겸임교수로 재직하며 〈암호화폐의 경제학〉, 〈인공지능과 미래경제〉, 〈한국경제 미래담론〉 등 다수의 저서를 집필하였다.

2부

AI와 산업 변화 그리고
AI의 지속 발전을 위한 거버넌스 및 정부정책

4장 · AI가 가져올 산업의 변화

AI은 과연 미래 산업의 변화에 어느 정도의 영향력을 미칠 수 있을까? 본 절에서는 이 질문에 대한 답을 하는 것을 목표로 하고 있다. 단순히 거시적 관점에서 AI가 중요하다는 주장을 되풀이 하려는 것이 아니라, 손에 잡히는 설명을 하기 위하여 경영학적 관점에서 기업 내부를 들여다보고자 한다. 구체적으로, 기업이 AI 기술을 사용하여 산업의 문제를 새롭게 해결함으로써 고객들에게 가치를 제공하는 사례를 소개하고, AI 기술에 의하여 증가된 가치의 크기만큼 경제 성장으로 이어진다는 개념을 설명하고자 한다.

지구상에서 AI으로 가장 유명한 기업을 하나 선택한다면, 구글이 가장 많은 표를 받을 것이다. 그러한 구글의 CEO 선다 피차이Sundar Pichai는 AI가 인류에게 미칠 영향력에 대해서 단순 명료하게 소개한 적이 있는데, 2018년 세계경제포럼World Economic Forum 연설에서 인류가 불과 전기를 발견했던 것 보다 AI을 발견한 것이 더 중요한 일이라고 언급한 일화가 있다. 누구나 다 알고 있으면서 정말로 중요하다는데 모두가 동의하는 불과 전기와 비교를 하는 아이디어는 탁월한 것이었다. 예를 들어, 전기가 없었다면 산업화를 기반으로 성장해온 인류 문명이 존재하지 않았을 것이고, 독자들이 매일 스마트폰으로 인터넷을 하는 행위 역시 불가능한 일이 된다. 의심의 여지 없이 인류의 역사에서 아주 중요한 역할을 차지하고 있는 것이 전기인데, 이보다 더 중요한 것으로 AI을 말하고 있다니 그 영향력은 과연 얼마나 큰 것일까?

PWC[1]나 맥킨지[McKinsey][2]와 같은 글로벌 컨설팅 기업에서는 AI가 세계 경제에 미치는 가치를 돈으로 환산하여 측정해보고, AI의 영향력에 대해 해석해보는 보고서를 발행한 바 있다. 대표적으로 PWC 보고서에서는 인류가 AI과 함께하는 미래는 그렇지 않은 경우보다 2030년 기준 전 세계 GDP 가 약 14% 정도 증가하게 될 것이라고 전망하는데, 이를 돈으로 환산했을 때 약 $15.7T 정도로 추정하고 있다. 유사하게 맥킨지 의 보고서에서도 2030년 기준 전세계 GDP 의 약 16%에 해당하는 약 $13T 규모의 경제적 가치가 생산될 것이라고 전망하고 있다.[3] 이들 보고서의 주장에 따르면 AI은 원화로 약 1.5경원~1.8경원에 해당하는 엄청난 부를 만들어내는 성장 동력이 되며, AI가 산업에 미치는 영향력이 얼마나 될 것인지 감을 잡는데 도움을 준다. AI가 경제 성장률을 얼마나 향상시키는지에 대해서는 엑센츄어[Accenture]의 2017년 보고서에서 2035년까지 미국, 영국, 독일 등 선진 12개국의 경제 성장률을 약 두 배 정도 향상시킬 것이라고 전망하고 있다. 민간 기업들의 보고서에 담긴 주장을 모두 수용 하자는 것은 아니지만, 이들 보고서가 공통적으로 설명하는 내용을 통해 AI가 산업에 미치는 영향력이 상당히 크다는 것을 이해할 수 있으며, 그 영향력의 규모를 경제 지표를 통해 체감해보는 기초자료가 되므로 도움이 된다고 생각한다.

다음 질문으로, 무슨 메커니즘 때문에 AI에 의하여 부가 창출될 수 있

---

1 SIZING THE PRIZE: PWC'S GLOBAL ARTIFICIAL INTELLIGENCE STUDY: EXPLOITING THE AI REVOLUTION, PWC (2017) 보고서에서 설명하고 있는 글로벌 경제에 미치는 AI의 정략적 영향력 측정 결과 참고

2 MODELING THE IMPACT OF AI ON THE WORLD ECONOMY, MCKINSEY GLOBAL INSTITUTE (2018) 보고서에서 설명하고 있는 IMPACT OF AI 에 대한 경제학적인 접근 방식과 GDP 대비 초과 가치 측정 결과 참고

3 HOW AI BOOSTS INDUSTRY PROFITS AND INNOVATION, ACCENTURE (2017) (BY MARK PURDY AND PAUL DAUGHERTY) 에서 설명하는 전세계 주요 12개국의 AI에 의한 경제 성장률 전망치 참고

는 것일까? 먼저, PWC 보고서에서는 다음과 같은 두 가지 배경에 대해서 설명하고 있는데, $15.7T 중에서 42%에 해당하는 $6.6T 만큼은 프로세스 자동화에 의한 생산성 향상을 통해 발생하며, 나머지 58%에 해당하는 $9.1T에 대해서는 제품 본질 가치 향상에 의한 소비자 혜택 증진으로 얻어진다고 설명한다. 여기서, 프로세스 자동화 관점에서는 노동집약적인 산업분야에 AI 기술이 도입되어 생산성 향상이 일어나고 비용이 절감될 것으로 전망되며, 주로 유통이나 의료 분야가 프로세스 자동화에 의한 수혜를 입게 될 것으로 보고 있다. 이러한 관점은 액센츄어 보고서에서 설명하는 AI가 세계경제 성장률을 증가시키는 원인에 대해서 AI가 기존 노동 활동을 더 효율적으로 관리하게 해주는 혁신적 기술에 해당하기 때문에 노동생산성이 최대 40%까지 향상될 수 있다고 보는 견해와도 같다.

다음으로, 제품 향상 측면에서는 품질 강화, 소비자 시간절약 및 제품 다양성 증가(예를 들어 개인 맞춤형 제품이나 서비스 등) 부분에 있어 AI가 기여할 것으로 설명하며, 자동차나 금융 서비스 분야가 제품 향상에 의한 영향력을 크게 받아 성장할 것이라고 보고 있다. 경제 성장으로 만들어진 부를 분배한다는 관점에서는 AI에 의한 노동 생산성 향상이 임금향상으로 연결될 것이라는 긍정적인 견해를 제시하고 있다. 이러한 배경을 잘 설명해주는 연구로 Makridakis의 연구[4]에서는 AI가 인간의 기존 노동 행위를 대체하게 되더라도 AI을 활용하여 기존 프로세스를 최적화하는데 필요한 전반적인 업무들을 인간이 계속해서 수행해야 한다고 설명하고 있다. 이러한 관점이 중요한 이유는 AI에 의한 미래

---

4 S. MAKRIDAKIS, "THE FORTHCOMING ARTIFICIAL INTELLIGENCE (AI) REVOLUTION: ITS IMPACT ON SOCIETY AND FIRMS" FUTURES, 90 (2017), PP. 46-60 논문에서는 AI에 의한 최적화 성과가 잘 발생하게 된다면, 인간은 이를 더 적극적으로 활용하기 위한 방안을 만들어 AI가 더 실력을 발휘하도록 하는 업무를 수행하게 될 것이기 때문에 인적자원 대체효과보다는 시너지를 만들어 갈 것이라고 설명

사회에서 인간이 기대할 수 있는 유망 직종이 무엇이 될 것인지를 생각해 보고자 할 때 도움이 되는 본질적인 내용에 해당하기 때문이다. AI가 산업이 미치는 영향력이 존재한다는 것을 이해하고, 어떻게 그러한 영향을 만들어내는지에 대한 원리를 파악한다면, 인간이 다음으로 무엇을 해야 좋은지를 알 수 있게 되고 AI 시대에 필요한 교육 철학에 대해서도 올바르게 고민할 수 있다고 생각한다.

AI가 GDP 를 향상시키는 숨은 원리

AI가 각 국가별 GDP 를 증가시키게 된다면, 그 증가분의 실체는 AI 기술을 사용하는 기업의 매출 향상 분에서 살펴볼 수 있을 것 이다. 경영학 관점에서 기업 내부를 살펴보고 서비스를 제공하는 기업과 이를 사용하는 고객관점에서 구체적으로 이해하기 위하여, 상용화되어 널리 사용되고 있는 대표적인 AI 기술인 추천시스템을 예시로 하여 AI가 왜, 어떻게 매출을 향상시킬 수 있는지에 대해서 설명해보도록 하자. 추천시스템을 잘 사용하고 있는 것으로 유명한 전자상거래 기업 아마존 Amazon.com이나(예: 사이트 방문시 상품 추천) 동영상 스트리밍 서비스 넷플릭스Netflix와(예: 개인화 컨텐츠 추천) 같은 기업들은 추천시스템을 잘 활용하고 있는 것으로 알려져 있다. 이들의 추천시스템은 개인 사용자들의 선호도를 고려하여 각 사용자의 효용utility을 극대화시키는 상품을 찾아 제공해주는 방식으로 작동한다. AI 추천 기술에 의하여 개인 사용자들이 선호하는 적정한 가격의 상품을 찾도록 해주기 때문에 개인 입장에서는 효용 값이 증가하며, 기업 입장에서도 거래가 성사될 확률이 증가하므로 매출이 향상되는 효과를 누리게 된다. 요약하면, 개인화된 컨텐츠 추천이 가능하게 하는 AI 기술이 개별 고객의 효용을 높여 줄 수 있기 때문에 실제로 매출 증가로 연결되며, 특정 기업의 매출 증가분은 해당 기업의 플랫폼 상에서 물건을 구매하거나 컨텐츠를 소비하는 고객들의 총 합으로 발생하며, 다시 이러한 개별 기업들의 매출 증가분 총합을 계산해본다면 유통 산업 분야 전체에 대한 AI의 영향력이라고 정의 할 수 있다. 이해를 돕기 위하여 추천서비스에 대한 예를 들었지만, 실제로는 유통산업 내에서도 수요예측, 재고관리, 배송망 최적화, 가격할인 등 다양한 주제에서 AI가 활용될 수 있다는 것을 고려하면 산업내 AI가 활용되는 전 영역에 대해서 측정이 가능해지며, 앞에서 설명한 것처럼 산업 평균 14% 수준의 생산력 향상을 만들어내는 것이 가능하다.

산업별 AI가 해결 가능한 문제

앞서 살펴본 것처럼 AI라는 소프트웨어의 활용을 통하여 사용자들의 효용을 극대화하는데 기여할 수 있으며, AI가 더 나은 솔루션을 찾아 제시해준 만큼을 AI의 영향력Impact of AI이라고 정의해 볼 수 있다. 단, 산업별로 AI가 해결할 수 있는 주제가 조금씩 다르기 때문에, 산업별 해결 가능한 문제를 나열하고 각각에 대해 설명한 다음, 대표적인 기업 사례를 통해 이해하도록 설명하고자 한다. AI 의존도가 상대적으로 높으면서도 해당 산업 내에서 AI 기업들이 산업내 문제를 해결하는 데 앞장서고 있다고 판단된 여섯 가지 산업을 제조, 헬스케어, 유통, 금융, 교육, 에너지 분야로 선정하였으며, 각 산업마다 AI가 문제 해결을 통해 영향력을 발휘하고 있는 주제에 대해서 정리하였다. 이때, PWC, 엑센추어 등의 보고서에서도 AI에 의한 경제 성장의 파급력이 커서 주목해야 할 만한 산업으로 자주 언급되는 제조, 유통, 헬스케어, 금융산업 외에도, 교육과 에너지와 같이 본 저서에서 중요하게 다루어야 한다고 생각하는 산업에 대해서도 다루어 보았다.

각 산업별로 특정 산업에서 'AI가 어떤 문제를 해결하는 데 사용되었는가?' 'AI가 해당 문제를 해결함으로써 기업 또는 산업 내에서 얼마만큼의 영향력을 발휘하는가?'와 같은 질문에 대한 답을 정리해보는 방식으로 설명하였다. 이 때, AI가 이러한 문제를 잘 해결해준다면 앞서 PWC 보고서를 통해 언급한 산업 평균 14% 성장을 달성할 수 있을 것이라고 생각되는 주요 주제에 대해서 요약해두었다. 예를 들어, 제조업의 경우에는 AI가 생산 과정에서 자동화 공정율을 얼마나 향상시켜 효율을 개선시켰는지, 불량품을 조기에 탐지하여 품질 개선을 이루어 냈는지,

정확한 수요예측을 기반으로 생산 관리를 수행하여 비용절감 및 생산 효율을 개선하였는지와 같은 문제를 AI가 해결해야 하는 목표로 정의하고 있다.

다음으로, 각 산업별 문제를 실제로 해결하고 있는 한국의 AI 스타트업 들을 나열해보았다. 한국인공지능협회에서 선정한 자료 및 한국경제신문사와 KT경제경영연구소가 공동으로 발표한 2021년 한국 AI 스타트업 100개사를 참고하였다.[5] 그리고 표에서 열거된 AI 기업 중에서 최근에 국내외 거래소에 상장된 이력(또는 이에 준하는 기업 성과)을 가지고 있는 대표 AI 기업 세 곳을 선정하여 실제로 산업 내의 어떤 문제를 해결하기 위하여 AI를 어떻게 활용하여 성과를 내고 있는지 사례를 통해 설명하고자 하였다.

---

5 한경무크 넥스트 유니콘 AI스타트업 100, 2021, 한국경제신문. 에서 설명하고 있는 한국 AI 스타트업 100 개사에 대한 설명 참고

대표 산업	AI가 풀어야 하는 문제와 기대효과	AI 기업 사례 (2021-2022년 국내 주요 스타트업 기준)
제조 Manufacturing	불량품 탐지에 의한 제품 품질 향상	라온피플, 수아랩, 마키나락스, 다임리서치
	자동화 공정 비율 증가에 의한 노동력 대체 (비용 감소)	
	수요예측 기반 생산 스케줄링 최적화	
헬스케어 Healthcare	의료 이미지 분석 자동화	루닛, 뷰노, 쓰리빌리언, 딥노이드, 인포마이닝, 코어라인 소프트
	유전자/생체신호 분석 자동화	
	질환/질병 예측을 통한 진료 자동화	
	보험사기 예측 (이상징후관리)	
유통 Retail	수요 예측에 의한 운영 효율 향상	아이겐코리아, 빅인, 오드컨셉, 옴니어스, 스켈터랩스, 그루비
	개인화 추천에 의한 매출 증가	
	고객관리 자동화에 의한 고객만족도 향상	
금융 Finance	신용평가모형 성능개선에 의한 비 즈니스 효율 증대 및 개인/기업 금융부담 감소	크래프트테크놀로지스, 디셈버앤컴퍼니, 뱅크샐러드, 토스, 딥서치
	부정거래방지에 의한 금융 사고 감소	
	로봇어드바이저 자산운용에 의한 금융상품 경쟁력 강화	
	시장조사 및 보고서 작성 자동화	
교육 Education	개인화 학습 모형에 의한 만족도 증가	뤼이드(산타토익), 메스프레소, 튜링, 아이스크림에듀, 데이터뱅크
	학습 자동화에 의한 효율 증가	
에너지 Energy	전력 수요 예측에 의한 생산계획 최적화	인코어드, 크로커스에너지, 우리젠, 한국그린데이터
	전력 절감에 의한 에너지 낭비 감소 (IoT 기반 자동 제어)	
	전력 거래 최적화	

〈표 4-1〉 산업별 AI가 해결할 수 있는 문제와 영향력 사례

AI 기업 사례 1 | 제조 분야, 라온피플

- 2010년 1월 설립, 현재 KOSDAQ 상장사

- AI를 이용한 이미지 인식 솔루션인 머신 비전, AI스마트비전 솔루션을 제공

- 영상 장비를 통한 영상획득 후 영상처리 및 분석과정을 거쳐 고객이 원하는 목적
(예: 불량품 탐지, 차 외관 검사, 진품 감별 등)으로 활용 가능한 AI 솔루션을 제공

- [Impact of AI] AI 솔루션에 의한 불량 감지율이 1% 올라갈 때마다 고객의 utility
향상에 얼마나 기여하는지를(예: 비용절감, 공정 효율 개선, 기업가치 상승 등) 측
정 가능하므로, 이를 통해 라온피플 AI 솔루션에 의한 영향력을 정량적으로 파악할
수 있음. 또한, 기존에 인간의 능력으로는 제공할 수 없었던 완성차 도면 검사(예:
미세 균열 또는 도장 상태)과 같은 서비스에 대해서는 제품 가치가 향상되는 기회
가 되므로, 내구성 향상이나 브랜드 가치 상승분에 대해서 AI가 창출하는 영향력으
로 정의할 수 있음

AI 기업 사례 2 | 헬스케어 분야, 루닛

- 2013년 8월 설립, 2022년 상반기 KOSDAQ 상장예정

- AI를 이용하여 의료 이미지, 비디오 데이터 및 생체신호를 분석하여 질병과 질환
을 예측하는 솔루션을 제공

- X선 이미지를 분석하여 폐암, 유방암 진단을 보조하는 루닛 인사이트 제품을 개
발하고 국내 식약처 및 유럽 CE 인허가를 획득. 전세계 30여개국 250개 이상 의
료기관에서 루닛 인사이트 사용중. 암 환자의 치료 반응을 예측하는 루닛 스코프도
연구 개발중

● [Impact of AI] AI 솔루션에 의하여 기존 노동집약적인 방식의 의료서비스가 자동화 될 수 있으며, 자동화에 의한 의료 시장이 증가되는 만큼, 그리고 AI 솔루션에 의하여 진단 정확도가 향상된 만큼 AI에 의한 영향력 파악 가능. 정확도 향상 측면에서, 숙련의가 X선 이미지를 보고 폐암을 진단하는 정확도가 91%, 비숙련의의 정확도가 89% 수준이라고 했을 때 루닛의 AI 솔루션의 정확도는 94%에 도달하는 것으로 알려져 있으며, 숙련의 대비 3% 증가한 정확도 만큼 시장에 기여하는 효과가 있음. 동일한 환자에 대해서 X선 데이터와 MRI 데이터를 모두 수집한 경우, X선 데이터 상에서 인간의 눈으로 알 수 없는 패턴까지 MRI 데이터 덕분에 기계가 학습 할 수 있게 되므로, 더 저렴한 비용으로 수집한 X선 검사 결과를 MRI 급으로 일부 향상시키는 데 기여

AI 기업 사례 3 | 금융 분야, 크래프트테크놀로지스

● 2016년 1월 설립, 미국 뉴욕증권거래소에 네 가지 상장지수펀드(ETF) 상장
● 회사가 직접 운용하는 ETF 가 S&P500 지수 대비 10% 이상의 초과 수익을 달성하는 등 글로벌 시장에서 수익률을 검증 받음
● 크래프트테크놀로지스는 사업 초기 하나은행, 기업은행, BNK금융그룹 등 국내 금융회사들의 로보어드바이저를 구축해주는 개발사로 시작하여 자신만의 노하우를 쌓아 AI가 직접 운영하는 ETF 지수를 개발하였으며, 다양한 종류의 경제지표 및 기초자산의 가격 변동에 대하여 주가를 예측하는데 도움이 되는 패턴을 AI가 실시간으로 분석하여 자동화된 상품 운용을 수행한 결과 시장대비 초과 이익을 안정적으로 내고 있는 성과를 보임

- [Impact of AI] 금융산업은 투자 기록 및 실적 등의 데이터가 실시간으로 축적되어, 기술의 임팩트를 자본시장에서 바로 측정 가능한 좋은 산업이며, 시장 벤치마킹 지수 대비 초과 수익률이 발생하는 만큼 AI가 인간이나 기존 방법론 대비 존재의 가치를 입증하면서 영향력을 미치고 있다는 것을 보여주는 사례. 자산의 효율적 배분을 실시간으로 변화하는 환경에 최적화시켜서 수행하는 것이 AI의 강점이므로, 이것을 시장 수준보다 더 경쟁력 있게 제공함으로써 초과수익을 창출하고 금융산업의 경쟁력 강화에도 기여

디지털 기술에 의한 여섯 가지 비용 감소 효과

AI 기술의 본질은 정보기술이라는 소프트웨어이다. 정보시스템 분야의 석학인 Goldfarb 와 Tucker 교수의 최신 연구에서는 디지털 기술이 다음에 해당하는 다섯 가지 비용을 절감시키기 때문에 기업이 비즈니스를 수행함에 있어서 효율을 발생시킬 수 있다고 설명하고 있다.[6]

첫 번째는 탐색비용search cost이며, 정보수집에 소요되는 비용을 포함하여 정보를 탐색하는데 발생하는 모든 비용을 의미한다. 모든 상품과 서비스에 대한 가격을 쉽게 탐색할 수 있기 때문에, 정보의 비대칭성 제거로 인하여 안정화된 시장 가격을 향하여 가격 자체가 낮아진다는 이점이 있다. 그리고 디지털 기술은 시장에서 수요자나 공급자 모두 상대방을 더 쉽게 찾을 수 있도록 해주기 때문에 플랫폼 상에서 서로를 연결해주는 매칭 기술을 통해 더 많은 거래가 이루어지도록 도와준다. 이러한 장점 때문에 디지털화된 거래를 창출하는 디지털 이코노미가 탄생하게 되며, AI가 거래를 촉진시키는 검색과 매칭 기술의 고도화를 통하여 플랫폼 상에서의 더 많은 매출 발생을 가능하도록 한다. 앞서 나열한 AI 스타트업 중에서, 개인화 추천 서비스를 제공하고 있는 아이겐코리아나, 개인맞춤형 교육서비스인 산타토익을 제공하고 있는 뤼이드 사의 경우가 대표적으로 AI 기반 매칭 기술을 보유하고 있으며, 개인의 성향에 대한 빅데이터를 분석하여 사용자가 실제로 구매할 가능성이 가장 높은 상품 추천 결과를 제공하거나 영어 실력 향상에 가장 도움이 될 것으로 판단되는 토익 문제를 찾아 제공해주는 식의 서비스를 제공하고 있다.

---

6 GOLDFARB, A., AND TUCKER C., "DIGITAL ECONOMICS" JOURNAL OF ECONOMIC LITERATURE, 57(1), 2019, PP. 3-43.

두 번째는 복제비용replication cost 인데, 디지털화된 재화나 서비스를 제공할 경우 여러 건의 계약이 체결되더라도 원래 컨텐츠의 가치를 손상시키기 않으면서 서비스 제공이 가능하다는 장점 때문에 무제한 이용이 가능한 형태로 서비스를 제공할 수 있으며, 다양한 AI 서비스를 제공하게 되는 경우에도 월 구독 방식의 서비스 형태로 고객에게 제안하는 것이 가능해진다.

세 번째는 운송비용transportation cost이며, 온라인 상에서는 사실상 국경도, 장벽도 없기 때문에 운송비용에 대한 염려 없이 전세계 어디에 있는 고객을 대상으로 하더라도 디지털화된 재화나 서비스를 제공할 수 있게 된다. 다만, 언어나 문화에 대한 차이는 발생할 수 있으며, 예를 들어 AI가 의료 데이터를 학습하는 과정에서 인종에 따라 학습된 결과에 차이가 발생할 수 있다는 점과, 실제로 이러한 특징 때문에 의료 데이터의 경우 해당 국가 거주자들을 대상으로 데이터 재학습이 이루어지고 있다는 것도 현실적으로 중요한 이슈라는 점에 대해서도 주의해야 한다. 특히 복제비용과 운송비용 관점에서 앞서 언급한 루닛, 뷰노와 같은 헬스케어 분야 AI 기업들은 자사가 보유한 다양한 AI 진단 서비스를 월 구독 방식으로 전세계 의료 산업에 제공할 수 있게 된다는 강점을 가지고 있기 때문에 AI에 의한 산업 파급 효과를 측정할 때 IT기술의 특성상 국경을 넘는 큰 파급력을 발생시킬 수 있다는 점을 강조하고 싶다.

네 번째는 추적비용tracking cost이다. 디지털 기술에 의하여 개인의 행동 이력을 실시간으로 수집할 수 있게 되었기 때문에 개인의 취향이나 습관 데이터를 기반으로 개인화 추천 서비스를 제공하는 것이 가능해졌다. 개인 별로 특정 재화나 서비스에 대해 지불하고자 하는 금액 역시 개인화 하는 것도 가능하기 때문에 예를 들어 유튜브와 같은 글로벌 광고 플랫폼 상에서는 광고비용을 개인화시키는 것도 기술적으로 구현되어 있다. 개인의 행동이력을 수집하여 맞춤형으로 서비스를 제공하는 AI기반의 서비스가 낮아진 추적비용 때문에 가능한 것이므로, 특히 AI 학습용 데이터에 대하여 정의하고자 할 때 이러한 원리를 파악하는 것이 중요하다. 또한, AI 서비스를 사용하는 고객들의 반응을 살펴서 더 좋은 성능을 갖는 모형으로 고도화 하려고 할 때에도 추적비용과 관련한 원리를 알고 접근하는 것을 권장한다. 앞서 나열한 AI 스타트업 중에서 뱅크샐러드나 토스와 같은 핀테크 기업들은 개인의 금융 및 비금융 빅데이터를 수집하고 분석하여 맞춤형 상품을 제공하거나 대출 가능한 수준을 제안하고 있는데, 낮은 추적비용으로 인하여 전 금융사의 데이터를 쉽게 가져오고, 심지어 병원 방문이력, 자동차 운전이력과 같은 비금융 이력까지도 수집하여 통합 관리하는 것이 가능해진 것이라고 이해하면 된다.

다섯 번째는 식별비용verification cost이다. 추적비용이 감소하였기 때문에 자연스럽게 식별비용 역시 감소하게 되었다. 예를 들어, 거래 플랫폼 상에서 판매자에 대한 평판을 알고싶을 때 고객들이 남긴 별점이나 댓글을 보고 믿을만한 판매자인지 아닌지를 식별하게 되는데, 이러한 식별에 소요되는 비용이 감소한다는 것도 디지털 기술의 특징이다. 금융 분야에서 개인이나 중소상공인들을 대상으로 신용평가 모형을 만들 때, 기존 금융 이력뿐만 아니라 소셜네트워크서비스 사용 이력에 해당하는 정보를 추가하여 예측 정확도를 높이고자 하는 시도는 식별 비용이 낮아졌기 때문에 가능해졌다고 할수 있다. 다만, 온라인 상에서 누구나 의견을 작성할 수 있다는 점을 악용하여 경쟁사가 나쁜 의도를 가지고 낮은 평점을 제시하였거나, 정상 사용자들 중에서도 서비스에 불만이 있는 사람들이 평점을 남기는 확률이 더 높아 부정적 견해로 편향될 수 있다는 점에 대해서는 주의를 기울여야 한다.

이상에서 설명한 다섯 가지 비용감소뿐만 아니라 거래 행위에 수반되는 각종 비용을 의미하는 거래비용transaction cost 또한 크게 감소시킨 것이 디지털 기술의 강점에 해당한다. 거래 비용은 거래를 한 건 처리하는데 소요되는 비용 및 거래 전후에 발생하는 제반 비용들이 실질적으로 0원에 가까운 수준near zero으로 내려가도록 해준 것이 디지털 기술의 특징이다. 계약 체결 및 이행과정에서 문제가 없도록 모니터링을 자동으로 수행하고 이상 징후를 감독하는 일에도 AI가 기여할 수 있다. 이러한 제반 비용이 감소하기 때문에 디지털 플랫폼 상에서 대규모 계약이 성사되고, 거래가 발생하도록 하는 인프라를 마련해준다. AI 기술이 디지털 플랫폼 상에서 요소 기술로서 다양하게 적용되기 때문에 결과적으로 디지털 이코노미가 기존보다 더 크게 성장하는데 중요한 역할을 하게 되므로, 증가한 성장의 크기만큼에 대해서는 AI가 직접적인 영향력을 미치는 것으로 해석할 수 있다.

디지털 기술에 의한 비용 감소와
AI에 의한 효용 증대가 만나는 시너지

AI의 영향력을 설명함에 있어서 앞에서 언급한 여섯 가지의 비용절감은 중요한 시사점을 갖는다. 예를 들어, 금융분야의 경우 AI에 의하여 개인 맞춤형 마이크로보험상품이 설계되고, 개인화 추천을 통해서 판매까지 진행될 수 있게 된다. 실제로 중국에서 알리바바, 텐센트, 핑안보험, 씨크립이 합자하여 설립한 회사인 중안보험에서는 온라인 플랫폼 상에서 AI 기술을 활용하여 박리다매 방식의 저가형 보험상품을 판매하고 있다. 기존 전통 금융권에서는 마진이 남지 않아 판매할 수 없었던 다양한 종류의 저가형 제품을 판매할 수 있었던 경쟁력은 근본적으로 디지털 기술에 의한 거래비용의 감소 덕분이고, 디지털 플랫폼 상에서 원하는 보험상품을 찾고 가입하게 된 것은 탐색비용의 감소 덕분이며, 낮은 추적비용과 식별비용 덕분에 온라인상에서 비정상계약 파악이 상호간에 용이해진 것으로 해석 가능하다. 그 결과 새로운 상품이 출시되고 판매되는 디지털 이코노미 창출이 가능해졌으며, 해당 거래액이 늘어날수록 디지털 기술 기반의 AI 영향력 역시 비례해서 증가한다고 볼 수 있다. 심지어, 복제비용 관점에서 보아도 향후 넷플릭스나 멜론 서비스처럼 월 구독 방식의 보험상품이 출시될 가능성도 배제할 수 없다.

의료 분야에서는 스마트워치 덕분에 기존에 우리가 병원 밖에서 수집하지 못했던 생체신호정보를 대량으로 손쉽게 수집가능하게 되었다. 즉, 추적비용을 크게 절감한 덕분에 풍부한 개인 생체정보를 실시간으로 수집하게 됨으로써 질환/질병예측, 사전징후탐지 등의 목적으로 AI 솔루션이 사용될 수 있게 되었다. 실제로 삼성의 갤럭시워치나 애플워치의 신형 모델은 기존에 바늘로 손가락 끝을 찔러 혈당을 측정해오던 방식에서 벗어나 레이저를 쏘아 피부 속 혈관에서 혈당 수치를 파악하는 기술을 개발하고 적용하려는 시도가 이어지고 있다. 이것이 상용화된다면 비채혈 방식으로 혈당을 실시간 측정하는 것이 가능해지는 것이다. 이것은 기존에 존재하지 않던 새로운 유형의 의료 데이터를 확보하게 해주는 디지털기술에 해당하며, 실제로 한국의 스타트업인 인포마이닝과 같은 기업은 신체에 부착하는 패치 형태의 센서 또는 손목시계형 센서를 통해 수집한 생체신호데이터에서 맥박, 체온, 혈압, 혈당, 심전도 등의 의료 데이터를 복원하여 모니터링해줄 뿐만 아니라 질병 예측 및 상시 건강 관리 목적으로 AI가 맞춤형 서비스를 제공할 수 있도록 해준다. 의료 시장이 규제에 의하여 빠르게 성장하기 어렵다는 점도 사실이지만, 10년뒤, 20년뒤를 생각해볼 때 디지털 기술의 강점을 살려 매우 낮은 비용으로 전세계 수많은 인구의 생체신호를 수집하여 맞춤형 의료 서비스를 구독 받게 해준다면, 그것의 가치만으로도 AI의 영향력이 미래사회에 매우 클 것이라는 주장이 힘을 받을 것이다.

조금만 눈을 돌려 의료 규제에서 자유로운 농축산업을 살펴보면, 한국축산데이터와 같은 기업이 AI 기술을 사용하여 돼지나 소와 같은 가축을 키우는 과정에서 이들의 건강과 생활을 관리하기 위하여 가축들의 행동과 동선을 관찰하고, 사료를 잘 먹고 있는지, 각 개체별로 누가 공격성이 있으며 누가 아프기 시작한 지를 자동으로 파악한 후 농장주에게 알려주어 조기 대응을 가능하게 함으로써 사료를 주는 프로세스를 자동화하거나 가축을 키우는 효율을 증가시킨다. 또한, 질병 조기 예측으로 항생제를 최소한으로 사용하여 사육한 육류를 직접 판매하게 됨으로써(예: 'Nice to Meat' 상품) 고부가가치 상품에 의해 매출개선에도 도움이 된다. 축산업 분야에서도 제품 향상을 통해 AI가 매출을 상승시키는데 중요한 역할을 하고 있는 것이다.

AI 영향력Impact of AI에 대한 올바른 이해

학계에서 오랫동안 사용되어온 Tom Mitchell[7]의 머신러닝Machine Learning 정의에 의하면 컴퓨터 프로그램이란, 주어진 업무Task에 대해서 성과를 측정할 수 있도록 척도Performance를 정의해주고, 해당 목표를 더 높은 성과를 내면서 달성하기 위하여 필요한 데이터나 노하우에 해당하

---

7 TOM. M. MICHELL, MACHINE LEARNING, 1997, MCGRAW-HILL.

는 경험Experience으로부터 배워가는 것으로 정의할 수 있다.

이렇게 간단한 정의로부터 AI가 미래사회에 미칠 영향력을 측정하는 데 필요한 아이디어를 요약해서 설명할 수 있다. 즉, 앞에서 설명한 것처럼 AI 기술을 활용하고 있는 산업내 기업들의 고객에게 제공하는 utility 향상 분의 총합을 AI의 영향력impact of AI으로 설명하는 것이나, 머신러닝 정의에서 소개하는 측정 가능한 성과 지표 P가 새로운 학습 프로세스에 의하여 향상된 만큼을 관찰할 수 있는 모든 곳의 총 합 개념으로 AI의 영향력을 말하는 것은 맥락을 같이 하고 있다.

적용되는 산업과 기여의 크기는 모두 다르겠지만, AI가 기여하는 만큼 인류는 AI에 의지하게 될 것이고 이에 비례하게 경제적 파급효과로도 이어질 것이므로, AI가 창출하는 새로운 부의 규모와 이것이 발생하는 메커니즘에 대해서 디지털 기술의 원리를 토대로 설명해보았다. AI는 최신의 소프트웨어로써 산업의 문제를 해결하며 더 높은 수준의 가치를 창출할 것이라는 기대는 정상적인 관점이다. 그러나, 예를 들어, 인간보다 바둑을 훨씬 더 잘 두는 알파고를 만들었다고 해서 부가 창출되는 것도 아니다. 기술이 있다고 모두 가치로 연결되는 것은 아니기 때문이다. 경영학 관점에서 볼 때, 기술 그 자체로만 존재하는 것이 아니라 문제 해결을 통해 가치를 창출해내는 것이 입증되었을 때, 비로소 더 많은 거래를 창출시키고 계약을 성사시키게 된다는 것을 반드시 기억해야 한다.

AI 기술이 아니라, AI가 산업에 적용되어 새롭게 만들어내는 가치를 체험하고, 인정하고, 그 대가를 지불하고자 하는 더 많은 사람들이 존재할 때 우리는 AI가 창출하는 가치에 대해서 실감하게 될 것이다. 그리고 해당 가치를 제공하는 다양한 기업들이 산업에서 영향력을 증가시키면서 성장해갈 것이며, 그 결과 산업이 발전하고 국가의 경쟁력 역시 향상될 것이다. 이러한 특성 때문에 AI 기술을 활용하는 기업을 관찰하고 그 영향력을 고려해보는 것이 즐거운 일이며, 어떤 기업이 등장하여 미래사회를 바꿔놓을 것인지를 예상하는 것이 AI에 의존하게 될 미래사회를 그려보는 데 가장 현실적인 접근이 될 것이다.

저자 소개

박성혁

KAIST 수학과를 졸업하고 KAIST 경영대학에서 2011년도에 박사학위를 받았으며, 미국 New York University 에서 Post Doc. 수행하였다. 이후 2013년도부터 2018년까지 레코벨이라는 개인화 추천서비스 전문 기업을 직접 창업하고 CEO로써 회사를 경영하였다. 2017년도에는 레코벨을 KOSDAQ 상장사인 FSN에 회사를 매각한 바 있으며, 이후 두나무앤파트너스사에서 벤처파트너로 활동하며 뱅크샐러드 등에 투자를 진행하고 사외이사를 역임한 바 있다. 이후 IMM PE를 통해 더블유컨셉에서 CTO직을 거쳐 2019년 하반기부터 현재까지 KAIST 경영대학에서 조교수로 재직하고 있다. 한국경영정보학회 및 한국지능정보시스템학회 이사로 활동중이며 국내학술지 지능정보연구 편집부위원장으로 활동하고 있다. Management Information Systems Quarterly, Information Systems Research, International Journal of Electronic Commerce 등 국제학술지에 논문을 게재한 바 있으며, ICIS, HICSS, WITS, SCECR, INFORMS DS 등 국제 학술대회 및 워크샵에서 다수의 연구논문을 발표한 바 있다. 또 아난티코브 및 효성ITX사의 사외이사로도 활동하며 디지털 트랜스포메이션을 주제로 경영자문 역할을 제공해오고 있으며, LG CNS, 효성TNS, 아이스크림에듀, 와이즈버즈, 아이겐코리아, 리디북스, 테크랩스 등 국내 유수의 기업들을 대상으로 빅데이터 및 AI 활용 분야에 대해서 경영자문을 수행해오고 있다.

5장 · AI와 금융산업의 변화

인공지능, 그리고 기계학습. 이 두 단어가 주는 마법적인 힘 때문에 수많은 사람들이 다양한 상상과 기대를 하게 된 것 같다. 그러다 보니 혁신적인 미래를 논하는 소위 비저너리visionary 중에 유독 상상력이 풍부한 사람들이 많아졌나보다. 기술에 대한 이해가 뒷받침되는 상상이었으면 좋았을 텐데, 이런 비저너리들의 상당수는 상상력만 풍부한 것 같아서 항상 안타까웠다. 본 챕터에서는 어디까지가 현실적으로 가능한 부분이고 어디부터가 허구인지 금융권에서의 실제 사례를 통해 그 경계를 제시하고자 한다.

기계학습이라고 부르지만, 실제로 기계는 어떤 것도 학습하지 못한다. 그저 데이터 분석을 통해 통계적 추론, 즉 데이터 사이의 상관관계를 찾는 게 고작이다. 우리가 생각하는 '학습'이라는 개념은 애초부터 가능하지도 않다. 그저 사람들의 상상력을 자극하기 위해 '기계학습'이나 '인공지능' 같은 의인화해서 생각하기 좋은 이름을 붙였을 뿐이다. 실제로 기계에게 스스로 학습을 수행할 정도의 지능은 존재하지 않는다. 데이터 분석, 또는 그냥 통계라고 부르는 것이 더 정확한 표현이다.

다음 페이지의 그림은 인공지능과 통계학(Data Science는 통계학의 새로운 이름) 사이의 관계를 보여주기 위해 자주 언급되는 벤 다이어그램이다. 그림이 나타내는 것처럼, 기계학습 이론 자체가 통계적 추론에

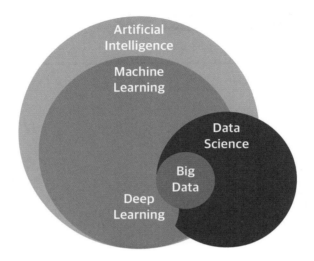

근거를 두고 있기 때문에 두 학문은 근본적으로 동일하다고 봐도 무방하다. 주로 어떤 종류의 데이터를 다루고 어떤 식으로 활용하느냐에 따라 약간의 차이가 있을 뿐이다.

인터넷이 발전하며 수집 가능한 데이터의 종류와 양이 비약적으로 증가했다. 고양이 사진이 대표적인 예다. 지금이야 수백만 장의 고양이 사진을 검색하고 저장하는 일이 어렵지 않지만, 인터넷이 활성화되기 전에는 엄두도 내지 못할 일이었다. 이런 식으로 수집된 방대한 양의 데이터를 처리하기 위해 빅데이터 기술이 발전하게 되었고, 이를 기반으로 머신러닝과 인공지능이 함께 발전하게 되었다.

디지털 기술 개발의 특징은 고정 비용은 크지만 가변 비용은 영zero에 수렴한다는 것이다. 이를 가리켜 제로 마지널 코스트zero marginal cost라고 부른다. 이러한 특징 때문에 인터넷을 통해 수집한 방대한 양의 빅데이터를 가공한 뒤 AI 기술을 활용해 새로운 형태의 서비스로 만들어 사람들에게 무상으로 제공하는 생태계가 성립되었다. 구글, 애플, 아마존 같은 소수의 IT 기업이 시장 전체를 독점하게 되는 승자독식 구조의 핵심 원리이다.

데이터의 공급을 통한 기술 발전에 더불어, 이렇게 발전한 기술을 소비하는 수요자의 폭도 디지털 기기의 보급과 더불어 급격하게 증가했다. 디지털 네이티브, 또는 디지털 노마드 같은 신조어가 나타내는 의미처럼 이제는 대다수의 사람들이 디지털 기기를 통해 경제 및 사회 활동을 수행한다. 사람들이 디지털에서 보내는 시간이 길어질수록 축적되는 데이터의 양과 함께 새로이 제공되는 서비스의 종류도 더욱 다양해진다. 따라서 디지털 경제는 앞으로도 계속 폭발적으로 성장하며 사회 경제 전반에 걸쳐 디지털 트랜스포메이션Digital Transformation; DT이 이루어질 것으로 전망된다.

하지만 인공지능이라는 단어가 사람들의 마음 속에 상상력을 자극하는 힘 때문인지, 금융권에서는 유독 인공지능을 이용해 기존에 인간의 힘으로 불가능하던 것들이 가능해진 것처럼 허위 사례를 과장 홍보하는 사례가 적지 않다. 최신의 기술을 사용해 쉽게 돈을 벌 수 있도록 도와주겠다는 꼬임이 너무 달콤하기 때문이 아닐까. 그러한 환상이 들불처럼 번져나가는 건 AI 기술 개발을 담당하는 부서의 책임자, 심지어는 회사의 대표조차 AI에 대한 이해도가 부족해서 생기는 무지의 소산이라고 생각한다. 본 챕터에서는 금융권에서의 AI 활용 사례를 비슷한 부류로 나누어, 어디까지는 가능하고 어디부터는 허구인지 그 경계선을 명확히 제시하고자 한다.

AI를 이용한 자산/펀드 운용

- 좋은 사례: '2차전지 ETF' 처럼 테마별 종목 선정
- 나쁜 사례: 어떤 주식이 오르고 떨어질지 찍어주는 주식 리딩,
  또는 시장 대비 초과 수익률을 올릴 수 있다고 장담하는 자산 운용사

2021년 5월 19일 국내 대형 금융지주회사의 AI 시스템이 미국 S&P500 지수가 한달 안에 6% 이상 급락할 것이라며 전사 경보를 발령했다. 해당 금융 그룹의 계열사들은 이러한 경고음을 참고해 리스크 관리에 돌입하고 고객들에게도 주식 투자 비중을 축소하도록 조언했다. 국내 금융사 중 AI 시스템 개발에 가장 큰 투자를 하고 또 적극적으로 본사의 AI 시스템을 홍보하고 있는 곳이어서 필자도 주의 깊게 결과를 지켜보았다.

아니나 다를까, 정말 처참하게 틀렸다. 급락 경보가 발령되었던 5월 19일 4,115.68 이었던 미국 S&P500 지수는 이후 연일 상승하며 역대 최고 기록을 연달아 갈아치우고 있다. 8월 12일 현재 4,460.83 까지 올랐으니 급락은 커녕 8% 이상 상승한 불 마켓bull market이었다.

분명 엄청난 규모의 자본을 투자해서 AI 시스템을 구축했는데 왜 이런 말도 안되는 엉터리 예측을 내어 놓는걸까? 해당 계열사의 대표님이 어느 언론사와 했던 심층 인터뷰에 그 비밀이 숨어있었다. 신문 인터뷰 기사를 읽고 정말 눈물이 날 정도로 웃었던 기억이 난다. 이래서 그랬구나. 경제 데이터에 대한 이해 없이 무작정 데이터를 모아 컴퓨터에 넣으면 기계학습 알고리듬이 스스로 결과를 찾아줄 거라 신봉하는 어처구니 없는 사례였다.

〈그림 5-2〉 국내 대형 금융지주회사 대표의 언론사 인터뷰 내용

[리딩금융인-▇▇▇▇▇대표] "돈 불려주는 투자의 알파고...벌써 2.0으로 진화"

▇▇가 미국 S&P500지수를 예상하는데 수많은 변수 중 하나로 짐바브웨 물가상승률을 사용하더군요. 미국 증시에 짐바브웨 물가가 얼마나 영향을 미치겠느냐 의아했죠. 인간의 사고로 접근하면 이런 변수는 배제했을텐데 30년치의 데이터를 갖고 접근한 AI는 이걸 가져가더라고요."

한번 옆에 있는 핸드폰을 들고 인터넷에 '짐바브웨 인플레이션'을 검색해보자. 사람들이 돈을 산더미처럼 쌓아서 들고 다니는 장면이나 지폐 한 장에 100조 달러가 찍혀있는 모습을 검색결과 첫 페이지에서 찾아볼 수 있다. 오죽하면 계란 3개의 가격이 천억 달러였다고 할까. 이처럼 물가가 걷잡을 수 없이 폭발하는 현상을 가리켜 하이퍼 인플레이션hyper-inflation이라고 부른다.

짐바브웨가 하이퍼 인플레이션을 겪은 배경에는 2007-08년 금융위기가 있다. 경제 위기를 겪으며 돈이 궁해진 짐바브웨 정부는 쉬지 않고 돈을 찍어내기 시작했고, 이는 곧 물가 상승으로 이어져 경제 시스템 자체가 무너져 버리게 되었다. 너무 가치가 떨어진 나머지 빵 한 조각 살 수 없게 된 화폐는 더 이상 화폐가 아니라 무의미한 숫자가 인쇄된 종이 쪼가리일 뿐이다. 결국 이듬해인 2009년 짐바브웨 정부는 자국 화폐 시스템을 포기하고 대신 미국 달러를 짐바브웨의 법정 통화로 인정하기로 결정했고, 덕분에 2009년부터는 마치 거짓말처럼 인플레이션이 사라져 버렸다.

이제 미국 주식시장을 보자. 2008년 금융위기를 겪으며 미국의 중앙은행인 FRB는 대규모의 유동성을 금융 시장에 공급했다. 쉽게 말하면 엄청난 규모로 돈을 찍어서 자본이 부족한 은행들에게 빌려주고,

또 repo market에도 직접적으로 참여하여 헤지 펀드 등의 shadow banking 시스템에도 담보 대출을 해주었다. FRB가 공급한 대규모 유동성 덕분에 금융시장은 곧 안정성을 되찾았고, 이는 2009년 S&P 지수의 급등으로 이어졌다.

자, 이제 짐바브웨 인플레이션과 미국 S&P 지수 사이의 전후 관계를 살펴보자. 2008년 짐바브웨에 하이퍼 인플레이션이 있었고, 그 다음해인 2009년에 S&P 지수가 급등했으니 전후관계가 있는 건 맞다. 하지만 전후관계와 인과관계는 달라도 너무 다르다. '까마귀 날자 배가 떨어졌다'고 해서, 다음에 까마귀가 날면 배가 다시 떨어질 것이라고 기대하겠는가? 초등학생도 이해할 수 있는 단순한 논리인데, 여기에 인공지능이라는 번드르르한 포장을 씌우면 눈에 보이지 않는가 보다. 짐바브웨 인플레이션과 미국 S&P 지수는 어쩌다 보니 전후관계가 그렇게 이어졌을 뿐이지, 인과관계와는 하등 아무런 관련이 없다.

기계는 거짓말을 하지 않았다. 인공지능은 기계학습을 통해 데이터를 분석한 뒤 이러이러한 전후관계가 있더라 하고 결과를 보여주었을 뿐이다. 이렇게 나온 전후관계를 인과관계로 착각하는 건 사람이 멍청하기 때문이다. 결국 기술의 발전 만큼이나 중요한 건 이 결과를 해석할 수 있는 사람의 역량이다. 세상에서 가장 비싼 슈퍼 컴퓨터를 맡겨 놓는다 해도 기계가 내어놓는 산출물을 해석할 수 있는 역량이 없으면 결과를 오도해서 엉뚱한 쪽으로 빠지기 십상이다. 국내 대표 금융 지주회사의 수준이 이 정도라고 생각하니 우습기도 하고 씁쓸하기도 한 복잡한 심경이 든다.

그렇다면 인공지능을 자산 운용에 올바르게 적용한 사례는 어떤 것이 있을까? 국내에서는 아마 S자산운용이 출시한 'KODEX 2차전지산업

ETF'가 가장 모범적인 사례이지 않을까 싶다. 인공지능과 ETF 운용, 언뜻 봐서는 쉽게 연결이 되지 않는다. 과연 S자산운용은 인공지능을 어떻게 활용했을까?

일단 2차전지 산업에 대해 생각해보자. 최근 전기자동차 및 모바일 기기 보급이 폭발적으로 증가하면서 해당 제품의 생산에 필수적인 구성요소가 되는 2차 전지 산업도 함께 호황을 맞게 되었다. 전기차 산업, 또는 모바일 기기 산업의 성장을 기대하는 투자자라면 당연히 2차 전지 산업에도 관심을 갖게 될 것이다. 문제는 직접 공부를 하기 전에는 2차 전지 산업에 어떤 주식 종목이 포함되어 있는지 찾기 힘들다는 것이다.

일단 산업분류코드를 생각해보자. 우리나라 2차 전지 산업의 대표 종목은 LG화학, 삼성SDI, 포스코케미칼, SK이노베이션인데, 각각 '합성 고무 및 플라스틱 물질 제조업', '일차전지 및 축전지 제조업', '정형 내화 요업제품 제조업', '석유 정제품 제조업'으로 산업분류코드가 모두 다르게 등록되어 있는걸 알 수 있다. 따라서 산업분류코드를 사용해 2차 전지 관련 종목을 찾는 건 불가능하다.

그렇다면 어떻게 해야 할까? 직접 신문 기사를 검색하고, 기업의 공시를 읽고, 증권사의 애널리스트 리포트를 찾아보는 수밖에 없다. 자, 여기에 힌트가 있다. 신문 기사, 기업 공시, 그리고 애널리스트 리포트 모두 텍스트로 쓰여진 비정형 데이터이다. 그리고 이러한 비정형 데이터를 처리하기 위해 머신러닝 알고리즘이 발전되었다. 머신러닝 중에서도 이러한 텍스트 데이터에 특화된 알고리즘을 자연어 처리NLP: natural language processing라고 부른다.

S자산운용은 머신러닝 알고리즘을 이용해 신문 기사와 기업 공시, 애널리스트 리포트 분석을 자동화 해서 2차 전지 산업과 관련된 종목을 추

출할 수 있었다. 직접 시스템을 구축하는건 복잡하지만 일단 기본 개념 자체는 단순하다. 먼저 위에서 언급된 텍스트 데이터를 수집한다. 그 후엔 2차 전지 생산과 관련된 키워드를 정리하고, 해당 키워드가 언급되는 텍스트를 검색한 뒤 해당 텍스트 안에서 언급되는 개체명을 추출NER: named entity recognition한다. 이렇게 하면 2차 전지 산업과 관련된 주식 종목을 기계가 스스로 찾아낼 수 있다.

S자산운용 KODEX 2차전지산업 ETF는 2018년 9월 12일 처음으로 주식 시장에 상장되었는데, 경쟁사인 M자산운용의 TIGER 2차전지테마 ETF 도 같은 날 함께 상장 되었다. 같은 날 같은 주제로 함께 상장된 업계 1,2위 자산 운용사의 ETF이지만 중요한 차이가 한 가지 있다. S자산운용의 KODEX ETF는 인공지능을 이용해 종목 선정을 기계가 자동화해서 처리한 반면 M자산운용의 TIGER ETF는 리서치 애널리스트를 고용해서 사람이 직접 문서를 읽고 분석해서 편입 종목을 선정하고 있다. 그리고 두 ETF의 편입 종목을 비교해보면 기계와 사람이 선정한 종목들이 놀라울 정도로 서로 중복되는 걸 알 수 있다. 즉, 특정 테마로 주식 종목을 선정하는 업무에 있어서는 사람의 인력이 기계로 대체될 수 있다는 것을 의미한다.

위 두 개의 사례를 비교해보자. 인공지능이 주식 시장의 움직임을 예측하는 건 어렵지만, 주어진 주제와 관련이 있는 종목을 찾는 건 가능하다는 것을 알 수 있다. 그렇다면 사람은 어떨까? 사람도 마찬가지로 주식 시장 예측은 불가능에 가깝지만, 주제 관련 종목은 리서치를 통해 찾아낼 수 있다.

인공지능의 가능과 불가능을 구분하는 기준점이 바로 여기에 존재한다. 기계학습의 본질은 데이터 사이의 상관 관계, 즉 패턴을 찾는 일이다. 특정 주제와 관련된 종목을 발굴하는 것처럼 특정 패턴이 존재한다면 기계도 이를 학습하고 자동화 할 수 있다. 하지만 주가 예측은 다르다. 똑같이 코로나 확진자가 천명이 나와도 언제는 주가가 오르고 언제는 주가가 떨어지지 않는가. 데이터 사이의 패턴이 존재하지 않기 때문에 사람과 기계 모두에게 불가능한 작업이다.

예외는 있다. 물론 불법이지만 만약 기업의 내부자 정보를 얻어올 수 있다면 기계학습을 통해 주가 예측을 할 수 있게 된다. 내부자 정보는 향후 주가의 움직임에 직접적인 영향을 미치기 때문이다. 하지만 내부자 정보가 있다면 굳이 인공지능을 쓰지 않더라도 사람도 직접 주가 움직임을 예측할 수 있는 것 아닌가? 당연하다.

이것 하나는 반드시 기억하자. 사람이 하는 작업 중 반복적인 패턴이 존재하는 작업은 기계도 데이터를 통해 학습할 수 있다. 하지만 사람이 하지 못하는 일은 기계도 못한다. 기존에 사람이 하던 단순반복업무를 기계로 자동화 시켜서 업무의 효율성을 높이는 것이 인공지능 기술 개발의 목적이고 올바른 활용법이다.

금융 사기의 사전 탐지: 레그테크^{RegTech}

- 좋은 사례: 금융 사기 탐지 자동화
- 나쁜 사례: 아무 데이터나 많이 쌓이기만 하면 될 거라는 생각

뉴스를 보다 보면 왠지 예전에 이미 봤던 사건인 것 같은 기시감(데자뷰)이 들 때가 있다. 최근 연달아 언론을 떠들썩했던 사모펀드 금융사기 사건이 그랬다. 2015년 7,000억 원 대의 금융사기를 일으킨 밸류인베스트코리아(VIK) 사건이 기억에서 차츰 희미해질 때 쯤 2019년 라임자산운용의 사기 사건이 터지더니 얼마 지나지 않아 이듬해인 2020년에는 옵티머스자산운용 사기 사건이 추가로 폭로 되었다. 그리고 사모펀드는 아니지만 2019년 8월 무렵 크게 이슈가 되었던 DLF · DLS 사태까지 생각하면 2019년은 유독 금융권의 도덕적 해이^{moral hazard}가 불거졌던 한 해였던 것 같다.

삼일회계법인에서 진행한 실사에 따르면 라임자산운용의 경우 전체 펀드 운용 규모 1조 6,700억 원 중 1조 원 이상에서 반토막에 가까운 손실이 났고, 이 중 TRS 레버리지가 걸려있던 일부 펀드의 경우엔 전액 손실이 발생했다고 한다. 국내 헤지 펀드 업계 1위였던 라임자산운용이 실은 폰지 사기^{Ponzi scheme}였다는 사실은 시장의 많은 사람들에게 큰 충격으로 느껴졌다. 그리고 옵티머스자산운용의 경우도 피해 규모가 엇비슷하다. 투자자로부터 모집한 전체 1조 2,000억 원의 금액 중 5,600억 원 가량의 손해를 끼쳤다고 한다. 조직폭력배가 2대 주주로 있으면서 회사 자금을 페이퍼 컴퍼니로 유용하고 해당 거래를 숨기기 위해 서류 조작까지 했다고 하니 정말 악질 중의 악질이 아닐 수 없다.

2015년의 VIK, 그리고 2019년의 라임/옵티머스 모두 폰지 사기라고 불리는 전통적인 금융 사기 수법으로 본질은 동일하다. 하지만 이 둘 사이엔 한가지 큰 차이가 있다. 2015년 VIK는 피라미드 다단계 판매 네트워크에 의존해서 직접 피해자를 모집했지만, 2019년 라임과 옵티머스의 경우엔 국내 대형 증권사와 은행들이 적극적으로 이들의 사기 행각에 가담했던 사실이 드러나고 있다. 만약 라임과 옵티머스가 직접 투자자를 모집해야 했다면 피해 규모가 이 정도로 커지지는 못했을 것이다. 이들은 대형 은행과 증권사가 운영하는 세일즈 네트워크를 적극적으로 활용했고, 피해자들은 이들 펀드가 아닌 본인이 오랜 시간 거래해온 PB와 PWM의 말을 믿었기에 별다른 의심 없이 돈을 맡기지 않았을까 싶다. 은행과 증권사들도 이러한 잘못을 인지했기 때문에 먼저 고객들에게 사과하고 피해액 보상을 약속했다고 생각한다.

폰지 사기란 뒷사람의 돈을 받아 앞사람의 수익을 지급하는 전형적인 돌려막기 방식에 의해 시스템이 유지된다. 가입자 규모가 증가하고 있는 동안엔 쉽게 들통이 나지 않지만, 규모가 어느 정도를 넘어서고 위기가 닥쳐오면 모래로 지은 성이 파도에 휩쓸리듯 한순간에 무너져 버린다. 공식적인 기록에 따르면 1920년 미국의 찰스 폰지Charles Ponzi가 국가 간 우표 가격의 차이를 이용한 차익 거래를 내세워 투자금을 모집한 뒤 실제로는 돌려막기 수법을 이용해 투자금을 운용한 것이 '폰지 사기'라는 명칭의 시작이 되었다고 한다. 찰스 폰지의 사기는 불과 8개월 만에 들통이 나버리고 경찰에 체포되었다.

하지만 폰지 사기를 20년 가까이 이어온 사례도 있었다. 미국 월스트리트의 거물이었던 버니 메이도프Bernie Madoff가 그 주인공으로, 1990-1993년 동안에는 미국 나스닥 거래소 위원장을 맡았던 인물이기도 하다. 일반인이 이해하기 어려운 '분할 태환split-strike conversion'이라는 기법으로 꾸준히 안정적으로 높은 수익을 제공할 수 있다고 주장했지만 모두 새빨간 거짓말이었고, 그 본질은 폰지 사기일 뿐이었다. 하지만 이름을 대면 누구나 알만한 거물이었던 탓에 누구도 쉽게 의심을 품지 못했다. 영화 감독 스티븐 스필버그, 토크쇼 진행자 래리 킹, 배우 존 말코비치, 월트 디즈니 전 의장 제프리 카젠버그 등 수많은 유명인사들이 그에게 속아 돈을 맡겼다가 큰 피해를 입었다. 하지만 그가 20년 가까이 꾸준히 이어오던 폰지 사기도 2008년 금융 위기가 터진 후 큰 타격을 입고 자본이 모두 바닥나버리자 그간의 사기 행각이 모두 한순간에 들통나게 되었다. 재판 결과 150년의 형을 선고 받았지만 고령의 나이 때문에 형을 다 채우지 못하고 2021년 82세의 나이로 감옥 안에서 숨을 거두었다.

이러한 금융 사기를 사전에 미리 탐지하고 차단할 수 있는 방법은 없는 것일까? 인공지능을 주제로 국내 다수 증권사에서 강연을 진행하다 보면 늘상 듣게 되는 단골 질문이다. 라임과 옵티머스 같은 문제가 다시 발생한다면 해당 상품을 판매한 금융사에 대한 소비자의 신뢰도 상실은 물론 엄청난 규모의 손해액을 배상해 주어야만 하고, 해당 금융사의 임원은 형사 처벌을 받을 수도 있기 때문에 금융사 입장에서도 반드시 해결하고 싶은 골칫거리일 수밖에 없다. 그런 질문이 들어오면 필자로서는 "데이터에 달려있습니다it depends on data"라고 답할 수밖에 없다.

일단 뉴스 데이터를 먼저 생각해보자. 뉴스는 사람들이 인공지능과 기계학습을 구현할 때 가장 쉽게 접근할 수 있는 데이터 소스이기도 하다. 자, 그렇다면 헤지 펀드와 사모펀드는 어느 경우에 뉴스 데이터 안에 나타날까? 보통 두 가지 경우가 있다. 첫번째, 새로운 상품을 출시하고 적극적으로 마케팅을 진행할 때. 둘째, 금융사기인게 들통이 나서 검찰 조사가 시작되었을 때.

전후관계를 생각해보면 우리가 원하는 예측 방향과는 반대로 되어 있다. 우리가 원하는건 검찰 조사가 시작되기 전에 금융사기를 사전에 탐지하는 건데, 데이터 상으로는 검찰 조사가 시작된 후에야 데이터 안에서 관찰이 가능하다. 따라서 뉴스 데이터를 활용한 금융 사기 사전 탐지는 불가능하다.

인공지능에 관심이 많은 일부 참석자들은 구글이 개발한 BERT Bidirectional Encoder Representations from Transformers[1] 같은 최신 알고리듬이나 데이터 전처리 과정에 의해 극복할 수도 있지 않느냐는 후속 질문을 할 때가 있다. 안타깝게도 여전히 불가능하다. 최신 알고리듬을 적용해서 얻을 수 있는 혜택은 기존 방법으로 75% 정도 나오던 정확도를 80% 수준으로 끌어올리는 정도가 전부이다. 금융 사기 사전 탐지 징후와 관련된 정보는 애초에 뉴스 데이터에 포함되어 있지 않기 때문에 아무리 세련된 알고리듬을 쓴다고 한들 여기서는 탐지가 불가능하다.

그렇다면 방법이 없을까? 물론 있다. 금융 사기에서 빈번히 나타나는 패턴을 담은 데이터를 확보하면 된다. 그러면 굳이 복잡한 인공지능 알고리듬을 쓰지 않더라도 단순한 통계 기법 만으로도 금융사기가 의심되는 위험군을 추려낼 수 있다.

위에서 간단히 소개했던 버니 메이도프의 금융 사기가 시장에 큰 충격을 가져온 이후 2010년대 초반에 금융 사기에 대한 연구가 활발히 진행되었었다. 이 때 발표된 결과에 따르면 금융 사기를 하는 헤지 펀드들의 가장 큰 특징은 '경쟁 업체 대비 높은 수익률을 지속적으로 꾸준히 제공'한다는 점이다. 금융 시장에는 불확실성이 존재하기 때문에 누구나 한두

---

1 BERT는 자연어처리(NLP) 사전 훈련을 위한 트랜스포머 기반의 기계학습 기술을 말하며 현재 자연어 처리 딥러닝 기술에 있어 가장 뛰어난 성능을 보이는 것으로 알려져 있다.

번 쯤은 높은 수익률을 올릴 수 있다. 하지만 분명 동일한 자산군에 투자하고 동일한 종류의 투자 전략을 사용하는 데에도 5년, 또는 10년 동안 꾸준히 업계 대비 높은 수익률을 제공하고 있다면 90% 금융 사기라고 의심할 수 있다. 물론 높은 수익률이 이어지는 기간이 길어질수록, 또는 수익률의 차이가 클수록 금융 사기일 확률은 비례해서 증가한다.

그렇다면 금융 사기를 탐지하기 위해서는 어떻게 해야할까? 국내 모든 헤지 펀드 및 사모펀드를 대상으로 어떤 자산군에 투자해서 어느 정도의 수익률을 올리고 있는지 데이터를 수집하면 된다. 구체적인 투자 전략을 수집할 필요도 없이, 그저 사모펀드들을 피어 그룹peer group으로 묶을 수 있을 정도면 충분하다. 하지만 사모펀드들은 본인들의 투자 전략을 비밀이라고 하며 수익률 데이터를 쉽게 내어주지 않는다. 그렇다면 방법은 없을까? 금융감독원이 민감한 정보는 외부에 공개하지 않겠다고 약속하고 데이터를 수집하면 된다. 국내 금융기관 중 금융감독원의 명령을 거부할 수 있는 기관은 없다. 오직 금융감독원 만이 수집할 수 있는 데이터이고, 따라서 금융감독원 만이 해결할 수 있는 문제이다.

이처럼 정부 규제에 IT 기술을 접목시킨 분야를 레그텍RegTech이라고 부른다. 정부 규제를 의미하는 regulation이라는 단어를 이용한 합성어이다. 보통은 정부가 시장을 감시할 때 사용하는 기술 개발보다는, 시장 참여자들이 정부 규제를 따르기 위한 컴플라이언스 비용을 줄이는데 더 초점이 맞추어져 있다. 정부 감독 기관에 제출할 보고서 생성 같은 관리 업무를 돕기 위한 자동화 기술이 널리 쓰이고, 미국 및 유럽 중앙은행이 실시하는 스트레스 테스트를 준비하기 위한 시뮬레이션에도 유용하게 쓰이고 있다. 필자의 입장에서는 오직 정부 기관에서만 수집할 수 있는 유니크한 데이터를 활용해서 새로운 시스템을 개발하는 데 흥미가 가지만, 정부 입장에서는 그다지 기술 개발에 적극적으로 매진할 인센티브가 없는 건지 국내 뿐만 아니라 해외에서도 유사한 시스템의 개발이 시작되었다는 이야기는 들어보지 못해서 아쉬움이 크다.

본 사례에서 알 수 있는 것처럼 인공지능을 활용한 문제 해결에 있어서 가장 큰 과제는 데이터 확보이다. 인공지능은 그냥 모든 것이 데이터로 시작해서 데이터로 끝난다고 보면 된다. 흔히들 '데이터는 새로운 원유다Data is the new oil'라고 말하는데, 원유 매장지에도 수익성이 높은 곳과 낮은 곳이 있는 것처럼 데이터에도 등급이 있다. 내가 해결하고자 하는 과제와 일관성consistency을 가진 관계가 존재한다면 그건 최상 등급의 데이터이지만, 내 목적 과제와 아무런 관련이 없다면 그건 오히려 노이즈를 증가시켜 시스템의 설명력을 떨어뜨리는 방해물이 된다. 그리고 데이터의 가치는 모두 내가 가진 목적과의 연관성에 따라 결정되기 때문에, 상대에게는 아무런 의미 없는 데이터가 나에게는 노다지 금광일 수도 있다.

인공지능을 사용하고 싶다면 일단 제일 먼저 본인이 해결하고 싶어 하는 문제를 정의하고, 그 다음에는 해당 문제와 관련성을 가지고 있는 데이터를 확보하는데 총력을 기울여야 한다. 인공지능 기술 개발은 그 다음 문제이다. 어차피 구글과 페이스북이 경쟁적으로 Tensorflow 와 Keras, PyTorch 같은 업계 최고 수준의 머신러닝 라이브러리들을 오픈 소스로 제공하고 있기 때문에, 이러한 라이브러리들을 가져다가 인공지능 시스템을 구축하는건 시간은 조금 걸리겠지만 그다지 어려운 일은 아니다. 정말 어려운건 본인의 목적과 관련된 데이터를 어디서 확보하느냐의 문제라고 보면 된다. 데이터 확보가 전체 업무 중요도의 80% 이상을 차지하고, 프로젝트의 성공과 실패를 가로지르는 결정적 요소가 된다는 점을 꼭 명심해야 한다.

전통적 금융기관과 IT 업계의 경쟁

- 사례 #1: 네이버와 미래에셋대우증권의 파트너십
- 사례 #2: 카카오뱅크 주식 시장 상장, 본격적인 경쟁 시작

2021년 8월 6일 많은 사람들의 관심 속에 카카오뱅크가 처음으로 주식 시장에 상장되었다. 그리고 8월 16일 현재 카카오뱅크의 시가총액은 36조 3,927억 원이다. 시총 기준 국내1위 금융지주인 KB금융의 시가총액 22조 1,210억 원보다 60% 이상 높다. 하지만 카카오뱅크의 전년도 매출액은 겨우 8,042억 원으로 KB금융의 55조 6,802억 원에 비하면 새 발의 피 수준 밖에 되지 않는다. 따라서 밸류에이션 측면에서 보면 카카오뱅크의 가치는 다른 금융그룹들보다 수백배 높은 수준으로 시장에서 평가 받고 있다는 사실을 알 수 있다. 2016년 1월에 설립되어 아직 5년 반 남짓 정도 밖에 되지 않은 카카오뱅크가 이미 국내 여타 금융기관들보다 훨씬 더 높은 가치 평가를 받고 있다는 사실이 일견 놀라우면서도 다른 한편으로는 자연스럽게 느껴지기도 한다.

카카오뱅크가 전통적인 금융기관들보다 이처럼 높은 가치를 인정 받는 이유는 무엇일까? 필자는 그 이유가 본 챕터의 시작 부분에서 간단하게 언급 되었던 제로 마지널 코스트^{zero marginal cost}에 있을 거라고 생각한다. 전통적인 금융기관의 경우 영업활동을 확장하기 위해서는 새로 지점을 개설하고 사람을 채용해야 하기 때문에 항상 가변비용이 부수적으로 따라온다. 하지만 카카오뱅크의 경우 모든 영업활동이 모바일 기기를 통해 이루어지기 때문에 이러한 가변 비용이 존재하지 않는다. 고객이 천명이든 백만명이든 카카오뱅크 입장에서는 부수적으로 지불해야할

가변 비용이 0에 가깝다. 따라서 보다 공격적으로 신규 고객 확보에 집중할 수 있고, 영업이익도 다른 금융기관과는 비교도 되지 않을 정도로 빠른 속도로 증가하게 될 것이라 전망하고 있다.

하지만 그렇다면 인터넷전문은행이 무조건 전통 금융기관보다 유리한 것일까? 그렇지는 않다. 케이뱅크의 사례를 생각해보자. 카카오뱅크보다 며칠 일찍 설립되었지만 그 동안의 성장세는 지지부진하다. 둘 다 동일한 시기에 설립된 인터넷전문은행 인데도 이토록 큰 차이가 나는 이유는 무엇일까?

그에 대한 해답 또한 IT 업계의 특성에 달려있다. 포르쉐와 현대차 같은 전통적 제조업을 예로 들어 생각해보자. 포르쉐 같은 프리미엄 브랜드는 높은 가격을, 그리고 현대차 같은 보급형 브랜드는 낮은 가격을 책정하며 시장에서 함께 공존하고 있다. 하지만 IT 산업의 경우 제로 마지널 코스트 이기 때문에 소비자가 지불하는 비용은 모두 0 이다. 따라서 가격을 통한 차별화가 불가능하다. 조금이라도 더 나은 서비스를 제공하는 상품으로 모든 고객들이 몰리게 되어 시장 독점이 이루어질 수밖에 없는 구조이다. 미국의 경우를 보더라도 인터넷 검색은 구글, 온라인 커머스는 아마존, 소셜 네트워크는 페이스북 하는 식으로 각각의 서비스 영역마다 단일 기업이 압도적인 독점적 지위를 누리고 있다. 승자독식은 IT 산업의 태생적 특징이다.

제로 마지널 코스트에 기반한 무한 경쟁, 이것이 디지털 트랜스포메이션을 하지 않으면 죽을 수밖에 없다고 하는 주장의 가장 큰 이유이다. 예전에는 은행과 증권사가 서로의 영역을 침범하지 않고 각자의 사업 범위에만 집중할 수 있었다. 하지만 지금은 은행이 투자 상품을 판매하고, 증권사도 은행 예금과 비슷한 서비스를 제공하고 있다. 게다가 2019

년 오픈 뱅킹이 시행된 후로 은행과 증권사를 나누던 구분은 점점 더 그 경계가 희미해져 가고, 거기에 더해 카카오와 네이버 같은 인터넷 기업들까지 금융업에 참여하며 경쟁이 날로 치열해지고 있는 상황이다.

그렇다면 금융시장 판도는 앞으로 어떻게 변화하게 될까? 그에 대해서는 아직 뭐라고 속단하기 이르다. 금융 및 경제활동은 온라인과 오프라인 양쪽에서 이루어지기 때문에 빠른 속도로 승자독식이 이루어지기는 어려울 것 같다. 아마 금융 업무의 형태가 단순해서 모바일 만으로 충분히 커버가 가능한 고객이라면 카카오뱅크에 매력을 느끼겠지만, 대출 등 정보 비대칭성이 크기 때문에 대면 접촉이 필요한 분야에서는 전통적 금융기관들이 상대적 우위를 점할 것이라고 생각한다. 물론 카카오뱅크 입장에서는 비대면 대출 서비스를 비롯해서 다양한 세일즈 채널을 추가하며 공격적으로 사업 영역을 확장하겠지만, 기존 은행들 입장에서도 카카오뱅크와 견주어 꿀리지 않는 수준의 모바일 뱅킹 시스템을 구축해놓았기 때문에 앞으로 온/오프라인 양쪽에서 격렬한 경쟁이 이루어지지 않을까 기대하고 있다.

그렇다면 전통적 금융기관들은 앞으로의 경쟁에서 살아남기 위해 어떤 전략을 취해야할까? 필자는 이에 대해 가장 뛰어난 해답이 바로 네이버와 미래에셋대우 사이의 지분 교환을 통한 파트너십 체결이라고 생각한다. 미래에셋대우의 입장에서는 업계 1위의 금융 노하우를 지니고 있지만, 직접 온라인 플랫폼을 구축하기에는 IT 역량이 부족하고, 또한 은행이 아닌 증권사이기 때문에 새로운 신규 고객을 확보하는 데에도 한계가 존재한다. 반면 네이버는 네이버 페이를 통해 온라인 간편결제 시장에서 압도적인 1위 자료를 굳건히 유지하고 있지만, 이러한 결제 시장에서의 지위를 사업 수익으로 연결하는 데에는 전문적인 노하우가 필요하다고 생각했던 것 같다.

네이버와 미래에셋대우는 지난 2017년 자사주 맞교환으로 처음 파트너십을 맺었다. 이후 2019년 네이버 파이낸셜이 독립 분사하면서 미래에셋그룹 계열사 4곳에서 8,000억 원의 지분 투자를 받으면서 미래에셋은 네이버 파이낸셜의 대주주가 되었다. 이듬해인 2020년 미래에셋대우가 만들어 네이버 파이낸셜이 판매하는 종합자산관리계좌CMA '네이버 통장'을 런칭했고, 출시 이후 두 달 만에 40만 명의 가입자수를 모으며 흥행에 성공했다.

이들은 '네이버 통장'을 통해 자금이 흘러들어올 예금자 층을 확보함과 동시에 자금이 흘러들어가게 될 사업자 대출에서도 성공을 거두었다. 최근 공개된 네이버 실적 발표에 따르면, 네이버가 자체 운영하는 스마트스토어의 경우 전체 매출액이 전년 대비 68%가 성장한 17.2조 원을 기록했다. 미래에셋캐피탈은 바로 이 스마트스토어 사업자들을 대상으로 네이버 파이낸셜과 함께 '스마트스토어 사업자대출' 상품을 출시하여 6개월 만에 누적 대출액 500억 원을 돌파하는 성과를 거두었다. 네이버와 미래에셋대우 양쪽의 니즈를 충족하는 완벽한 파트너십이라고밖에 말할 수 없을 것 같다.

그렇다면 카카오는 어떨까? 카카오는 카카오페이와 카카오뱅크를 모두 보유하고 있다 보니, 이러한 문제를 외부와의 파트너십보다는 자체 계열사와의 시너지를 통해 해결하려고 하는듯 하다. 최근에는 카카오모빌리티에서 보험 업무 관련 경험자를 다수 채용하고 있다고 하니, 아마 조만간 카카오뱅크와의 협업을 통해 직접 자동차 보험을 출시하려는건 아닌가 전망하고 있다.

게다가 카카오뱅크는 지난 6월 개인사업자 신용평가업에 진출할 것이라는 공식 발표[2]를 했다. 기존 카카오 플랫폼에서 수집해놓은 데이터에 더해 '마이 데이터 3법'을 통해 추가 데이터를 확보하고, 본인들이 보유한 인공지능 기술을 적용하여 보다 정확도 높은 신용도를 산출할 수 있을 것이라는 계획이다. 이렇게 신용도를 보다 정확히 산출할 수만 있다면, 정보 비대칭성이 높은 신용 대출 시장에서 상당히 우월한 지위를 선점할 수 있다. 신용도가 높은 고객에게는 적극적으로 대출 상품을 판매하고, 신용도가 낮은 고객(레몬)은 자동으로 걸러내서 한정된 자원을 보다 효율적으로 운용하고 수익률을 높일 수 있게 된다.

전체적으로 보면 은행, 증권, 보험업 등 기존의 사업 영역을 구분 짓던 경계선이 허물어지고 새로운 춘추전국시대가 열리고 있는 형국이다. 게다가 최근 마이 데이터 3법까지 통과되며 금융사와 IT기업 사이의 경쟁이 한층 더 치열해지고 있는 모양새다. 이에 더해 티맵의 인기와 SK 그룹의 자금력을 뒤에 업은 티맵모빌리티와, 마찬가지로 SSGPAY를 필두로 이마트와 스타벅스, 그리고 수없이 많은 신세계 그룹 계열사들과의 시너지까지 적극적으로 활용할 수 있는 신세계 그룹까지 이경쟁에 뛰어들게 된다면 정말 한치 앞도 내다보기 어려운 격전지가 될 것 만은 분명한 사실이다.

이러한 치열한 경쟁 구도 안에서 가장 커다란 혜택을 보는 건 언제나 고객이다. 서로 앞다투어 더 나은 서비스와 많은 혜택을 제공하려고 할 테니 말이다.

---

2 파이낸셜뉴스, "카뱅, 개인사업자 신용평가업 진출" HTTPS://WWW.FNNEWS.COM/NEWS/20210627152143015

정보 비대칭성, 그리고 P2P 대출 플랫폼

- 대출 시장과 정보 비대칭 문제의 관계
- P2P대출 - 한 때 반향을 일으켰지만 지금은 몰락

금융업은 AI 가 발명되기 훨씬 이전부터 데이터 분석에 온 역량을 집중시켜 왔다. 그럴 수밖에 없는 것이, 금융 시장에서 해결해야할 가장 큰 문제가 바로 정보 비대칭성information asymmetry이기 때문이다. 시장 참여자들(금융 기관과 소비자 모두)은 본인들에게 유리한 정보만 우선적으로 제공하기 때문에 모든 정보가 투명하게 공개되기는 불가능하다. 따라서 금융기관은 상대방이 공개하지 않은 정보를 유추하기 위해서 데이터를 분석하는 기술을 개발하는데 오랜 시간과 노력을 들여왔다. 예를 들어, 우리가 쉽게 접할 수 있는 재무제표financial statements는 기업이 제공하는 데이터의 형태를 하나로 통일하여 데이터 분석을 용이하게 하기 위한 노력의 산물이라고 볼 수 있다.

금융업의 수많은 분야 중에서도 정보 비대칭성 문제에 가장 직접적으로 노출되어 있는 부문 중 하나가 바로 대출업이다. 그리고 대출 시장에서 가장 중요한 요소는 바로 신용 위험credit risk이다. 채무자가 빌린 돈을 갚지 않고 파산하는 경우를 신용 위험이라고 부른다. 하지만 금융기관이 돈을 빌려줄 때, 채무자가 몇 퍼센트의 확률로 돈을 갚을지는 누구도 알기 어렵다. 따라서 이러한 정보 비대칭성을 해소하고 적절한 금리를 산출하기 위해 다양한 데이터를 모으고 분석하고 있다. 담보 가치와 신용 등급이 이러한 신용 데이터의 가장 대표적인 예라고 볼 수 있다.

하지만 이렇게 데이터를 수집하고 분석하는 일에는 많은 수의 전문

인력이 필요하게 된다. 따라서 이 비용을 충당하기 위해 예금 금리와 대출 금리의 차이, 즉 예대 마진이 필연적으로 발생하게 된다. 예를 들어 어느 은행의 예금 금리와 대출 금리가 각각 2%와 10%라고 가정해보자. 이 둘의 차이가 되는 8%를 예대 마진이라고 부른다. 만약 이 중에 데이터 수집 및 분석에 필요한 인건비가 4%, 그리고 은행 지점을 운영하기 위해 들어가는 고정 비용이 2%라고 한다면, 은행이 가져갈 수 있는 순이익은 2%가 된다.

여기서 만약 핀테크 기술을 활용해서 이 예대마진을 줄일 수 있다면 예금자와 대출자 모두에게 큰 도움이 되지 않을까? 위의 예에서 언급한 예대 마진 8%를 예금자와 대출자가 동일하게 나눠가질 수 있다면, 예금자는 2%가 아닌 6%의 예금 금리를 받을 수 있고 대출자도 10%가 아닌 6%의 금리에 돈을 빌릴 수 있게 된다. 전통적으로 중간자 역할을 수행해온 금융 기관을 핀테크 기술로 대체하고 여기서 발생하는 비용 절감 효과는 예금자와 대출자에게 동일하게 나누어 주자는 것, 이것이 바로 P2P 대출을 탄생시킨 아이디어였다.

2006년 미국 샌프란시스코에서 Prosper Marketplace와 LendingClub 두 회사가 연달아 설립되며 P2P 대출의 시작을 알렸다. 처음에는 대부분의 사람들이 반신반의하며 믿지 않았었다. 은행 예금의 경우엔 예금주가 돈을 채무자가 아닌 은행에 빌려주고, 만약 부도가 발생해도 그 책임은 은행이 지게 된다. 하지만 P2P 대출에서는 온라인에 올려놓은 간단한 프로필 외에는 전혀 아는게 없는 생판 남에게 직접 돈을 빌려 주어야 하고, 부도가 발생하면 그 손실은 온전히 투자자의 몫이 되어버린다. 직접 은행 지점을 방문해서 예금을 드는 과정에 익숙해져 있던 사람들에겐 받아들이기 쉽지 않은 변화였을 것이다.

하지만 시간이 얼마 지나지 않아 사람들의 의심은 곧 열광적인 환호로 바뀌었다. 많은 사람들이 P2P 대출 이야말로 전통적인 금융업을 송두리째 바꾸어 버릴 혁신이라고 믿어 의심치 않았다. 이러한 열망을 타고 LendingClub은 2014년 뉴욕 주식 시장에 기업을 공개하고 1조 원이 넘는 금액(10억 달러)을 유치하는 데 성공했다. 전세계의 수많은 경제학자들과 논평가들이 LendingClub이야말로 전통적인 금융업을 해체시키는 혁신이 될 거라고 찬양을 아끼지 않았다.

하지만 이러한 열망은 오래 가지 못했다. 예를 들어 2017년 한해에만 해도 LendingClub의 영업 손실은 1,800억 원(1억 5340만 달러)에 달한다. 더 이상 P2P 대출 사업을 유지하기 어려워지자 LendingClub은 결국 2020년에 P2P 대출 사업 자체를 폐쇄하는 결정을 내리게 되었다.

왜 이런 실패가 나타나게 된 걸까? P2P 대출의 시작으로 다시 돌아가보자. 핀테크 기술로 정보 비대칭 문제를 해결해서 예대 마진을 줄이고, 이렇게 발생한 비용 절감 효과를 사람들에게 돌려주겠다는 아이디어 자체는 훌륭했다. 문제는 정보 비대칭 문제를 완전히 해결하기에는 핀테크 기술이 현저하게 부족하다는 사실을 간과했다는 점이다. 금융기관들이 오랜 시간 갈고 닦아온 데이터 분석 기술을 대체하기에는 핀테크 기술이 너무도 조악했다. 그러다보니 결국 기존 금융권에서 거절 당한 신용불량자 들이 P2P 대출 시장으로 몰리게 되어 레몬 마켓lemon market이 되어버렸고, 그에 따라 수익성이 나빠진 결과 투자자들도 떠나게 되어 결국 시장 전체가 몰락해버리는 결과를 낳게 되었다.

네이버 파이낸셜, 카카오 뱅크 등 요즘의 내로라 하는 핀테크 업체들은 더 이상 P2P 대출을 추구하지 않는다. 대신 데이터가 단순해서 정보 비대칭성 문제가 적은 특정 대출 상품을 집중적으로 취급한다. 직장인

마이너스 통장이 가장 대표적인 예이다. 직장 급여 정보가 있으니 현금 흐름을 보장할 수 있고, 마이너스 통장의 한도액이 크지 않기 때문에 만약 파산이 발생하더라도 손실 규모를 제한할 수 있다. 이렇게 단순한 상품의 경우엔 굳이 사람의 노동력을 낭비할 필요가 없기 때문에 온라인으로도 충분히 대체가 가능하다.

디지털 기술로 인한 금융산업의 변화는 이렇게 작은 것부터 점진적으로 변화되지 않을까 생각한다. 요즘도 많은 사람들이 금융산업을 혁신적으로 변화시킬 수 있는 기술을 개발했다고 주장하는데, 필자는 그런 사람들을 보면 어쩔 수 없이 LendingClub의 잔상이 떠오르는 것 같다. 전통적인 데이터 분석 기술이던 또는 최신 AI 기술을 사용하던 간에 어차피 해결해야 하는 문제는 정보 비대칭성 이라는 공통된 과제이고, 그렇다고 과거에는 없던 데이터가 갑자기 생겨난 것도 아니다. 그러다 보니 크게 바뀔 것도 많지 않다. 기술의 발전으로 인해 점진적인 변화를 이루어갈 수는 있겠지만, 해결해야 하는 문제와 여기에 사용하는 데이터가 동일하기 때문에 갑자기 세상이 뒤바뀌는 정도의 큰 변화는 생기기 어렵다. 이 글을 읽는 독자들은 너무 기술 자체에만 매혹되어 버리지는 않았으면 하는 바램이다.

보험업의 AI 활용: 인슈어테크^{InsurTech}

- 인슈어테크 대표 사례 비교: 중국 핑안보험 ⇔ 미국 레모네이드
- 페이퍼마일 자동차 보험 비교: 미국 메트로마일 ⇔ 한국 캐롯 손해보험

모든 금융 상품 중에서도 보험은 사람들의 일상 생활과 가장 복잡하게 얽혀 있다. 은행 예금의 경우는 예치 기간과 예금 금리, 이 둘만으로 모든게 결정된다. 주식 투자의 경우도 수익률에 변동성^{uncertainty}이 추가된다는 것 외에는 본질적으로 동일하다. 하지만 보험의 경우는 어떤가? 건강 보험의 경우 내가 걸린 질병이나 상해의 종류에 따라 보험 지급액이 달라지고, 병원에서 진료를 받은 기록을 보험 회사에 제출해야 비용을 인정 받고 그에 상응하는 금액을 지급 받을 수 있다. 자동차 보험의 경우는 더욱 복잡하다. 자동차 사고가 발생하면 보험 회사가 단순히 수리 및 보상 비용만 지급하는게 아니라 직접 전담 직원을 파견해서 사고 과실 여부를 판단하고 법적인 절차도 대리해서 처리를 도와준다.

이러한 특징 때문에 보험 상품은 라스트마일 문제^{Last Mile Problem}이 가장 극명하게 나타난다. 라스트마일 문제란 원래 도시 계획 분야에서 대중 교통 시스템의 효율성 제고를 위한 논의에서 사용되기 시작한 용어이다. 버스와 지하철 네트워크가 원활하게 운영되고 있어도, 출발지에서 버스 정거장까지의 거리, 또는 지하철 역에서 목적지까지의 거리는 대중 교통 네트워크으로 커버하기 어렵다. 이렇게 커버되지 않는 구간을 퍼스트 마일^{first mile}, 또는 라스트마일^{last mile}이라고 부른다. 도시 계획에서 대중 교통 시스템의 효율성을 제고하기 위해서는 이러한 라스트마일 구간을 최소화 할 수 있도록 버스와 지하철 정거장 위치를 최적화 하

는 노력이 필요하다.

라스트마일 문제는 비트코인을 위시한 암호화폐 기반 블록체인 경제에서도 가장 커다란 장애물이 되는 고민 거리이다. 블록체인은 분산 원장public ledger 기술을 이용하기 때문에 금융 거래 위조가 불가능하다. 은행 같은 신뢰 받는 중개자가 없어도 거래 당사자 간의 대금 지급을 안전하게 수행할 수 있다. 하지만 돈을 받은 사람이 그에 상응하여 제공하는 물건이 가상 자산이 아닌 실물 자산이라면 이는 블록체인 기술로 검증하는게 불가능하다. 예를 들어, 지마켓이나 11번가 같은 중개자 없이 블록체인 기반으로 운영되는 온라인 쇼핑몰을 생각해보자. 만약 판매자가 실제로 약속했던 물건이 아닌 가짜 모조품이나 심지어는 벽돌을 넣어 택배로 보내줄 수도 있고, 또는 구매자가 물건을 받아놓고도 아무 것도 받지 못했다고 거짓말을 할 수도 있다. 이 경우 누가 거짓말을 하고 있는지 판단해줄 수 있는 중개자의 역할이 절대적으로 필요한데, 블록체인으로는 이 문제를 해결하는게 불가능하다. 따라서 라스트마일 문제를 해결하지 못하는 한 블록체인의 활용은 온라인 가상 자산의 거래 범주를 벗어나기 어려울 것이다.

보험 상품도 마찬가지 문제를 직면하고 있다. 보험 상품은 우리의 일상생활과 직접적으로 연계되어 있기 때문에 모든 금융업 중에서도 라스트마일 문제가 가장 심각하게 대두된다. 따라서 업무의 일부분을 AI를 비롯한 자동화 기술로 대체하여 비용을 절감하고 효율성을 제고하는 것은 가능하겠지만, 업무 전체를 AI로 대체하는건 불가능하다.

보험에 AI를 적용한 기술을 인슈어테크InsurTech라고 부르고, 이 분야에서 가장 성공적인 대표 사례가 바로 중국의 핑안 보험이다. 중국 2위의 보험사인 핑안 보험은 2017년 '초고속 현장 조사Superfast Onsite Investigation'

라는 서비스를 출시했다. 보험 가입자가 스마트폰 앱을 통해 몇가지 질문에 답하고 사고 부위 사진을 찍어 업로드 하면 3분 이내에 수리 견적을 받아볼 수 있다. 고객이 견적을 수락하면 보험금이 즉시 지급되고, 수락하지 않을 경우 일반적인 보험 회사들처럼 직접 조사관이 와서 수리 규모 파악을 돕는다고한다. 핑안보험은 2018년 한 해 동안 전체 보험금 청구의 62%인 730만 건을 위 자동화 시스템을 통해 처리했다고 한다. 조사관 파견을 비롯한 인건비 절약을 통해 약 9천억 원(7억 5천만 달러)을 절감한 것으로 추정하고 있다.

하지만 인슈어 테크의 선두 주자로 꼽히는 핑안 보험조차 모든 보험 업무를 AI 로 대체한 것은 아니다. 복잡한 사고 처리의 경우 여전히 사람이 직접 파견되어 사고를 수습해야 하고, 보험 상품 판매 채널에 있어서도 여전히 상당 부분을 사람에게 의존하고 있다. UBS와 Financial Times에서 발표한 자료에 따르면 중국 내 800만 명 이상의 사람들이 보험 판매원으로 일하고 있는데, 이 중 140만 명이 핑안 보험에 고용되어 있다고 한다. 일반적인 사고 배상처럼 단순 반복 작업의 경우에는 AI를 이용해 비용 절감 효과를 누리고 있지만, 아직도 업무의 상당 부분을 사람에게 의존하고 있다는 사실을 보여준다.

보스턴컨설팅그룹Boston Consulting Group과 파이낸셜타임즈Financial Times에서 독일의 생명보험사를 대상으로 분석해서 발표한 결과에 따르면, 생명 보험의 경우 보험 가입자에게 돌아가는 몫은 40%가 채 되지 않고 가장 큰 부분이 판매distribution 채널에 소비되고 있는 사실을 알 수 있다. 'Life insurance is sold not bought'라는 말이 나타내는 것처럼 생명 보험 상품의 세일즈는 공포 마케팅fear marketing에 기반한 대면 판매에 의존해서 이루어지고 있다. 보험 상품 판매 절차 자체는 단순해서 자동화가 가능

〈그림 5-3〉 중국 보험 판매원의 고용 분포(좌)/독일 생명보험사의 보험료 지출 현황(우)

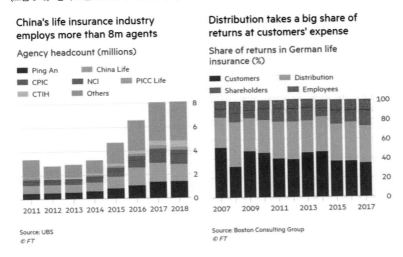

하지만, 고객을 설득해서 생명 보험 상품을 구입하도록 설득하는 작업은 자동화로 대체할 수가 없는 영역이다. 이처럼 보험업 내부에서도 각 세부 업무에 따라 자동화가 가능한 부분과 그렇지 않은 부분이 나누어지는 것을 볼 수 있다.

중국에 핑안 보험이 있다면 미국에는 레모네이드 보험사가 있다. 핑안 보험은 원래부터 중국 내 2위 규모를 지닌 대형 종합 보험사이지만 레모네이드는 에어비앤비Airbnb 등의 공유 사이트에서 집을 임대하는 사람들에게 집 임대 보험을 판매하며 시작한 스타트업이라는 차이가 있다. 하지만 둘 모두 보험 가입자가 보험금을 청구할 때 모바일 앱을 통해 AI로 지급액을 자동으로 산정해주는 서비스를 개발해서 제공하고 있다는 점에서 동일하다. 레모네이드는 담당 직원 없이 챗봇으로 고객 상담을 진행하는데, 2016년 어느 사람이 소파를 도난 당했다고 챗봇에 등록

했더니 3초 만에 보험금이 지급된 일화로 유명해졌다.

손해 보험의 경우 상품 판매와 사고 처리, 보상금 지급 등에 필요한 인력에 많은 비용이 소모된다. 하지만 레모네이드의 경우, 코로나 사태가 터지기 이전까지 에어비앤비와 같은 공유 서비스의 인기 덕분에 대규모의 세일즈 인력 없이 광고 만으로도 많은 수의 고객을 유입할 수 있었다. 거기에 사고 처리까지도 모두 챗봇을 이용해 처리하여 적은 인력으로 서비스를 운영할 수 있었다. 덕분에 인슈어 테크 분야에서 가장 촉망 받는 기업으로 꼽히며 2020년 7월 미국 뉴욕 주식 시장에 성공적으로 기업을 상장했다. 상장 당일 주가가 139%가 상승하며 시장가치가 4조 6천만 원(38억 달러)에 달하는 기염을 토했다.

하지만 레모네이드 보험사의 경영 실적은 어떠했을까? 레모네이드가 판매한 보험료는 2017년 9백만 달러에서 2019년 1억 1600만 달러로 급성장했다. 하지만 이렇게 급성장한 매출과 더불어 영업 손실도 함께 나락으로 곤두박질 쳤다. 2019년 영업 손실이 1억 900만 달러로, 판매 보험료와 영업 손실이 동일한 수준이다. 이익을 내지 못하는 수준이 아니라, 1달러 매출을 만들기 위해 2달러 비용을 지불하고 있는 형국이다. 보험 가입자들의 접수한 사고의 진위 여부를 제대로 판단하지 않고, 그냥 보험금을 청구하는 대로 퍼주었기 때문에 이런 일이 발생하게 되었다. 사고 접수를 AI 로 해결한게 아니라 그냥 무시한 채 챗봇을 앞에 내세워 AI를 사용한다고 겉만 번듯한 포장으로 감춰 놓았을 뿐이다.

그 때문인지 2020년 7월 2일 IPO 당일 $69.41까지 치솟았던 주가는 이후 테크 주식 거품을 타고 2021년 1월 8일 $160.74까지 올랐다가 2022년 2월 2일 $34.12까지 떨어졌다. 2020년 4월부터 2021년 12월까지 S&P500 지수는 매일 역대 최고치를 경신하며 선례를 찾아보기 힘든 호황을 누렸지만, 레모네이드 주가의 흐름은 그와는 정반대였다.

왜 이런 일이 발생했을까? 라스트마일 문제를 해결하지 못했기 때문이다. 인력을 기계로 대체할 수 있는 기술 개발에만 몰두한 나머지, 기계로 해결하지 못하는 문제들을 간과해버렸다. 하지만 보험업은 다른 어떤 금융업보다도 라스트마일 문제가 중요한 분야이다. 라스트마일 문제를 해결하지 못하는 한 사업의 실패는 불 보듯 뻔한 결과였다.

자동차 보험에서 최근 많이 회자 되었던 또 다른 예로는 페이퍼마일 Pay Per Mile이라는 상품이 있다. 사람들마다 자동차 운전 거리가 다른데 모두 똑같은 보험료를 내는 것은 불합리하다는 아이디어에서 시작된 상품이다. 운전을 많이 할수록 사고 확률도 올라가기 때문에, 전통적인 자동차 보험 산업에서는 운전을 적게 하는 65%의 사람들이 운전을 많이 하는 35%의 사람들을 먹여 살리는 구조라고 한다. 이러한 불합리성을 깨고 운전 거리에 비례해서 보험료를 과금하자는 아이디어로 시작된 사업이 페이퍼마일이라는 상품이다.

페이퍼마일 자동차 보험으로 가장 유명한 회사는 메트로마일Metromile이라는 스타트업이다. 메트로마일 또한 자동차 보험 업계에 혁신을 일으키겠다는 야심찬 포부를 가지고 급성장하여 2021년 2월 역인수합병 reverse merger를 통해 주식 시장에 상장했다. 당시 주가는 19.3 달러까지 치솟았지만 그 후로 곤두박질을 반복하여 2022년 1월 31일 현재 1.78 달러까지 떨어진 상황이다. 이 회사의 재무 상황을 보면, 2020년 전체 매출은 3500만 달러였지만 영업 손실은 1억 2천만 달러에 달한다. 2021년은 3분기까지의 누적 손실만 해도 이미 1억 7천만 달러를 넘어섰다. 혼자서는 도저히 생존이 어렵다고 판단해서인지, 주식 시장에 상장한지 9개월 밖에 되지 않은 2021년 11월 레모네이드와의 지분 교환을 통한 흡

수 합병을 발표했다.

그렇다고 '페이퍼마일'이라는 상품 자체가 잘못된 것은 아니다. 일례로, 우리나라 캐롯 손해보험의 '퍼마일 자동차 보험'은 2021년 12월 기준 누적 가입 건수가 40만건을 돌파하는 성공을 거두었다. 캐롯 손해보험은 2019년 5월 15일 신규 설립된 보험 회사로, 한화손해보험과 SK텔레콤, 티맵모빌리티 등이 각각 60.44%, 10.68%, 5.34%의 지분을 가지고 있다. 캐롯 플러그 라는 기기를 차량에 장착하여 주행 거리를 측정하고 이를 보험료에 반영하는 '페이퍼마일' 상품 판매에 주력하고 있다. 그리고 회사를 설립한지 2년여 만에 2021년 9월 기준 자동차 보험 업계 10위로 도약하는 기염을 토했다. 삼성, 현대, DB, KB 등이 치열하게 경쟁하고 있는 자동차 보험 업계에서 신규 업체가 설립 2년 만에 10위에 진입하는 건 정말 괄목할 만한 성공이라고 볼 수 있을 것 같다.

그렇다면 동일한 '페이퍼마일' 모델인데, 미국의 메트로마일은 실패하고 한국의 캐롯 손해보험은 성공했던 이유가 무엇일까? 이것도 마찬가지로 라스트마일의 문제이다. 메트로마일을 보면 고객 불만의 상당수가 클레임 처리 속도가 느리다는 불만이었다. 기술 개발에만 몰두한 나머지 사람이 직접 참여해서 해결해야 하는 문제는 등한시 했던 것이 실패의 원인이었다. 하지만 캐롯 손해보험의 경우는 한화 손해보험이 대주주가 되어 설립한 회사로 사고 처리에 필요한 노하우와 네트워크을 공유할 수 있었다. 덕분에 회사 출범 2년 만에 업계 10위로 도약하는 성공을 거둘 수 있었다.

생각해보면 보험업계에서 디지털 전환이 이루어진 것은 최근의 일이 아니다. 버크셔 해서웨이가 대주주로 있는 미국 자동차 보험업체 GEICO의 경우 2000년대 중반부터 이미 보험 상품 가입 및 사고 처리를 모두 인터넷으로 진행하고 있었다. 우리나라의 경우도 자동차 보험을 보험 판매원을 통해 구입하는 경우는 더 이상 찾아보기 힘들다. 스마트 폰이 나오기 이전부터 이미 인터넷을 통해 다이렉트 보험을 구입하는게 대세가 된지 오래이다. 최근 AI가 발전하며 이미지 인식 등 데이터 처리 기술이 보다 세련되어 지기는 했지만, 보험업의 디지털 전환 자체는 20년 가까이 진행되고 있는 오래된 트렌드이다.

지금까지의 보험업 사례들을 요약해보자. 중국의 핑안 보험과 한국의 캐롯 보험은 성공했지만, 미국의 레모네이드와 메트로마일은 나날이 실적이 악화되고 있는 것을 볼 수 있다. 그리고 이 둘의 성공과 실패를 가르는 가장 중요한 차이가 바로 라스트마일 문제였다. 기존의 보험사들은 이미 사고 처리에 필요한 네트워크과 노하우를 가지고 있는 상황에서 AI 기술을 도입하여 비용을 절감하고 효율을 향상시킬 수 있었지만, AI 기술 개발에만 몰입하고 있던 스타트업은 라스트마일 문제를 극복하지 못해 결국 서서히 몰락하고 있는 중이다.

이전의 다른 금융 업종 사례와 마찬가지로 보험업에서의 사례를 통해 배울 수 있는 메시지도 동일하다. AI는 만병통치약이 아니다. AI는 단순 반복 작업을 자동화해서 효율성을 높일 수 있는 도구 중 하나일 뿐이다. AI가 대체할 수 있는 업무는 이런 단순 반복 작업 뿐이고, 그 이상의 사고 능력이 요구되는 기능은 오직 사람만이 해결할 수 있다. 앞으로 AI의 발전을 통해 효율성은 점진적으로 향상되겠지만, 보험업 자체를 혁신적으로 변화시키는 것은 AI 만으로 할 수 있는 일이 아니다. 사람과 기계가 각각 잘 할 수 있는 업무의 범위를 명확히 이해하고 이에 맞게 업무 진행을 최적화할 수 있는 역량이 무엇보다 중요하다.

미래 금융산업 혁신을 위한 제언

　마지막으로 간단한 제언으로 마무리하고자 한다. 앞서 여러 번 언급했 듯 인공지능은 결국 데이터 분석이다. 따라서 우리에게 가장 필요한 인재 는 데이터를 분석하고 해석할 수 있는 능력을 지닌 사람이다. 단순 업무 만 반복하는 인력은 자연스레 기계로 대체되며 사라지게 될 것이고, 남은 빈자리를 전문 데이터 분석가가 대체하게 될 것으로 전망한다.

　다만 제로 마지널 코스트라는 산업 특성상 시장 규모에 비례해서 새로 운 일자리 창출이 늘어나지는 않을 것 같아서 걱정이 된다. 아마 소수의 데이터 분석가가 만든 시스템을 다수의 고객에게 제공하는 형태로 발전 하게 될 것으로 예상한다. 결국 기계로 대체되어 사라지는 일자리의 숫자 가 새로 만들어지는 데이터 분석 니즈보다 빨라서 금융업에 종사하는 인 력의 숫자는 전체적으로 감소하지 않을까. 2021년 6월 18일에 발표된 금

〈그림 5-4〉 핀테크 종사자수와 은행 종사자 변동 추이

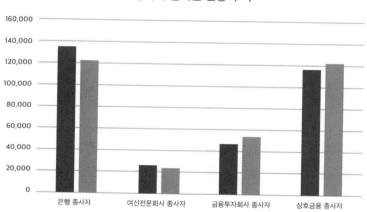

금융회사 임직원 변동 추이

융위원회의 발표[3]에 따르면, 실제로 은행 일자리가 2016년 134,000명에서 2020년 121,000명으로 지난 4년 동안 13,000명이 사라졌다고 한다. 금융위원회는 또한 "영업점포 등 전통적인 판매채널 인력은 지속적으로 줄어들지만 금융회사의 디지털 전환 및 핀테크 기업 성장에 따라 정보기술[IT] · 핀테크 전문 인력 수요는 늘어나고 있다"고 설명했다.

그렇다면 이러한 데이터 분석 능력은 어떻게 양성할 수 있을까? 꾸준히 경험을 쌓는 것 외에는 별다른 방법이 없을 것 같다. 기초적인 통계 지식이나 기계학습 프로그래밍 방법론은 교과서와 대학 수업을 통해서 누구든 배울 수 있을 것이다. 하지만 데이터를 분석하고 스스로 해석할 수 있는 능력은 직접 경험해보지 않으면 얻을 수 없는 귀중한 능력이다.

필자의 경우 미국 일리노이 대학에서 재무 분야 박사 과정을 졸업했는데, 박사 과정을 하는 동안 주기적으로 교수님들 앞에서 브라운백 세미나 형태로 진행 중인 논문 연구 결과를 발표해야만 했다. 박사과정 2학년 때 첫 발표를 하면서 얼마나 떨었는지, 그리고 교수님들의 날카로운 피드백을 받으며 자존감이 얼마나 산산조각 부서졌는지 아직도 생생히 기억하고 있다. 그날은 발표를 마치고 밤 늦게까지 술만 마셨다가, 다행히 술의 도움 덕분에 기운을 차리고 전날 받은 피드백을 바탕으로 다음날 다시 연구 작업을 발전시킬 수 있었다.

무언가를 배움에 있어 주변의 피드백을 받을 수 있는 기회는 더 없이 소중하고 중요하다. 하물며 내가 하고자 하는 분야의 대가들에게서 피드백을 받을 수 있다면 그 이상 말해 무엇하랴. 하지만 기계학습의 경우엔 소위 '블랙박스'라는 핑계를 대며 주변의 피드백을 차단해버리는 경우가 적지 않게 보인다. 주변의 피드백을 받은 적이 없으니 아무 것도

---

3 한겨레, "은행 일자리 4년 새 1만3천명 사라졌다." https://www.hani.co.kr/arti/economy/finance/999950.html

배우지 못하고, 그러다 보니 무지한 삼류 엉터리들이 소위 전문가인 양 행세하며 말도 안되는 결과를 들고 나와 시장을 어지럽히는 것 같다. 그리고 이러한 사기 행각의 가장 큰 피해자는 스스로 진위 여부를 판단하기 어려운 개인 투자자가 될 것 같아서 무척 안타깝다.

저자 소개

이재훈

KAIST 전산학과를 졸업하고, 미국 UIUC(University of Illinois at Urbana–Champaign) 대학에서 재무분야 박사 학위를 받았다. 2012년 박사 졸업 후 호주 UNSW(University of New South Wales) 대학에서 7년 동안 경영대 교수로 재직하였다. 2018년 테뉴어를 받았지만 새로운 도전을 하고 싶어 2019년 UNSW 대학에 사표를 제출하고 한국에 돌아와 핀테크 스타트업 딥서치에서 연구 소장으로 재직하며 제품 개발을 주도했다. 2021년 딥서치에서 엑싯하고 새로운 창업을 시작하였으며, KAIST 경영대학원에서도 겸직교수로 임용되어 데이터 분석 기술에 대한 실습 수업을 진행하고 있다. 또한 삼성전자에서도 매년 데이터 분석 실습을 바탕으로 한 부트캠프를 진행하고 있다.

6장 • AI 시대의 비즈니스 및 시장구조의 변화

AI로 무장한 빅테크 기업들의 성장세가 지속되고 있다. 대표적인 빅
테크 기업[1]인 애플, 마이크로소프트, 아마존, 구글(알파벳), 페이스북(현
재 메타)은 2020년 말 기준 세계 기업 시가총액 순위에서 1~5위를 독
차지하고 있다. 5개사의 시가총액 합인 7.5조 달러를 2020년 우리나라
GDP 1.6조 달러와 비교하면 빅테크 기업들의 막대한 규모를 실감할 수

〈그림 6-1〉 세계 기업 시가총액 순위 변화[2]

2010년		2020년	
GE	GE 477	엑슨모빌 ExxonMobil	엑슨모빌 369
CISCO	시스코 305	PetroChina	페트로차이나 303
ExxonMobil	엑슨모빌 286	(애플)	애플 296
Pfizer	파이자 264	BHP	BHP 244
Microsoft	MS 258	Microsoft	MS 239

2020년	
(애플)	애플 2,254
Microsoft	MS 1,682
amazon	아마존 1,634
Google	알파벳 1,185
(페이스북)	페이스북 776

---

1 빅테크 기업(BIG TECH)은 정보통신(ICT) 분야에서 가장 크고 영향력 있는 기업들로서, 주로 미국의 GAFA(GOOGLE,
   APPLE, FACEBOOK, AMAZON)나 여기에 MS를 추가한 MAFAA(MICROSOFT, APPLE, FACEBOOK, ALPHABET,
   AMAZON)를 지칭한다. 최근에는 중국의 BAT(BAIDU, ALIBABA, TENCENT)를 포함시키기도 하지만, 본 장에서는 논의의
   편의를 위해 빅테크 기업을 MAFAA로 한정하기로 한다.
2 자료: FT GLOBAL 500, HTTPS://COMPANIESMARKETCAP.COM 등을 종합(단위는 십억 달러, 연말 시가총액 기준)

있다. 과거 에너지, 제조 등 전통적인 산업의 강자들이 주도하던 경제가 AI 등 디지털 기술의 강자들이 주도하는 경제로 바뀌고 있는 것이다.

　AI가 발전함에 따라 빅테크 기업들이 점점 더 많은 분야를 독점하게 될 것이라는 우려가 제기된다. 현재 AI 기술개발을 주도하고 있는 빅테크 기업들이 데이터와 AI 역량을 바탕으로 다양한 분야로 진출하고 여기서 다시 방대한 데이터를 축적하여 AI 역량을 강화하게 된다면 많은 산업에서 승자독점이 심화될 수 있다는 것이다. 빅테크 기업들의 영향력이 커지고 있는 분야는 스마트 기기 및 소프트웨어, 검색, 온라인쇼핑, 소셜네트워킹서비스(SNS) 등 디지털 분야를 넘어 모빌리티, 헬스케어, 미디어 등으로 확대되고 있다. 미국, 유럽, 중국 등 세계 각국에서 AI와 빅테크 기업에 대한 규제 방안이 활발하게 논의되고 있는 이유는 이 때문이다. 국내에서도 만약 빅테크 기업들이 많은 산업을 독점하게 된다면 소비자들의 삶의 질이나 다른 기업들의 경쟁력이 크게 영향을 받게 될 것이다.

　3~5장에서 인공지능이 전체 경제사회와 산업에 미치게 될 영향을 전반적으로 개괄했다면, 본 장에서는 'AI가 시장구조를 어떻게 변화시킬 것인가'에 대해 집중적으로 탐구한다. 이를 위해 이 질문을 'AI는 기업과 비즈니스를 어떻게 변화시킬 것인가?'와 '누가 AI를 주도할 것인가?'라는 두 개의 질문으로 나눈다. 첫 번째 질문은 AI의 영향력을, 두 번째 질문은 AI의 주도기업을 전망하는 것이므로 이에 대한 답을 종합한다면 AI가 시장구조에 미치는 영향을 살펴볼 수 있을 것이다. 예를 들어, AI가 기업과 비즈니스의 패러다임을 송두리째 바꾸고 그런 AI의 발전을 빅테크 기업이 주도한다면, 빅테크 기업이 다양한 산업에서 승자독점을 심화시킬 것이라는 우려가 현실화될 것이다.

본 장에서는 AI의 승자독점 가능성에 대한 기존의 서로 다른 견해들을 소개하고 그 차이를 만드는 요인들을 검토함으로써 균형 잡힌 관점을 제시하고자 한다. 현실적인 논의를 위해 '인공지능'의 범위를 내용적으로는 '기계학습', 시간적으로는 '10년 이내'로 정한다. '기계학습'으로 정한 이유는, 인공지능 내에 기계학습이 포함되고, 다시 기계학습 내에 심층학습이 포함된다고 볼 때 데이터를 기반으로 하는 2010년대 이후의 인공지능 혁신들을 모두 포괄하되 심층학습 같은 특정 기술에 논의를 한정하지 않기 위해서이다. '10년 이내'로 정한 이유는 기업과 정부의 현실적인 상황 인식과 전략 수립을 위해서 먼 미래에나 실현될지 모르는, 또는 전혀 실현되지 않을 수도 있는 '강인공지능' 또는 '일반 인공지능'을 논의에서 제외하기 위해서이다.

AI는 기업과 비즈니스를 어떻게 변화시킬 것인가

AI로 인한 기업과 비즈니스의 변화에 대해서는 두 가지 극단적인 견해가 공존한다. AI의 영향력이 클 것이라고 평가하는 이들은 AI 역량을 확보한 기업은 기존 성장의 한계를 넘어 무한히 성장하며 거대화될 것이라고 전망한다. 반대로 AI의 영향력이 작을 것이라고 평가하는 이들은 기업은 AI를 통해서 효율성을 일부 개선하는 데 그칠 것이라고 전망한다. 인공지능이라는 개념이 등장한 1956년 이래 AI에 대한 평가는 이렇게 낙관론과 비관론의 두 극단 사이를 반복해서 오가고 있다.

〈그림 6-2〉 AI의 영향력과 기업 및 비즈니스의 변화에 대한 상반된 전망

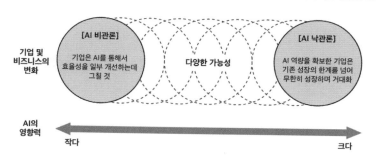

2016년 알파고 쇼크 이후 최근까지 지배적인 견해는 AI 낙관론이다. 많은 기관과 전문가들은 AI가 과거 그 어떤 기술보다도 인간의 삶과 비즈니스에 큰 영향을 미칠 것이라고 전망한다. 예를 들어, 세계경제포럼 World Economic Forum은 과거에 증기기관, 전기, 반도체·인터넷이 그랬던 것처럼 인공지능이 새로운 산업혁명을 일으킬 것이라고 전망했다.[3] 글로벌 컨설팅업체 맥킨지McKinsey는 인공지능의 경제적 효과를 계량화하

---

3 HTTPS://WWW.WEFORUM.ORG/AGENDA/2016/01/THE-FOURTH-INDUSTRIAL-REVOLUTION-WHAT-IT-MEANS-AND-HOW-TO-RESPOND/

여 2030년까지 세계 경제에 13조 달러의 부가적인 가치를 창출하여 연평균 GDP 증가율을 1.2% 높이는 효과를 가져올 것이라고 예측했다.[4] 더 나아가 미래학자 레이먼드 커즈와일Raymond Kurzweil은 인공지능이 점점 발전하여 2045년경에는 모든 인간의 지능을 능가하는 기술적 특이점 singularity이 도래할 것이라고 말한다.[5]

AI 기업이 무한히 성장할 수 있다고 주장하는 이들은 그 메커니즘을 플랫폼에서 나타나는 네트워크 효과와 데이터 네트워크 효과로 설명한다. 네트워크 효과란 어떤 생태계(또는 네트워크[6])의 참여자가 많아질수록 각 참여자가 얻는 가치가 늘어나는 것을 말한다. 예를 들어, 어떤 온라인 쇼핑몰에서 판매자가 증가하여 구매할 수 있는 품목이 늘어나면 구매자도 증가하고 이는 다시 판매자의 증가로 이어지게 된다. 즉 판매자와 구매자가 많아질수록 온라인 쇼핑몰의 가치가 높아진다. 데이터 네크워크 효과, 줄여서 데이터 효과란 생태계(네트워크)의 참여자가 데이터를 만들고 이 데이터가 다시 새로운 참여자를 불러모으며 선순환하는 것을 말한다.

이처럼 플랫폼에서는 참여자와 데이터가 서로서로 끌어당기는 네트워크 효과와 데이터 효과가 발생하여 가치창출의 선순환과 기업의 성장이 이루어진다. 일반적으로 기업은 규모가 커질수록 창출하는 가치에 비해 비용이 빠르게 증가하여 성장의 한계에 직면하게 되지만, AI 기업은 규모가 커질수록 가치는 빠르게 증가하는 데 비해 비용은 상대적으로 더디게 증가하므로 기존 성장의 한계를 넘어 지속적으로 성장할 수

---

4 MCKINSEY GLOBAL INSTITUTE (2018), NOTES FROM THE AI FRONTIER: MODELING THE IMPACT OF AI ON THE WORLD ECONOMY.
5 KURZWEIL, RAY (2005), 특이점이 온다. 김명남·장시형 역(2007), 김영사.
6 여기서 '네트워크'는 전화와 같은 물리적 네트워크(PHYSICAL NETWORK)일 수도 있지만 스마트폰 이용자 그룹처럼 물리적으로 서로 연결되어 있지는 않지만 유사한 특성을 갖는 가상적 네트워크(VIRTUAL NETWORK)일 수도 있다.

플랫폼platform

다양한 상품을 생산하거나 소비하기 위해 반복적으로 사용하는 토대이다. 예를 들어, 스마트폰의 경우 구글 플레이나 앱스토어 같은 앱 마켓이 플랫폼이다. 또한 아마존이나 쿠팡 같은 온라인 쇼핑 기업의 경우 검색, 추천, 주문, 결제를 위한 거래중개 시스템과 입고, 보관, 피킹, 포장, 배송 등이 이루어지는 물류센터 네트워크가 플랫폼이라고 할 수 있다.

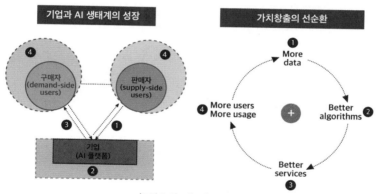

〈그림 6-3〉 네트워크 및 데이터 효과에 의한 기업의 성장 메커니즘

있다는 것이다.

하지만 최근에는 AI의 효과가 지나치게 과장되어 있고 현실에서는 제한적일 수 있다는 비판적인 견해도 등장하고 있다. 예를 들어 영국의 이코노미스트Economist는 2020년 6월 특집 기사를 통해 AI에 대한 최근의 높은 기대와는 달리 실제 기업들의 투자는 감소하고 있다고 지적한다.[7] 보스턴컨설팅그룹과 MIT가 2,500개 기업의 CEO들을 대상으로 조사한

---

7 ECONOMIST (2020). ARTIFICIAL INTELLIGENCE AND ITS LIMITS: AN UNDERSTANDING OF AI'S LIMITATIONS IS STARTING TO SINK IN.

결과 AI 프로젝트의 성과가 아직 미미하다고 응답한 비율이 약 70%였고, AI에 상당한 투자를 한 기업 중에서 전혀 성과가 없다는 응답도 약 40%나 되었다. PwC의 조사에서도 AI를 기업 내 여러 부문에 활용 중이라는 비율은 2019년 27%에서 2020년 18%로 낮아졌고, 기업 전반에 걸쳐 AI를 활용할 계획이라고 응답한 비율도 2019년 20%이었지만 2020년에는 4%에 불과했다.

많은 산업 전문가들은 현장에서 AI를 실제로 활용하기가 어렵다고 말한다.[8] 특히 제조업의 경우 온도, 습도, 열, 압력, 소음, 자기장 등 통제하기 어려운 요인들이 너무 많아서 수많은 외부 노이즈와 불확실성이 존재하기 때문에 의미 있는 데이터를 확보하기가 어렵다. 충돌, 풍동, 열, 전자파, 수명 등에 대한 물리 실험을 할 수 있지만 높은 비용으로 인해 얻을 수 있는 데이터의 규모에 제약이 있어서 유의미한 분석 결과를 내기가 어렵다. 또한 R&D 데이터는 빠른 주기로 변경되기 때문에 기존에 축적해놓은 데이터의 가치가 점차 낮아지고, 도면, 설계 노하우 등 비정형 데이터의 경우 수치화가 어렵다. 그래서 전문가들은 딥마인드의 알파고가 바둑이라는 컴퓨터 게임의 통제된 조건에서는 좋은 성과를 보였지만 물리적인 실제 환경에서는 인공지능이 거의 도움이 되지 않는다고 평가한다.

전문가들은 인공지능의 기술적인 한계도 지적한다.[9] 뉴욕대학교 심리학 및 신경과학 교수인 게리 마커스Gary Marcus는 2018년 1월 '딥러닝: 비판적 평가Deep Learning: A Critical Appraisal'라는 논문을 발표하고 심층신경망을 활용한 모델의 한계점들을 지적했다. 맥킨지McKinsey도 2018년 1월 '인공

---

8 HTTPS://WWW.SAMSUNGSDS.COM/KR/INSIGHTS/SMARTFACTORY_AI.HTML, ECONOMIST (2020), FOR AI, DATA ARE HARDER TO COME BY THAN YOU THINK 등

9 양희태 외(2018), 인공지능 기술 전망과 혁신정책 방향: 국가 인공지능 R&D 정책 개선방안을 중심으로, 과학기술정책연구원.

지능이 당신의 비즈니스를 위해 할 수 있는 것과 (아직) 할 수 없는 것
What AI can and can't do (yet) for your business'이라는 보고서를 통해 현재까지 개발
된 심층신경망 기술의 한계점을 다각도로 분석하였다.

Economist(2020)는 현재까지 AI가 기대에 비해 성과가 저조하다며
과거 첫 번째(1974-80)와 두 번째(1987-94)에 이어 "다시 'AI의 겨울'
이 도래할 것인가?"라는 질문을 던진다. 그리고 그에 대해 이렇게 답했
다. "현재의 AI의 여름은 과거에 비해 밝고 따뜻하기 때문에 또다시 AI
의 겨울이 올 가능성은 낮다. 하지만, 가을 바람이 다시 불기 시작했다."

이와 같이 상반된 견해가 공존하는 상황에서 우리가 균형적인 관점을
갖기 위해서는 AI의 영향력이 문제의 종류에 따라 다르다는 사실에 주
목해야 한다. 문제의 종류를 '상황의 예측가능성'과 '결과의 복잡성'이라
는 2가지 차원으로 구분해 보자. 상황이 예측가능하다는 것은 돌발상황
이 없다는 것이고, 결과가 복잡하다는 것은 발생하는 상황의 가짓수가
많고 다양하다는 것이다.

이 틀에서 봤을 때 바둑은 사전에 모든 상황에 대한 규칙이 정해져 있
기 때문에 돌발상황이 전혀 없고 고려해야 하는 경우의 수가 방대하기
는 하지만(그래서 최근까지 바둑이 복잡한 문제라고 인식되어 왔지만)
매 순간 선택할 수 있는 가짓수는 361개(=19 x 19) 이하이고 최종 결과물
도 승패Win or Lose의 2가지 밖에 없다. 신용카드의 사기 거래 감지Credit card
fraud detection나 장비 예측 유지보수Predictive Maintenance의 경우도 돌발상황이
일부 존재하기는 하지만 판단의 결과물이 각각 '정상 또는 불법', '정상
또는 고장' 등과 같이 상대적으로 단순하다. 따라서 이와 같은 문제들은
상대적으로 AI가 해결하기 용이하다고 할 수 있다.

		결과의 복잡성	
		단순 (발생하는 상황의 가짓수가 적고 단조로움)	**복잡** (발생하는 상황의 가짓수가 많고 다양함)
상황의 예측가능성	**가능** (돌발상황 없음)	바둑, 신용카드 사기거래 감지, 장비 예측 유지보수	-
	불가능 (돌발상황 많음)	-	콜센터 고객불만 응대, 자율주행, 복잡한 구조의 상품 제조

〈표 6-1〉 AI로 해결해야 하는 문제의 종류와 대표적인 사례

이에 반해 콜센터에서 고객불만을 응대하는 문제의 경우 고객이 어떤 불만을 제기할지, 고객의 성향이 어떠한지, 고객이 불만을 어떤 방식으로 표현할지, 기업이 제안하는 해결책에 대해 어느 수준까지 만족할지 등을 생각할 때 돌발상황과 판단해야 하는 경우의 수가 무수히 많다는 것을 알 수 있다. 자율주행의 경우에도 도로에서 보행자나 다른 차량에서 어떤 변수가 발생할지 모두 예측하기 어렵고 그에 대해 경로 선택, 신호 인지, 차선 변경과 회전, 주행 속도, 보행자와 다른 차량 대응 등 수많은 의사결정을 실시간으로 해야 하므로 매우 복잡한 문제에 속한다. 그리고 앞서 설명한 것처럼 제조업에서의 문제도 예측가능성이 낮고 결과의 복잡성이 크기 때문에 AI에게는 쉽지 않은 문제라고 할 수 있다.

기업이 각자의 비즈니스에서 해결해야 하는 문제는 수없이 많고 종류도 다양하다. AI의 역량이 과거와 비교할 수 없게 커졌다고는 하지만 모든 문제를 해결할 수 있는 것은 아니다. 어떤 문제에서는 AI가 강력한 도구가 될 수 있지만 다른 문제에서는 무용지물이 될 수도 있다. AI는 현재의 기술 수준에서는 '잘 정의되는 문제well-defined problem'에 적합한 기술인

것이다. 따라서 'AI는 기업과 비즈니스를 어떻게 변화시킬 것인가?'라는 질문에 대해 결론을 내린다면, AI는 데이터의 선순환을 통해 기업의 성장을 촉진하지만 기업 성장의 한계는 여전히 존재한다는 것이다.

그러나 미래를 정확하게 전망하는 것은 어차피 불가능하기 때문에 기업을 경영하는 기업가나 국가를 경영하는 정책가는 만약의 가능성도 고려하고 대비해야 한다. 앞선 전망은 AI 기술이 현재 수준에 머물러 있다는 것을 가정한 것이지만, 기술의 발달로 AI에 적합한 문제의 범위가 획기적으로 넓어지거나 의미 있는 데이터를 쉽게 확보할 수 있는 방법이 개발되거나 평범한 데이터로도 고도의 학습을 할 수 있는 강력한 알고리듬이 나온다면 AI 영향력이 확대되어 기업이 성장의 제약을 넘어 무한히 성장하는 가능성도 배제할 수 없다. 따라서 AI 기술의 수준을 지속적으로 모니터링하고 그 영향력에 관심을 기울여야 한다.

누가 AI를 주도할 것인가

AI의 주도기업에 대해서도 상반된 견해들이 공존한다. AI의 선점효과가 막대하여 진입장벽이 높다고 평가하는 이들은 빅테크 기업들이 AI 기술을 독점할 것이라고 전망한다. 반대로 AI가 범용화되고 민주화되고 있으므로 진입장벽이 낮다고 평가하는 이들은 빅테크 기업과 기존 기업, 대기업과 스타트업 모두 AI 역량을 보유할 수 있을 것이라고 전망한다.

〈그림 6-4〉 AI의 진입장벽과 기업의 AI 주도권에 대한 상반된 전망

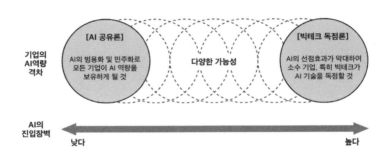

빅테크 기업들이 AI를 독점할 것이라는 전망은 이들이 AI의 3대 요소인 알고리듬, 컴퓨팅 파워, 데이터, 그리고 AI를 개발하고 활용하는 인재 측면에서 여타 기업에 비해 현재 압도적인 우위를 점하고 있고 앞으로도 그럴 것이라는 판단에 기반을 두고 있다. 예를 들어, 최근 인공지능의 발전에 핵심적으로 기여한 이른바 '인공지능의 4대 천왕Godfathers of AI'과 세계적인 석학들은 대부분 빅테크 기업과 관련되어 있다. 제프리 힌튼Geoffrey Hinton은 그가 설립한 회사가 인수되면서 구글에 합류했고, 앤드루 응Andrew Ng은 구글의 인공지능팀인 '구글 브레인'을 설립했다. 제프리 힌튼의 제자인 얀 르쿤Yann LeCun은 페이스북에서 AI 연구를 주도하고

있고, 요슈아 벤지오Yoshua Bengio는 몬트리올학습알고리듬연구소MILA를 설립하고 구글, 마이크로소프트 등과 공동연구를 수행하고 있다. 최근 각광받는 알고리듬인 GANGenerative Adversarial Network을 개발한 이언 굿펠로우Ian Goodfellow는 구글을 거쳐 현재 애플의 인공지능 개발팀을 이끌고 있다. 또한 빅테크 기업들은 AI 스타트업을 경쟁적으로 인수하여 우수 인재들을 블랙홀처럼 끌어들이고 있다. 애플, 구글, 마이크로소프트, 페이스북, 아마존은 최근 10년 간 60개 이상의 AI 스타트업을 인수한 것으로 알려져 있다.[10]

기업	주요 분야별 실적
구글	• 검색엔진(데스크탑) 점유율('21.2): 86.6% (빙 6.7%, 야후 2.7%) • 모바일 운영체제(Android) 점유율('21.2): 71.9% (iOS 27.3%)
아마존	• 미국 전자상거래 점유율: 34% ('16) → 41% ('18) → 47% ('20) • 독일, 영국, 프랑스, 이탈리아, 네덜란드, 스페인 등에서 1위 전자상거래 기업
페이스북	• 월간 사용자 수: 1억명 (3Q08) → 10억명 (3Q12) → 28억명 (4Q20) • 소셜미디어 점유율('21.1, 방문횟수): 60.7%, (핀터레스트 20.0%, 트위터 14.5%)
MS	• 데스크탑 운영체제 점유율('21.8): 76.1% (OS X 16.1%, 리눅스 2.4%) • '20년 개인 부문(34%), 기업 부문(32%), 클라우드(34%)로 사업 구조 다각화
애플	• 아이폰, 아이패드, 에어팟, 애플워치, 맥북 등 기기와 앱스토어, 아이클라우드, 애플 뮤직 등 서비스로 구성된 강력한 생태계 구축

〈표 6-2〉 빅테크 기업들의 주요 분야별 실적

10 BLOOMBERG (2020), BIG TECH SWALLOWS MOST OF THE HOT AI STARTUPS.

빅테크 기업들은 AI의 핵심 인프라인 클라우드에서도 압도적인 우위를 자랑한다. 2021년 1사분기 세계 클라우드 서비스 시장은 390억 달러 규모였는데 아마존 AWS 32%, 마이크로소프트 Azure 20%, 구글 클라우드 9% 등 상위 3개사가 60% 이상을 점유하고 있다.[11] 또한, 구글은 검색과 운영체제, 아마존은 전자상거래, 페이스북은 SNS, 마이크로소프트는 운영체제와 클라우드, 애플은 스마트폰 운영체제와 서비스 등 각자의 강점 분야에서 압도적인 점유율을 바탕으로 방대한 데이터를 축적해 나가고 있다.

하지만 빅테크 기업과 기존 기업, 대기업과 스타트업 모두 AI 역량을 보유할 수 있을 것이라고 전망하는 이들은 AI의 승자독점을 지지하는 가정들이 더 이상 유효하지 않다고 주장한다.[12] 즉, 알고리듬, 컴퓨팅 파워, 데이터, 인재 등이 현재 희소한 자원이고 빅테크 기업들이 자원 측면에서 앞서 있는 것은 사실이지만, 향후에도 빅테크 기업들이 이 자원들을 지속적으로 독점하기는 어렵다는 것이다.

〈그림 6-5〉 AI 승자독점의 기본 가정과 현재 상황

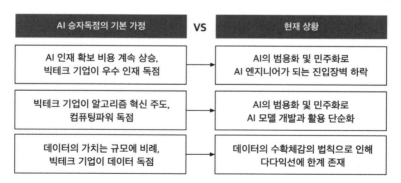

11 WWW.STATISTA.COM/CHART/18819/WORLDWIDE-MARKET-SHARE-OF-LEADING-CLOUD-INFRASTRUCTURE-SERVICE-PROVIDERS
12 자료: "NO, AI DOES NOT LEAD TO MONOPOLY MARKETS." (2019, MEDIUM), "NAVIGATING THE NEW LANDSCAPE OF AI PLATFORMS" (2020, HBR)

먼저, AI가 범용화Commoditization 및 민주화Democratization 되고 있으므로 진입장벽이 낮아지고 있다. AI의 활용을 지원하는 수많은 도구들이 존재하고 관련 기업들이 산업을 형성하고 있으며, 빅테크 기업들이 경쟁적으로 대규모 사전학습 모델Pre-trained model(구글 BERT, OpenAI GPT-3 등)이나 소프트웨어 라이브러리(구글 TensorFlow, 페이스북 PyTorch 등)를 개방하고 있다. 따라서 데이터 생성 및 수집, 모델 구축 및 활용 등의 전체 과정이 과거에 비해 수월해지고 있고 AI 인재의 양성과 확보도 상대적으로 용이해지고 있다.

데이터의 가치가 규모에 비례하며 빅테크 기업들이 데이터를 독점하고 있다는 가정에 대해서도 반론이 제기된다. 현실에서는 데이터가 무

〈그림 6-6〉 AI 활용 지원 도구 및 기업 현황[13]

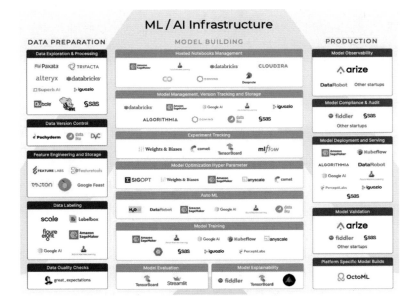

13 HTTPS://MEDIUM.COM/ARIZE-AI/ML-INFRASTRUCTURE-TOOLS-FOR-MODEL-BUILDING-AB7936D1B454

조건 많다고 가치가 높은 것은 아니고 일종의 수확체감의 법칙Diminishing returns of collecting more data이 성립한다는 것이다. 그리고 산업에서 혁신이 이루어지기 위해서는 검색엔진, SNS 등 온라인 공간에서 발생하는 일반 데이터와 함께 금융, 헬스케어, 에너지, 제조 등 각 산업별 데이터가 반드시 필요하다. 일반 데이터의 경우 빅테크 기업들이 분명하게 앞서 있지만 산업별 데이터와 전문성의 경우 오히려 기존 기업들incumbents이 우위에 있다고 할 수 있다.

실제로 각 산업별로 존재하는 기존 기업들은 막대한 자원을 투입하여 자체 개발, 외부 제휴 및 M&A를 통해 인재, 컴퓨팅 파워 등 AI 역량을 지속적으로 강화해 나가고 있다. 유통산업의 월마트가 온라인 유통 스타트업 Jet.com, Bonobos 등을 인수하고 마이크로소프트와 클라우드 및 AI 제휴를 추진하며 'Intelligent Retail Lab'을 설립하여 AI와 데이터 기반으로 매장을 혁신하는 등의 노력을 기울이는 것이 대표적인 사례이다.[14] 삼성전자 등 국내 기업들도 최근 AI 스타트업 인수, AI 연구조직 설립, 해외 석학과의 공동연구 등을 적극적으로 추진하며 AI 경쟁에 본격적으로 참여하고 있다.

AI 주도기업을 논의할 때 빼놓을 수 없는 것이 신생 기업 또는 파괴적 혁신기업disruptor이다. 이들은 AI 역량을 기반으로 등장하여 사업모델을 새롭게 정의하는 기업이다.[15] 이들은 구글에 인수된 딥마인드DeepMind의 사례처럼 공통 기반 기술에서 혁신을 만들어 낼 수도 있고 분야별 활용 기술에서 성과를 낼 수도 있다. 물론 이들의 광범위한 활동 범위에 전통적인 산업이나 분야의 구분을 적용하는 것은 무의미할 수도 있다. 최근에도 파괴적 혁신기업을 꿈꾸며 AI 분야에서 수많은 스타트업이 지속적

---

14 자료: COMPETING IN THE AGE OF AI (2020).

15 이지효(2016), 대담한 디지털 시대, 알에이치코리아.

으로 등장하고 있다. 예를 들어 스타트업 전문 시장조사기관인 CB인사이츠CB Insights는 매년 약 5천 개 스타트업의 특허, 대상시장, 재무역량, 파트너 및 고객 관계, 시장잠재력, 수익성, 팀 역량, 경쟁사, 평판 등을 종합적으로 분석하여 세계에서 가장 유망한 인공지능 스타트업 100개를 발표한다. 매년 새로운 기업들이 선정된다는 사실은 AI 역량이 빅테크 기업들만의 전유물이 아니라는 주장에 힘을 실어준다.

누가 AI를 주도할 것인가에 대해 빅테크 기업이다, 모든 기업이다 등과 같이 상반된 견해가 공존하는 상황에서 우리가 균형을 유지하기 위해서는 이를 결정하는 요인인 AI의 진입장벽에 대해 살펴볼 필요가 있다. AI 기술을 합성곱 신경망CNN; Convolutional Neural Network, 순환 신경망RNN; Recurrent Neural Networks 등 알고리듬이나 GPT-3 등 대형 모델을 개발하는 '공통 기반 기술'과 이와 같은 알고리듬과 모델을 실제 응용분야에 적용하는 '분야별 활용 기술'로 구분해 본다면, 전자와 관련된 인재는 희소하고 데이터는 빅테크 기업들이 독점할 수 있지만, 후자와 관련된 인재는 상대적으로 풍부하고 데이터는 산업별로 다수 기업에 산재해 있다. 따라서 AI의 공통 기반 기술은 현재와 마찬가지로 향후에도 빅테크 기업들이 주도할 가능성이 크지만 분야별 활용 기술은 많은 기업들이 함께 주도해 나갈 것이라고 전망할 수 있다.

'누가 AI를 주도할 것인가?'라는 질문에 대해 결론을 내린다면, 미래에도 빅테크 기업들이 알고리듬과 모델 개발을 주도하겠지만, 범용화된 AI와 빅테크 기업들과의 협력을 잘 활용한다면 기존 기업들이 AI 활용 역량을 확보하고 신생 기업들이 파괴적 혁신을 시도할 수 있는 기회도 충분히 열려있다는 것이다. 최근 자동차 산업에서 폭스바겐, 도요타 등 기존 기업과 구글 등 빅테크, 그리고 테슬라 등 파괴적 혁신기업이 경쟁하고 있는 것처럼 앞으로 많은 산업에서는 기존 기업과 빅테크 기업, 그리고 파괴적 혁신기업이 주도권 경쟁을 하게 될 것이다.

그러나 미래를 정확하게 전망하는 것은 불가능하기 때문에 만약의 가능성도 고려해 본다면, 빅테크 기업들이 AI 플랫폼을 개방에서 폐쇄로 전환하거나 미래에도 AI 인재 부족이 해결되지 않는다면 AI의 진입장벽이 높아져 빅테크 기업들의 AI 독점이 심화될 수도 있다. 기업을 경영하는 기업가나 국가를 경영하는 정책가는 이런 극단적 시나리오에 대한 대책도 마련해 두어야 한다. 기업 또는 국가 차원에서 알고리듬, 컴퓨팅 파워, 데이터, 그리고 인재의 수급 상황을 지속적으로 점검하여 특정 기업이나 국가에 대한 의존도를 낮추고 역량을 강화해 나가야 한다.

AI는 시장구조를 어떻게 변화시킬 것인가

이제 본 장의 서두에서 제기한 'AI가 시장구조를 어떻게 변화시킬 것인가'라는 질문에 답해보자. 앞서 AI의 영향력과 AI의 주도기업으로 나누어 기존에 제시된 상반된 견해들을 소개하였다. 이를 종합하면 아래 그림과 같이 AI를 무기로 빅테크 기업들이 대부분의 산업에서 시장을 독점하는 시나리오('전면 재편' 시나리오)와 AI로 인한 시장구조 변화가 거의 없는 시나리오('시장 불변' 시나리오)를 생각할 수 있고, 그 중간 지점에서 현실적인 시나리오를 찾을 수 있다.

〈그림 6-7〉 AI로 인한 시장구조 변화 시나리오

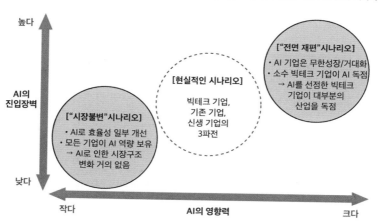

즉, AI가 잘 해결할 수 있는 문제도 있지만 그렇지 않은 문제도 많다는 사실을 상기하고 AI 기술을 공통 기반 기술과 분야별 활용 기술로 구분해 본다면, '빅테크 기업, 기존 기업, 신생 기업의 3파전'이 AI로 인한 시장구조 변화를 가장 잘 설명하는 시나리오라고 할 수 있다. 빅테크 기

업들은 AI를 무기로 각자의 영역을 넘어 점점 더 많은 산업에서 영향력을 확대하고, 기존 기업들은 독자적으로 또는 빅테크 기업과의 협력을 통해 AI 역량을 강화하며, AI 역량을 바탕으로 새로운 사업모델을 제시하는 혁신 기업도 등장하여 서로 주도권 경쟁을 전개해 나갈 것이다.

아래 그림은 시대에 따른 산업의 주도권 변화를 도식화한 것이다. 과거 인터넷 시대에는 대표산업인 PC에서 윈텔이라는 독점 플랫폼이 산업을 주도했고, 뒤이어 전개된 모바일 시대에는 애플과 구글이 시장을 양분했다. 지금 전개되고 있는 인공지능 시대에는 빅테크 기업이 구축하는 범용 플랫폼과 기존 기업이 구축하는 산업별 플랫폼, 그리고 스타트업이 구축하는 새로운 플랫폼이 각자의 생태계를 형성하여 경쟁 및 협력하며 공존하게 될 것이다.

〈그림 6-8〉 시대에 따른 산업의 주도권 변화 과정 및 전망[16]

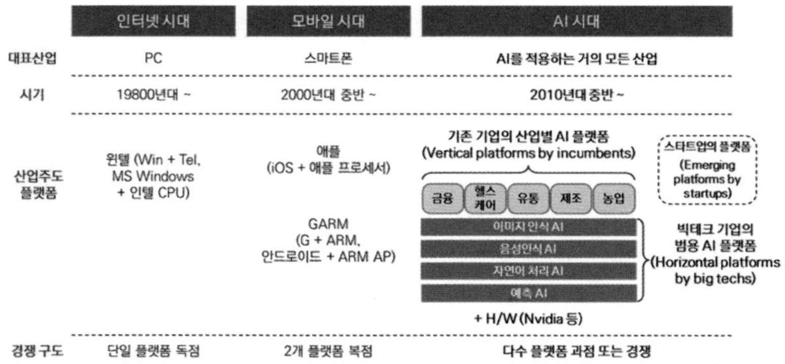

가능성이 크지 않더라도 만일의 경우를 대비하여 빅테크 기업과 다른 기업들 간의 공생관계가 해체되는 비상 시나리오도 고려할 필요가 있다. 현재는 빅테크 기업들이 AI 플랫폼을 저가에 제공하거나 무료로 개

---

16 자료: 최병삼·양희태·이제영(2016)을 토대로 저자 작성

방하고 있고 이와 같은 상황은 향후에도 유지될 것으로 예상된다. 대중의 지혜를 활용하여 신속하고 효과적으로 기능을 개선하고 유능한 인재를 확보하는 등 비용 대비 편익이 훨씬 크기 때문이다. 하지만 전문가들은 빅테크 기업들이 언제든지 전략적으로 행동할 수 있다고 경고한다. 예를 들어 구글이 2015년 11월 인공지능 플랫폼TensorFlow을 외부에 개방하는 등 인공지능 오픈소스화를 선택한 것은 인공지능 생태계를 장악하려는 용의주도한 전략일 수도 있다는 것이다.[17] 과거 구글은 애플에 비해 후발주자였음에도 불구하고 2007년 스마트폰 운영체제 안드로이드를 오픈소스로 개방하여 스마트폰 생태계를 장악했고 여전히 개발을 주도하고 있다. 향후에도 빅테크 기업들은 전략적으로 가능하고 그것이 자사에 이익이 된다고 판단되면 언제든지 개방과 공존에서 폐쇄와 독점으로 전략적인 방향을 전환할 수 있을 것이다. 어떤 빅테크 기업이 혁신적인 AI 알고리듬을 개발하여 AI의 영향력이 급격히 커지고 그 빅테크 기업이 의도적으로 진입장벽을 높인다면 빅테크 기업으로의 시장쏠림 현상이 나타날 수 있으므로 지속적인 모니터링과 대응이 필요하다.

---

17 "HOW GOOGLE AIMS TO DOMINATE ARTIFICIAL INTELLIGENCE" (POPULAR SCIENCE, 2015/2019), "GOOGLE'S LATEST PLATFORM PLAY IS ARTIFICIAL INTELLIGENCE, AND IT'S ALREADY WINNING" (2017.5) (THE VERGE) 등

결론: AI가 우리 경제에 미칠 영향과 대응 전략

이제까지 논의한 내용의 결론은 정리하면 다음과 같다. AI 시대에 기업, 비즈니스 및 시장구조의 변화는 소수 빅테크 기업이 AI 기술개발을 주도하여 대부분의 산업을 독점하는 형태보다는 AI를 통해 빅테크 기업들은 많은 산업에서 영향력을 확대하고, 산업별 기존 기업들은 효율성을 높이고 사업을 확장하며, 신규 기업은 새로운 혁신을 주도하는 등 모든 기업이 AI 역량을 확보하여 주도권 경쟁을 벌이는 형태가 될 것이다. 즉, AI 기업이 시장을 차지하는 것이 아니라 시장을 차지하려는 모두가 AI 기업이 되어야 한다. AI를 활용하지 않는 기업은 미래에 경쟁력을 유지하기 어렵다. AI는 비록 모든 문제를 해결할 수는 없지만 기업이 직면한 많은 문제를 해결할 잠재력이 있고 해결할 수 있는 문제의 범위도 점차 늘어날 것이기 때문이다.

AI 시대에 우리 기업들은 어떻게 대응해야 하는가? 첫째, AI를 어떤 영역에서 어떤 목적으로 활용할 것인지에 대한 전략을 수립해야 한다. 과거에는 AI에 대한 극단적인 낙관론이 지배적인 AI의 여름과 극단적인 비관론이 제기되는 AI의 겨울을 반복해서 거쳐왔지만 이제는 AI의 가능성과 한계를 직시하고 이를 현장의 경영에 활용하여 성과를 내야 하는 시점이다. 하버드경영대학원의 이안시티[lansiti] 교수와 라카니[Lakhani] 교수는 기업은 AI 시대에 기업 가치를 결정하는 두 축인 사업모델과 운영모델을 재설계해야 한다고 제안한다.[18] 기업은 AI를 활용하여 기업이 어떻게 가치를 창출하고 이윤을 얻을 것인가에 대한 계획인 사업모델을 새롭게 설계할 수 있고 실제로 그 가치를 구현하는 방법인 운영모델을 효율화

---

18 자료: IANSITI, MARCO, AND KARIM LAKHANI (2020), COMPETING IN THE AGE OF AI, HARVARD BUSINESS REVIEW PRESS.

할 수 있다. 예를 들어 온라인 유통 기업이 구매자와 판매자를 통해 축적한 데이터를 바탕으로 금융대출 사업에 진출하는 것과 AI를 활용하여 고객에 대한 다양한 데이터의 수집 및 분석, 신용도 평가를 자동으로 처리하여 몇 초 만에 대출심사를 하는 것이 각각의 좋은 사례라고 할 수 있다.

〈그림 6–9〉 기업의 사업모델과 운영모델[19]

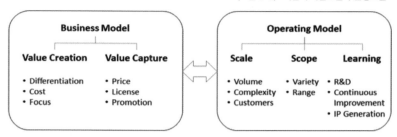

둘째, 수립된 AI 전략을 실행할 수 있는 조직 체계로 전환해야 한다. 내부적으로는 다음 그림에 제시된 것처럼 조직별로 데이터가 파편화되어 있는 구조에서 데이터가 통합적으로 관리되는 구조로 진화해 나가야 한다. 외부적으로는 빅테크 기업과 기존 기업, 기존 기업과 신생 기

〈그림 6–10〉 디지털 조직구조로의 전환 4단계[20]

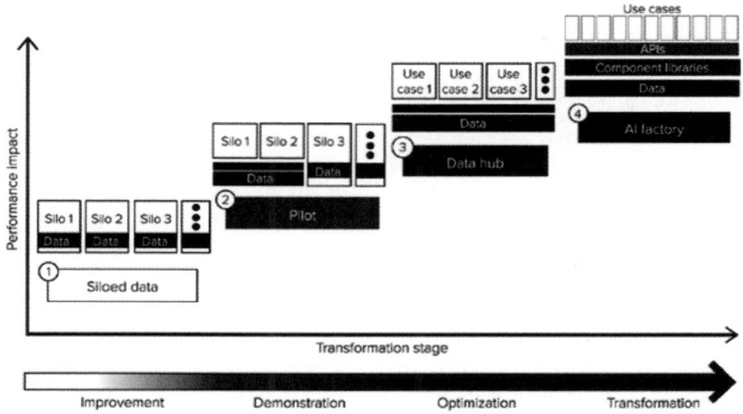

19 자료: IANSITI, MARCO, AND KARIM LAKHANI (2020)
20 자료: IANSITI, MARCO, AND KARIM LAKHANI (2020)

업 등과 같이 기업 간 협력을 강화해야 한다. AI를 효과적으로 활용하기 위해서는 알고리듬, 컴퓨팅 파워, 일반 데이터, 산업별 데이터와 노하우 등 방대한 분야에서 다양한 역량이 필요하며 어느 한 기업이 이를 모두 확보하기는 어렵기 때문이다.

셋째, 장기적으로 AI 기술 개발과 플랫폼 구축에 도전해야 한다. AI 기술과 플랫폼 관점에서 우리나라는 미국, 중국 등에 비해 후발주자이고 비영어권 국가, 상대적인 인구 소국 등 제반 조건도 불리하다. 하지만 한국 산업의 발전경로를 회고할 때 우리가 기술과 자원이 우세했던 적은 한 번도 없었음에도 불구하고 산업 패러다임의 전환기에 효과적으로 대응하여 성공한 경험을 보유하고 있다. AI는 아직 미완의 기술이고 헬스케어, 산업 인터넷, 스마트시티, 블록체인, 메타버스 등 아직 지배적인 플랫폼이 정해지지 않은 수많은 미개척지가 존재한다. 최근 국내 기업들이 AI 기술 개발과 플랫폼 구축에 나서고 있는 것은 고무적인 현상이다. AI 기술에서 도약적인 혁신breakthrough을 만들어낼 수 있다면, 특정 분야 또는 지역의 니즈에 부합하는 사업모델을 창출할 수 있다면 우리나라 기업이 AI와 플랫폼을 주도하는 것도 불가능하지 않을 것이다.

AI 시대에 정부는 무엇을 해야 하는가? 첫째, 우리 사회가 AI를 바로 보고 대응할 수 있도록 사회적 소통을 강화하고 공감대를 형성해야 한다. AI가 인간의 지능을 추월한다거나 AI가 인간을 대체하고 나아가 인류를 지배한다는 식의 막연한 기대나 과도한 우려를 불식해야 한다. 그리고 AI가 우리 경제에 어떤 영향을 미치고 있는지를 구체적이고 실증적으로 파악해야 한다. 산업별로 본다면 데이터의 효과적인 수집과 분석을 통해 효율성을 크게 높일 수 있는 산업, 예를 들어 금융산업의 경우 AI가 기업의 성패를 좌우할 것이다. 실제 현장에서의 숙련이 상대적으로 중요한 산업, 예를 들어 반도체, 자동차 같은 제조업에서는 AI의 영향이 상대적으로 작을 수도 있다.

둘째, 우리 기업이 AI를 잘 활용하는 것에서 더 나아가 주도해나갈 수 있도록 다각도로 지원해야 한다. 가장 효과적인 방안은 AI의 기반 기술의 개발을 지원하는 공급자가 되어주고, 공공 부문부터 용도를 발굴하여 AI의 수요자가 되어주는 등 초기 시장 형성을 촉진하는 것이다. 국내 기업들이 AI를 필요로 하는 국가에 진출할 수 있도록 정부가 다양한 산업의 기업들과 한 팀이 되어 외교적인 노력 등을 통해 지원하는 것도 필요하다.

셋째, AI가 전 사회적으로 바람직한 방향으로 활용되고 부작용이 최소화될 수 있도록 경쟁정책과 소비자정책을 수립하는 것이다. 즉 AI를 기반으로 독과점 기업이 출현하여 시장 구조가 고착화되거나 그 과정에서 경쟁 기업이나 소비자의 피해가 발생하지 않도록 하는 정책을 추진해야 한다. 구체적으로 시장 내에 새로운 혁신 기업이 등장할 수 있는가? AI에 의한 알고리듬 담합 가능성은 없는가? 고객 데이터에 기반한 가격 차별화 및 소비자 후생 감소 가능성은 없는가? 고객 데이터의 보호 및 이동성 보장은 가능한가? 등의 사항을 점검하고 대응해 나가야 한다.

저자 소개

최병삼

KAIST에서 학부는 기계공학, 석사박사는 경영학을 전공하였다. 2003년 삼성경제연구소에서 연구자의 길을 시작하였고 2014년부터 국책연구기관인 과학기술정책연구원(STEPI)에서 성장동력 정책, 산업혁신 전략, 미래기술 전망 등을 연구하고 있다. 〈플랫폼, 경영을 바꾸다〉, 〈제4차 산업혁명의 도전과 국가전략의 주요 의제〉, 〈한국형 발전모델의 탐색과 성장동력 정책의 전환〉, 〈대한민국 국가비전과 미래전략보고서〉, 〈대한민국 과학기술 미래전략 2045〉 등 다수의 책과 보고서를 집필하였다.

7장 • AI 거버넌스 이슈

AI 기술의 발전으로 인간의 부와 건강, 복지 등에 획기적인 변화가 나타날 가능성이 높아지는 한편, 부작용과 위험에 대한 두려움도 많아지고 있다. 이에 따라 AI 기술의 잠재력을 높이고 편익을 극대화하면서 위험과 해악의 가능성을 최소화할 방법을 모색하는 것이 AI 거버넌스AI governance이다.

AI(인공지능)는 기계, 인간, 환경이 자신이 속한 시스템의 궁극적 목표 달성을 위해 적절히 행동하도록 만드는 방법론으로 정의할 수 있다.[1] OECD도 AI 시스템을 '인간이 정의한 목표들을 위해 예측과 추천, 그리고 의사결정을 하는 기계 기반 시스템'으로 정의하고 있는데, 두 정의 모두 AI 시스템을 목표를 위해 행동하는 시스템으로 본다는 공통점을 가진다. AI 거버넌스는 'AI 시스템이 인간이 설정한 목표에 맞게 적절히 행동act appropriately할 수 있도록 설계되고 구현되었는가?', '이를 내외부에서 체크, 모니터링 할 방법은 무엇인가?', '그렇게 실행될 때의 문제점은 없는가?', '그렇게 되었을 때의 이득Incentive과 그렇게 되지 않았을 때의 손실Penalty은 무엇인가?', '이러한 거버넌스를 가능하게 하는 기술구조와 대안은 무엇인가?'의 이슈를 다룬다.

---

1 2016년에 스탠포드 대학 중심으로 출간된, ARTIFICIAL INTELLIGENCE AND LIFE IN 2030 (STONE ET AL, 2016) 에서 사용한 NILS NILSSON(2010)의 AI 정의를 참조하여 확장하였으며, NILS NILSSON의 정의에 인용된 것으로 판단된 ALBUS(1991)의 지능의 정의를 활용하여 더 구체화한 정의가 LEE & HWANGBO (2020)에 있음.

AI 기법은 이른바 GOFAI^{Good Old Fashioned Artificial Intelligence} 기법뿐만 아니라, 기계학습기법(예: 딥러닝, 강화학습 등)에 의해서 발전하고 있는데, 기계학습기법은 경험^{Experience}이 쌓여감에 따라 업무^{Task}의 성과^{Performance}가 더 좋아질 수 있는 시스템으로 정의된다. 기계학습시스템의 적용에서는 경험에 따른 성과가 빨리 나타나고 있는 업무 분야^{Domain}가 있는 반면, 경험에 따른 성과가 늦게 나타나고 있는 분야도 있다. 따라서, 현실적인 AI 거버넌스는, 현재 기술의 발전, 응용 동향 및 전망, 적용 분야에 대해 최대한 정확한 판단에 기초하여야 한다. 대부분의 기계학습기법은 학습용 데이터에 최적화된 알고리듬이 새로운 테스트 환경에서도 잘 작동된다고 보장할 수 없다는 한계를 가지고 있고, 특정 데이터 집합에 대한 완전한 최적화도 많은 경우에 이론적으로 불가능하다는 한계를 가지고 있다. 딥러닝 연구로 튜링상을 수상한 얀 르쿤^{Yann LeCun}도 딥러닝의 차원이 30개가 넘을 경우 내삽^{intrapolation}과 외삽^{extrapolation}을 하는 일반화가 어렵다는 논문을 2021년에 발표하였다.[2]

데이터를 수집할 때 프라이버시 보호 요구가 계속되어 왔고, 알고리듬이 사회가 요구하는 바람직한 특성을 보장할 수 있는가, 나아가, 완전자율주행차와 같이 알고리듬의 의사결정이 어떤 물리적 동작을 일으켰을 때 그 동작이 위해를 일으킬 수는 있는 분야의 경우 개발과 사용을 관리하는 이슈가 중요해질 수밖에 없다.

거버넌스를 여러 주체가 같이 생존하고 번영하는 최적의 운용 원리를 찾아내는 것이라고 정의할때, AI 거버넌스란 개인, 사회, 기업, 정부 등의 궁극적 목표 달성(번영, 행복 등)을 지원하는 AI시스템의 행동 목표

---

2 기계학습기법은 수학적으로는 결국 오차의 함수(예: 제곱)을 최소화하는 이른바 비선형 최적화 문제이어서, 최적해를 보장하는 알고리듬이 존재하는 경우가 드물고, 많은 의사결정문제는 조합최적화(COMBINATORIAL OPTIMIZATION)으로 정형화(FORMULATE)되는 이른바 풀기 어려운(INTRACTABLE)한 문제이다.

가 적절한지, 그리고 이를 위한 AI시스템의 행동(알고리듬 등)이 적절한지를 관리하는 사회적(법적, 정책적, 사업적), 기술적 노력으로 정의할 수 있다. 기계학습의 정의를 고려하면, 설정된 성과, 즉 행동 목표가 적절한지, 경험의 과정(예: 데이터를 수집, 제작하고 학습에 사용하는 과정)이 적절한지, 학습된 시스템이 새로운 작업 환경에서 의도된 성과를 낼 수 있는지 등을 적절히 관리하는 것이 추가된다. 세상의 많은 개체와 환경이 지능화될 때 이들 AI시스템들이 어떻게 인간의 생존과 번영, 즉 복지를 위해 봉사하게 할 것인가를 연구하는 것이 AI 거버넌스 문제이다. 이는 최적화라는 공학적 관점만 가지고는 해결이 어렵고, 좋은 원리가 무엇인지, 좋은 결과를 도출하게 될 원리가 무엇인지 찾아야 하는 문제가 된다.

AI 거버넌스란 믿을만한Trustable, Trustworthy, Reliable AI, 바람직한Desirable AI를 만드는 것이라고 이해할 수도 있는데, 믿을만하고 바람직한 AI란 실효성있는Valid AI, 책임성 있는Responsible, Accountable AI, 프라이버시를 보호하는Privacy-Preserving AI, 작은 변화나 약간의 노이즈에 너무 민감하게 흔들리지 않는 강건한Robust, 공정한Fair AI, 안전하며 위험을 회피하고 최소화하는Safe, Risk-Averse, Risk-Minimizing AI 등의 특성이 요구된다. 그외에 투명한Transparent AI, 개방된Open AI, 설명가능한Explainable AI 등을 요구하기도 한다.

AI 거버넌스의 원리와 가이드라인은 제약Constraint으로 기능하기보다는 목표Objective로 설정되는 것이 바람직하며, 선언으로 그칠 것이 아니라 이를 구현하는 수단이 있어야 한다. AI 거버넌스는 AI와 관련 산업을 발전시키는 데에 기여할 수 있다. AI 기술의 발전과 서비스 개발 및 적용이 민간 부문에서 이루어지고 그 변화의 속도가 매우 빠르다는 점에서 정부 중심의 거버넌스 구조에는 한계가 있을 수 있다. AI 거버넌스는 AI 시스템이 공정하게 활용되도록 기계학습 기술이 연구되고 개발되고 있음을 확인하는 법적 프레임워크로 설명하기도 하지만, 정부의 역할을 강조하는 규제Regulation와 정책 관점의 범위를 넘어서 시민사회와 기업 등 민간 부문의 역할을 같이 강조해야 한다. 인류는 나날이 발전하는 AI 기술과 이를 이용한 AI 시스템을 어떻게 관리Govern해 나갈 것인가에 대한 지혜를 모으고 있다. 이에 먼저 인류가 개발해온 AI 거버넌스의 다양한 원칙들을 살펴보고, 그 원리를 다섯가지로 정리하여 하나씩 설명한다.

주요 AI 거버넌스 원칙들

OECD(2019)는 신뢰할 수 있는 AI를 구현하기 위해 고려해야 할 다음의 5가지 사항을 제시하고 있다. 1)포용적 성장, 지속가능한 개발 및 웰빙Wellbeing, 2)인간 중심의 가치 및 공정성, 3)투명성 및 설명가능성, 4)견고성Robustness, 보안성Security, 안전성Safety, 5)책임성Accountability이 그 것이다. 미국 연방거래위원회Federal Trade Commission, 이하 FTC는 2020년, 기업이 AI 및 알고리듬을 사용하는 과정에서 소비자에게 발생할 수 있는 위험을 어떻게 관리할지에 대한 방향을 제시하기 위해, 1)투명성, 2)설명 가능성, 3)공정성, 4)견고성과 실증적 타당성, 5)책임성 등 5대 원리를 제시하였다. 마이크로소프트는 책임성 있는Responsible AI의 여섯가지 원리로[3] 공정성Fairness, 신뢰성과 안전성Reliability & Safety, 프라이버시와 보안Privacy & Security, 포용성Inclusiveness, 투명성Transparency, 책임성Accountability을 제시했고, 구글의 AI 원리Google's AI Principles는[4] 1)사회적 혜택성Be socially beneficial, 2)공정성Fairness, 3)안전성Safety, 4)책임성Accountability, 5)프라이버시, 6) 과학적 탁월성의 여섯 개 원리를 제시한다. 2019년, 방송통신위원회는 기본 원칙으로 사람 중심의 서비스 제공, 투명성과 설명가능성, 책임성, 안전성, 차별 금지, 참여, 프라이버시와 데이터 거버넌스 등 7개를 제시하였다.[5]

여기에서는 AI 거버넌스의 기본 원리를 크게 다섯 가지로 정리하고자 한다.

---

3 https://www.microsoft.com/en-us/ai/responsible-ai
4 https://ai.google/principles/
5 2019년 11월, 방송통신위원회는 지능정보기술의 장점을 극대화하면서도 기술적, 사회적 위험을 최소화하고 안전한 서비스 환경 조성, 제공자와 이용자 상호 간의 역할 재정립이 필요하다는 인식하에, 이용자 중심의 지능정보사회를 위한 원칙을 발표하였다.

1. **보편 가치 추구**　AI는 인류 보편의 가치를 수호하고 새로운 가치를 달성하는 데에 사용되어야 한다.
2. **투명성**　AI는 적절히 투명성과 설명 가능성을 갖추어야 한다.
3. **책임성**　AI는 책임감있게 구현, 운영되어야 한다.
4. **안전성**　AI는 견고하고 안전해야 한다.
5. **공정성**　AI는 적절히 공정성을 갖추어야 한다.

1 | 보편 가치 추구

AI 시스템을 인간이 부여한 목표를 위해 적절히 행동하는 시스템으로 정의하게 되면, 결국 AI 시스템에게 그 목표를 잘 부여하는 것이 제일 중요하다는 것을 알게 된다. 그러면, AI에게 가장 바람직한 목표는 무엇일까?

AI는 인류 보편의 가치를 수호하고 새로운 보편 가치를 추구하는 데에 사용되어야 한다. AI는 인적 자본의 증대, 창의력 향상, 소외계층에 대한 포용 증진, 불평등의 해소, 자연 보호와 지속가능한 개발, 웰빙 등의 보편적 가치를 실현하는 데 활용되어야 한다. 구글은 AI for Social Good 프로젝트를 통해 세계 각국에서 사회적 선을 실현하는 인공지능 프로젝트를 지원하고 있고, 미국인공지능학회AAAI는 매년 열리는 학회에 AI for Social Impact 트랙을 따로 두어 인공지능의 사회적 활용을 진작하고 있다.

AI 시스템의 목표는 보편적 가치를 훼손하지 않고, 사회 속에서 갈등하는 가치를 절충해야 하며, 그 목표는 투명해야 한다. AI 시스템도 예외없이 사생활 보호 등 기존 사회의 가치 체계를 따라야 한다. Contact Tracing, Facial Recognition, 건강정보 모니터링, 자율주행을 위한 위치확인 기술 등에서 개인이 특정화되지 않도록 적절히 익명화되어 분석되고 서비스 되어야 한다. 개인주의와 공동체 안전, 국가적 경쟁과 시민의 권리, 공중 보건과 개인의 자유와 프라이버시 등의 갈등하는 가치 가운데 최대한 절충하는 의사결정 원리를 통해 AI시스템의 목표가 도출되어야 한다. 2020년말 공개되어 큰 반향을 일으킨 스캐터랩의 인공지능 챗봇 이루다는 동성애를 혐오하는 발언을 했다고 해서 비난을 받았다. 그러나, 조금만 테스트해보면 이루다는 동성애를 옹호하는 발언도 쉽게 한다는 것을 알수 있었다. 이루다는 그저 상대방의 대화에 적절히 추임새를 넣는 챗봇일뿐이었다. 이루다 사태는 사람들이 인공지능에게 동성애를 혐오하지 않기를 원한다는 교훈을 주기도 했지만, 인간 사회나 인공지능 시스템에게 좀더 표현의 자유가 있어야 하는 것이 아닌가하는 생각할 점을 제공하기도 한 사례다. 이루다는 결국 시스템을 개발하는 과정에서 사용자의 대화 데이터의 개인 정보를 잘 걸러내지 못한 결함과 개인 정보 사용 허락도 제대로 받지 않은 부분이 있었다는 점, 개발자들이 연인과의 대화를 개발과정에서 사내외에 유출시키는 등의 부주의가 있었다는 점등 AI거버넌스의 여러 문제를 드러내면서 서비스가 중단되었다.

　AI는 중앙집중적 통제보다는 민주화를 늘리는데에 사용되어야 한다. 능력을 확대하는 AI 기술의 속성으로 인해 조직 규모의 차이가 더 큰 차이를 낳지 않도록 AI 기술을 더 많이 대중화시키고 교육해야 한다. AI 기술이 사회적 격차를 더 증폭시키지 않는지 감시하면서, 사회적 약자 (빈자, 장애인, 여성)의 문제를 해결하는데 AI를 적극 사용해야 하며, 사회적 약자 자체가 AI 교육을 더 잘 받을 수 있도록 해야 한다. 예를 들어, 스탠포드 대학은 매년 사회적 약자 집단에 속하는 500여 명의 고등

학생들에게 인공지능을 가르치는 AI4ALL이라는 여름학교를 열어온 사례가 있다.

보편적 가치를 달성한다는 것은 직면하고 있는 난제를 해결한다는 의미도 가진다. AI 기술이 지구가 가지고 있는 난제를 해결할 수 있도록 하는 선순환의 메커니즘을 만들어야 한다. 난제 해결, 사회 취약 계층의 문제 해결 등 AI가 선용되는 사례의 적극 개발을 통해 AI에 대한 대중의 인식을 개선하고, 일회성 프로젝트가 아닌 지속가능한 비즈니스 모델로 자리잡을 수 있는 생태계를 조성해야 한다.

AI시스템이 기존 규범을 지킬 것만을 강조할 것이 아니라, 바람직한 AI 시스템의 지속적 등장과 안착을 위해 규범들을 유연하게 개혁하는 것도 필요하다. AI기술의 발전으로 인해서 기존 규범의 변경이 필요하다면 적극 수용하는 자세를 가져야 한다. 규범의 유연한 개혁과 필요한 표준의 적극적 형성 노력을 통하여, 등장하고 있는 AI시스템들이 지속가능한 비즈니스 모델을 가져서 산업으로 발전될 수 있도록 도와주는 것이 가장 효율적인 거버넌스가 될 수 있다. 구체적으로는, AI기반 제도개혁 특별위원회 등을 설치하여 AI기술 발전에 따른 기존 규범 및 제도의 개혁을 연구하고 법률 개정을 촉진하도록 할 필요가 있다.

요약하면, AI는 인류 보편 가치를 위해 복무해야 하고, 인류는 AI를 활용하여 세계를 더욱 발전시키기 위해 기존의 가치와 규범을 재검토하는데에 개방적이어야 한다.

2 | 투명성

시민사회는 정부와 기업 등의 AI 시스템에 투명성을 높일 것을 요구한다. 투명성 또는 설명가능성의 강조는 기계 학습 기법의 단점에서 기인한다. AI 시스템은 기계학습기법으로만 이루어지지 않는다. 사람의 지식을 지식공학Knowledge Engineering 과정에 의해서 추출한 규칙Rule이나 제약조건Constraints이 사용되는 것도 AI 시스템이다. 다만, 이러한 규칙이나 제약조건은 인간으로부터 나와서 인간이 인식할 수 있고, 그것을 기계가 인식할 수 있도록 표현하게 되는 반면, 기계학습 방법론에는 설명가능성이 약한 방법론이 많고, 인간의 규범을 녹여들게 하면서 기계학습하는 방법론이 아직은 부족한 상황이다.

AI 행위자는 시스템 전반에 대한 이해를 도울 수 있는 정보, 결과에 대한 설명뿐만 아니라 AI 시스템의 예측, 권고 또는 결정의 근거로 쓰인 논리와 요소들을 이해하기 쉽게 설명할 필요가 있다. 투명성은 AI가 책임성을 갖추는 데 도움이 될 것이다. 투명성과 설명가능성은 AI의 책임성과도 연결이 된다.

투명성과 설명가능성 원칙은 AI서비스에 포함된 서비스 체계와 작동방식이 이용자에게 중대한 영향을 끼칠 경우, 서비스 주체의 정당한 이익을 침해하지 않는 범위에서 이용자가 이해할 수 있도록 관련 정보를 작성하며, AI서비스가 인간의 신체, 자유, 재산 및 기타 기본권에 피해를 유발하였을 때, 기술적으로 가능한 범위에서 이용자에게 예측, 추천 및 결정의 기초로 사용한 시스템상의 주요 요인을 설명할 수 있어야 한다는 것을 의미한다. 미국 FTC는 알고리듬에 의해 신용평가 등 여러 분야에서 소비자에게 불리한 결정을 내려야 할 경우 어떤 데이터를 어떻게 활용하였는지를 구체적인 설명과 함께 부정적인 영향을 미친 상위 주요 요인을 최소 4가지는 공개하도록 권고한다. 또한, 자동화된 도구가 소비자를 기만하면 안되고, 챗봇이 소비자를 오도하지 않아야 하며, 가짜 프로필, 허위 팔로워 및 가입자, 가짜 '좋아요', 딥페이크 등 알고리듬을 활용한 기만 행위는 사기로 간주한다. 인간이 실제 하지 않은 일을, 한 것처럼 착각하게 하거나, 여기게 하는 행위들은 사법적 제재를 받을 수 있다.

2021년에 제안된 유럽연합 집행위원회의 AI 규제법안Artificial Intelligence Act은 감정 인식용 시스템, 생체분류 시스템, 딥페이크 등을 '제한된 위험'으로 분류하고, 투명성 의무를 부여했다. 예를 들어, AI 챗봇은 사용자에게 AI와 상호작용하고 있음을 알려야 한다. 이용자의 음성, 시각적 데이터, 생체 데이터 등 민감한 데이터는 투명성있게 수집되어야 한다. 비밀리에 수집하는 경우 정부는 조처를 취할 수 있어야 하며, 자동화된 결정을 내리는 경우, 발생한 불리한 조치를 투명하게 알려야 하며, 이를 통해 소비자는 자신의 정보를 확인하고 부정확한 정보를 수정할 수 있는 권리를 행사할 수 있어야 한다. AI 투명성을 위해 개발자가 투명성 프레임워크를 만들고 독립적 표준을 사용하고, 알고리듬에 대한 독립적 외부 감사를 수행할 필요가 있다. FTC는, 외부 감사에서, 데이터와 소스코드까지 공개할 것을 권고하지만 기업들이 이같은 권고를 실제로 쉽게 수용할 수 있을지는 의문이다. 알고리듬은 영업비밀로 여겨지기 때문이다.

투명성과 설명가능성이 중요하기는 하나, 분야에 상관없이 일괄적으로 요구하는 것은 바람직하지 못하다. 응용 분야에 따라 요구되는 필요성이 다르다. 알고리듬이 투명해야 바람직한 분야가 있고, 알려지지 않아야 바람직한 분야가 있다. 그 과정을 설명가능해야 하는 분야가 있고, 설명을 군이 필요로 하지 않는 분야가 있다. 프로 골프 선수에게 골프를 잘치는 비결을 시시콜콜이 공개하라는 것은 실례이다. 영업 비밀이기 때문이다. 특급 요리사에게 요리 비법과 레서피를 공개하라고 강요하는 것과 마찬가지다.

투명성이, 설명 가능성이 필요한 분야는 각기 그 분야의 특성에 맞게 다루어져야 한다. 일괄적인 투명성과 설명가능성을 요구하는 것은 개인 정보의 보호, 영업 비밀 보호 등의 다른 가치를 위배할 수 있다. 한국의 모당 모의원은 2021년 6월, '알고리듬 투명화법'을 발의하면서, 이용자의 알고리듬에 대한 설명요구권을 포함시켰는데, 프로골프선수나 특급 요리사에게 영업비밀 설명을 요구하는 것과 조금도 다르지 않다. 서비스간 자유경쟁이 보장된 경우라면, 소위 '갑'인 고객은 특정 추천서비스가 싫으면 다른 추천서비스로 가면 된다. 중요한 것은 '을'인 서비스들이 자유롭게 경쟁하는 환경을 조성하는 일이다. 물론, 소비자에게 선택권이 있는 자유경쟁이 아니고, 사업자가 실질적으로 독점적인 상황, 추천서비스가 아니면서, 정부의 시혜성 서비스나 예산 지원, 신용 평가 등 시민이나 고객이 소위 '을'의 상황일 경우에는 설명이 필요할 수 있다.

인간사회에서의 사법적 판단은 당연히 그 설명을 제공해야 한다. 그 사실은 AI, 기계학습 시스템을 사용한다고 해서 달라지는 것이 아니다. 이유가 없는 사법적 판단이라는 것은 민주사회에 있을 수 없다. 따라서 아직 설명기능이 부족한 딥러닝은 사법적 판단의 자동화엔 활용될 수 없다. 단지 판례 법령 추천, 판결 추천만 가능할 뿐이다. 결정은 인간 또는 정립되고 투명한 규칙 기반 시스템이 할 수 있다.

AI 시스템의 소유자 또는 관리자는, 손상을 일으킨 경우, 그 손상에 대해 적절한 처벌이 가해진다면, 자신의 이익을 위해서라도, 즉, 향후의 처벌을 피하기 위해서라도, 그 손상의 이유를 파악하여, 재발 가능성을 최소화하려는 노력을 할 것이다. 또한, 알고리듬의 설명가능성에 대한 요구가 연구자나 기업의 이해관계에서 제기되는 것은 바람직하지 못하다. 설명가능 AI는, 딥러닝의 경우 모순형용과도 같은 것이며, 충분히 발전하지 못한 상태이다. 따라서, 알고리듬의 설명성은 요구조건이 되어서는 안되며, 기업이 고객 만족과 경쟁력 관점에서 취사선택해야 할 성격의 것이다.

알고리듬이 인간의 신체, 자유, 재산 및 기타 기본권에 피해를 유발하였을 때, 이용자에게 주요 요인을 설명하는 것도 중요하겠지만, 더 중요한 것은 피해를 보상하는 것이다. 알고리듬에게 과정보다 결과를 책임지게 하는 것이 더욱 엄격한 의무를 지우는 것이다. 투명성이나 설명가능성보다 더 우리가 관심을 가져할 것은 알고리듬이 어떠한 결과를 가져오며, 그 결과가 바람직한가에 대한 평가일수 있다. 추천 시스템이 고도화될수록 사용자의 입맛에 맞는 정보만 제공되고 나머지 정보는 감추어지는 위험, 이른바 필터 버블에 갇히게 될 수 있으므로, 알고리듬에만 의존하기보다 인간 전문가의 참여가 필요하다. AI 기업간의 경쟁이 심화될수록 레이블링, 타게팅, 데이터 집중의 고도화가 이루어지는데 역설적으로 고도화의 위험을 관리할 방법을 성찰해야 한다. 데이터가 쌓이고, AI 기업간의 경쟁이 심화될수록 레이블링의 고도화[6], 타게팅의 고도화, 데이터 집중의 고도화가 이루어지는데 역설적으로 고도화의 위험을 관리할 방법을 찾아야 한다. 효율화를 쫓아 자동화만 했다가는 다양화를 해치기 때문이다. 모든 정보가 파악되어 정보의 불확실성이 없어지는 것은 좋은 것이지만, 그것이 극한까지 갈 때, 다양성이 없어지는 부작용의 발생 가능성이 있다. Pinpoint 마케팅에 의한 영향으로, 너무 예측이 정확해지는 사회의 위험을 미리 숙고할 필요가 있다. 이렇게, 다양성을 훼손할 수 있는 AI 기술의 특성을 간파한 정책 이슈를 미리 제기

---

6 레이블링의 특정화 정도가 더 높아짐

하여, 이런 문제들을 미리 막을 수 있는 이상적인 구도를 제시하는 것도 필요하다.

투명성과 공개는 검증가능한 증거를 개방적이고 객관적으로 추구함으로써, 정책의사결정과 AI에 대한 대중의 신뢰와 확신을 증진시킬 수 있으므로, 이를 제고하는 노력을 하도록 유도하는 것이 바람직하다. 시민사회는 AI 시스템의 알고리듬의 투명성보다는 목표의 투명성을 높일 것을 요구하는 것이 더 중요하고 알고리듬의 결과가 목표에 맞는지 검증할 능력, 즉 알고리듬 리터러시를 가지는 것이 중요하다. 2020년 가을 네이버는 실시간 검색 알고리듬의 조작을 의심하는 시민사회와 정치권의 목소리에 기술적 설명이 포함된 답변을 내놓았다. 검색 전문가의 관점에서 그 답변은 얼토당토않은 것이었으나, 정치권과 시민사회는 그 답변을 이해하지 못하고 이후 침묵하였다. 이 사례 하나만 보더라도, 시민사회는 조금 더 알고리듬에 대한 지식에 무장되어야 하을 알 수 있는데, 시민사회가 AI 거버넌스 기술력을 가져야 함을 알 수 있다. AI기술의 오남용은 외부에서 법률적, 제도적 선언만으로만 막을 것이 아니라, 외부 모니터링에 AI기술을 활용함으로써 더 효과적으로 막을 수 있다. 2017년 대통령 선거에서, 이른바 드루킹 일당이 킹크랩이라는 매크로 프로그램을 통해 여론조작을 한 사례가 발견되었다. 이에 따라, 2021년 11월, 야당은 크라켄이라는 댓글 조작 대응 프로그램을 발표하였는데, 크라켄은 신화 속 바다 괴물로, '드루킹' 일당의 댓글 조작 프로그램인 '킹크랩'을 겨냥해서 지은 이름이다. 킹크랩을 잡아먹는 괴물이라는 의미다.

이렇게, AI 기술을 활용하는 기업과 정부, 또는 어떤 집단은 그 외부에 그들을 견제할 수 있는 기술적 능력을 가진 세력이 있을 때, 더욱 책임있는 행동과 설명을 할 것이다. AI거버넌스를 위해 기술적 능력을 가지고 활동하는 AI NPO/NGO, 정책가, 정당인 등이 필요하다. 다양한 주체가 바람직한 목표를 달성하기 위한 AI 시스템의 완전성을 내외부적으로 점검할 기술적 방법을 계속 육성해야 한다. 또한, AI NGO의 독립적 비즈니스 모델이 발전할 수 있는 제도와 생태계를 조성할 필요가 있다. AI NGO가 기업이나 정부 AI 의 실수를 밝혀내고, 이를 시장과 시민사회에서 공론화하여 해결에 기여하는 메커니즘이 바람직하다.

한편, 알고리듬 개발자들이 사회의 요구에 대한 책임을 가지고, 윤리적 역량을 확장시키고, 가치 체계와 공정성의 개념 등을 잘 이해할 수 있도록, 교육하는 것 역시 중요하다. 윤리와 기술을 겸비한 인재를 양성하기 위하여, AI 관련 교육에 윤리 교육을 필수화 또는 장려할 필요가 있다.

3 | 책임성

책임성 원칙은 조직 또는 개인이, 개발, 운영한 AI 시스템이 수명주기 전반에 걸쳐 적절한 기능을 수행할 책임에 초점을 둔 것이다. AI의 책임성 문제는 AI가 산출한 결과를 중간에 사람이 필터링 또는 참조하는 형태가 아니라 직접적으로 결과를 낼 경우 일어날 수 있는 문제로, AI는 도구이므로, 책임은 사람이 져야 하는데, 완전 자동화된 AI가 현실에 미칠 경우 AI가 주체라는 착각을 하게 되면 단기적으로 AI에게 책임을 요구하게 된다. 특히, 순수한 딥러닝의 결과를 완전히 자동화한 시스템은 책임성을 가지기가 어려우므로, 딥러닝 기반의 AI시스템은 실수해도 되는 분야에 쓰거나 그 결과를 사람이 책임져야 한다.

AI 시스템도 결국은 사람이 만든다. AI 시스템은 그 자체로, 즉 스스로 주인이 될 수 없다. 따라서, AI 로봇에게 시민권을 준다는 식의 모습은 잘못된 것이다. AI 시스템은 독립된 개체가 될 수 없고, 법적 인격을 가질 수도 없다. 따라서, AI 시스템은 책임을 질 수 없으며, 결국 AI 시스템을 둘러싼 이해관계자인 인간과 법인이 책임의 주체가 될 수밖에 없다. 결국 모든 AI 관련 가이드라인은 AI 시스템 그 자체에 부여되는 것이 아니라, AI 시스템을 만들고 소유하고 사용하고 취급하는 모든 이해관계자에게 부여되어야 하는 것이다.

개발 주체는 AI 모형이 설계 의도와 맞게 작동하고, 불법적 차별을 일으키지 않도록 명확하고 실증적인 통계 원칙과 방법론을 사용하여 주기적으로 AI 모형의 유효성을 재검증해야하며, 예측력 유지를 위해 보수해야 한다. 책임성의 보장을 위해서는 구성원들이 AI 서비스의 올바른 기능과 보편적 가치 추구의 보장을 위한 공동의 책임을 인식하고, 서비스의 제공과 이용으로 인해 발생한 타인의 권익 침해에 대한 법적, 사회적, 윤리적 책임을 다할 수 있도록, 지속적인 의견 교환에 참여할 필요가 있다. 구성원들이 이용자 정책 과정에 차별 없이 참여하고, AI 서비스의 이용과 관련하여 제공자와 이용자가 실질적으로 의견을 제시할 수 있는 정기적인 통로를 조성하여야 한다. 자율적인 노력을 실질적으로 지속하기 위해, 구성원들이 참여하는 협의회를 구성하여 운영하는 것이 유용하다.

알고리듬 운영자는 알고리듬을 사용하기 전 데이터의 대표성, 데이터의 편향에 대한 설명account, 예측의 정확성, 빅데이터에 대한 의존이 윤리나 공정성 우려를 발생시키는지 여부 등을 점검해야 한다. 개발된 AI 툴이 악용될 가능성이 없는지, 접근 제어 및 기타 기술을 이용해 AI툴의 남용을 막을 수 있는지를 검토해야 한다. 개발한 AI에 대해 책임을 다하기 위해, 독립적인 표준을 마련하고 외부 전문가를 활용하는 등 객관적인 시각에서 AI를 평가하는 체계를 구축해야 한다.

네이버는 AI 프로젝트 진행 또는 서비스 개발 시 AI 윤리 준칙과 관련된 사안을 논의할 수 있는 메일링 그룹 형태의 유연한 사내 커뮤니케이션 채널을 마련하고, AI 관련 서비스 개발에 있어 AI 윤리를 최우선으로 두고 연구를 진행하며, AI 윤리 준칙 설계 및 실천에 대한 경험을 스타트업에게 공유하는 프로그램도 지속적으로 준비하고 있다고 밝히고 있다. 네이버는 OpenAI의 GPT-3의 한글 버전인 하이퍼클로바도 2022년 현재 이미 개발한 것으로 알려지고 있으나, 2020년과 2021년에 있었던 이루다 사태의 여파로 AI윤리 문제에 만전을 기하는 과정에서 아직도 대중에게 하이퍼클로바를 공개하지 못하고 있는 상태로 알려지고 있다. 이는 사회가 AI기업에게 너무 과도한 책임성을 부여하는 부작용으로도 볼 수 있다. 한국의 대중이 AI에 대한 눈높이를 낮추고 좀더 관용을 갖춘다면, 네이버등의 선진 기업은 자신의 연구 개발 결과를 좀더 부담없이 공개하고 좀더 빠르고 광범위하게 사용자 테스트를 거치는 기회를 가지게 될 것이고, 이는 한국의 인공지능 발전에 더욱 기여할 것이다. 이렇듯, AI 책임성에 대한 압력은 너무 과도해도 발전과 혁신을 저해할 수 있음을 명심해야 한다.

4 | 안전성: 견고하고 결함이 없는 AI

AI 시스템의 취약성과 실수에 대한 대비를 해야한다. 기계학습기법에 의존하는 AI 시스템은 경험한 상황을 담고 있는 기존 상황에서는 안정적일 수 있으나, 환경이 변화하게 되었을 때나 레짐(구성 주체)이 변화함에 따라 취약성을 보일 수 있으므로, AI시스템이 얼마나 강건한지를 관리해야 한다.

사회는 모든 시스템이 작동 수명 전반에 걸쳐 안전해야 하며, 그 안전을 검증할 수 있기를 바란다. 기계학습기법에 기반한 AI시스템은 기계학습방법론의 속성상 그 자체로 견고robust하지 않을 수 있다. 약간의 노이즈나 상황 변화에 크게 결과가 흔들릴 수 있다. 따라서, AI시스템의 예측이나 이를 통한 행동을 과신하는 것은 위험하다. 오류의 위험이 큰 분야에 기계학습기반 AI시스템을 도입하는 것은 바람직하지 않다.

위험 평가에 기반한 관리 접근 방법은, 어떤 위험이 수용가능한지, 그리고 어떤 위험이 수용불가능하거나 혜택을 현저하게 넘어서는 비용을 초래하게 될 것인지 등, 위험을 기반으로 접근하는 것인데, 2021년에 제안된 유럽연합 집행위원회의 AI 규제법안[7]은 AI 시스템이 사용되는 목적에 따라서 그 위험도를 평가하고 단계별로 다른 규제를 적용하는 것을 골자로 한다. 위험 기반 접근에 기초하여 '허용할 수 없는 위험', '고위험', '제한된 위험', '최소 위험' 수준으로 분류하는데, 사용이 금지되는 AI는 인간의 행동을 왜곡시키거나, 특정 그룹의 취약성을 이용하거나, 개인에게 부당하게 해악이나 불이익을 주거나, 공공장소에서 법집행에 사용되는 실시간 원격 생체인식 시스템 가운데 엄격한 필요성이 없는 경우 등이다. 고위험 AI에는 원격 생체인증, 생체인식 기술을 이용한 개인의 유형화, 중요 인프라의 운영, 교육 · 직업훈련, 채용 · 근로자의 관리, 주요한 사적 · 공적 서비스, 법집행, 이민 · 망명 · 국경관리 등이 포함되는데, 이들 고위험 AI 시스템은 위험관리시스템을 구비하여야 하며, 데이터 거버넌스, 투명성, 정확성과 회복력을 갖추어야 하고 사후 모니터링을 받게 되며, 적절한 위험을 산정하고 완화하는 시스템을 구

---

7 PROPOSAL FOR A REGULATION LAYING DOWN HARMONISED RULES ON ARTIFICIAL INTELLIGENCE (ARTIFICIAL INTELLIGENCE ACT), EUROPEAN COMMISSION (26 APRIL 2021)

축해야 한다. AI를 이용한 비디오 게임, 스팸 차단은 '최소 위험'으로 여겨지며 규제가 없다.

오류의 위험이 큰 분야에 AI를 도입할 경우는 오류의 발생에 따른 처벌이 큰 제도의 도입을 통해서 AI 개발자들이 스스로의 이익을 위하여 유의하게 하는 전략이 필요하다. 안전성은 AI시스템의 오작동으로 인해 안전이 위협받는 경우와, 오작동하지 않는데도 안전이 위협받는 경우로 나누어 접근할 필요가 있지만, 제도적으로는 오작동이든 아니든, 결국 AI 시스템의 작동으로 안전에 위협이 일어났을 때 그 처벌이 큰 제도의 도입을 통해서 AI 개발자들이 스스로의 이익을 위하여 유의하게 하는 전략이 필요하다. AI시스템이 오작동한 것이 아닌데, 안전이 위협받거나 부정적 결과를 초래하는 것에 대한 대비는 좀더 연구가 필요하다.

또한, AI 시스템이 Mission Critical Application에 사용될 때는, 기계학습에 의한 자연스러운 성과 증진에만 의존할 것이 아니라, 표준 형성에 의한 촉진을 꾀하는 거버넌스 노력이 필요하다.[8] 시민의 건강이나 안전이 희생될 수 있는 분야의 AI응용은 좀더 적극적인 개입을 통해서 안전 표준을 형성시키고 이를 국제적으로 전파, 확립해 감으로써, 산업의 발전과 소비자의 보호를 같이 꾀할 필요가 있다.

견고성, 보안성, 안전성은 모든 시스템에서 강조되는 것이므로 특별히 언급할 필요가 없는데도 자주 언급되는 것은 AI에 대한 일반 대중의 두려움 또는 과신에 기인하는 것이기도 하다. AI가 사회적 부정의를 초래하는 자동 무기가 될 수 있다는 것을 경고하는 경우도 있는데[9], 그것은 기술에 대한 오해에서 비롯된 것이며, AI가 오히려 자율적 사회 건설

---

8 자율주행차 분야의 RSS (RESPONSIBILITY-SENSITIVE SAFETY)같은 표준
9 ANITA GURUMURTHY, THE AI-DEVELOPMENT CONNECTION - A VIEW FROM THE SOUTH, TUTORIAL PRESENTATION

을 위한 도구가 될수 있다는 점을 인식해야 한다. AI가 사회적 부정의를 초래하는 것으로 보는 것은, SF 영화 등을 통해서 AI를 바라보는 대중의 관점에서는 이해할만도 하지만, 이는 극복해야 할 잘못된 관점이다. SF 영화나 공상과학 소설은 속성상 늘 부작용을 강조하지만, 비즈니스에는 유익하다. 기술의 비전을 보여주면서, 그 부작용을 예방할 수 있게 해주기 때문이다. 신기술인 AI대한 두려움, 과도한 기대, 착각을 대중이 하지 않도록 계몽할 필요가 있으며, 그러한 착각을 불러일으키는 제품과 서비스에 대한 제재가 작동할 수 있도록 해야 한다.

대부분의 사회와 시스템에서 규제와 제한은 최소화해야 한다. 불필요한 제약조건의 추가는 시스템의 성과를 제약할 뿐이다. 견고성, 보안성, 안전성은 AI 개발자와 사업자들이 스스로 그것을 지키는 것이 도움이 될 수 있는 구조로 만들어나갈 필요가 있다. 거버넌스는 불필요한 규제와 제한을 최소화하는 방법을 찾음으로써, 사회 전체 시스템의 성과를 높이고자 하는 노력이다.

AI가 인류의 멸망 또는 호모사피엔스의 멸망, 또는 휴머니즘의 멸망을 가져온다고 주장한 스티븐 호킹, 유발 하라리 등 유명 인사의 비과학적, 비전문적 발언은 일반대중으로 하여금 AI의 힘을 과대 평가하게 만들었고, 매스미디어는 일반 대중의 두려움을 증폭시켰다. 이러한 두려움은 이른바 강제 정지 스위치Kill Switch라는 용어가 나오게까지 하였다. 한국은, '국가정보화 기본법'을 전면 개정하여 법 제목을 '지능정보화기본법' 으로 변경하는 과정에서, "지능정보기술의 동작 및 AI서비스 제공을 외부에서 긴급하게 정지(이하 '비상정지'라 한다)"하는 것과 "비상정지에 필요한 알고리듬의 제공에 관한 사항"을 규정했으며(60조 1항), "중앙행정기관의 장은 사람의 생명 또는 신체에 대한 긴급한 위해를 방지하기 위하여 필요한 때에는 지능정보기술을 개발 또는 활용하는 자와 AI서비스를 제공하는 자에게 비상정지를 요청할 수 있다. 이 경우 요청받은 자는 정당한 사유가 없으면 이에 응하여야 한다."라는 조문을 새로 넣었다(60조 1항). 이러한 조항은 불필요한 조문이고, 권력기관에 의해 악용될 수도 있는 조문이다. 사람의 생명 또는 신체에 대한 긴급한 위해가 있다고 판단하면, 관련 당사자는 자신의 법적 책임을 피하기 위해서라도 어떤 시스템을 정지시킬 것이기 때문이다.

한편, 한국의 지능정보화기본법은 "지능정보사회의 변화에 대응하고 AI서비스 등의 안전성 및 신뢰성을 확보하기 위해 일자리 · 노동환경 변화 등에 대응하기 위한 시책을 수립하고 지능정보기술 및 서비스의 사회적 영향평가를 실시"할 것을 밝히고 있는데, AI의 "유익한 이용을 보장하기 위한 연구비 지원"이 바람직할 수는 있으나, 필수화될 필요는 없다. 시장경제 사회에서 기술은 유익한 이용에 사용되어야 살아남는다. 그럼에도 불구하고, AI 기술에 대해 특별히 "유익한 이용을 보장"할 필요가 있다고 천명한 것은 AI 기술에 대한 두려움이 반영된 것은 아닌가라는 의심을 가지게 한다. 법적 강제성이 없는 원리의 제안은 바람직할 수 있으나, 이러한 원리가 강제적인 법조항으로 각국에서 구현되는 것은 문제이다.

AI 시스템이 도입되기 이전에 영향평가를 하는 것은 일견 의미 있는 것처럼 보이지만 실제로는 작동하기 어려울 것이고, 불필요한 제약조건만을 부여할 수 있다. 인터넷이 대중화되어 부동산정보가 인터넷에서 많아지면, 공인중개사들은 직업과 수입을 인터넷 정보유통기업에 뺏긴 것으로 예상했지만[10] 실제로는 더 거래가 많이 일어나서, 공인중개사들

---

10 BAEN, J. & GUTTERY, R. 1997. "THE COMING DOWNSIZING OF REAL ESTATE: IMPLICATIONS OF TECHNOLOGY". JOURNAL OF REAL ESTATE PORTFOLIO MANAGEMENT, VOL. 3, NO. 1, PP. 1–18.

의 수입이 더 늘게 되었다.[11] 인터넷에 의한 탐색비용의 획기적 감소는 부동산 구입에 대한 사람들의 접근을 높여주었고, 이는 더 잦은 거래로 연결되었다. SK 그룹의 계열사 엔카가 중고자동차중개업에 진출했을 때, 많은 중고차딜러들은 여의도에 모여서 시위를 했다.[12] 중고차딜러들의 수입을 엔카가 빼앗을지 모른다는 우려를 가지고 있었던 것이다. 그러나, 이후 엔카는 중고차딜러들이 가장 애용하는 중고차 거래 플랫폼이 되었다. 이렇듯 새로운 자동화 기술, 특히 보편적 기술General Purpose Technology의 사회적 영향을 미리 평가한다는 것은 매우 어렵다. 따라서, 영향 평가를 참고자료로 사용할 수 있으나, 영향 평가 결과에 근거하여 미리 사업자에게 어떤 조치를 요구하거나 권고하는 것은 산업의 발전과 시민의 효용을 억제할 위험을 가지고 있으므로 피해야 한다. 그러한 움직임은 오히려 한창 성장하고 있는 산업을 옥죄어 활발한 시장진입을 막는 결과를 초래할 수 있으며, 새로운 기술과 서비스에 대한 차별 조치로 활용될 가능성도 있으므로, 지양해야 한다.

새로운 기술과 비즈니스의 영향의 방향을 반대로 예측한 경우는 역사가 깊다. 19세기에 있었던 러다이트 운동과 적기 조례 역시 당시 새로 탄생한 기술의 영향을 부정적으로만 평가한 것에 기인했다고 할 수 있다. 러다이트 운동과 적기 조례가 현대인의 시각에서 볼때 비합리적이었던 것으로 판단되는 것처럼, AI 기술과 서비스의 영향 평가는 평가 주체의 이데올로기와 편견(예: AI는 일자리를 없앤다라는 편견과 오해)이 영향을 크게 미칠 수 있고, 그렇지 않다 하더라도 현실의 결과가 영향평가에서의 예측과 반대로 나올 수 있다. 그럼에도 불구하고, 이렇게 영

---

11 MUHANNA, W., & WOLF, J. 2002. "THE IMPACT OF E-COMMERCE ON THE REAL ESTATE INDUSTRY: BAEN AND GUTTERY REVISITED", JOURNAL OF REAL ESTATE PORTFOLIO MANAGEMENT, 8(2), 141–152.

12 이상민 기자, [데스크칼럼] 중고차 쇼핑몰 'SK엔카'의 추억, 2017.09.15

향 평가를 과도하게 강조하는 것은 그 영향 평가 관련 정부 기관이나 이익집단의 이해 관계에서 기인한 것은 아닌가 의구심을 가질 수 있다.

한편, AI에 대한 민간의 행동 용인을 통한 상호 발전을 꾀해야 한다. AI 시스템에 대응하기 위한 인간의 창의적 방법에, 그것이 불법적이지 않다면, 최대한 관용해야 한다. 얼굴 인식 기술, 자율 주행 기술 등 발전하는 AI기술에 의한 체계에 인간이 어떻게 창의적으로 대응하게 될지 고려하면서, AI기술과 인간의 대응이 더 바람직한 기술의 발전과 이를 통한 사회의 발전에 기여할 수 있도록 법적 테두리 안에서 다양한 활동을 보장해야 한다. AI시스템에 대한 사용자들의 어뷰징에 대한 대책도 필요하지만, 자기가 소유하지 않은 시스템에 대한 물리적, 보안적 관점의 공격이 아니라면, 포괄적으로 개인적 사용이라는 관점에서 자유의 영역에 두어야 할 상황도 많을 것이다.

5 | 공정성: 격차와 차별의 최소화

AI 시스템을 설계하고 공급하는 사람들과 그 시스템에 영향받고 있는 사람들 사이의 갭이 커져서 이른바 AI Divide가 생기고 커질 것이라는 우려가 있다. 그러나, AI 기술은 그 자체로서, 차이와 편견을 증폭시키고, 자원 배분을 악화시키고, 갭을 키우는 기술은 아니다.

기술적으로 유연하지 않은 AI 시스템은 기존의 차이, 사회적 편견을 증폭시켜서, 자원 배분 문제를 기술적으로 해결하지 못하는 것을 넘어 더 악화시킬 수 있다. 알고리듬이 취약계층에 차별적 영향을 주지 않도록 엄격히 테스트하고 관리해야 한다. AI 시스템을 학습시키는 데에 사용될 데이터를 만들고 레이블링Annotation할 때 편향이 생긴다면 이는 매우 원천적인 편향을 가지게 될 것이라는 우려가 있어왔으므로, 입력 데이터와 결과 모두에서 차별이 발생하지 않았는지 통제·관리 해야 한다. 의사결정에 사용되는 정보에 대한 접근 권한과 수정 기회를 소비자에게 제공해야 한다. 소비자는 자신과 관련한 의사결정에 활용되는 정보가 무엇인지 알 권리가 있으며, 정보가 부정확하다고 생각될 경우 이의를 제기할 수 있어야 한다.

AI시스템이 부당한 편견을 만들어내거나 강화시키지 않고, 사회 경제적 불공평이나 격차를 초래하지 못 하도록, 알고리듬 설계, 데이터의 수집과 입력 및 알고리듬 실행 등 개발과 사용의 모든 단계에서 차별적 요소를 최소화하고 사회적 다양성을 고려해야 한다. 다만, 차별이 무엇인지에 대한 정의가 필요하며, 차별의 최소화와 차별의 금지는 다르다는 것을 인식할 필요가 있다.

AI에 공급되는 데이터 셋에 특정 인구 데이터가 누락되었다면 AI 모델은 불공평한 결과를 내놓을 수 있다. 그러므로 데이터 셋을 개선하는 방법을 처음부터 모색하고, 데이터 격차를 고려한 AI 모델을 설계하고, 그 단점을 감안하여 AI의 사용에 일정한 제한을 둘 필요가 있으며, 차별적 결과를 조심해야 한다. 개발한 선의의 알고리듬이 불평등을 지속시킬 수 있는 위험도 있기에 이를 감소시키기 위해서는 알고리듬의 사용 전후에 주기적으로 테스트하여 차별적 결과가 나오지 않는가를 확인해야 하며, 알고리듬 작업 성능을 과장하거나 그 연산 결과에 편향이 없다고 장담해서는 안된다. 데이터가 수집되고 사용되는 방식을 진실하게 밝혀야 하며, 알고리듬을 통해 제품 구매에 가장 관심이 있는 소비자를 타겟팅할 수 있다면 혜택처럼 보일 수 있으나 디지털 불평등digital redlining을 조장할 수 있음을 인식해야 한다.

AI의 공정성을 높이기 위해서, AI 관련 연구·개발 계획의 단계와 서비스 개발, 적용, 평가의 단계에서 다양한 주체가 참여하고, 다양한 의견이 반영될 수 있는 절차를 확립하고, 다양성과 격차, 차별 모니터링 위원회를 설치하여, AI 사회에서 자칫 발생할 수 있는 다양성의 부족, 격차의 확대, 차별의 강화 문제를 계속적으로 찾아낼 수 있도록 하는 것이 필요하다. 또한, 인센티브 제도와 자율적 해결 방법의 모색이 필요하다. AI시스템 개발자들이 자체적으로 노력을 하는 것이 우선되어야 하고, 이러한 노력에 인센티브를 부여할 수 있는 제도가 필요하다. AI 시스템 개발자들과 사용자들 자체가 인간 사회의 가치 체계와 공정성의 개념 등을 잘 이해하고, 개발 결과물의 공정성과 적절한 사용이 개발자와 사용자 모두에게 도움이 될 수 있는 구조와 제도가 필요하다.

결론

AI 기술은 중립적이며, 그 효과는 국지적으로 부정적일지 몰라도 전체적으로는 긍정적이다. 세상을 묘사하는 새로운 자동화 도구였던 카메라가 존재하지 않았던 세상으로 다시 돌아갈 수 없는 것처럼, 장소를 이동하겠다는 인간의 욕망을 구현한 자동화 기술인 자동차가 존재하지 않았던 세상으로 다시 돌아갈 수 없는 것처럼, AI 기술이 태어난 이상, 그 이전의 세상으로 돌아가기를 우리는 원하지 않을 것이다. 어쩌면 AI를 특별한 기술로 볼 것이 아니라 인류의 역사 과정에서 수없이 탄생해 온 기술의 하나로 보는 관점이 필요하다. AI라고 해서 특별대우를 받을 필요는 없으며 그래서도 안 된다. AI는 인간 사회가 유지해 온 기존의 가치를 훼손하지 않아야 하는 것이다. 모든 기술이 사회 정치 문제를 해결하는 데에 한계가 있는 것처럼, AI 기술 역시 마찬가지다. AI는 유토피아도 디스토피아도 보장하지 않는다.

AI 거버넌스는 AI 시스템으로 하여금 인류의 보편 가치를 추구하도록 하고, 투명성과 설명가능성을 제공하도록 하며, 책임성, 안전성, 공정성을 갖출 수 있도록 하는 노력이다. 바람직한 AI 시스템 구현을 위한 재설계와 새로운 연구가 필요하다. 의사소통 및 협력하는 메커니즘 등 사용자 중심의 AI 시스템, 상이한 조직 간의 협업을 증진시키는 AI 시스템 등의 구조를 연구할 필요가 있다.[13] AI가 협력Cooperation을 증진하고, 협력에 의해 AI가 확보될 수 있도록 하는 메커니즘을 만들어야 한다. 사회의 합목적성을 추구하기 위해 인간이 주도하고, AI와 인간의 협업 시스템으로서의 설계와 구현이 필요하다.

---

13 예를 들어, 개인의 건강, 지식, 재무상태 등을 관리하는 이른바 디지털 미(DIGITAL ME) 회사가 세분화되면 각 로컬 정보는 디지털 미에, 개인 정보 접점 끝에 있는 회사는 개인 정보를 관리만 하는 구조로 갈 수 있다.

저자 소개

이경전

KAIST 경영과학 학·석·박사 졸업, 서울대 행정학 석·박사를 수료했다. CMU 로보틱스 연구소 초빙과학자, MIT와 UC버클리 Fulbright 초빙교수를 역임하고, 경희대에 재직중이다. AI Magazine에 논문 세편을 게재하는 등 40여편의 국제학술지 논문을 발표했다. AI와 디지털 비즈니스 모델을 연구한다. 한국연구재단 중점연구소 경희대 빅데이터 연구센터와 AI & BM Lab을 이끌고 있다. 사용자중심 AI와 AI공유플랫폼 BM을 집중 연구중이며, AI 기업 Riiid와 마인즈랩, LG CNS, SK텔레콤, KT를 자문중이다. 한국지능정보시스템학회 회장을 역임하고, 한국경영학회 부회장, 한국경영정보학회 수석부회장으로 활동중이다. 2020년 한국 AI스타트업 25를, 2021년 한국AI스타트업 100을 선정하였다. 2022년 한국공학한림원 일반 회원으로 선출되었다. 미국인공지능학회(AAAI)가 수여하는 혁신적인공지능응용상을 1995, 1997, 2020년(최고상)에, 2018년에 전자정부유공자 대통령표창을 받았으며, 정부 3.0위원회 위원을 역임하였다.

8장 • 전 세계 주요국의 AI 정책 현황 및 과제

똑똑한 기계를 구현하는 데 관심을 가진 학자들이 1956년 다트머스 대학에 모여 최초의 AI 컨퍼런스를 개최한지 반세기가 훌쩍 넘었다. 하지만 AI가 정책의 영역에 본격적으로 편입된 것은 2010년대 심층학습 deep learning이라 불리는 AI 기술이 비약적으로 발전하기 시작한 이후로 10년이 채 되지 않았다. 2008년 스탠포드 대학의 페이-페이 리Fei-Fei Li 교수는 이름표label가 붙은 3백만 장의 사진 데이터베이스, '이미지넷'을 공개했고, 2010년부터 이를 이용해 학습한 AI가 얼마나 사물을 정확히 식별하는지 경진대회가 열렸다. 2012년 이 대회에 참가한 토론토 대학의 대학원생 알렉스 크리제브스키Alex Krizhevsty는 약 65만 개의 인공 뉴런을 8개의 층으로 구성하고 이를 약 6천만 개의 가중치로 연결한 심층 신경망deep neural network인 '알렉스넷AlexNet'을 이용해 2위보다 무려 두 배 높은 수준의 이미지 식별 정확도를 보이며 압도적인 우승을 차지했다. 학계는 똑똑한 기계에 한층 다가선 심층학습의 놀라운 성과에 흥분했고, 거대 IT 기업들은 AI에 막대한 자금을 투자하기 시작했다.

이후, 언론을 통해 AI의 잠재력에 대한 많은 기사가 쏟아지고 일반인들의 AI에 대한 관심이 고조되면서, 기술 진보와 경제 성장에 대한 기대와 일자리 감소, AI에 의한 감시 등 우려 섞인 목소리가 공존했다. 일례로 경영컨설팅업체 맥킨지는 AI를 도입할 경우 연간 GDP를 1.2% 성장시켜, 2030년까지 13조 달러의 추가적인 경제적 가치 창출 효과가 발생할 것으로 전망한 반면[1], 옥스포드 마틴스쿨의 한 보고서에서는 AI를 이용한 업무 자동화로 2030년까지 약 20억 개의 일자리가 사라질 것으로 내다봤다.[2]

AI가 향후 경제 성장과 국가 경쟁력 강화의 핵심 기술로 부상하는 동시에 다양한 업무의 자동화로 대규모 실업이 발생할 우려가 제기되자 각국 정부는 인공지능의 부작용을 최소화하면서 잠재적 가치를 극대화하기 위한 준비에 돌입했다. 최초의 정책적 노력은 AI에 대한 국민의 이해 수준을 높이고 여론을 수렴하여 공감대를 형성하는 데 집중되었다. 미국 백악관은 2016년 10월부터 석 달간 AI가 변화시킬 미래에 대해 국가차원에서 어떻게 준비할지 대원칙을 정하고[3] 7대 연구개발분야를 제시하며[4], 자동화로 인한 일자리 문제를 해결하기 위해 어떤 노력을 할지[5]에 대한 3건의 보고서를 연달아 발간했다. 독일 연방노동사회부는 2015년 4월 AI를 비롯한 디지털 기술이 노동환경에 미치는 주요 문제를 제기한 '노동 4.0 녹서'를 발간하고 약 1년 6개월 동안 다양한 이해관계자의 의견수렴을 거쳐 노동정책의 변화 방향을 담은 '노동 4.0 백서'를 발간했다. 백서에는 노동 유연성 제고, 노동자 보호 강화, 평생학습권 부여 등 다양한 정책 대안을 담았다.[6]

이후, 정부의 역할은 AI에 대한 미래 이슈를 정리하고 이를 국민에게 소개하는 것을 넘어 국가 차원의 AI 마스터플랜을 세우고 각종 정책을 개발하는 단계에 돌입하였다. EU는 2018년 4월 유럽의 인본주의적

1 MCKINSEY GLOBAL INSTITUTE (2018)
2 CARL B. FREY, AND MICHAEL A. OSBORNE (2017)
3 The White House (2016.10)
4 The White House (2016.10)
5 The White House (2016.10)
6 FEDERAL MINISTRY OF LABOUR AND SOCIAL AFFAIRS OF GERMANY (2016)

가치를 지향하는 동시에 미국, 중국 등과의 경쟁에서 우위를 점하는 것을 목적으로 'AI 협력선언[7]'과 '유럽을 위한 AI 정책[8]'을 발표했는데 연구개발, 인재양성, 미래 일자리 대응, 산업정책, AI 윤리, 데이터와 인프라 투자 등의 정책을 총망라하고 있다. 미국 트럼프 정부는 2019년 2월 미국의 경제 번영과 안보 질서를 위해 지난 수십 년간 유지해온 AI 분야에서의 선도적 지위를 유지해야 한다는 내용의 'AI 이니셔티브'를 발표했다.[9] 유럽과 마찬가지로 연구개발 투자를 비롯해, 인프라 개방, 전문인력 양성 등의 내용을 담았고, 특히 중국, 러시아 등을 견제해 국제 질서를 위한 우방국 간의 협력을 강조했다. 중국은 미국, 유럽보다 앞선 2017년 7월 '차세대 AI 발전계획'을 발표했는데, 2030년까지 AI 기술력과 활용에 있어서 세계 1위로 도약하기 위한 3단계 전략과 연구개발, 산업진흥, 인재양성, AI 윤리 등의 포괄적 정책을 담았다.[10]

지금까지 여러 국가에서 발표한 초기단계의 정책은 AI 기술이 미래 국가 경쟁력을 좌우할 핵심 기술이라는 전제하에 기술 주도권을 확보하고 신산업을 창출하기 위한 연구개발 투자, 인프라 확보, 산업 육성 및 인재 양성 등이 주를 이루고 있다. 소개한 국가 외에도 현재까지 수십 개의 국가에서 이미 AI 국가전략을 발표했거나 준비 중에 있다. 캐나다 고등연구소CIFAR에 따르면 2020년 1월까지 총 28개 국가에서 이미 AI 국가전략을 발표했고 18개 국가는 준비 중에 있다.[11] 또한 OECD에서 운영하는 AI 정책 포털인 'OECD AI Policy Observatory'에 따르면 약 60개 국가에서 AI 국가전략을 수립한 것으로 나와있다.[12]

7 EUROPEAN COMMISSION (2018)
8 EUROPEAN COMMISSION (2018)
9 THE WHITE HOUSE (2019)
10 THE STATE COUNCIL OF CHINA(2017)
11 CIFAR (2020)
12 HTTPS://OECD.AI/EN/DASHBOARDS에 2021년 10월 24일 접속

구분	주요 내용
AI이니셔티브 (미국, 2019년 2월)	AI R&D와 인력에 대한 정부의 장기적, 선제적 투자를 통해 민간의 자생적 경쟁력을 높이고 AI분야 글로벌 경쟁력 강화
유럽을 위한 AI 정책 (EU, 2018년 4월)	유럽의 인본주의적 가치를 지향하는 동시에 글로벌 AI경쟁력을 강화하기 위한 EU 차원의 AI 전략 및 회원국간 협력 방안 제시
차세대 AI 발전계획 (중국, 2017년 7월)	정부 주도의 데이터, AI 분야 대규모 투자 및 인력양성을 추진하고 AI 선도 기업을 지정하여 산업별 특화 플랫폼 육성
AI 전략 2019 (일본, 2019년 3월)	산업 활력 제고 및 저성장, 고령화 등 사회문제 해결을 위해 AI 혁신을 가속화하고, 대규모의 AI 인재 양성
AI 섹터딜 (영국, 2018년 4월)	산업의 생산성 제고를 위해 AI를 활용할 수 있도록 AI글로벌 기업 유치, AI기반 구축, 인력양성 등 민관 협력 기반 정책을 제안
AI 육성전략 (독일, 2018년 11월)	AI기술력 확보를 통한 중소기업, 제조분야 산업경쟁력을 강화하고, 노동시장 변화에 대응하여 직업훈련 및 법 제도 개편 추진

〈표 8-1〉 주요국의 AI 정책

우리나라의 AI 정책 현황

그동안 우리 정부는 2016년 12월 발표한 '지능정보사회중장기 종합 대책'을 시작으로 다양한 AI 정책을 수립하고 관련 사업을 추진하고 있다. 2017년 10월에는 대통령 직속의 4차산업혁명위원회를 신설하여, 데이터, 네트워크, 인공지능(이하 DNA) 등의 기반을 확보하고 4차산업혁명의 도래에 따른 신산업 육성 및 사회 변화 대응을 위한 정책을 효율적으로 심의, 조정하는 기능을 부여하였다. 이후, '초연결 지능형 네트워크 구축방안'(2017년 12월), 'AI R&D 전략'(2018년 5월), '데이터 산업 활성화 전략'(2018년 6월)을 수립하여 4차산업혁명의 핵심 기술 요소인 DNA 역량 기반 강화를 도모했다.

이후 정부는 당시 미국, 유럽, 중국 등과 같이 국가 차원의 종합적인 AI 마스터플랜 작업에 착수하였다. 2019년 10월에 발표한 'AI 국가전략'은 우리나라가 보유한 정보통신기술 경쟁력을 바탕으로 AI를 도입하여 경제·사회 전반의 혁신을 도모하기 위한 범정부 차원의 100대 실행 과제를 담고 있다.[13] 2020년 1월에는 데이터 주체의 권리를 명확히 하여 산업적 활용을 제고하기 위한 개인정보보호법, 정보통신망법, 신용정보법 등 일명 '데이터 3법 개정안'이 국회 본회의를 통과하였다.

2020년 전세계적인 팬데믹 상황을 맞이하며 그동안 인공지능 기반 조성을 통한 역량 강화에 힘써왔던 정책 기조가 점차 AI 활용을 통한 산업 경쟁력 강화와 경제 위기 극복으로 전환하였다. 코로나-19 전염병의 확산을 막고 언택트 경제로의 전환을 추진함에 있어 AI의 중요성이 커졌을 뿐만 아니라 민간 부문의 경기 침체를 막기 위해 대규모의 디지털

---

13 관계부처 합동(2019)

2부 AI와 산업 변화 그리고 AI의 지속 발전을 위한 거버넌스 및 정부정책

재정사업의 필요성이 대두되었기 때문이다. 정부는 2020년 7월 발표한 '한국판 뉴딜'의 핵심 사업인 디지털 뉴딜 사업을 통해 2025년까지 국비 약 45조 원을 투입하여 DNA 기반 생태계를 강화하고 교육인프라의 디지털 전환과 비대면 산업 육성, 교통·수자원·도시·물류 등 기반시설의 디지털화를 추진하기로 했다. 2022년 1월 발표한 디지털 뉴딜 성과 발표에 따르면 현재까지 데이터댐 구축 등을 통해 약 10억 건 이상의 데이터가 구축, 활용되어 데이터 산업 시장규모가 20조 원을 돌파했고, 약 22만여 개의 기업과 기관이 수혜를 입은 것으로 조사되었다.[14]

최근에는 AI의 활용이 확대되면서 AI의 오남용과 역기능 문제를 예방하고 관리하기 위한 정책도 추진하고 있다. 2020년 11월에는 OECD, G20 등에서 발표한 'AI 원칙' 등 글로벌 변화에 맞추어 국내 기업과 기관이 대응할 수 있도록 '국가 AI 윤리기준'을 발표했고, 2021년 5월에는 신뢰할 수 있고 안전한 AI 개발 및 활용 기반을 조성하고 사회 전반에 건전한 AI 인식을 확산하는 것을 목표로 '신뢰할 수 있는 AI 실현 전략'을 발표했다.

우리나라의 AI 정책을 보면 초기에는 다른 나라와 마찬가지로 위한 연구개발 투자, 인프라 확보, 제도 개선 및 인재 양성 등을 통한 기반 역량을 확보하는 데 초점을 맞췄고, 점차 AI의 활용을 제고하고 이에 따른 역기능을 예방하는 정책을 강화하는 쪽으로 전환하고 있는 것을 알 수 있다.

---

14 지디넷코리아(2022.1.26.)

구 분	주요 내용
4차산업혁명위원회 신설 (2017년 10월)	DNA기반 확보, 4차 산업혁명 관련 신산업 육성 및 사회 변화 대응을 위한 정책의 효율적 심의 및 조정
AI R&D 전략 (2018년 5월)	세계적 수준의 AI 기술력 및 R&D생태계 확보를 위한 기술 개발, 인재양성 및 연구기반 조성
AI 국가전략 (2019년 12월)	정부 주도의 데이터, AI 분야 대규모 투자 및 인력양성을 추진하고 AI선도 기업을 지정하여 산업별 특화 플랫폼 육성
한국판 뉴딜 종합계획 내 디지털 뉴딜(2020년 7월)	경제전반의 디지털 혁신 및 역동성 촉진을 위해 데이터댐 구축, 전 산업 AI 융합 확산, AI 기반 지능형 정부 구축 등 추진
신뢰할 수 있는 AI실현 전략 (2021년 5월)	신뢰할 수 있고 안전한 AI 개발 및 활용 기반을 조성하고 사회 전반에 건전한 AI 인식 확산

〈표 8-2〉 우리나라의 AI 정책

AI 정책의 구조

지금까지 논의한 AI 정책은 AI 기반 조성 정책과 AI 활용 확산 정책 등 두 유형으로 구분할 수 있다. AI 기반 조성 정책은 다시 AI 연구개발 정책, AI 인재 양성 정책, 그리고 데이터 및 인프라 조성 정책으로 구분할 수 있다. AI 활용 확산 정책은 AI 산업 진흥 정책, 정부의 AI 활용 확산 정책, 그리고 AI 신뢰 증진 및 포용 정책으로 구분할 수 있다. 각 세부 유형의 AI 정책을 구체적으로 살펴보면 다음과 같다.

AI 연구개발 정책은 주로 별도의 AI 연구기금을 마련하거나 연구개발 예산을 배정하는 형태로 추진된다. 가령, EU는 '디지털 유럽' 정책을 통해 2018년부터 3년간 AI 연구개발에 25억 유로를 투자한 바 있고, 미국은 2021년 '국방수권법안'을 통해 2025년까지 5년간 63억 달러 규모의 AI 분야 연구개발 자금을 투자하기로 했다. AI 연구개발 정책의 또다른 형태로 AI 분야 연구소를 설립하거나 혁신 클러스터를 조성하기도 한다. 영국은 2015년 AI 연구를 위해 앨런 튜링 연구소를 설립한 바 있고, 미국은 'AI 이니셔티브'를 통해 약 1.4억 달러를 투자하여 국가 인공지능 연구소를 설립하기로 결정했다. 또한 캐나다는 '범 캐나다 AI 전략'에서 AI 클러스터 조성 및 세계 최고 수준 연구에 1억 2천 5백만 달러를 투자하기로 발표했다.

AI 인재양성정책은 AI를 연구하고 개발할 수 있는 전문인력 양성이 주를 이룬다. 이를 위해 대부분의 국가에서 컴퓨터과학 등 관련 학과를 설립하고 교원을 확보하며 커리큘럼을 개발하는 정책을 추진하고 있으며, 이와 관련된 구체적인 내용은 대학 교육 혁신을 다룬 10장에서 기술되어 있다. 또한 초중등 공교육을 통해 컴퓨팅 사고력을 함양하고 디지털 문해력(리터러시)을 학습시키는 정책이 포함되는데, 이는 9장에서 다루기로 한다. 또한 재직자를 포함한 일반인에게도 직업 능력 개발 차원에서 다양한 교육의 기회를 제공하는 정책을 마련하기도 하는데, 이는 13장에서 다루기로 한다.

데이터 및 인프라 조성 정책은 공공 데이터 수집, 개방, 데이터 표준 마련 등을 통해 데이터 산업을 활성화하고 데이터의 공유 및 활용을 촉진하는 정책이 주를 이룬다. 이 외에도 데이터 주권을 명확히 하여 데이터의 활용과정에서 데이터 주체가 이익을 거둘 수 있도록 제도화하는 정책도 추진되고 있다. 또한 공공 데이터 센터를 구축하고 AI 학습을 위한 컴퓨팅 인프라를 조성하는 사업도 해당된다.

AI 산업 진흥 정책은 AI 공급 기업에 대한 창업 지원 정책, AI 생태계 및 플랫폼 구축, 그리고 전 산업의 AI 확산을 위한 정책[AI+X] 등으로 구성되어 있다. AI 공급 기업은 AI 기술력을 보유하여 타 산업에 속한 기업이 이를 활용할 수 있도록 제공하는 역할을 수행하는 기업이다. 우리나라에서 수행하고 있는 AI 바우처 제도는 AI를 필요로 하는 다양한 산업에 속한 기업, 즉 AI 수요 기업이 AI 공급 기업으로부터 AI 기술과 솔루션을 제공받아 AI를 활용할 수 있도록 지원하는 제도로서 AI 공급 기업의 초기 사업을 지원하는 동시에 AI 확산을 유도하는 정책이다.

정부의 AI 활용 정책은 AI를 이용해 공공 서비스를 혁신하는 등 정부 기능을 효율화하는 일련의 정책을 포함하고, AI 신뢰 증진 및 포용 정책은 AI로 인한 사회적 문제를 해소하고, AI가 전 국민에게 골고루 혜택이 돌아갈 수 있도록 부를 재분배하는 다양한 정책을 포함한다.

정책 구분	세부 정책	주요 내용
AI기반 조성 정책	AI연구개발	연구 예산 투입, 연구소 및 혁신 클러스터 조성
	AI인재 양성	전문인력 양성, 초중등 교육, 재직자 교육
	데이터 및 인프라 조성	데이터 공유 및 활용 촉진, 데이터 인프라 구축
AI활용 확산 정책	AI산업 진흥	AI공급기업 육성, AI활용기업 지원, 생태계 조성
	정부의 AI활용 확산	정부의 AI 전환, 공공서비스 혁신
	AI신뢰 증진 및 포용	AI역기능 예방, 사회문제 해결 위한 AI활용

〈표 8-3〉 AI 정책의 구조

AI 정책의 새로운 과제, 지속가능한 AI

AI가 비즈니스와 시장구조를 어떻게 변화시킬지 잠재력을 논의한 6장에서 살펴본 바와 같이 최근 AI 기술의 본질적인 한계와 기대에 미치지 못하는 사업 성과에 대한 소식이 점차 늘고 있다. AI 등 주요 기술의 성숙도를 5단계로 구분하여 알려주는 가트너Gartner의 '하이프사이클Hype Cycle'에 따르면 그동안 가장 큰 발전을 보인 심층학습, 자연어처리, 영상인식 등의 AI 핵심 기술이 2019년을 기점으로 거품의 정점 단계를 거쳐 환멸의 도래 단계에 진입했다.[15]

〈그림 8-1〉 AI 기술의 가트너 하이프사이클

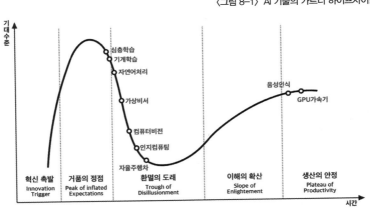

이 단계에 진입하면 거품의 정점 단계에서 이루어진 많은 기술개발 투자와 신규 사업이 기대에 미치지 못하는 성과를 거두면서 기술에 대한 막연한 기대와 거품이 걷히고 기술을 냉정히 바라보며 좀더 성공확률이 높은 투자에 집중하는 현상이 발생한다.

15 GARTNER (2019)

2부   AI와 산업 변화 그리고 AI의 지속 발전을 위한 거버넌스 및 정부정책

매년 기업의 AI 도입 실태를 조사해 온 맥킨지의 2020년 조사 결과, 약 2천 4백여 개의 조사 대상 기업 중 48%가 AI를 도입한 것으로 나타났다.[16] 이 수치는 2019년 AI 도입 기업 조사 결과와 유사한 수치로 비록 코로나의 영향이 있었겠지만, 1년 간 AI를 새롭게 도입한 기업이 거의 없다는 점에서 기업들이 AI에 대한 인식이 점차 보수적으로 변하고 있음을 시사한다. 뿐만 아니라 AI를 도입한 기업 중에서도 실제 수익에 도움이 되었다고 응답한 비중이 66%에 불과해 장기적인 AI 도입 전망 역시 밝지 않음을 알 수 있다.

지난 반세기 동안 AI 기술은 'AI 겨울'이라 불리는 두차례의 주기적인 침체기를 겪은 바 있다. 첫번째 AI 겨울은 1970년대에 도래했다. 다트머스에서 AI 컨퍼런스가 열린 지 2년 뒤인 1956년 당시 해군소속 연구기관에서 기상예측 시스템 개발을 맡은 프랭크 로센블렛Frank Rosenblatt이 입력층과 출력층으로만 구성된 단층 인공신경망인 '퍼셉트론perceptron'을 구현했다. 그는 여러 기자들을 부른 자리에서 약 50회의 학습을 통해 좌측 또는 우측 중 검은색이 있는 곳을 정확히 판별하는 기계를 시연했고, 다음 날 뉴욕타임즈는 1년 내에 읽고 쓸 수 있는 컴퓨터가 나올 것이란 전망이 담긴 기사를 내보냈다.[17] 이후 약 10여년 간 미국, 영국 등은 AI 기술개발에 투자를 집중하면서 인공지능은 호황기를 맞이한다.

하지만 1969년 다트머스 컨퍼런스를 주도했던 AI 전문가 마빈 민스키Marvin Minsky가 퍼셉트론은 선형 분리만 가능해 복잡한 문제를 해결하는 것이 불가능함을 수학적으로 밝혀 학계에 충격을 안겼다.[18] 또한 영국의 저명한 수학자 제임스 라이트힐James Lighthill은 영국 과학 위원회British

---

16 MCKINSEY (2020)

17 THE NEW YORK TIMES (1958)

18 MARVIN MINSKY, SEYMOUR PAPERT(1969)

Science Research Council의 의뢰를 받아 AI 분야의 학술적 성과를 분석한 보고서를 1973년 발표했는데, "AI 학계에서 장담했던 거의 모든 약속이 지켜지지 않았다"는 것이 핵심 내용이었다.[19] 두 전문가의 비판적인 글은 주요국 정부와 학계의 AI에 대한 투자를 중단시키는 첫번째 AI 겨울을 초래했다.

첫번째 AI 겨울을 겪으며 AI 연구자들은 모든 분야에서 인간과 같이 똑똑한 기계를 개발하겠다는 목표를 실현하는 것이 어렵다는 것을 실감한다. 이들은 특정 분야에서 잘 정제된 전문가의 지식을 논리적 규칙으로 만들어 의료, 법률분야에서 특정 문제를 해결하겠다는 좀더 현실적인 목표로 전환하는데, 이렇게 탄생한 AI가 전문가 시스템Expert System이다. 1980년대 들어 기업들이 전문가 시스템을 실제 배치하기 시작했고, 당시 세계 2위의 경제 강국으로 성장한 일본은 이 분야의 투자를 주도하면서 다시금 AI는 호황기를 맞이했다.[20] 하지만 연구를 주도했던 일본의 폐쇄적인 연구문화는 범 세계적인 연구 생태계를 만들어내지 못했고, 전문가 시스템은 상황이 너무 다양하고 예측하기 어려우며 지속적으로 변화하는 대부분의 분야에는 적용하기 어려워 다시금 AI 분야의 투자가 급감하는 두번째 AI 겨울이 도래했다.

경기순환론에 따르면 경제는 호황과 불황을 반복한다. 호황기에 경제에 대한 기대심리가 높아져 유동성이 증가하고 투자가 촉발되는 등 경제 활동이 활성화되지만 기대심리에 미치지 못하는 실적이 발생하면 파산하는 기업이 늘어나고 구조조정으로 인해 실업자가 증가한다. 이 과정에서 중장기적으로 경쟁력 있는 기업이 사라진다. 호황기에 과도한 기대심리로 불필요한 사업과 투자가 이뤄지고 불황기에는 지나

---

19 JAMES LIGHTHILL(1973)
20 김진형(2020)

치게 비관적인 기대심리로 잠재력 높은 사업과 투자가 중단된다.

　AI 겨울에도 유사한 상황이 발생한다. AI 호황기에 기술에 대한 과도한 기대와 낙관이 엄청난 투자를 야기하고 이후 기대 이하의 실적이 발생하면 관련 사업과 생태계가 붕괴된다. 민간과 정부의 AI에 대한 투자가 급감하면 잠재력 있는 기술 개발이 중단되고 그동안 축적된 기술이 소실되는 상황이 발생한다. 이와 관련하여 버클리에 있는 캘리포니아대학의 스튜어트 러셀Stuart Russell 교수는 "AI 분야가 출범한 이래 투자된 자금보다 지난 5년 사이에 투자금이 더 많다"며 과거보다 훨씬 혹독한 인공지능 겨울을 우려한 바 있다.

　정부는 경기 침체를 막기 위해 다양한 경기 부양책을 시행하는 것처럼 가치 있는 기술이 지속적으로 발전할 수 있도록 정책을 수립해야 한다. 현재 캐나다가 AI 분야 혁신을 주도하는 이유도 과거 인공지능의 혹한기에 AI의 지속적 발전을 위한 캐나다 정부의 지원이 있었기 때문이다. 토론토대학의 제프리 힌튼Jeoffrey E. Hinton 교수는 영국 캐임브리지 대학에서 박사학위를 받고 미국으로 건너가 샌디에이고 대학, 카네기멜론 대학 등에서 근무하며 신경망 연구의 한계를 극복하는 역전파backpropagation 알고리듬을 개발하는 등 성과를 내지만 80년대 두번째 인공지능 겨울이 도래하며 미국에서 인공지능 연구자들의 입지가 좁아졌음을 느낀다. 하지만 캐내다 정부는 이 기간 동안에도 인공지능 연구를 지원했고 제프리 힌튼이 토론토 대학으로 옮기는 데 결정적인 역할을 한다. 1982년 설립된 캐나다고등연구원CIFAR은 설립 초기부터 제프리 힌튼을 비롯한 AI 연구자들에 대한 지원을 유지했고, 2004년에는 제프리 힌튼이 토론토대에서 컴퓨터과학자, 생물학자, 물리학자, 뇌과학자 등과 신경망 연구의 돌파구를 마련하는 데 기여한 'NCAPNeural Computation &

Adaptive Perception Program'을 운영하도록 지원했다. 또한 2010년대 심층학습 기반의 AI 혁신을 주도한 요슈아 벤지오Yoshua Bengio 역시 캐나다 맥길 대학에서 캐나다 정부의 지원을 받아 박사학위를 받고 현재 몬트리올 대학에서 캐나다의 AI 혁신 생태계를 조성하는 데 중요할 역할을 하고 있다.

AI의 지속적 발전을 위한 정책 과제

그렇다면 정부는 AI의 지속적 발전을 위해 어떤 노력을 기울어야 할까? 캐나다 정부처럼 성공 여부가 불확실하거나 민간의 투자가 줄어드는 상황에서도 자금을 지원할 수 있는 소위 '인내 자본'을 공급할 수 있어야 한다. 영국 서섹스대학의 마리아나 마추카토Mariana Mazzucato 교수는 투자의 불확실성이 커지는 신기술 분야에서 과감한 연구개발 투자를 담당하는 정부, 이른바 '기업가형 국가Entrepreneurial State'의 필요성을 강조한 바 있다.

또한 AI를 둘러싼 이해관계자들이 AI의 도입과 활용을 주저하는 요인을 파악하고 이를 해소해야 한다.

정책제언 1:
AI 도입의 고비용 구조 해소

많은 기업들이 AI 도입을 주저하는 가장 큰 이유는 높은 비용 때문이다. 한국지능정보사회진흥원의 조사에 따르면 우리나라 기업 중 종사자 수 10인 이상 기업의 AI 이용률은 2.5%로 전년보다 0.4% 포인트 증가했지만 대부분의 기업에게 AI는 여전히 남의 이야기이다.[21] AI에 대한 필요성을 인식하지 못하는 이유를 제외하면 이들 기업이 AI를 이용하지 않는 가장 큰 이유는 경제적 부담(14%)과 전문인력 부족(6.0%)이다.

우선 AI 도입에 따른 경제적 비용을 살펴보면, 구글, 아마존, 마이크로소프트 등이 자사에서 개발한 AI를 누구나 이용할 수 있도록 공개하

---

21 한국지능정보사회진흥원(2020)

고 있어 AI의 접근성이 매우 개선되고 있다. 하지만 기업이 공개된 AI를 이용하기 위해서는 자체 데이터를 수집하고 이를 공개한 인공지능 알고리듬에 추가 학습시켜야 하는데, 이 과정에서 많은 비용이 발생한다. 심지어 AI 성능을 개선하기 위해 모델은 기하급수적으로 복잡해지고 수집하는 데이터는 급증하며 이를 학습하는데 엄청난 컴퓨팅 파워가 필요하다. 실제로 최신의 AI 모델을 훈련하는데 필요한 컴퓨팅 용량은 3.5개월마다 2배씩 증가하여 2012년부터 2018년 사이에 약 30만 배 증가했다.[22] 물론 컴퓨팅 성능도 지속적으로 개선되고 있으나 18개월마다 컴퓨팅 성능이 2배씩 개선된다는 무어의 법칙을 상회하여 컴퓨팅 수요가 발생하기 때문에 비용은 증가하고 있다. 실제로 OpenAI에서 개발한 최신의 언어모델인 GPT-3는 1회 학습하는 데 약 1천 2백만 달러의 비용이 발생하는 것으로 알려져 있다.

AI 인재 부족 역시 기업의 AI 도입의 가장 큰 걸림돌 중 하나이다. 언론을 통해 쓸만한 소프트웨어 인재가 없어서 IT 기업들이 구인난에 시달리고 있다는 소식을 심심찮게 듣게 된다. AI 인재를 어떻게 정의하느냐에 따라 다르지만, 엘리먼트 AI에서 발간하는 '글로벌 AI 인재보고서'에 따르면 전세계 인공지능 연구자 수는 총 2만 2천여 명이고 이 중 1.8%에 해당하는 약 400여 명이 우리나라에서 활동하고 있다.[23] 산업에서 요구하는 인력까지 포함시킨 소프트웨어정책연구소의 조사에 따르면 2019년부터 2023년 사이 국내 AI 인재 부족 규모는 1만 8천여 명까지 확대될 전망이다.

사실 신기술이 신산업을 태동시키고 경제적 가치를 창출하는 데에 있어 인력 양성은 매우 중요하다. 보스턴 대학의 기술경제학자 제임스 베

---

22 OPENAI (2018)
23 ELEMENT AI(2019)

슨James Bessen은 "우리는 새로운 기술과 지식이 학습되고 전파knowledge spillover되면서 산업에 적용되는 정말 중요한 과정은 무시하고 최초의 발명 행위에만 집중하는 경향이 있다"고 꼬집은 바 있다.[24] 베슨이 언급한 신기술이 학습되고 전파되면서 대규모의 신산업을 형성하는 데 가장 중요한 촉매제가 바로 신기술 분야에 전문지식을 갖춘 인력이라고 할 수 있다.

증기기관, 방직기 등 산업혁명을 태동시킨 주요 기술은 대부분 유럽에서 발명되었으나 19세기를 거치며 산업화를 통해 가장 큰 경제성장의 결실을 거둔 곳은 미국이다. 그리고 미국이 유럽으로부터 기술, 경제, 문화의 주도권을 넘겨받은 배경을 설명할 때 빼놓을 수 없는 것이 바로 미국 대학의 역할이다.

19세기 유럽의 대학들은 오랜 전통을 이어받아 교양을 갖춘 신사를 양성하는데 필요한 라틴어, 그리스어, 수사학, 문학 교육에 집중했다. 기계를 제작하거나 도로를 깔거나 용광로에 쇳물을 붓는 산업화 기술은 중세 시대부터 이어진 도제徒弟 방식에 따라 현장 훈련on the job training을 통해 장인匠人에게서 제자로 느릿느릿 전수되었다.

반면 미국 대학은 양질의 기술자를 신속하고 규모 있게 양성할 수 있는 체계적인 기술훈련 과정을 만들었다. 1811년 설립된 웨스트포인트 사관학교에서 토목공학을 가르쳐 양성한 공병工兵은 대륙횡단철도, 운하건설 등 대규모 토목공사에 참여하여 중요한 역할을 수행한다. 하버드대학은 1815년 미국 발명가 벤저민 톰슨의 기부를 받아 응용과학 과목을 개설하고 기술 인력 양성에 뛰어들었다. 1850년대에 이르면 하버드뿐만 아니라 예일, 다트머스, 브라운 등 아이비리그에 속한 주요 명문대학

---

24 JAMES BESSEN (2015)

은 대부분 정규 공학 과정을 운영한다. 1862년에는 농업과 기계기술을 가르치는 주립대학을 설립하도록 유도하기 위해 연방 국유지를 각 주에 양도하는 모릴법Morrill Act이 통과된다. 이를 통해 1880년까지 미국에는 약 85개의 공과대학이 설립되고, 1880년 약 7천 명이던 엔지니어 숫자는 1920년에 13만 6천 명으로 급증한다.

AI 인력 양성의 중요성이 매우 높은 오늘날 미국은 여전히 이 분야에서 가장 앞서고 있다. 지난 5년간 미국 대학에서 가장 큰 변화를 꼽자면 소프트웨어 인재를 양성하는 컴퓨터과학Computer Science 학과의 규모가 급성장 중이라는 점이다. 우리나라의 전자계산학과나 컴퓨터공학과에 해당하는 컴퓨터과학과의 규모는 4년제 학위 취득자 기준으로 2014년 2만 1천여 명에서 2019년 4만 5천여 명으로 5년 만에 두 배 이상 늘었다. 인공지능 등 소프트웨어 기술을 필두로 4차산업혁명이 본격화되어 소프트웨어 분야에서 다양한 혁신 아이디어와 사업 기회가 탄생하면서 많은 학생들이 소프트웨어 관련 전공을 선택하고 미국은 이러한 수요에 민첩하게 대응하고 있음을 알 수 있다.

정부는 기업의 AI 도입 및 활용 비용을 낮추기 위한 정책을 강화해야 한다. 이를 위해 다음의 두가지 정책을 강화할 필요가 있다.

첫째, 산업체의 AI 도입 및 활용 전 과정에 있어서 지원이 필요하다. 물론 우리나라 정부는 기업이 AI를 활용하는 것을 돕기 위한 다양한 사업을 이미 전개하고 있다. 가령, 2020년 3월부터 중소·벤처 기업에게 인공지능 솔루션을 구매하여 활용할 수 있도록 AI 바우처 지원사업을 시작했다. 또한 디지털 뉴딜 사업의 일환으로 기업이 데이터를 수집하고 이를 활용할 수 있도록 돕는 데이터 바우처 사업도 추진 중이다. 현재의 지원정책은 AI 도입을 위해 어느정도 준비가 되어 있는 기업을 지원하는 목적으로는 적합하다. 하지만 기업이 AI 활용 여부를 결정하는 과정은 상당히 복잡하며 다양한 제약 요건을 해소할 필요가 있다. 한국지능정보사회진흥원의 조사에 따르면 AI를 사용하지 않는 기업의 90% 이상이 AI가 무엇이고 어떤 기능을 수행하는지 알지 못하며 AI 필요성을 인지하지 못한다고 응답했다.[25] 맥킨지에서 조사한 기업의 인공지능 도입 저해 요인 역시 AI에 대한 기업의 명확한 전략 부재, 경영진의 AI에 대한 이해와 의지 부족, 조직 간 기능 단절 등이 높은 순위를 차지했다.

기업의 AI 도입과정을 '△AI에 대한 전사 전략 수립 → △AI를 활용하기 위한 조직 운영 → △데이터 수집 처리 → △데이터 학습 및 AI 운영 위한 인프라 확보 → △AI 구현' 등 5단계로 나누면 현재의 정책은 세번째와 네번째 단계를 중심으로 구성되어 있다. 따라서 중소기업 대상의 AI 도입을 위한 경영전략 컨설팅을 포함한 전과정에 걸친 정책으로 확장할 필요가 있다.

둘째, AI 인력을 양성하고 미래 세대가 급변하는 사회에 적응할 수 있도록 인재 양성의 기본 틀을 근본적으로 바꿀 필요가 있다. 물론 우리 정부는 AI 역량 개발과 전문가 양성을 위해 지난 몇 년간 다양한 정책을 추진해 왔다. AI 전문 인력 양성과 관련하여 세계 최고 수준의 인공지능 분야 전문가를 양성하기 위해 2019년 9월 3개 대학을 시작으로 총 8개의 인공지능대학원을 선정했고, 인공지능 융합 연구 및 인재 양성을 목적으로 4개의 인공지능 융합연구센터를 발표했다. 또한 2020년 8월에는 '전국민 대상의 인공지능 및 소프트웨어 교육 확산 방안'을 마련했고 과학기술정보통신부와 교육부는 인공지능 산업인력 양성과 초중등 인공

---

25 한국지능정보사회진흥원(2020)

지능 교육 강화를 위해 각각 '산업전문인력 인공지능 역량 강화 사업'과 '초중등 인공지능 교육과정 도입 계획'을 발표했다.

하지만 미국의 변화 모습이나 산업계로부터 지속적으로 제기되는 인력난을 고려하면 여전히 정부의 AI 인력 양성 사업은 보완할 필요가 있음을 알 수 있다. 초중등 AI 교육 및 대학에서의 AI 교육은 2부에서 좀 더 상세히 논의할 예정이므로, 이번 장에서는 두 가지만 언급하고자 한다. 우선 교육 커리큘럼과 정원 조정 등에 있어서 일선 초중등 학교와 대학의 자율권을 높일 필요가 있다. 가령, 미국의 경우 초중등 교사는 AI4K12, AI4ALL 등의 초중등 AI 교육을 위한 단체와 협력하여 자신의 교과목에 AI 교육을 접목할 수 있는 자율권이 높은 것으로 알려져 있다. 또한 앞서 미국이 지난 5년간 SW 관련 학과 정원을 2배 이상 늘렸음을 소개했는데, 우리나라의 경우 수도권정비계획법을 비롯한 각종 정원 규제로 대학이 시대의 변화에 민첩하게 대응하는 것이 어려운 바, 제도적 정비가 이뤄져야 할 것이다.

정책제언 2:
AI 역기능 예방 통한 사회적 수용도 제고

AI가 다양한 영역에 활용되고 세간의 관심이 높아지면서 AI의 불공정한 의사결정, 프라이버시 침해, 각종 안전에 대한 위협, 인간의 가치 침해 문제 등이 지속적으로 제기되고 있다. 2015년 구글은 '구글 포토' 서비스에 사진의 대상과 배경을 식별하여 자동으로 이름을 붙이고 카테고리를 분류하는 기능을 추가하였는데, 아이티계 미국인을 고릴라로 잘못 인식하는 사건이 발생했고, AI가 인종차별을 한다는 비난을 받았다. AI의 인종차별 문제는 이듬해 온라인 저널, 프로퍼블리카Propublica의 기사로 다시 주목을 받았다.[26] 미국의 20개 이상의 주에서 보석 여부 및 가석 방을 결정할 때 AI를 이용해 피고인의 재범 위험을 예측하는데, 대표적인 AI 프로그램인 노스포인트Northpointe의 컴파스COMPAS가 인종편향적인 예측 결과를 내놓는다는 것이다. 프로퍼블리카의 조사에 따르면 컴파스가 재범을 저지르지 않을 피고인을 고위험으로 잘못 분류(긍정 오류)할 확률은 흑인이 백인보다 2배 이상 높았고, 반대로 재범을 저지를 피고인을 저위험으로 잘못 분류(부정 오류)할 확률은 백인이 흑인보다 2배 이상 높았다.

AI가 성 편향적 판단을 내린 다양한 사례도 주목을 받았다. 첫번째 대상은 언어 추론 AI, word2vec이었다. word2vec의 기본 원리는 엄청나게 많은 단어를 통계적으로 분석하여 단어의 동시 출현 빈도를 계산하는 것이다. 이를 위해 각 단어를 고차원 공간에 벡터로 표시하고 동시 출현 빈도를 바탕으로 두 단어 간의 거리를 계산한다. 이 AI를 이용하면 '남자에게 X는 여자에게 Y이다'와 같은 언어 추론에서 막강한 능력을 발휘했는데, 가령 X에 왕king을 대입하면 Y에 여왕Queen을 도출한다. 구글의 연구팀은 word2vec이 빈번히 성중립적인 상황에서도 성편향적인 결론을 도출함을 AI 학회, NeurIPS에서 발표했다.[27] 논문에 따르면 '남자에게 프로그래머는 여자에게 가정주부'라고 추론했고, '남자 조카가 천재라면 여성은 귀고리'라고 추론했다. 2018년 말에는 아마존이 소프트웨어 엔지니어를 채용하는데 활용한 AI에서 문제가 발생했다. 이 AI는 이력서를 평가하는 역할을 수행했는데, 여성을 상징하는 단어가 포함된 이력서에는 불이익을 줬다.[28]

26 PROPUBLICA (2016)

27 TOLGA BOLUKBASI ET AL. (2016)

28 MICHAEL KEARNS AND AARON ROTH (2020)

AI가 빈민층을 차별한다는 비난도 거세다. 영국 정부는 2020년 4월 코로나19로 고등학생의 졸업자격시험과 대학입학시험A-level을 취소하고 이를 대체할 AI 기반 평가 시스템을 도입하기로 했다. 과목 담당 교사가 각 학생의 예상 점수를 산정하여 영국 시험감독청Ofqual에 제출하면 AI로 점수를 재조정하여 최종 성적을 산출했는데, 공립학교 재학생과 빈곤 지역 학생 다수의 성적이 대거 하락하는 결과가 나왔다. 학부모와 학생, 그리고 교육전문가는 지역과 계층간 차별을 야기하는 데이터를 성적 산출에 활용했다며 평가의 불공정성에 대해 강력히 이의를 제기했고 영국 정부는 이 결과를 철회했다.[29]

AI가 인간의 안전을 위협하는 사건도 지속적으로 발생하고 있다. 구글이 무인 무기를 개발하는 국방부 사업인 메이븐 프로젝트Project Maven의 사업권을 수주하자, 구글의 주요 개발자는 이에 반대하며 집단 사직서를 제출했고, 주주들이 반대 성명서를 제출하는 등 문제가 커졌고 결국 사업을 포기했다. 또한 자율주행모드로 운행하던 테슬라가 횡으로 전복된 대형 트럭을 인지하지 못해 추돌하는 사고가 발생하기도 했다. 2018년 페이스북은 회원정보를 부실하게 관리해 정치적 선동에 악용되도록 했다는 이유로 청문회가 열리고 약 50억 달러의 벌금이 부과되기도 했다. 2021년 9월에는 페이스북의 알고리듬이 10대 청소년들에게 부정적인 행동을 유발하며 이를 경영진이 알면서도 오히려 상황을 악화시키는 의사결정을 한다는 내부 고발이 있었다.

특정 기술이 아무리 큰 혜택을 제공한다고 해도 부작용이 더 크다고 인식된다면 사회는 수용하지 않고 이용자는 서비스를 외면해 지속적으로 발전할 수 없다. 미국에서 안면인식 AI가 공권력의 과도한 인권 침해

---

29 DEPARTMENT FOR EDUCATION (2020)

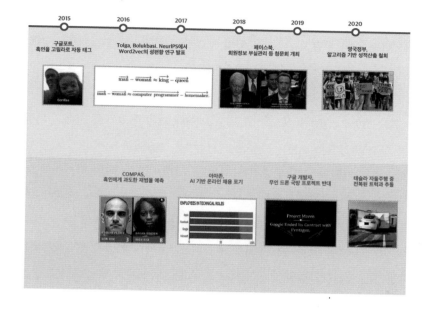

와 불법 감시에 쓰여 민주주의를 위협한다는 비난이 거세지자 2020년에 마이크로소프트, 아마존 등 주요 AI 개발회사에서 관련 사업에 철수한 사례가 대표적이다.

특히 AI와 같은 디지털 기술은 혁신의 속도도 빠르지만 내재된 역기능 역시 신속하고 광범위하게 전파되어 큰 피해를 야기한다. 또한 기계학습 기반의 AI는 확률적 추론에 기반하고 있는 '블랙박스 모델'로서 문제의 원인 파악과 해결이 만만치 않다. 앞서 word2vec의 성 편향성을 연구한 구글 연구팀의 톨가 보룩바시Tolga Bolukbasi는 AI에서 편향성을 제거하기도 힘들지만 제거하더라도 성능 저하를 감수해야 함을 언급했다.[30]

---

30 TOLGA BOLUKBASI ET AL. (2016)

또한 AI의 경제적 가치를 고려했을 때, 역기능에 따른 수용도 저하는 큰 기회비용을 수반한다. 한국개발연구원[KDI]이 국내 기업을 대상으로 AI 도입 시 우려되는 사항을 조사 한 결과를 보면 △AI의 잘못된 행동에 대한 법적 책임 부담(23.1%), △AI의 보안 취약성(19.0%), △AI의 윤리적 리스크(14.9%), △AI로 인한 고객과의 신뢰 훼손(12.0%) 등 다양한 역기능을 우려하고 있음을 알 수 있다.[31]

최근 미국, 유럽 등을 중심으로 AI의 지속가능한 발전을 위해 신뢰할 수 있고 책임 있는 AI를 구현하는 것이 매우 중요함을 인식하고 AI에 대한 가이드라인과 규제를 준비하고 있다. 특히, EU는 AI의 역기능에 가장 적극적으로 나서고 있다. 2019년 4월에 신뢰할 수 있는 AI 윤리 가이드라인을 발표했고, 2020년 2월에는 AI를 위험도로 나눠 위험 수준에 따라 규제를 달리하는 방안을 제시하는 AI 백서를 발간했다. 2021년 4월에는 AI 규제 법안을 공개했는데, AI를 △허용 금지, △고위험, △제한된 위험, △최소 위험 등 4등급으로 나누고 특히, 고위험 AI에 대해 다양한 규제 사항을 구체적으로 제시했다. 미국은 2020년 1월 AI 규제 수립 시 과잉 규제를 지양하고 규제의 영향을 면밀히 검토한다는 전제 하에 AI 신뢰성을 확보하기 위한 10대 원칙을 담은 연방정부 규제 가이드라인을 발표했다.

앞서 우리나라 AI 정책현황에서 살펴본 바와 같이, 우리 정부도 2020년 12월 'AI 법·제도·규제 정비 로드맵'을 미련하여 향후 AI 관련 제도의 정비 방향과 우선 과제를 도출했고, 기업의 자발적인 윤리 원칙 수립, 교육 등의 자정 활동을 지원하기 위한 'AI 윤리기준'을 발표했다. 또한 2021년 5월 AI 신뢰 확보를 위해 민간의 AI 구현을 지원하고 이용자가 믿고 안전하

---

31 KDI (2021)

게 AI를 이용하도록 제도를 보완하며 사회 전반의 AI 신뢰 역량을 제고한다는 목표 하에 '신뢰할 수 있는 AI 구현 전략'을 발표했다.

AI 역기능 예방은 AI의 지속적 발전을 위해 필수적이다. 하지만 앞선 7장에서 주장한 바와 같이 AI 기술의 발전 속도가 빠르고 서비스 개발 및 적용이 민간을 중심으로 이뤄진다는 점에서 정부 중심의 규제에는 한계가 있을 수밖에 없다. 가령 AI의 역기능에 대해 과도한 규제를 할 경우 혁신 유인을 낮추고 AI 성능을 저하시키는 부작용을 야기한다. 그동안 AI는 성능을 높이기 위해 모델을 복잡하게 만들고, 많은 데이터를 활용해 학습시키는 방식을 선택하여 발전했다. 모델이 복잡해지면 성능은 높아지지만 투명성과 설명가능성이 저하된다. 많은 데이터를 활용하면 개인정보보호를 침해할 확률이 높다. 또한 데이터에 기반한 최적의 의사결정은 데이터에 포함되지 않은 소수 집단에 불공정한 판단을 내린다. 이를 반대로 설명하면 개인정보보호, 투명성, 공정성 등을 개선하기 위해 AI의 정확도 희생이 수반된다.

따라서 정부의 AI 역기능 예방 노력은 당위론적 관점보다는 어느 정도의 신뢰 수준을 요구할 것이며 이를 위해 어느 정도의 비용을 감당할지에 대한 사회적 공감에 기반한 합리적 판단을 내려야 한다. 우선, 민간의 자율 규제에 무게 중심을 둬야 한다. 앞서 아마존과 구글이 무인무기개발 사업이나 치안당국을 대상으로 한 안면인식 AI 사업을 포기한 것처럼, 사회와 고객을 포함한 이해관계자가 원하지 않는 AI는 시장에서 도태되고 기업에서 자발적으로 철수한다. 즉 시장에서 AI 신뢰가 거래될 수 있도록 자율에 맡기는 것이 중요하다.

대신 정부는 AI의 신뢰성에 대한 이해관계자의 요구와 기업의 대응 역량 간의 미스매치가 발생한 상황에 개입하여 이를 해결하기 위한 노력에 집중하는 것이 바람직하다. 가령 AI에 대한 설명가능성에 대한 사회적 요구가 높지만 기술의 한계로 인해 기업이 이에 적절히 대응하지 못한다면, 정부는 합리적인 수준의 규제안을 마련하고, 기업이 관련 역량을 확보할 수 있도록 연구개발 자원을 지원해줄 수 있을 것이다.

결론

지금까지 전 세계 주요국의 AI 정책 현황과 AI의 지속적 발전을 위해 어떤 정책적 노력이 필요한지 살펴봤다. AI에 대한 국가 차원의 정책이 만들어진 지 5년차에 접어들면서 국가 차원의 AI 마스터플랜을 세우고 양적 투입 중심의 진흥정책을 수립하던 기존의 정책 방향에서 AI의 지속적 발전을 고민하는 정책으로 선회하고 있다. 이는 과거 두차례나 AI의 겨울을 맞아 그동안 축적한 기술이 소멸하고 사업이 중단되어 중장기적으로 가치 있는 사회적 자산이 소실되는 경험을 반복하지 않으려는 노력과 관련된다.

필자는 AI의 지속적 발전을 위한 정책 과제로 두가지를 제시하였다.

첫째, 기업과 사회에서 AI의 도입을 저해하는 고비용 구조를 해소하는 정책이 필요하다. AI는 데이터를 수집하여 이를 학습시키는데 엄청난 비용이 수반된다. 또한 기업에서 AI를 활용하기 위해 수준 높은 전문 인력이 필요하다. 따라서 정부는 현재 진행하고 있는 데이터 및 AI 도입 사업의 범위를 넓혀 AI에 대한 전사 전략 수립부터 서비스화까지 전과정을 지원하도록 정책을 마련하고 특히, AI 인력 양성사업을 확대해야 한다.

둘째, AI의 역기능 예방을 통한 사회적 수용도를 제고해야 한다. AI가 다양한 문제를 야기함에 따라 관련 사업에서 철수하거나 사회적 저항이 거세지는 사례가 늘고 있다. AI가 아무리 큰 혜택을 제공한다고 해도 부작용이 더 크다고 인식된다면 사회는 수용하지 않고 이용자는 서비스를 외면해 지속적으로 발전할 수 없다. 따라서 정부는 AI 신뢰 확보를 위한 정책을 마련하되, 어느 정도의 신뢰 수준을 요구할지에 대한 공감대를 형성하고 기술적 한계를 고려하며 민간 자율 중심의 제도를 마련하는 것이 중요하다.

저자 소개

조원영

서강대 경제학과를 졸업하고 KAIST에서 경영공학 석박사학위를 받았다. 삼성경제연구소를 거쳐 2016년부터 소프트웨어정책연구소에서 근무하고 있다.

주로 플랫폼 경제와 IT산업에 관심을 갖고 연구를 해왔으며, 외교부 과학기술외교자문위원회 자문위원, 단국대 정보융합기술창업대학원 겸임교수로 활동하고 있다. 2017년에는 AI 정책분야의 공로로 과학기술정보통신부 장관상을 받았다. Information Economics and Policy 등의 학술지에 논문을 게재하였고, 〈플랫폼, 경영을 바꾸다〉등의 저서를 출간하였다.

3부
AI 인재양성과 교육 혁신

9장 • AI와 초등·중등 교육 개혁의 필요

모든 것이 디지털화되는 디지털 대전환기에는 소프트웨어SW와 인공지능AI 기법이 새로운 제품과 서비스를 만들어 낼 수 있고, 과학 기술 분야뿐만 아니라 인문, 사회, 법률, 예술 등 모든 분야에서 난제로 알려진 문제들을 해결하는데 중요한 역할을 할 수 있다. 때문에 소프트웨어와 인공지능이 주도하는 이 시대를 4차산업혁명 시대라 일컫는다. 소프트웨어와 AI가 산업 전 분야의 생산과 소비에 걸쳐서 혁명적인 변화를 가져오는 4차산업혁명시대에는 일자리의 변화도 매우 빠르게 일어난다. 향후, 많은 일자리들이 소프트웨어와 인공지능에 의해 자동화로 대체되거나, 유지되는 일자리도 업무의 특성이 변화될 것이다. OECD에 따르면 디지털 전환으로 인해 20년 뒤에는 14%의 일자리가 전면 대체되어 사라지고, 32%의 직업의 업무 특성이 급격하게 변화될 것으로 예측하고 있다(OECD, 2019).

역사적으로 산업혁명은 교육의 혁신을 이끌어 왔다. 1차산업혁명으로 인하여 운송, 농업, 인쇄, 방직 등 거의 모든 산업 분야에서 생산성을 높일 수 있는 기계화가 진행되자 이 분야를 주도할 수 있는 인력이 많이 필요하게 되었고, 일부 전문가들의 점유물이었던 수학과 과학이 보통교육으로 모든 시민들에게 실시되는 교육개혁이 실시되었다. 결국 산업혁명에 맞는 인재를 양성하기 위해 교육개혁을 빨리 받아들인 국가들은 선진국이 되었고, 그렇지 못한 국가들은 후진국으로 낙오하게 되었다.

4차산업혁명시대에는 모든 분야에서 컴퓨터를 이용하여 문제를 해결하고, 새로운 상품과 서비스를 창출하기 때문에 이를 잘 활용할 수 있는 인재가 필요하다. 때문에 모든 사람들이 디지털 역량을 갖추는 것이 필요하며, 이를 위해서는 어렸을 때부터 공교육을 통하여 컴퓨팅 사고력 Computational Thinking을 학습시켜야 한다. 컴퓨팅 사고력은 데이터의 개념과 다양한 데이터를 처리해서 문제를 해결하는 알고리듬의 개념, 그리고 다양한 알고리듬을 실제 컴퓨터에 구현하는 기본적인 프로그래밍 능력을 총칭한다. 산업혁명으로 인하여 모든 사람들이 기본적으로 글을 읽고Reading 쓰는wRiting 것과 기본 산술aRithmatic, 즉 3R이라고 불리는 기초역량을 필수적으로 갖추도록 공교육이 시행되어 왔다. 이제 이에 더하여 컴퓨터 프로그래밍pRogramming을 포함한 4R이 새로운 기초역량으로 간주되고 있기 때문에 컴퓨팅 사고력을 공교육을 통하여 모든 사람들에게 가르쳐야만 한다. 미국, 영국, 일본 등과 같은 선진국에서는 이미 초등·중등 교과과정을 개편하여 컴퓨팅 사고력 교육을 적극적으로 시행하고 있다.

모든 것이 디지털화된 이 시대에는 삶을 제대로 영위하기 위해서는 디지털 리터러시literacy와 데이터 리터러시가 필요하다. 정보 기기를 활용해서 사이버 공간에서 일상 생활과 업무처리를 할 수 있는 능력을 갖추어야 하는 것은 기본이고, 여기에 더하여 컴퓨팅 사고력을 갖추어야 새롭게 변화하는 일자리들에 대처할 수 있게 될 것이다. 이런 이유로 초등학교 교육부터 중·고등학교 교육과 대학 교육에 이르기까지 일관성 있고 체계적인 컴퓨팅 교육을 할 수 있는 교육개혁이 절실하다.

대학의 모든 전공에서 소프트웨어와 인공지능 기법을 활용해서 해당 전공의 다양한 문제들을 해결하는 새로운 융합 교육과 연구가 필요하기 때문에 모든 학생들이 전공에 관계없이 소프트웨어와 인공지능을 자신들의 전공 교과목에서 활용하는 능력을 갖추어야 한다. 즉, 국어와 영어, 수학 역량이 모든 전공의 교과목에서 필요한 기초역량인 것처럼 컴퓨팅 사고력이 모든 전공의 기초역량이 된 것이다. 때문에 모든 학생들이 대학에 입학하기 전에 국어, 영어, 수학과 같이 컴퓨팅 사고력 기초역량을 제대로 배우고 익혀야만, 변화하는 대학 교육에 적응할 수 있고 4차산업혁명시대에 필요한 인재로 성장할 수 있는 것이다. 따라서 시대가 필요로 하는 인공지능 융합인재를 키우기 위한 첫번째 단계가 바로 '컴퓨팅 사고력'을 초등학교와 중·고등학교 교과과정에서부터 체계적으로 가르치는 것이다.

이번 장에서는 컴퓨팅교육을 강화하기 위한 초등·중등 교육과정혁신에 대해 서술하고자 한다. 우선 디지털 대전환 시대의 미래 직업에서 필요로 하는 필수 역량에 대하여 맥킨지 보고서를(맥킨지 2021.6) 중심으로 검토한 후, 해외 주요 국가들의 디지털 대전환 시대를 대비한 초등학교와 중·고등학교 교육과정의 개선 현황과 대한민국의 교육과정의 현황에 대하여 살펴보고, 마지막으로 초·중·고등 학생들을 위한 SW·AI 교육 개선 방안을 제시하고자 한다.

컴퓨팅 사고력이란?

컴퓨팅 사고력이라는 용어는 미국 CMU College of Computing의 Jeannette M. Wing 교수가 2006년 3월 Communications of the ACM에 게재한 글에서 모든 사람들이 갖추어야 하는 기초 역량으로 소개하였다 (Wing 2006). 컴퓨팅 사고력이란 한마디로 컴퓨터과학자들이 소프트웨어를 개발할 때 문제를 분석하고 사고하는 방식을 총칭하는 표현이다.

현재 거의 모든 분야에서 컴퓨터를 이용해서 많은 문제들을 해결하고 있다. 그럼 컴퓨터를 이용해서 해결할 수 있는 문제는 어떤 것들이고, 해결할 수 없는 문제는 어떤 것들일까? 이러한 근본적인 질문에 대해서 컴퓨터과학자들이 오랫동안 연구해 왔다. 이제는 컴퓨터가 사람보다 더 능숙하게 문제를 해결하는 분야가 늘어나고 있다. 기계가 매우 지능적이 되고 있다는 것이다. 원래 계산하는 능력 자체가 인간 고유의 지능적인 능력인데, 처음부터 컴퓨터는 인간보다 훨씬 더 빠르고 정확하게 계산할 수 있었다. 뿐만 아니라 다양한 형태의 방대한 데이터를 기억하고 정리해서 정확하고 빠르게 처리할 수 있다. 산업혁명으로 인하여 인쇄가 자동화되면서 읽기 쓰기와 수학의 기초 능력이 모든 사람들에게 필요하게 되었듯이, 컴퓨터의 등장으로 컴퓨팅 사고력이 모든 아이들에게 필수적인 분석 능력이 된 것이다.

어떤 특정한 문제를 컴퓨터를 이용해서 해결하려고 할 때 우리는 이 문제를 해결하는 것이 얼마나 어려운 문제인지 검토해서 해결 가능한지 아닌지를 먼저 파악해야 한다. 그 다음에 그 문제를 해결하기 위한 가장 좋은 방법을 찾아야 한다. 컴퓨팅 사고력은 이런 것에 대한 분석 능력이다. 당신은 특정 문제가 컴퓨터를 이용해서 해결할 수 있는 문제인지 판단할 수 있는가? 컴퓨터를 이용해서 해결할 수 있다면, 어떤 방식으로 해결할 수 있는지 해결 방법을 설명할 수 있는가? 이것을 위해서는 다양한 현실 세상의 문제를 컴퓨터 데이터 형태로 표현할 수 있는 추상화 능력, 또한 이렇게 표현된 데이터를 가지고 컴퓨터가 문제를 해결할 수 있도록 하는 논리적 사고방식과 다양한 문제해결을 위한 알고리듬 능력 등이 필요하다.

이러한 컴퓨팅 사고력을 잘 갖게 되면 컴퓨터를 이용해서 문제를 해결하는 프로그램을 만들 수 있게 되고, 어떤 문제를 컴퓨터를 이용해서 해결할 수 있는지 또는 없는지를 판단할 수 있게 된다. 컴퓨터 언어를 사용하는 것은 코딩을 위해서 꼭 필요한 능력이지만, 그 자체가 컴퓨팅 사고력은 아니다. 컴퓨팅 사고력은 커다란 문제를 독립적인 작은 문제로 분할하는 능력, 방대한 웹을 검색하거나 게임에서 이기는 방법을 탐색하는 능력, 다양한 오류 가능성을 고려한 최악의 시나리오의 예방, 보호 및 복구의 관점에 대한 세심한 배려 능력 등이 포함된다. 예를 들어 정전 중에도 전화기가 작동하도록 만들기 위해서 오류를 독립적으로 분리시키고 중복된 다중 연결 체계를 갖도록 모델링 하는 능력도 컴퓨팅 사고력의 일종이다. 현재 컴퓨팅 사고력은 소프트웨어의 핵심 기초 역량이라는 의미로 널리 사용되고 있다. 인공지능은 소프트웨어의 일종으로 컴퓨팅 사고력은 인공지능의 가장 핵심적인 기초 능력, 즉 수학에서 구구단에 해당된다고 볼 수 있다.

디지털 시대의 새로운 미래역량

2021년 6월 25일 미국의 유명한 컨설팅 회사인 맥킨지에서 미래 직업 세계에서 시민들이 가져야 하는 역량에 대한 리포트를 발표했다.(맥킨지 2021.6) 이 리포트는 전 세계 15개 주요 국가의 18,000명의 전문가들에게 설문 조사를 통하여 미래 직업을 위해서 시민들이 갖추어야 하는 56가지의 기본 역량을 도출하여 정리하였다. 다음의 표에서 4개의 큰 분류 중 하나로 디지털 역량이 올라와 있는 것을 볼 수 있다. 이 디지털 역량에는 디지털 환경을 이해하고 윤리적으로 활용하여 서로 협력하고 학습할 수 있는 능력과 소프트웨어 사용 및 개발 능력, 즉 컴퓨팅 사고력과 알고리듬 그리고 데이터 이해 및 분석 능력이 포함된다. 그리고 데이터 리터러시와 사이버 보안 등 다양한 디지털 시스템 개념을 이해하고 적응하는 능력을 추가한 것을 볼 수 있다. 이러한 역량들은 지금도 많은 사람들이 필요로 하는 역량이지만 제대로 배울 기회가 없어서 익숙하지 못한 사람들은 매우 불편함을 느끼고 있는 상황이다.

중요한 것은 56개 기초 역량들 중에 교육을 통해서만 배울 수 있는 역량으로 순위를 매겼는데, 디지털 리터러시, 프로그래밍 리터러시, 데이터 분석과 통계 지식에 가장 높은 순위를 주었다. 즉 이러한 역량들은 가정이나 사회생활에서 배울 수 있는 것이 아니고 정규 교육을 통해서만 익힐 수 있는 역량이라는 것이다.

Cognitive	
Critical thinking	**Planning and ways of working**
· Structured problem solving	· Work–plan development
· Logical reasoning	· Time management and prioritization
· Understanding biases	· Agile thinking
· Seeking relevant information	

Communication	Mental flexibility
· Storytelling and public speaking	· Creativity and imagination
· Asking the right Questions	· Translating knowledge to
· Synthesizing messages	different context
· Active listening	· Adopting a different perspective

Interpersonal

Mobilizing systems	Developing relationship
· Role modeling	· Empathy
· Win—win negotiations	· Inspiring trust
· Crafting and inspiring vision	· Humility
· Organizational awareness	· Sociability

Teamwork effectiveness
· Fostering inclusiveness
· Motivating difference personalities
· Resolving conflict
· Collaboration
· Coaching
· Empowering

Self-leadership

Self—awareness and self—management
· Understanding own emotions and triggers — Integrity

· Self—control and regulation	· Self—motivation and wellness
· Understanding own strength	· Self—confidence

Entrepreneurship

· Courage and risk—taking	· Energy passion, and optimism
· Driving change and innovation	· Breaking orthodoxies

Goals achievement

· Ownership and decisiveness	· Grit and persistence
· Achievement orientation	· Coping with uncertainty
· Self—development	

Digital

Digital fluency and citizenship

· Digital literacy	· Digital collaboration
· Digital learning	· Digital ethics

Software use and development

· Programming literacy	· Computational and algorithmic thinking
· Data analysis and statistics	

Understanding digital systems

· Data literacy	· Cybersecurity literacy
· Smart system	· Tech translation and enablement

〈표 9–1〉 미래 직업에서 필요한 56개 기초 역량 (맥킨지 2021.6)

이 보고서에서는 디지털 능력을 가진 사람들이 그렇지 못한 사람들보다 상위 5등급의 소득을 올릴 가능성이 매우 높다는 결론을 내렸다. 앞으로 디지털 능력을 갖춘 사람과 그렇지 못한 사람들 사이에 경제적인 기회 차이가 커지기 때문에 모든 학생들에게 디지털 역량을 익힐 수 있는 기회를 주는 것이 매우 중요하다.

세계경제포럼World Economic Forum에서 발표한 4차산업혁명 시대를 대비한 미래 학교 보고서에서도 다음 그림과 같이 학교의 역할에 '프로그래밍을 포함한 디지털 책임성'을 길러줄 것을 강조하였다. (WEF2020)

이미 디지털 사회 구성원으로 살아가기 위한 기초 소양으로 ICT 도구를 활용할 수 있는 기초 능력과 세상의 문제들을 추상화와 자동화를 통하여 컴퓨터를 이용해서 해결할 수 있는 컴퓨팅 사고력까지 포함하여 디지털 리터러시로 간주하고 있다. 안타깝게도 현재 우리 국민들의 90% 이상이 디지털 리터러시 능력이 없는 상태인 것을 감안하면 하루 빨리 교육 개혁을 시행해서 모든 학생들이 글을 읽고 쓰는 것처럼 디지털 리터러시를 갖출 수 있도록 해야 할 것이다.

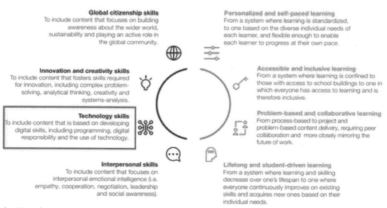

〈그림 9-1〉 The World Economic Forum Education 4.0 Framework[1]

1 World Economy Forum 2020, Schools of the Future: Defining New Models of Education for the Fourth Industrial Revolution, p.7

해외 주요 국가들의 컴퓨팅 사고력 교육 현황

〈그림 9-2〉 주요 국가별 SW·AI 교육 운영 방식 및 시수 비교[2]

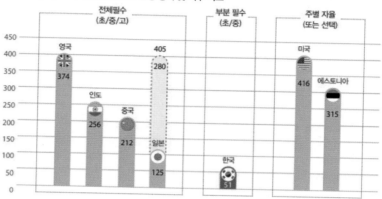

〈그림 9-2〉에서 볼 수 있듯이 한국의 초·중·고등학교 전체 교육에서 차지하는 컴퓨팅 사고력 교육을 하고 있는 정보 교과의 교육 시간은 해외 주요 국가들에 비하여 매우 적다. 소프트웨어와 인공지능 분야를 선도하고 있는 주요 국가들은 이미 전 학년에서 SW·AI 교육 필수화를 단행하였고, 상당한 수준의 교육 시수를 할애하여 초등학교부터 고등학교까지 일관성 있는 교육 체계를 갖추고 있다.

영국의 경우 2012년에 왕립한림원에서 발표한 〈Shut Down or Restart?〉[3]라는 보고서에서 강하게 제시한 바와 같이 컴퓨팅 사고력 위주의 교육을 필수화하여[4] 초등학교 1학년부터 고등학교 2학년까지 11년 간 Computing이라고 하는 교과목을 별도의 독립교과목으로 만들어서

---

2 정보교육확대추진단 "디지털 대전환 시대의 모든 아이를 위한 보편적 정보 교육 확대 방안" 2021
3 The Royal Society Shut down or restart? : The way forward for computing in UK schools, 2012
4 영국의 경우 대한민국과 달리 학교의 자율성을 존중하기 때문에 학교의 자율선택으로 교육을 시행하고 있어서 computing 과목을 필수가 아닌 자율선택이라고 주장하는 의견도 있지만, 국가 차원에서 computing 과목을 모든 학년에서 필수적으로 가르쳐야 하는 기초교과(Foundation subject, Compulsory)로 지정하여 국가적으로 지원하고 있기 때문에 실질적으로는 대부분의 학교에서 필수로 교육을 시행하고 있다고 봐야 한다.

각 학년당 매주 1시간 이상씩 2014년부터 전격 실시하기 시작하였다. 〈표 9-2〉에서 볼 수 있듯이 영국의 경우 초등학교 1학년부터 고등학교 3학년까지 12년간 계속 교육하는 주요 교과목이 영어, 수학, 과학과 컴퓨팅 이렇게 4과목뿐일 정도로 컴퓨팅 교과목의 중요성을 크게 강조하고 있는 실정이다.

구분	Key stage 1	Key stage 2	Key stage 3	Key stage 4
Age	5-7	7-11	11-14	14-16
Year groups	1-2	3-6	7-9	10-11
Core subjects				
English	√	√	√	√
Mathematics	√	√	√	√
Science	√	√	√	√
Foundation subjects				
Art and design	√	√	√	
Citizenship			√	√
Computing	√	√	√	√
Design and technology	√	√	√	
Languages		√	√	
Geography	√	√	√	
History	√	√	√	
Music	√	√	√	
Physical education	√	√	√	√

〈표 9-2〉 영국의 초중등 학년별 교육과정[5]

가까운 일본도 2021년부터 초등학교 교과과정부터 컴퓨팅 사고력 위주의 정보 교과의 필수화를 통해 모든 학생들이 프로그래밍에 접하게 하여 디지털 사회를 살아갈 기초 역량을 갖추도록 하고 있다. 모든 학생들이 대

---

5 UK Department for Education(2014), 'National curriculum in England: framework for key stages 1 to 4.

학에 입학할 때 컴퓨팅 사고력을 충실히 익혀서 대학 교육에서 모든 전공에서 매년 50만 명 이상의 학생들이 AI융합교육을 받을 수 있도록 하는 커다란 장기계획을 추진하고 있다. 이를 가속화하기 위하여 2025년 대학 입학 공통 시험 과목에 정보 교과를 정식으로 추가하는 것으로 발표하여, 컴퓨팅 사고력 교육의 양적, 질적인 확대를 도모하고 있다.

중국의 경우 인공지능과 소프트웨어 경쟁력을 국가 경쟁력의 최우선 과제로 선정하고, AI, 블록체인 등 첨단 기술 산업에서 글로벌 우위를 점하기 위해 초등·중등 교과과정에서의 SW·AI 교육을 강화하고 있다. 중국은 이미 2000년에 초·중·고등학교 교육과정에 정보기술 교육 의무화를 지정하였다. 교육 시간은 지역별로 약간씩 차이가 있으나, 북경 지역의 경우 초등학교와 중학교에서 각 70시간 이상 교육하고 고등학교 교과과정에서 심화과정을 교육하는 것으로 되어 있다. 2018년부터 SW중심교육에서 AI 교육으로 확장하고 4차산업혁명에 대응하기 위하여 국가 차원에서 AI 교육을 확대하여 초등·중등 과정에 단계별로 적용하기 위한 세계 최초로 초·중·고등학생용 AI교과서를 개발하는 등 관련 정책을 적극적으로 추진하고 있다.

미국의 경우 컴퓨터과학을 유치원부터 고등학교까지 체계적으로 교육하는 K-12 주요 교과목으로 지정하여 전인적 교육 차원에서 수학, 역사와 같은 주요과목과 함께 교육하도록 방향을 제시하고 있다. 특히 오바마대통령이 2016년 1월 '모두를 위한 컴퓨터과학 정책Computer Science for All Initiative'를 발표하면서 컴퓨터과학 교육의 중요성을 강조하였다. 이 발표를 통하여 정부와 사회는 모든 학생이 미래에 좋은 직업을 가질 수 있도록 지원해야 하며, 디지털 대전환 시기의 새로운 경제 시스템에서는 컴퓨터과학이 선택의 문제가 아니라 읽기, 쓰기, 셈하기와 더불어 모든 사람들이 기본적으로 갖추어야 하는 기초 역량이라는 것을 강조하였다. 2018년 5월에는 AI4K12^AI for K-12 students Initiative를 설립하여 초 · 중 · 고등학교에서 교육해야 하는 인공지능의 주요 5가지 주요 개념과 단계별 교육 목표를 제시하여 AI · SW 교육 확대를 추진하고 있다.[6] 2020년 현재 전 미국의 37개 주가 컴퓨터과학 교육 표준을 채택하고 있으며, 지금도 지속적으로 확대되고 있는 추세이다.[7]

---

6 미국 National Science Foundation(국가과학재단), AAAI(인공지능연합회), CSTA(컴퓨터과학 교사협회)가 공동으로 추진하여 AI4K12 설립하였다.

7 2020 State of Computer Science Education Illuminating Disparities, CSTA, 2020.11.

3부 AI 인재양성과 교육 혁신

우리나라의 SW·AI 교육 현황

우리나라에서는 SW·AI의 기초 역량인 컴퓨팅 사고력에 관련된 교육을 정보교과에서 다루고 있다. 1998년 김대중 정부가 출범하면서 당시 인터넷 열풍에 맞추어서 전 세계에서 인터넷을 가장 잘 사용하는 국가를 만들겠다고 선언하면서 초등학교 정보교과 교육을 약 200시간, 중학교 정보교과 교육을 104시간으로 대폭 확대하여 필수 교과로 시행하였다.

그러나 2008년부터 초등·중등 교과과정에서 정보교육이 자율 선택으로 전환되면서 2017년까지 10년간 정보 교과는 일부 학교에서 선택적으로 운영되어 왔을 뿐이고, 전혀 개설하지 않는 학교들도 많이 생기면서 유명무실한 교과과정으로 전락하게 된다. 이 시기 정보교과 교사를 전국에서 단 1명도 추가 선발하지 않았고, 기존의 정보교사들마저 다른 교과를 담당하는 교사로 전환하는 사례가 늘어나게 되었다.

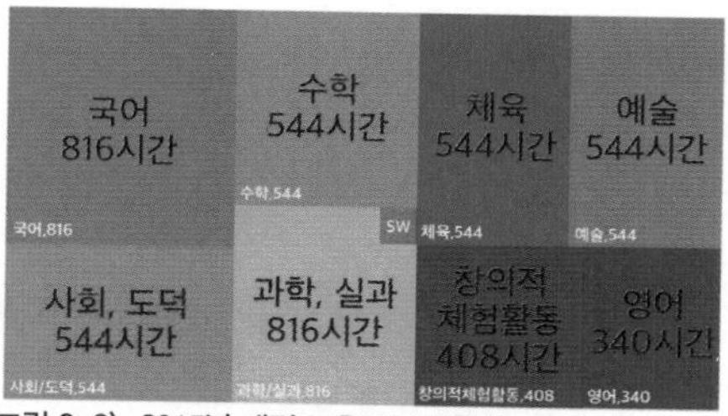

〈그림 9-3〉 2015년 개정 교육과정 초등학교 교육 시간[8]

〈그림 9-4〉 2015년 개정 교육과정 중학교 교육 시간[9]

8 정보교육확대추진단 "디지털 대전환 시대의 모든 아이를 위한 보편적 정보 교육 확대 방안" 2021
9 정보교육확대추진단 "디지털 대전환 시대의 모든 아이를 위한 보편적 정보 교육 확대 방안" 2021

2014년 정부에서 관계부처 합동으로 '소프트웨어 중심사회 실현 전략'을 발표하면서 2015년에 개정된 교육과정을 통해 2018년부터 초·중등학교 교육에서 SW교육 일부 정규 교과로 실시하기 시작하였다. 현재 초등학교 6년간 총 17시간을 실과 과목 교육의 일부로 컴퓨팅 사고력을 체험하는 수준으로 가르치고 있는데, 이는 〈그림 9-3〉에서 볼 수 있듯이 전체 교육시간 5,896시간 대비 약 0.28%에 해당하는 매우 적은 시간에 불과하다. 중학교 교과과정에서는 총 3년간의 교육 기간 중 두학기에 걸쳐 매주 1시간씩 총 34시간을 정보 교과 교육을 시행하도록 이루어져 있다. 이는 〈그림 9-4〉에서 볼 수 있듯이 전체 수업시간 3,366시간 대비 약 1% 수준으로 학생들이 컴퓨팅 사고력을 이해하고 활용할 수 있을 정도로 익숙해지기에 매우 부족한 시간이라는 것을 알 수 있다.

고등학교에서는 정보가 기술·가정 교과의 일반 선택 과목으로 지정되어 있지만, 대학 수능시험에도 출제되지 않는 선택 교과목이라 일부 고교에서만 개설하고 있는 실정이다.

무엇이 문제인가?

현재 대한민국의 SW·AI 교육은 초등학교와 중학교의 정보교과 교육 시수의 절대적인 부족으로 인하여 컴퓨팅 사고력의 핵심 내용을 충분히 가르칠 수 없다. 절대적인 시수 부족은 정보 교육의 연속성과 계열성을 이루지 못하고 단편적인 개념과 기능 습득 교육에 치중하게 만드는 원인이 된다. 특히 교사들의 자질 부족으로 인하여 많은 경우 암기 위주의 교육으로 전락하여 아이들의 컴퓨팅 사고력을 키우는 본연의 교육 목적을 달성하기 매우 어려운 실정이다. 새로운 아이디어와 통찰력을 필요로 하는 창의적 문제 해결 능력의 대부분은 상상, 창작, 실험, 공유, 생각의 과정을 여러 번 반복하면서 익힐 수 있는 것이다. 즉, 창의적 학습은 반복적인 선순환을 통하여 그 목적을 달성할 수 있는데, 현재 교육과정이 단절된 형태로 진행되기 때문에 컴퓨팅 사고력을 기반으로 한 지속적인 학습 경험을 제공하는데 한계가 있다. 〈표 9-3〉과 같이 글쓰기나 수학적 사고 학습 단계처럼 컴퓨팅 사고력도 단계적이고 지속적인 교육을 통해서 학생들이 익힐 수 있는 것이기 때문에 국어나 수학처럼 전 단계에서 충분한 교육 시간을 배정해야만 교육 목적을 달성할 수 있다.

분야	단계1	단계2	단계3	단계4	단계5
언어(글쓰기)	자음,모음	단어,문장	단락 글쓰기	설명문, 논설문	시,수필,소설
수학(셈하기)	수	사칙연산	미지수	일차방정식	이차방정식
SW·AI (프로그래밍)	입력/출력	자료와 변수	조건/반복	함수	알고리듬 구현

〈표 9-3〉 글쓰기, 수학, 정보의 학습 단계 예시[10]

디지털 대전환 시대에서 컴퓨팅 사고력은 모든 일자리에서 요구하는 기초 역량이 될 것이다. 이런 차원에서 공교육을 통하여 충분히 교육받지 못한 계층이 발생할 경우 심각한 사회 문제로 확대될 가능성이 있다. 미국[11]이나 영국[12]의 경우 컴퓨터 교육의 격차를 줄이기 위한 국가 차원의 노력을 많이 기울이고 있다. 미국은 컴퓨팅 교육의 격차를 줄이기 위해 주별 교육 현황 비교 등 컴퓨터과학 교육 관련 현황을 주기적으로 조사하여 발표하면서, 모든 학생들의 컴퓨터과학 교육에 대한 공평한 접근 기회의 확대가 미래 사회에 매우 중요하다는 것을 강조하고 있다. EU의 13개국에서 컴퓨팅 사고력 교육을 의무 교육에 포함시킨 근거

---

10 정보교육확대추진단 "디지털 대전환 시대의 모든 아이를 위한 보편적 정보 교육 확대 방안" 2021

로 "청소년들이 컴퓨터를 이용하여 다른 방식으로 생각하고, 다양한 매체를 통해 자신을 표현하며, 실제 문제를 해결하고, 일상적인 문제를 다른 관점에서 분석할 수 있도록 컴퓨팅 사고력 기량을 개발해야 한다. 또한 경제 성장을 촉진시키고, 급격히 늘어나는 ICT 일자리를 채우며, 미래의 취업을 준비하기 위해 컴퓨팅 사고력을 익혀야 한다"고 하면서 미래인재 양성 기반을 제공하여 교육 기회 균등을 실현하기 위함이라고 발표하였다.[13] 대한민국의 경우 공교육에서 충분한 교육을 하지 않을 경우 사교육비를 지불할 수 있는 계층을 중심으로 컴퓨팅 사고력의 사교육이 활성화되고 있어서 미래 세대 사이에 극복하기 어려운 심각한 역량의 차이를 가져오게 될 것이어서 사회적인 문제가 될 가능성이 높다.

11 Google Inc. & Gallup Inc (2017, December), K-12 Computer Science Education. State Reports, pp.4~5, pp.8~9 재구성

12 Kemp, P. E. J., Berry, M. G., & Wong, B. (2018), The Roehampton Annual Computing Education Report.

13 S Bocconi et al (2016), 의무 교육 과정에서의 컴퓨팅 사고 개발. JRC SCIENCE FOR POLIYCY REPORT. pp.27

초·중·고등학교 학생들을 위한 SW·AI 교육 개선 방안

디지털 대전환 시대가 요구하는 인재상이 어떻게 변하고 있는지를 인지하고 그러한 인재를 키울 수 있도록 교육 패러다임을 개선해야 한다. 현대 사회는 빅데이터, 인공지능, 초자동화hyper-automation와 초연결hyper-connected 등으로 인한 변화가 산업계 전 영역뿐만 아니라 우리 일상 생활 전반에 적용되는 상황이 되어가고 있다. 이것은 마치 전기가 처음 보급되기 시작했을 때 많은 사람들이 전기 사용을 꺼렸지만, 지금은 전기 없는 세상을 상상조차 할 수 없게 된 것과 같다고 볼 수 있다. 소프트웨어와 인공지능이 우리의 일상생활에 공기처럼 적용되는 상황이 전기의 일상화 속도보다 상상할 수 없을 정도로 더 빠른 속도로 다가오고 있다. 디지털 대전환 시대의 핵심 기술을 반영한 국가 교육 시스템 구축과 사회가 요구하는 미래 인재역량을 고려한 교육 시스템을 구축해야 한다.

교육의 가장 중요한 핵심은 초등 · 중등 교육부터 제대로 잘 시작해야 한다는 것이다. 컴퓨팅 사고력은 수학의 논리적인 역량과 언어의 체계적인 소통 역량이 결합되어 있다. 즉 컴퓨터를 이용해서 문제를 해결하기 위한 논리적인 알고리듬의 원리와 실제 컴퓨터에게 명령을 조합해서 내리는 프로그래밍 언어 구사 능력이 유기적으로 결합된 것이라고 볼 수 있다. 이러한 컴퓨팅 사고력의 특성상 어렸을 때부터 체계적으로 배운 사람들의 역량이 매우 뛰어난 것을 볼 수 있다. 이것은 마치 대학에 입학한 후에 영어를 아무리 열심히 공부해도 어렸을 때 영어를 배워서 사용하던 학생들의 영어구사 능력을 넘어서기 어려운 것과 유사하다. 어렸을 때부터 영어를 사용하던 아이들은 아무 생각 없이 자신의 사고를 영어로 간단하게 표현하지만, 성인이 된 후에 영어를 사용하기 시작한 사람들은 머리 속으로 미리 자신이 하고자 하는 문장을 한번 만들어 보고 문법적으로나 의미적으로 적합한지 확인하면서 발화를 하는 경향이 있다. 이렇듯이 컴퓨팅 사고력도 수학의 논리성과 언어적인 특성을 같이 가지고 있기 때문에 초등학교부터 체계적으로 배우도록 하는 것이 매우 중요하다.

2015년에 개정된 현 국가 교육과정이 디지털 대전환 시대에 필요한 수준의 컴퓨팅 사고력을 제대로 익히는 데 충분한지에 대한 냉철한 점검이 필요하다. 2015년 개정 당시의 교육과정의 기본 철학이 현재와 같은 디지털 대전환 시대를 예측하지 못한 기존 교육계의 시수 유지라는 안일한 교육 방침을 벗어나지 못하고 있다는 것을 겸허하게 받아들여야한다. 대한민국 교육계의 오래된 과목별 시수 확보에 대한 과도한 경쟁이 디지털 대전환 시대에 새로운 기초역량으로 대두된 정보 교과의 시수를 늘리는 데 큰 걸림돌이 되고 있지 않는지 반성해야 할 것이다. 이제 세상의 모든 문제들을 합리적으로 해결하기 위하여 다양한 영역의 지식과 정보를 처리하고 활용할 수 있는 능력에 컴퓨터를 활용해서 해결할 수 있는 능력, 세상의 문제를 디지털 데이터 형태로 추상화할 수 있는 능력 등이 중요한 교육 철학에 포함되어야 할 것이다.

지금 교육부를 중심으로 2022년 개정 교육과정을 마련하고 있는 중이다. 새로운 교육과정에는 반드시 초등학교부터 고등학교까지 체계적인 디지털 역량 교육, 컴퓨팅 사고력 교육이 시행될 수 있도록 충분한 교육 시수를 배정하는 것이 중요하다. 교육계의 교과별 교육 시수 경쟁이 아무리 치열하고 어려워도 지금이 바로 아이들의 미래와 국가 경쟁력을 위해서 과감한 시수 조정을 해야 할 때인 것이다. 지금과 같은 강의 시수로는 〈표 9-4〉에서 볼 수 있듯이 정보를 담당하는 교사 확보가 매우 어렵게 된다. 현재 각 중고등학교 당 정보 교과를 담당하는 교사가 1명도 없는 학교가 많이 있음을 볼 수 있다. 전체 중학교에 정보 담당교사를 확보하고 있는 곳이 32% 정도에 불과할 뿐만 아니라, 정보컴퓨터 교육 자격을 가진 교사를 확보하고 있는 학교가 25%밖에 되지 않고 있는 실정이다.

이런 현상이 벌어지게 된 원인은 중학교 강의 시수가 총 34시간밖에 되지 않아서 한 교사가 한 학교에서 강의를 전담할 수 없고, 여러 학교를 순회하면서 강의를 해야만 전체 강의 시수 요건을 채울 수 있는 상황이기 때문이다. 순회교사 관련 온라인 설문 결과, 중학교 정보교사 응답자 235명 중 49%에 해당하는 114명이 순회 강의를 하고 있다고 응답을 하였다.[14] 학교 현장에서 교육이 제대로 이루어지기 위해서는 충분한 소양을 갖춘 선생님의 확보가 매우 중요하다. 현재와 같은 수준의 강의 시수로는 학생들이 기본 개념을 익히기에 턱없이 부족할 뿐만 아니라, 학교당 한 명의 교사를 확보하는 것도 어려운 현실이다. 즉, 컴퓨팅 사고력 교육을 제대로 실시할 수 있는 기본이 되어있지 못한 실정이다.

학교급	학교수	정보교과 담당 교사 수	정보컴퓨터 자격 교사 수	비자격 교사 수	학교당 정보교사 비율	자격교사 비율
중학교	3,223	1,034	795	239	32.08%	76.89%
인문계 고등학교	1,574	677	460	217	50.37%	67.95%
계	4,797	1,711	1,255	456	37.46%	73.35%

〈표 9-4〉 2020년 12월 기준 정보 교사 현황[15]

이번 2022년 개정 교육과정에서는 정보 교과의 시수 확대를 명확하게 시행하여야 한다. 지금보다 2배로 늘린다는 표현은 어불성설이다. 현재의 시수가 워낙 적기 때문에 최소 경쟁국들 수준으로 교육체계를 갖

14 한국정보교사연합회(2021). 한국정보교사연합회 설문조사 자료.
15 한국교육학술정보원(2021). 2021년 SW·AI교원 연수 계획(안).

추어야 할 것이다. 영국처럼 초등 1학년부터 고등학교 3학년까지는 아니더라도, 최소 초등학교 3학년부터 고등학교 1학년까지 8년간은 매주 1시간 이상 시수를 배정해서 체계적으로 가르쳐야만 학생들이 컴퓨팅 사고력에 익숙해질 수 있을 것이다.

요즘 인공지능 융합 인재라는 용어가 많이 통용되면서 다른 교과목에서 인공지능에 관련된 강의를 하는 것을 주장하는 교육계 인사들이 많이 있는 것으로 알고 있다. 정보교과 시수를 늘리기 어려우니 기존 타교과에서 인공지능 관련 주제를 융합해서 가르치겠다는 의도로 보인다. 이런 주장은 심각한 오류를 가지고 있다. 기본적인 컴퓨팅 사고력을 제대로 배우지 못한 학생들에게 고급 수준의 인공지능 융합 교육을 시행하는 것은 구구단도 모르는 학생들에게 수학이 아닌 타 교과목에서 2차 방정식을 응용하는 것을 가르치면 된다고 주장하는 것과 같다. 요즘 유럽의 컴퓨터 소프트웨어 교육 선진국들 중 에스토니아와 같은 국가에서는 수학 시간에 인공지능 원리에 관련된 교육을 추가하는 경우가 있다. 에스토니아는 초등학교부터 컴퓨팅 사고력에 대한 교육을 체계적으로 충분하게 시행하고 있기 때문에 소프트웨어나 인공지능의 교육을 넘어서서 타교과까지도 인공지능 융합 교육을 추가하는 것이다.

우리도 초등학교에서 중학교까지 컴퓨팅 사고력을 매주 1시간 이상 충분히 가르친다면 고등학교에서는 타교과에서 인공지능을 융합한 주제로 교육을 시키기 시작할 수 있을 것이다. 하지만, 지금과 같이 기본적인 컴퓨팅 사고력도 제대로 배우지 못한 학생들에게 타교과에서 인공지능 융합 교육을 실시한다면 또 다른 부작용을 초래할 것이다. 지금 우리의 현실은 초등·중등교육에서 기본적인 컴퓨팅 사고력을 잘 가르쳐서 대학에 진학한 학생들이 다양한 전공에서 인공지능을 융합한 교육을 잘 따라갈 수 있도록 하는 것을 목표로 교과과정을 개선하는 것이 중요하다. 중고등학교 수준에서 인공지능 융합을 거론하는 것은 매우 위험한 발상이라고 할 수 있다.

세계경제포럼은 빠르게 변화하는 미래사회 핵심소양으로 수리, 과학과 함께 디지털 리터러시를 제안하였다. 여기서 디지털 리터러시는 프로그래밍과 디지털 책임성을 포함하며 미래 학교와 교사들이 중요하게 다루어야 하는 것이다(WEF 2020). 구글도 전 세계 18개 국의 전문가들을 대상으로 한 인터뷰 결과를 토대로 미래 교실에서 반드시 이루어져야 할 교육으로 컴퓨팅 사고력을 포함한 다음과 같은 8개의 큰 주제를 제시하였다. 이러한 트렌드에 맞추어서 교육과정과 시스템을 개선해서 미래 사회를 살아가야 할 아이들을 체계적으로 가르치는 것이 중요하다.

[1] 디지털 책임Digital Responsibility,

[2] 컴퓨팅 사고력Computational Thinking,

[3] 협업적 교실Collaborative Classrooms,

[4] 혁신적 교육학Innovating Pedagogy,

[5] 생활 기술과 직업 준비Life Skills & Workforce,

[6] 학생중심학습Students-led Learning,

[7] 보호자와 학교의 연결Connecting Guardians & Schools,

[8] 기술융합Emerging Technologies

교원 양성 개선 방향

교육에 가장 중요한 인프라는 우수한 교원이다. 대한민국의 전통적으로 매우 우수한 인재들이 사범대학과 교육대학을 지원하여 교원으로 양성되고 있다. 문제는 소프트웨어와 인공지능의 구구단에 해당되는 컴퓨팅 사고력에 대한 교육이 제대로 이루어지지 않았기 때문에 대부분의 교원들이 컴퓨팅 사고력을 배울 기회가 없었다. 즉, 현직 교원들의 90% 이상이 컴퓨팅 사고력에 대해서 잘 모르고 있는 상황이다. 이런 상황에서 각자의 교과목에서 소프트웨어나 인공지능을 융합한 교육을 시행하는 것이 불가능할 수밖에 없다. 따라서 모든 기존 교원들에게 보수 교육을 통하여 기본적인 컴퓨팅 사고력에 대한 개념을 익힐 수 있도록 해야 한다. 이제는 모든 교사들이 전공에 관계없이 소프트웨어와 인공지능의 기본 원리를 알아야만 하는 시대가 된 것이다.

현재 교육대학과 사범대학의 교육 체계도 개선해야 한다. 모든 예비 교사들이 컴퓨팅 사고력을 기본적으로 익숙해지도록 커리큘럼을 개선하고, 전공에 관계없이 모든 교과목에서 SW · AI를 융합한 교육에 익숙해져야 한다. 2015 교육과정에서 초등학교에 SW교육이 필수화 되었지만, 아직도 초등교원 임용 시험에 정보 교육 관련 문제가 거의 출제되지 않고 있다. 뿐만 아니라, 코로나로 인하여 온라인 강의가 일상화되어 있는 현재에도 온라인 수업에 필요한 ICT 소양 능력을 평가하는 과정이 거의 없는 실정이다. 이런 상황에서는 예비교사들이 컴퓨팅 사고력이나 ICT 기본 소양에 대해서 충분히 준비를 할 동기 부여가 매우 약할 수밖에 없다. 초등 교원을 양성하는 교육대학이나 중등교원을 양성하는 사범대학들이 빨리 디지털 대전환 시대에 맞추어서 구조조정과 커리큘럼 조정을 시행해야 한다. 교육부는 교사 임용 시험에 이렇게 개선된 역량을 반드시 평가하여 충분한 디지털 소양을 갖춘 교원을 양성하도록 해야 한다.

정보교과 교육 활성화를 위한 제안

초·중·고등학교 교과과정에서 정보교육을 확대해야 한다는 것에 대해서는 많은 전문가들이 공감하고 있으면서도 정작 교육 시수를 늘리는 일을 쉽게 추진하지는 못하고 있는 실정이다. 학생들의 전체 교육 시수가 일정하게 유지되고 있기 때문에 정보교과 시수를 늘리기 위해서는 그만큼 다른 교과의 시수를 줄여야 하며, 시수의 변화에 따라 교육 인원 구성도 변화하기에 시수를 조정하는 작업을 교육계에서는 거의 전쟁과 같이 비유하고 있다. 어떤 교과의 시수를 줄여야 하는가에 대한 결정 과정에서 해당 교과에 관련된 교육계와 학계의 반발이 매우 강하기 때문에 여기에서 발생할 수 있는 부작용을 줄일 수 있는 방안을 잘 모색하는 것이 중요하다.

시수를 늘리는 교과에서는 양질의 교사를 더 양성해야 하고, 시수가 줄어드는 교과들은 한시적으로 교사 임용을 급격히 줄이지 않고 예비교사의 정원을 조정하는 작업을 같이 추진해야 할 것이다. 이 과정에서 교사의 숫자가 일시적으로 늘어날 수도 있다는 점을 예산 당국이 어느 정도 용인하는 정책적인 배려가 필요하다.

영국의 경우 정보교과를 전격적으로 초등학교 1학년부터 고등학교 3학년까지 필수과목으로 지정하면서 5년간 약 9조 원에 가까운 추가 예산을 투입하였다. 비록 많은 예산이 추가로 투입되었지만 영국 전체로 봤을 때 소프트웨어 교육 분야에 새로운 직업이 약 30만 개 정도 추가로 생겼다는 통계는 매우 고무적이라고 볼 수 있다. 디지털 세상이 되면서 새로운 양질의 일자리를 만드는 것에 예산이 사용되었다고 본다면 이러한 추가 예산 투입은 매우 바람직하다고 봐야 할 것이다.

한편에서는 기존 타 교과 교사들을 보수 교육을 통하여 정보교과를 가르칠 수 있도록 하자는 의견도 있다. 문제는 기존 교사들 대부분이 초 · 중 · 고등학교 시절에 정보 교과를 제대로 배운 경험이 없는 경우가 많아서 보수 교육만으로 컴퓨팅 사고력에 충분한 소양을 갖출 수 있는 교사가 매우 적다는 것이다. 이렇게 보수 교육을 통하여 정보교사로 전환할 경우 가르치는 교사나 배우는 학생 모두가 불편한 상황이 될 가능성이 높다.

지난 2008년부터 10년 동안 정보교사를 한 명도 임용하지 않았기 때문에 그동안 많은 대학들이 컴퓨터교육학과를 폐쇄했고 이에 따라 현재 전국에 정보교사를 양성하는 컴퓨터교육학과를 운영하는 대학이 8곳 밖에 없는 실정이다. 따라서, 정보교사를 양성하는 컴퓨터교육학과의 정원을 빨리 늘리는 작업과 일반 컴퓨터공학과와 같이 소프트웨어 전문가 교육을 받은 사람들이 교직과정을 이수해서 교사로 임용할 수 있도록 하는 교직 정원을 늘리는 것이 중요하다.

정보교과 교육 확대를 위해서 정보교과를 수능에 반영하도록 하자는 의견도 힘을 얻고 있다. 실제 일본의 경우 2025년 대학 수능 시험에 정보 교과가 출제된다고 공시를 하였다. 즉, 2022년에 고등학교에 입학하는 모든 학생들은 대학 입시에 정보 교과가 출제되기 때문에 정보교과 교육이 자연스럽게 활성화될 것으로 기대하고 있다. 대한민국의 경우에는 그 동안 정보 교과를 특수 선택 교과로 지정하여 수능에 출제되지 않는 희귀한 교과목으로 간주해왔는데, 앞으로는 우선 수능시험에서 선택과목으로 출제하도록 제도를 개정해서 정보교과 교육을 활성화에 도움이 되도록 하는 것이 좋을 것이다. 이미 서울대와 카이스트 총장들이 고교학점제가 실시되면 컴퓨터 관련 학과들은 정보교과 이수를 필수로 요구하도록 입시 제도에 반영하겠다는 의견을 공개적으로 밝힌 바가 있어서, 정보교과의 대학 입시 반영은 시간 문제라고 생각한다.

결론

4차산업혁명시대를 위한 초등·중등 교육 개혁의 필요성은 더 이상 논쟁거리가 아니라, 시대적 요구이다. 초등·중등 교과과정부터 컴퓨팅 사고력과 디지털 기초역량을 제대로 가르쳐 아이들이 새로운 사회에 적응하지 못하는 낙오자가 되지 않게 하여야 한다. 지금 대한민국의 초등·중등 교과과정으로는 디지털 사회를 살아가야 만 하는 아이들에게 디지털 소양을 제대로 가르칠 수 없는 상황이다. 교육계에서는 교육과정 개정 때마다 과목별 시수 조정을 과목 간의 전쟁에 비유해 왔다. 그만큼 어렵다는 것이다. 그러나 지금의 교육과정 대부분은 지난 1-2차 산업혁명의 결과로 만들어진 것들이다. 4차산업혁명이 진행되면서 새로운 디지털 역량이 모든 사람들에게 필요하게 되었고, 이를 위해 초등·중등 교육과정이 개혁되어야 한다. 어렵다고 개혁하지 않으면 우리나라는 빠르게 후퇴할 것이다. 아이들은 미래 경쟁력이 부족해서 일자리를 찾기 어려워질 것이고, 산업계는 경쟁력 있는 SW·AI개발자를 구하지 못해서 어려워질 것이다. 2022년 개정 교육과정에서 정보 교과 시수 확대가 반드시 반영되어야 한다.

저자 소개

서정연

서강대 수학과를 졸업하고 텍사스주립대학(어스틴)에서 인공지능의 자연어처리 분야 논문으로 전산학 석박사학위를 받았다. 1991년 귀국해서 KAIST 전산학과 조교수로 일하다가 1995년부터 2022년 2월까지 서강대학교 컴퓨터공학과 교수로 재직하였으며, 2022년 3월부터 서강대학교 연구석학교수와 LG AI연구원에서 AI인재육성위원장직을 겸임하고 있다. 현재 한국공학한림원 정회원으로써 스마트디지털위원장으로 활동하고 있다. 국가과학기술자문위원회 위원, 과기정통부 소프트웨어 인공지능 자문위원 등으로 정책 자문을 해 왔으며, 제28대 한국정보과학회 회장을 역임하였다. 현재 초등·중등 정보 교육 확대를 추진하는 한국정보과학교육연합회 공동대표 및 이사회 의장과 (재)이노베이션아카데미 이사장을 맡고 있다. 홍조근정훈장(2016.4), 장영실상(2001.12) 등을 수상하였다.

10장 • AI와 대학교육의 변화

대학은 오랜 교육을 마치고 사회로 진입하는 마지막 관문이다. 대학교육이 취업만을 위한 것은 아니지만 기업과 사회의 요구를 외면할 수 없다. 근래에 급속히 발전하고 있는 AI기술이 산업 및 사회 각 방면의 디지털혁신과 업무 지능화 및 무인화를 가속하고 있다. 지금까지는 정형화된 패턴을 갖는 육체적 작업, 단순 사무업무가 자동화, 컴퓨터화 되었으나 이제는 분류, 탐지, 판단, 예측, 최적화 등의 고도의 인지적 역량이 요구되는 비정형적인 전문가의 직무까지도 AI로 자동화되고 있다.

AI의 확산에 대응하여 대학교육이 어떻게 변해야 할까? AI가 일자리에 어떤 영향을 미칠 것인가? 직무와 요구역량이 어떻게 변할 것인가? 이에 대응하여 대학에서의 교육방식과 체제가 어떻게 변해야 할 것인가? AI와 디지털 역량 교육을 어떻게 할 것인가? 인문사회 및 예술 분야 학생들에게도 AI를 가르쳐야 할까? 쉽지 않은 질문이지만 생각을 나누어 보자.

AI가 일자리에 어떻게 영향을 미칠 것인가?

통계 및 알고리듬에 의한 다양한 데이터분석 및 의사결정 방법인 머신러닝, 즉 기계학습 방법이 수십년간 꾸준히 개발되어 활용되어 왔다. 그러나 지난 10년간 대량의 데이터를 초대형 인공신경망으로 학습하는 딥 러닝Deep Learning 기술이 급속히 발전하여 군집, 분류, 인식, 변화 탐지, 판단, 예측, 최적화와 시각, 음성 및 자연어 처리 등의 사람의 인지적 능력의 일부를 상당 수준으로 모사할 수 있게 되었다. 어려운 수학, 통계, 알고리듬을 깊이 몰라도 누구나 프로그래밍만 조금 할 줄 알면 딥러닝을 쉽게 활용할 수 있게 되었다. 잘 준비된 데이터만 충분히 많으면 자연어처리, 음성 인식, 대화 및 번역, 이미지 및 동영상 인식뿐만 아니라 의료 진단, 신약개발, 유전자 분석, 단백질 접힘 예측, 로봇, 자율주행차, 제조 및 자동화, 금융, 교육, 법률, 뉴스, 범죄 탐지 및 방지, 패션, 미용 등의 거의 모든 산업 분야에 적용되어 기술혁신을 가속하고 있다.

스탠포드 대학의 2021년 AI 지표에 의하면 세계 민간기업들이 2020년 신약개발, 분자생물학, 암 진단 등의 생명의학 AI에만 135억 달러, 자율주행 및 교육 AI에 각기 40~50억 달러를 투자하였다(그림 10-1; Artificial Intelligence Index Report, 2021). 기업들이 이렇게 나서는 것은 실용적 가능성과 산업적 가치가 높기 때문이다. 정보기술 조사분석 전문인 가트너그룹에 의하면 2021년까지 신기술의 80%가 AI에 기반하고 있다고 한다. 경제지 포브스에 의하면 83%의 기업이 AI를 핵심 전략으로 추진하고 있다. Statista사에 의하면 2025년까지 AI산업이 1,186억 달러에 달할 것이라고 한다. 데이터를 생산하고 분석하여 새로운 발견을 하고 문제를 해결하는 화학, 생물, 의과학, 물리, 제조 등의 과학과 공학 분야의 연구에서 AI가 필수적인 도구가 되고 있다. 지금까지 수학이 과학 및 공학에 필수였지만 이제는 컴퓨터와 AI가 훨씬 유연하고 실용성 있는 보편적인 도구로 자리 잡았다.

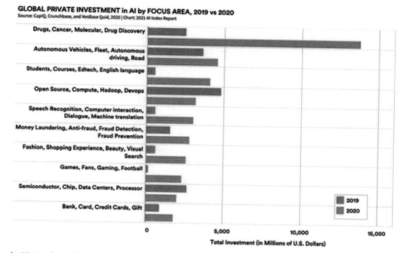

〈그림 10-1〉 AI 산업계 투자(Artificial Intelligence Index Report, 2021)

많은 사람들이 이렇게 급속히 발전하는 AI가 일자리에 큰 영향을 줄 것이라고 생각하는 것은 당연하다. 얼마나 어떻게 영향을 줄 것인가? OECD 통계에 의하면 지난 수십 년간 거의 모든 OECD 국가에서 자본 생산성이 가속적으로 감소해왔다(Morkunaite, 2019). 이는 컴퓨터 및 정보기술이 지속적인 혁신으로 저렴해지면서 이를 활용한 제조 및 사무의 자동화, 정보화가 꾸준히 확대되어 인력이 크게 절감되어 국민총생산에서 큰 비중을 차지하는 근로소득이 상대적으로 감소했기 때문이라고 한다. 저명한 노벨상 수상 경제학자인 MIT의 솔로우 교수는 'AI경제'에 대한 대담에서 GDP 중 근로소득의 비중이 1940년대 75%에서 현재 62%로 크게 감소하였고 소수의 자본과 기술로 부가 크게 편재되었으며 미래에는 더욱 심해질 것이라고 하였다(Metzarchive, 2018). 부의 창출이 노동에서 자본과 기술로 전환되고 있으며 경제성장을 하더라도 일자리가 그만큼 크게 늘지 않는다는 것이다.

그러나 미래가 더욱 문제이다. 컴퓨터 및 정보기술에 AI기술이 가세하면 단순 제조공정 및 사무작업 뿐 아니라 과거에는 자동화가 어려웠던 비정형인 것처럼 보이는 업무, 금융, 의료, 법률, 교육, 언론, 세무회계, 건축, 연구개발, 엔지니어 등의 전문직의 업무도 상당히 자동화할 수 있게 된다. 법률전문가인 옥스포드 대학의 서스킨드 박사는 저서 『전문직의 미래』에서 진입장벽, 고소득 등의 사회적 특권을 보장받았던 전문직의 업무도 상당부분이 분할, 표준화, 자동화, 온라인화 할 수 있게 되어 관련한 생태계가 재편되고 점차 저렴한 공공서비스로 바뀔 것이라고 한다(Susskind and Susskind, 2015). 실례로 세계적인 금융투자기업인 골드만 삭스에서는 2017년 전체 직원의 6%인 2,000여명의 트레이더를 해고하고 투자 소프트웨어를 유지 보수하는 엔지니어 2명이 맡게 하였다. 영국의 로얄 뱅크 오브 스코틀랜드도 로보어드바이저를 도입하여 550명을 감축하였다. 세계적인 온라인 쇼핑 기업인 아마존은 주문 물품을 픽업하여 발송팀에 옮겨주는 작업을 키바Kiva라는 자율주행 로봇으로 대체하여 대규모 해고를 단행하였다.

옥스포드 대학의 프레이와 오스본은 유사 패턴이 반복되는 업무들이 컴퓨터로 자동화되어 47%의 일자리가 위험하고 저소득자가 더 영향을 받는다고 주장하였다(Frey and Osborne, 2017). 2016년 세계경제포럼에서는 50%의 일자리가 위험하고, 일자리의 1/3은 완전히 새로운 역량이 필요하며, 현재의 초등학생들이 취업을 할 즈음에는 65%의 일자리가 완전히 새로운 직업이 될 것인데 교육은 준비되어 있지 않다고 하였다. 많은 언론에서 이를 보도하면서 AI가 일자리를 없앨 것이라고 우려하였고 AI와 로봇에 대한 과세, 기본소득도 빈번하게 제안되고 있다. 이후 브루킹스 연구소, 맥킨지 등의 많은 기관에서도 유사한 보고서를 발표하였다.

그러나 이러한 노동경제학적 연구방법에 대해 반론도 많이 나오고 있다. 독일의 파이퍼는 자동화된 제조현장에도 설비의 감시 조정, 유지보수, 지원 등의 상당한 비정형 업무가 많으며 이들은 예측이 어렵고 변화하며 복잡하여 자동화하기 어려워 상당한 수준의 전문가가 필요하여 자동화로 인한 일자리 감소가 쉽게 일어나지 않는다고 주장하였다(Pfeiffer, 2018). 자동화를 진행할수록 복잡한 자동화시스템을 안전하고 신뢰성 높게 운영하기 위해서는 잘 훈련된 고급기술을 가진 전문인력이 더 많이 필요하다는 주장도 있다(Baxter et al., 2012). 은행의 경우에도 자동현금인출기를 많이 설치하였으나 은행인력은 사실상 줄지 않고 오히려 세일즈, 고객관계 등의 업무 인력이 많아졌다고 한다(Bessen, 2016). 스마트폰, 자동차, 가전제품 조립라인 등의 많은 제조현장에서는 아직도 자동화가 어려운 일이 많아 작업자가 필수적이다. 아무리 AI가 발전해도 로봇 팔과 손이 모터로 제어되기 때문에 사람 팔과 손처럼 정교하게 제어하기 힘들기 때문이다.

MIT 경제학자들의 최신 보고서에 의하면 AI 확산에도 불구하고 2005-15년간 노동생산성 연간 성장율은 1.3%로 과거의 2.8% 보다 오히려 크게 저하되는 'AI와 생산성의 역설'이 나타났다고 한다(Brynjolfsson et al., 2018). AI가 아직 널리 확산되어 효과가 나타났지 않았다는 해석도 있지만 AI 등의 기술혁신에 의해 일자리가 쉽게 없어지지 않고 새로운 일자리가 생겨난다는 반증일 수도 있다. 역사적으로 볼 때 산업혁명 때에도 기계가 일자리를 없앤다고 기계를 파괴하는 러다이트 운동이 일어났지만 결국 새로운 산업 및 일자리가 크게 늘어났다. 따라서 미래에도 AI 및 신기술이 촉매가 되어 새로운 산업과 일자리가 오히려 더 크게 늘어날 것이다는 낙관적인 주장도 해볼 수 있다.

그러나 일자리가 사라지는 속도와 생겨나는 속도의 차이로 인해 상당기간 격차 발생은 불가피하며 저소득 단순 기술 근로자가 더욱 크게 피해를 입을 것이다. 또 다른 문제는 생겨나는 일자리는 지금까지와는 다른 새로운 직무와 역량을 요구한다는 점이다. 파인슈타인에 의하면 18세기 후반에 산업혁명이 일어났지만 산업이 본격적으로 발전하면서 늘어난 일자리의 혜택을 제대로 누리는 데에는 수백 년이 걸렸다(Feinstein, 1998).

20세기 초 포드가 증기기관에 비해 아주 정교하게 제어 가능한 전기모터를 이용하여 컨베이어벨트 방식의 자동차 대량생산라인을 만들어자동차가 대중화되었다. 이에 따라 자동차뿐 아니라 자동차를 만들거나구매하고 운행하는 데 필요한 철강, 석유화학, 재료, 기계, 토목, 건축, 운송, 금융 및 보험 등의 산업이 폭발적으로 성장하면서 일자리가 본격적으로 늘어났다. 그러나 사라질 일자리는 쉽게 보이고 빠르게 사라지는 반면 새로 생길 일자리는 예측하기 힘들고 천천히 생겨난다. 솔로우 교수도 미래 일자리는 예측하기 힘들다고 하였다. 향후 AI로 인한 일자리의 변화는 〈그림 10-2〉와 같이 전체 일자리가 단기적으로는 줄어들다가 장기적으로는 증가하는 패턴을 보일 것으로 예상된다.

아직 AI는 직관적 판단과 모방 학습에 익숙한 어린 아이 수준이며 복잡하고 어렵고 모호한 문제를 정의하고 추론하며 설명하는 일은 잘 하지 못한다. 사람은 왜 십수 년 이상 오랜 기간 교육을 받아야 하고 대부

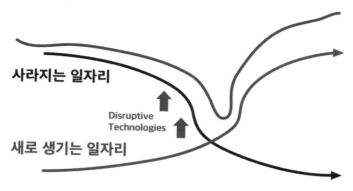

〈그림 10-2〉 일자리 변화

분의 사람들이 공부하는 것을 어려워하는가? 왜 수학을 어려워하고 조
리 있는 글쓰기가 쉽지 않을까? 사실 논리적 사고, 복잡한 추론, 문제
식별 및 정의, 창의적 문제해결, 비판적 사고 등은 박사까지 공부해도
가르치고 배우기 어렵다. 감성적인 사고나 창작은 더욱 배우기 어렵다.
AI가 이러한 교육과 훈련을 받고 학습하기 위해서는 지금보다도 엄청나
게 진보된 인공신경망과 연산능력, 막대한 양의 좋은 데이터가 필요하
다. 금세기 또는 수백 년 내에는 불가능할 지 모른다.

　그럼에도 불구하고 AI는 잘 정의된 정형업무 뿐 아니라 비 정형적인
업무의 상당부분까지도 대체, 보조, 협업할 수 있게 되었고 대량, 고속
으로 24시간 일할 수 있어 품질, 안전, 생산성을 높이고 맞춤형 제품 생
산과 서비스를 하는 데 유용하다. AI는 아직 한계가 많지만 전문가와 협
업시 정확성을 더욱 높이고, 품질, 안전, 효율을 높이는 데에 도움을 주
어 이를 활용하면 표준화된 대량생산과 서비스 시대에서 벗어나 개인
맞춤형 생산 및 서비스를 저렴하게 대중에게 제공할 수 있다. 갑상선 암
진단 시 의사의 오진율은 3.5%이나 AI의 오진율은 7.5%나 되었으나, 둘

간의 협업 시 오진율이 0.5%로 개선되었다는 사례도 있다. AI를 활용한 새로운 서비스와 일자리를 빨리 창출하기 위해서는 수학, 과학, 컴퓨터에 이어 AI 기술 교육 뿐 아니라 모든 국민에게 AI 활용 교육이 보편화되어야 한다.

직무와 요구역량이 변화한다

흔히 '공장식 교육'이라고 폄하되는 오늘날의 표준화된 대량교육은 왜 그동안의 산업화 과정에서 비교적 효과적이었고 세계 각국이 초등학교부터 대학교육까지 이러한 대량교육체제를 확산시켜 왔을까? 그 이유는 지금까지의 산업화가 주로 표준화된 대량생산, 대량서비스 중심으로 급속히 발전하면서 비교적 단순 반복적인 업무에 필요한 적절한 수준으로 훈련된 인력이 대량으로 필요했기 때문이다. 사실 표준화된 대량생산을 위한 제조기업에서의 업무는 잘 짜인 흐름에 따라 각 부서별, 개인별로 분할되고 표준화되어 반복되는 업무를 적당 수준의 기초 지식만 있으면 쉽게 학습하여 경험을 누적해 나가면 된다. 심지어 엔지니어조차도 새롭고 어려운 문제를 정의하고 해결하기보다는 대부분 잘 정의된 비슷한 일을 반복한다. 적당한 수준의 기초교육만 받으면 기업에서 경험을 통해 대부분의 문제를 해결할 수 있었다. 학교 공부가 다소 부족해도 직장에서 경험이 쌓이면 수년 후에는 모두 맡은 직무를 충실하게 수행하는 '전문가'가 될 수 있었다.

그러나 50년대 말 컴퓨터가 개발, 확산되고 인터넷 등 정보통신기술의 혁신에 따라 산업 각 방면에서 거대한 디지털혁신이 폭넓게 일어났다. 오늘날 유명해진 구글, 네이버, 페이스북, 카카오톡, 아마존, 쿠팡 등의 디지털, 인터넷 기업들은 거의 대부분 10-30년 이내에 창업되어 이미 전통적인 기업을 넘어서고 있다. 디지털혁신, 정보통신뿐 아니라 생명과학, 신소재 등의 신기술이 가속적으로 개발되고 산업생태계가 새롭게 재편됨에 따라 직무와 필요 역량도 크게 변하고 있다. 과거에는 단순 암기형 기초지식을 갖춘 충실한 모범생이면 충분했으나 이제는 전혀 다른 새로운 역량이 필요로 하게 되면서 대학교육에 대한 기업 및 사회의 비판이 높아지고 있다.

30여년 전부터 교육의 질이 세계적인 이슈가 되고 있다. 2012년 하버드대학에서 새로운 교육의 방향을 모색하는 학술대회 'Harvard Conference on Teaching and Learning'가 주목을 받으며 개최되었다. 한 언론에서 보도한 이 모임의 핵심 결론은 충격적이다. "지금까지의 교육은 배운 것의 진정한 의미를 이해하고, 질문하고, 지식을 도출하고, 새로운 컨텍스트와 문제에 응용하여 새로운 것을 창조하도록 하는 진정한 미션에 실패했다"는 것이었다. 같은 해에 세계적인 경영전략 컨설팅 기업인 맥킨지는 세계 각국의 많은 취업자들의 설문 답변을 종합한 보고서 〈Education to Employment〉에서 또 다른 충격적인 내용을 제시하고 있다. 취업해보니 창의성, 문제 정의 및 해결, 팀웍, 커뮤니케이션 등 실무역량이 필요한데 대학에서는 제대로 배운 적이 없다는 것이었다 (Mourshed et al, 2013). 이어서 전통적인 일방전달식 강의나 이러닝은 최악인데 왜 귀중한 수업시간을 여기에 낭비하느냐 하는 불만이 쏟아졌다. 2015년 한국공학한림원의 설문조사에 의하면 기업들의 공학교육에 대한 만족도가 10%에 지나지 않는다고 한다(차세대 공학교육혁신방안 연구, 2015).

AI에 의한 자동화의 확산은 직무와 요구역량의 변화를 가속하고 대학교육과의 괴리를 심화시킨다. 맥킨지는 2018년 'Skill Shift'라는 보고서에서 AI 등에 의한 자동화로 인해 육체노동 및 수작업, 기초적 사무업무역량의 수요는 14~15% 감소하고 창의성, 복잡한 정보처리 및 해석 능력 등의 고도의 인지적 업무, 창업, 주도력, 리더십, 관리 능력 등의 사회적 감성적 역량, 고도의 정보기술 및 코딩 등의 디지털 역량 수요는

8~55% 증가할 것이라고 한다(그림 10-3; Bughin et al., 2018). 2020
년 세계경제포럼에서도 2025년까지 재직자의 50%가 AI를 포함한 새로
운 역량에 대한 재교육이 필요하다고 한다.

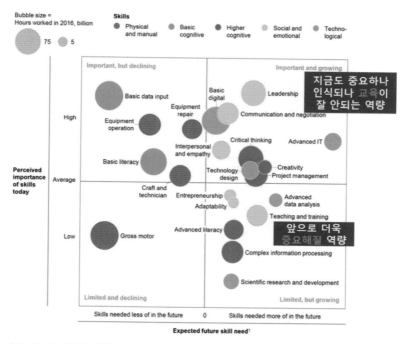

〈그림 10-3〉 요구역량 변화(맥킨지, Bughin et al.(2018))

8여년 전 삼성전자 반도체부문 김기남 사장에게 대학에서 어떤 역량
을 교육해주면 좋겠는지 직접 물었다. 조금도 주저 없이 나온 답변은 의
외로 간단했다. "제발 문제만 제대로 정의할 줄 알면 좋겠다"라는 것이
었다. 문제만 제대로 정의되면 밤샘을 하든 몸으로 때우든 해결이 된다
고 한다. 사실 세상의 문제는 문제가 무엇인지 모른다는 것이다. 수 십
명의 박사논문 연구 지도를 경험해보니 문제를 정의하는 것이 가장 어

렵고 끝날 때까지 문제 정의를 새롭게 개선해 나가는 것이 연구라고 생각된다. 문제를 찾아내고 심지어 설계하고 정의하는 능력이 가장 절실하게 요구된다. 하다가 안되면 문제를 부수고 새롭게 만들 수 있어야 한다. 바로 이런 역량이 오늘날 절실하게 요구되는 창의력, 실무능력, 융합능력이다. 간단한 도구를 잘 사용하고 정해진 틀 대로 잘 따라하는 것이 실무 능력이었던 시절은 지나갔다. 기계공학과 전기공학을 같이 공부한다고 융합이 되지 않는다. 오늘날 세상의 문제는 다양한 과학기술 지식과 사회과학, 인문학, 정치, 사회경제적 이슈가 얽혀 복잡하고 융복합적이다. 이런 문제를 찾아내고 정의하고 해결하는 역량이 필요하다. 세계적으로 거의 모든 전문가가 말하는 미래역량은 사실상 거의 비슷하다. 창의성, 문제 식별 및 정의, 해결 능력, 다양한 새로운 시각으로 의문을 갖고 새로운 접근과 논리적인 해결방향을 제시할 줄 아는 비판적 사고능력, 분석만 하지 말고 종합하고 설계하여 창조하는 능력, 커뮤니케이션, 팀웍, 리더십, 대인관계 등의 소프트 스킬 등을 제안하고 있다(그림 10-4; 창의적 공과교육, 2016). 대다수의 교육혁신 리더들이 지식의 전수보다는 이러한 역량 중심의 교육이 이루어져야 한다고 주장하고 있다. 그런데 이런 역량은 가르치기 힘들고 평가가 어렵다.

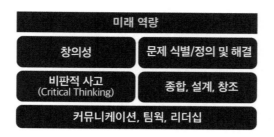

〈그림 10-4〉 미래 역량

미래역량 교육을 위해서는 교육 방식의 혁신이 필요하다

정보화, 자동화의 확산으로 직무 및 요구역량의 변화에 따라 미래역량 교육을 위해서 대학교육의 체제와 방식을 근본적으로 변혁해야 한다는 목소리가 지난 수십년간 점점 커지고 있다. 특히 AI에 의한 자동화의 확산이 이러한 추세를 가속하고 있다. 새로운 미래역량을 교육하기 위해서 표준화된 대량교육을 위해 사용되어온 일방전달식 강의에서 탈피하여 학생과 교수, 학생과 학생간의 상호작용과 학생참여를 극대화하도록 수업방식을 혁신해야 한다. 이를 위해 오래전부터 제안되었으나 실천이 어려웠던 문제기반 학습, 프로젝트기반 학습, 협력학습, 거꾸로 수업, 동료학습, 팀학습 등의 혁신적 수업방식이 이제 제법 확산되고 있으나 아직 갈 길이 멀다.

AI가 이러한 혁신적 수업의 실천을 촉진할 수 있다. 수업과 학습이 디지털화되어 막대한 데이터가 생성되고 있다. 강의 비디오뿐만 아니라 강의 슬라이드, 교과서, 연습문제 등의 학습자료, 실험실습, 수업 참여활동 등도 디지털화되고 데이터로 생성된다. 이들 데이터에 AI를 적용하여 분석, 분류, 평가, 탐지, 예측이 가능해진다. 실시간 또는 비실시간 온라인 수업진행도 AI로 모니터링하고 분석하여 학생의 참여를 모니터링하고 평가할 수 있으며 상황에 따른 질문과 상호작용이 가능해졌다. 이미 AI로 에세이 자동 채점은 토플시험 기업인 ETS 등에서 널리 사용하고 있으며, Gradescope라는 AI채점시스템은 과학, 공학, 경제학 등의 주관식 문제의 필기체 답변도 자동으로 부분 점수를 줄 수 있다. 단답이나 객관식 문제에서 탈피하고 주관식 시험에 대한 교수의 채점 효율을 크게 높여 교수는 창의적인 답변을 찾아내고 평가하는데 집중할 수 있게 되었다. AI를 활용하여 학습 컨텐츠를 지능화하여 학생의 학습 수준과 필요에 따른 개인맞춤형 자기주도 학습이 가능해진다. 교육분야의 오랜 숙원이었던 표준화된 대량교육에서 탈피하여 개인맞춤형 학습이 가능해지게 되었다. 특히 근래 코로나로 인해 전면 비대면 온라인 수업이 보편화되면서 수업과 학습이 디지털화되고 AI에 의한 혁신이 가속되고 있다.

AI로 촉발된 산업 혁신, 직무 및 필요 역량 변화에 대응하기 위한 수업 및 학습 방식 혁신과 온라인-오프라인이 융합된 새로운 교육 체제, 대학 체제로의 발전, AI를 활용한 수업 및 학습의 혁신을 제대로 이루기 위해서는 많은 노력과 시간이 필요하다. AI가 수업 및 학습 과정, 평가에 제대로 사용되려면 교수와 학생이 AI의 개념과 기능, 한계와 문제를 제대로 이해하는 것이 필요하다.

AI와 디지털 역량 교육이 필수이다

최근 대학과 산업계에 AI 열풍이 거세게 불고 있다. 스탠포드 대학의 2021년 AI Index Report에 의하면 미국과 유럽의 9개국 상위 대학들의 AI 관련 교과목수가 2016년에 비해 2020년에 두 배가 되었고 AI 및 머신 러닝 수강생수도 1.7배 가량 증가하였다. 그리고 2010년 이후 전산학과 학사 졸업생이 3배 가량 증가하였다. 전산학과내에서도 20여 개 전공분야가 있지만 AI 및 머신 러닝 분야 박사졸업생이 26% 가량 차지한다. 근래에 KAIST에서도 AI 등의 열풍으로 학사 신입생의 50% 가량이 전산학과, 전기전자공학과로 몰리고 있다. 2019년 KAIST의 AI 관련 교과목이 110개 가량이었다. 거의 모든 학과가 AI 및 응용을 가르치고 있는 셈이다. 가히 AI 만능의 세상인 듯하다. 문제는 폭증하는 교육 수요에 대응할 공급이 충분하지 못하다는 것이다. AI 전공 교수를 갑자기 늘리기 쉽지 않다. AI 분야 박사가 급속히 늘고 있지만 파격적으로 높은 연봉을 주는 산업계와 경쟁하기 어렵다. 많은 대학에서 AI 우수 교수를 유치하기가 어렵다고 토로한다.

이공계 연구는 실험 및 시뮬레이션을 통해 데이터를 생성하고 분석하는 것이 큰 비중을 차지 한다. 막대한 데이터를 생성하고 분석하여 분류, 탐지, 예측, 최적화하는 데 AI가 큰 역할을 할 수 있다. 심지어 많은 시간과 노력이 필요한 실험을 자동화하는 데 AI가 활용될 수 있다. 대량의 데이터를 분석하여 새로운 물질, 소재, 신약을 발견하는 데에도 AI가 적합하다. 분자생물학, 생명과학, 화학, 화학공학, 신소재공학 분야 연구에서는 이미 AI가 거의 필수화되고 있다. 화학 연구에서는 새로운 분자의 물성을 예측하고 반응을 예측하여 원하는 분자를 설계하고 반응을 최적화하며 기존 물질로부터 신물질을 발견하는 데 AI를 활용하고 있다. 지난 수년 동안 분석화학, 바이오 화학, 무기화학, 유기화학 등의 거의 모든 화학분야에서 논문수가 폭증하고 있다. 유전의학 분야에서는 연간 AI 활용 논문발표가 10여년전 300여 편에서 2,000여 편으로 급증하였다. 캠브리지 대학의 2021년 유전의학 AI 보고서에 의하면 AI를 활용한 유전적 변이 탐지, 환자별 발현특성 추출 및 분석, 유전적 변이의 영향 예측 등은 이미 실용화되었다(Raza, 2020)고 한다. 심지어 스마트폰으로 얼굴만 보여주면 질병 가능성을 보여주는 FACE2GENE이라는 서비스가 개발되었다(그림 10-5).

〈그림 10-5〉 FACE2GENE

AI를 활용한 암 발생과 유전자 간의 관계 규명, 유전자 가위의 효율성과 정확도 개선을 위한 연구도 진행 중이다. 아직 데이터의 질과 접근성, 표본집단과 AI 알고리듬의 편향성, 프라이버시와 데이터 보안, 규제와 인증, AI 도구가 복잡하고 어려운 점 등의 문제도 있다(Raza, 2020). 생물, 의학, 화학, 화공, 신소재 분야에서 신물질, 신약개발에 AI를 활용하는 것은 이미 보편화되었다. 이세돌 기사와 바둑 대결에 이긴 알파고를 개발하여 우리나라에서 AI 붐을 일으킨 딥마인드의 허사비스에게 어느 기자가 다음에 도전할 AI 프로젝트는 무엇인지 물었다. 답변은 연구개발이었다. 딥마인드는 바이오 신약의 핵심인 단백질 구조의 접힘을 예측, 검증, 최적화하는 알파폴드2AlphaFold2라는 AI를 개발하여 2020년 11월 개최된 단백질 구조 예측 대회에서 1등을 차지했다. 유전정보만으로 3차원 구조의 단백질의 접힘을 예측하여 독일 막스플랑크 연구소에서 10여년간 밝히지 못한 박테리아의 단백질 구조를 30분만에 찾아냈다(그림 10-6). 단백질의 아미노산 배열은 약 1억 개 정도인데 전세계 과학자들이 X선 결정실험, 핵자기공명, 초저온 전자현미경 등의 첨단실험을 반복하여 지금까지 알아낸 것은 약 17만 개에 불과하다고 한다(KBSI, 2021). AI는 이를 유전정보만으로 알아낸 것이다. 앞으로 실험데이터도 함께 학습하면 신약개발의 패러다임을 바꿀 것이다.

재료 및 물질은 여러 원소 및 분자들이 다양한 온도와 압력 등에 의해 복잡한 구조와 방식으로 결합되면서 다양한 특성을 갖게 된다. 이렇게 만들어지는 재료나 물질은 오늘날 새로운 반도체, 디스플레이, 센서 등의 신소재, 신물질, 신약 등을 만들어 낸다. 수많은 전문가가 오랜 기간 실험과 실패 끝에야 아주 희소한 유용한 것을 찾아낸다. 이 과정에서 수많은 데이터가 축적되나 대부분 제대로 활용되지 못하고 사장된다. 그런데 여기에서도 AI를 활용하면 축적된 대량 데이터로부터 학습하고 새로운 사실을 발견하는 효율을 획기적으로 높일 수 있다.

심지어 양자물리 실험설계, 입자가속기 충돌실험에서 새로운 입자의 탐지, 분류, 예측 연구에서도 AI가 큰 역할을 하고 있다. AI를 활용하여 제조공정, 공정장비 및 물류장비, 품질검사에서 이상을 조기 탐지하고 분류, 원인 분석, 예측을 할 뿐 아니라 공정 제어 파라메터와 장비 운영 규칙을 최적화하는 스마트 팩토리가 확산되고 있다. 종래에도 반도체 및 디스플레이 제조라인 같은 품질이상이 큰 손실을 초래하는 제조산업에서는 통계 및 알고리듬, 소규모 인공신경망으로 유사한 노력을 해왔다. 그러나 오늘날 급속히 발전한 AI를 활용하여 그 정확도나 효율을 한 단계 높이고 있다.

전술한 바와 같이 오늘날 자연과학, 공학의 거의 모든 분야의 연구와 기술개발에서 AI가 거의 필수가 되었다. 종래에 해오던 실험, 수리적 모

〈그림 10–6〉 단백질 접힘 예측 (딥마인드, AlphaFold2)

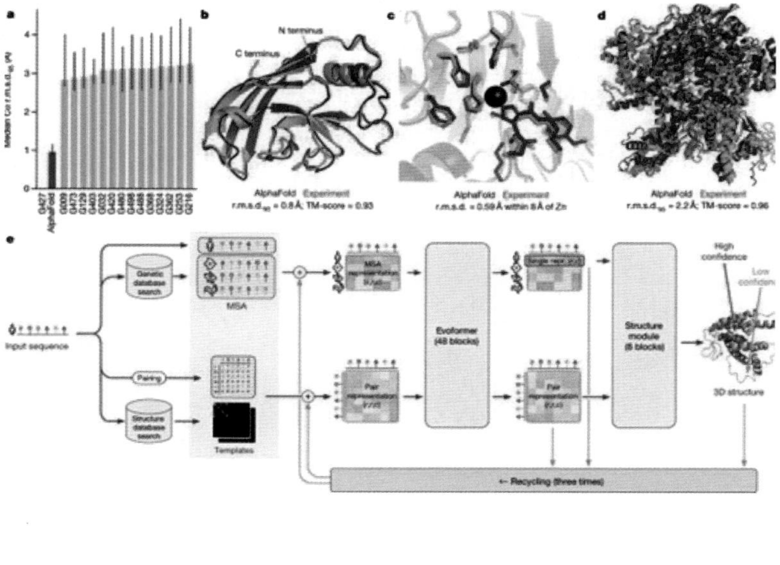

델링 및 분석과 AI가 결합되어 큰 혁신이 일어나고 있다. 따라서 이공계 모든 학과에서 AI 관련 교과목이 급속히 늘고 있다. 그동안 이공계 교육 및 연구에서 수학이 필수였고 70년대 이후부터는 컴퓨터 프로그래밍과 컴퓨터 시뮬레이션이 기초교양 필수 교과목이 되었고 개별 전공에서도 응용과목이 늘어났다. 이제 AI가 새로운 필수과목이 되고 있다. 그러나 몇 가지 문제가 있다.

첫째, 오랜 고정 관념이다. 각자의 전공분야에서 알아야 할 핵심 지식이 많은데 AI까지 필수화해야 하는가에 대해서 논란이 많을 수 있다. 이공계 중심의 대학인 카이스트에서도 아직 AI를 교양 또는 전공 필수로 만들지는 못했다. 구성원 모두를 설득하여 공감하게 하는 데에는 시간이 걸린다. 문제는 그때는 이미 늦었다는 것이다. 미래를 내다본 과감한 리더십이 필요하다. 둘째, AI를 제대로 가르칠 교수가 절대적으로 부족하다. 전산학과에서 전체 전공의 학생들을 가르칠 수 없다. 이공계 교양 필수인 프로그래밍을 가르치는 것도 교수 및 조교가 부족한 실정인데 AI까지 감당할 수 없다. 그러면 각 학과에서 관련 교수를 충원해야 하나 해당 전공분야에서 AI 응용을 공부하거나 연구한 우수한 후보는 찾기가 쉽지 않다. 전산학과도 AI를 전공한 교수를 확보하기 쉽지 않은데 다른 학과에서는 AI 교수를 채용하여도 유지하기 힘들다. 최근 수요가 급증하다 보니 공급이 너무 부족하다.

인문사회계 및 예술계 학생들도
AI와 디지털 역량 교육이 필요하다

2017년 뉴욕의 유명한 미술품 경매에서 〈용을 죽이는 성 조지 St. George Killing the Dragon〉라는 그림이 16,000달러에 판매되었다(그림 10-7). 그런

〈그림 10-7〉 '용을 죽이는 성 조지' (AISCAN)

데 이 그림은 작가가 없다. AISCAN^{AI Creative Artificial Network}이라는 AI가 창
작한 것이다. 생성적 적대 신경망^{Generative Adversarial Network: GAN}이라는 새
로운 AI 기술이 여러 창작 분야에 적용되기 시작했다. 생성적 적대 신경
망은 새로운 데이터를 만들어내는 생성모델과 이를 평가하고 분류, 판
정하는 분류모델이 서로 경쟁을 하면서 학습을 해가는 AI 기술이다. 생
성 모델은 진짜와 유사한 가짜 데이터를 생성하여 분류모델을 속이려고
하고 분류모델은 이 속임수를 탐지하여 진짜를 가려내려고 하는 과정을
반복하여 둘 다 학습 수준이 높아진다.

이 새로운 데이터 생성 모델을 적절히 활용하면 해당 분야 데이터로부터 새로운 데이터를 생성할 수 있다. 그림, 음악, 글 등을 학습시켜 새로운 것을 만들어 낼 수 있다. 즉, AI가 새로운 '창작'을 할 수 있게 된 것이다. 가령 고흐 그림을 많이 학습시켜 고흐 풍의 새로운 그림을 만들어 낼 수 있다. 쇼팽 곡을 많이 학습시켜 쇼팽 풍의 새로운 곡을 만들 수 있고 루빈스타인의 연주를 많이 학습시켜 새로운 곡을 루빈스타인이 연주한 것처럼 만들어 낼 수 있다. 소설, 시, 기사도 만들 수 있다. 새로운 무용도 만들어 낸다. 그림 또는 음악 작품을 학습, 분류하고 미래 예술사조의 변화를 예측할 수도 있다. 이미 스포티파이 등의 유명 음악 스트리밍 서비스들은 AI를 활용하여 좋아하는 곡의 패턴을 인식하여 좋아할 만한 곡을 추천하고 있다. 테슬라 창업자 일론 머스크가 세운 자회사인 OpenAI사에서 중점으로 연구하는 기술중의 하나가 음악 AI이다. 이미 하루에도 수많은 경기가 이루어지는 스포츠 분야에서는 AI가 작성한 기사가 서비스되고 있다. 바야흐로 AI가 예술, 문학, 언론에도 들어오기 시작했다.

그러면 예술 및 인문사회 학생에게도 AI를 교육해야 할 것인가? 여기에는 넘어야 할 고비가 몇 가지 있다. 첫째, AI가 생성한 작품을 창작이라고 인정해야 할지는 아직 많은 논란이 있다. 사실 이 점이 가장 난제이다. 이와 관련하여 허츠만이 쓴 중요한 글을 정리하여 소개한다 (Hertzmann, 2018).

우선 사람이 만든 예술은 무슨 가치를 가지고 있는가? 새로움, 놀라움, 복잡성, 다양한 해석이 가능한 모호함, 특이성 등에 덧붙여 작가의 의도, 사회적 함의, 유일성, '작가' 등이라고 할 수 있다. AI 작품은 이 중에서 새로움, 놀라움, 특이성은 있지만 작가의 의도, 유일성, '작가'가 없는 단순한 모방 또는 변형일 뿐이라는 주장도 많다. AI 작품이 예술로 인정받기 위해서는 '작가'가 있어야 하고 작가의 의도와 아이디어를 자유롭게 표현할 수 있어야 한다. 1826년 최초의 사진 기술이 발명된 이후 사진 예술이 인정되기에는 오랜 세월이 필요했다. 초기에는 사진에 대한 저항감과 우려가 컸다. 최초의 예술적 창작이라고 인정받는 사진은 1848년, 첫 전시회는 1910년이었다. 사진은 사진기로 누구나 찍을 수 있지만 작가의 의도, 생각, 예술적 작업을 가미할 수 있게 됨으로써 새로운 고유한 스타일로 창작하는 예술로 인정받게 된 것이다. 더구나 누구나 비교적 손쉽게 창작을 할 수 있게 된 점에서 예술 창작이 '민주화, 보편화'된 것이라 할 수 있다.

이제 디지털카메라 및 스마트폰과 라이트룸 및 포토샵 등의 사진보정 프로그램으로 누구나 언제 어디서나 창작하고 있다. AI도 작가의 의도와 생각을 손쉽게 가미하여 그림, 음악 등을 창작할 수 있는 도구로 만들면 조만간 예술로 인정받게 될 것이다. 적어도 작가에게 영감을 주고 창작 과정을 도와 창작의 고통과 고뇌를 줄여주는 역할은 하게 될 것이다. AI 연구 및 사업을 선도하는 구글, IBM, OpenAI 등의 기업에서도 AI 창의성에 대한 연구가 활발하다.

그러면 예술 AI를 누구에게 어떻게 가르쳐야 할까? AI 전문가에게 예술을 가르쳐야 할까, 예술계 학생과 예술가에게 AI를 가르쳐야 할까? 현재는 전자의 경우가 많은 것 같다. 그러나 AI 전문가가 예술을 제대로 이해하고 익히기는 대단히 어렵다. 예술적 능력은 타고난 재능도 중요하고 십 수년을 배워도 힘들다. AI 전문가가 예술을 제대로 이해하여 영감과 감동을 주는 훌륭한 창작을 하기는 어려울 것이라 생각한다. AI 전문가가 예술가와 협업할 수도 있지만 AI, 예술을 제대로 배우지 못한 양측이 서로를 이해하고 소통하기 어려워 협업에도 한계가 있다. 다른 대안은 예술계 학생들에게 AI 교육을 하는 것이다. 실제로 이런 사례가 늘고 있다. AI 연구로 유명한 카네기 멜론 대학에서는 음악대학내에 음악기술 과정을 만들어 AI 등의 신기술을 음악에 활용하는 교육을 하고 있다. 뉴욕대학에서도 음악기술과정을 운영하고 있으며 AI 예술 박사과정까지 개설하고 있다.

한편 인문사회계 학생들에 대한 AI 교육도 큰 이슈이다. 2016년 이후 AI 논문들 중 AI의 공정성, 격차, 범죄 등의 윤리 및 사회 이슈를 언급하는 논문들이 거의 4배 수준으로 급증하였다. 이는 AI 전문가와 AI를 활용하는 엔지니어에게 인간, 역사, 사회, 경제, 법률 등을 가르쳐야 한다는 점을 시사한다. 동시에 인문사회계 학생들에게 AI를 가르치고 AI와 관련한 사회경제적 이슈를 교육해야 한다.

AI 등의 기술전문가에게 인문학을 가르쳐야 한다는 주장은 넘쳐나지만 인문학 학생들에게 AI를 가르치는 모멘텀은 아직 크지 않다. 꽤 유명한 미국 Colby College에서는 Liberal Arts(인문사회 및 기초과학) 중심 대학으로는 처음으로 AI연구소를 설립하여 인문학 학생들에게 AI를 교육, 연구하려고 시도하고 있다. 그러나, 예술 및 인문사회 학생들에게 AI 교육을 하는 데에는 몇 가지 이슈가 있다.

첫째, AI의 이해와 활용을 위해서는 최소한의 컴퓨터 프로그래밍, 즉 코딩의 교육이 필요하다. 데이터 수집 및 처리, 텐서플로우, 파이토치 등의 AI 도구 라이브러리를 활용하는데 기초 코딩이 필수적이다. 물론 AI 도구들이 급속히 발전하고 있어 어려운 코딩의 필요성이 점차 줄어들 수도 있지만 컴퓨팅적 사고 및 문제해결의 기초를 이해해야 이들 도구들도 제대로 활용할 수 있다. 이러한 코딩 교육을 돕는 기관들도 생겨나고 있다.

근래에 뉴욕에 신개념 학교로 설립된 'The New School'에서는 Liberal Arts(인문사회 및 기초과학) 학생들에게 코딩 교육을 하고 있다. 연습 및 실험실습, 프로젝트 위주로 직접 문제를 해결해보면서 학습하게 하는 것이 최선의 방식이라는 것이다. 'Exploratory Programming for Arts and Humanities'라는 책도 출간되어 있다. 한편 대학 코딩 언어로 가장 널리 사용되는 파이선Python 언어에는 수많은 AI 및 머신러닝 라이브러리와 도구가 무상으로 제공되어 약간의 교육을 받으면 누구나 웬만한 AI 과제는 해결할 수 있다.

둘째는 인문사회 및 예술 분야의 학생들과 교수들이 코딩 및 AI는 전산학이나 이공계 학생들의 전유물이고 우리에게는 필요 없다는 뿌리 깊은 고정관념을 극복하는 것이다. 많은 노력과 리더십이 필요하다. 마지막으로 이공계 학생들의 AI 교육과 마찬가지로 AI 응용교육을 할 교수를 확보하는 것이다. 전공 특성에 맞는 문제해결 및 프로젝트 위주의 자체 AI 교과목을 개발하고 녹화 및 MOOC 등의 온라인 강의를 활용하여 수업 효율을 높이고 부족한 부분은 전산학과 등의 관련 학과와 수업을 공유해야 한다.

경영대학과 경제학 등의 사회과학 연구에서는 회귀분석, 시계열분석, 다변량 분석 등의 통계분석이 보편화되어 있다. 통계분석 방법과 인공신경망 학습에 의한 현대 AI 방법은 장단점이 있고 서로 보완적일 수 있다. 기존의 통계분석 방법은 선형적인 관계, 변수 간의 통계적 독립성, 자기상관성 등의 여러가지 가정이 요구된다. 이러한 가정에서 벗어난 경우에도 대응, 보완하는 방법이 있기는 하지만 분석의 신뢰도, 정확도를 희생하게 된다. 인공신경망 기반 AI는 이러한 가정에서 벗어난 경우에도 데이터만 충분히 많으면 효과적이다. 그러나 인공신경망을 훈련시킬 정도로 데이터가 충분하지 않을 수 있다. 인공신경망은 왜 이러한 결과가 나왔는지 특정 변수가 얼마나 기여하는지 등에 대한 설명이나 해석이 거의 불가능하다. 근래에 설명가능한 AI에 대한 연구가 활발하지만 아직 갈 길이 멀다. 그럼에도 불구하고 AI는 사회과학, 경영대학 연구에서 통계방법과 함께 보완적으로 활용할 가치가 충분하다. 그리고 AI가 자율주행차, 드론, 로봇, 스마트팩토리, 음성인식, 번역, 챗봇, 서비스 자동화, 개인맞춤형 금융 및 투자 서비스, 법률 AI, 신약개발 등의 많은 신기술 혁신과 신개념 비즈니스 창출의 촉매로서 산업, 경제, 사회의 변혁에 큰 영향을 미치고 있다. 따라서 AI를 이해, 활용해보지 않고 중요한 의사결정이나 정책결정을 하기 어려워지고 있다. 전세계적으로 400여 개 이상의 경영대학에 데이터분석 및 AI 프로그램이 개설되어 있다. 세계최고수준인 경영대학인 펜실베니아 대학의 와튼스쿨에서는 전산학과와 협력하여 경영대학 학사과정 및 대학원에 총 14개의 AI 과목을 제시하고 있다. 'STAT'으로 표시된 통계과목을 포함해 50%를 와튼 교수들이 가르친다(〈표 10-1〉).

법과대학도 AI에 대한 관심이 아주 높다. AI 관련 새로운 법적 이슈가 많기도 하지만 법률서비스가 AI로 자동화되고 있기 때문이다. 『전문직의 미래』의 저자인 리차드 서스킨드와 다니엘 서스킨드는 앞선 저서 '법률가의 미래'에서 AI에 의한 법률서비스의 자동화와 생태계 변화를 주장하였다. 폭증하는 업무량에 시달리는 변호사와 법관이 AI에 의한 업무의 자동화에 관심이 높다. 업무의 상당부분이 사건과 관련한 판례나 사례를 찾아내고 분류, 분석하는 것이다. 그런데 이들 업무는 이제 자연어처리기술로 무장한 AI로 상당부분 대체될 수 있다. 그리고 심지어 승소 가능성이나 재범 확률을 예측하기도 한다. 미국 법과대학의 26%가 2019-2020년 학년에 'AI와 법'과 같은 AI 과목을 개설하고 있고 2개 이상 개설한 곳도 13%가

된다(Johnson and Shen, 2021). 경영학과 사회과학 학생들에게 코딩과
AI 교육은 이제 선택이 아니라 필수가 될 것이다.

구분		과목
학사	AI방법론	CIS 545: BIG DATA ANALYTICS
		STAT 422: PREDICTIVE ANALYTICS
		STAT 471: MODERN DATA MINING
	AI응용	CIS 399: SCIENCE OF DATA ETHICS
		LGST 242: BIG DATA, BIG RESPONSIBILITIES: THE LAW AND ETHICS OF BUSINESS ANALYTICS
		MGMT 198: AI IN BUSINESS, FINANCE, & SUSTAINABILITY
		OIDD 255/399: AI, DATA AND SOCIETY
대학원	AI방법론	CIS 520: MACHINE LEARNING
		STAT 571/701: MODERN DATA MINING
		STAT 722: PREDICTIVE ANALYTICS
	AI응용	LGST 642: BIG DATA, BIG RESPONSIBILITIES: THE LAW AND ETHICS OF BUSINESS ANALYTICS
		OIDD 699/899: AI, BUSINESS, AND SOCIETY
박사	AI방법론	STAT 991: OPTIMIZATION METHODS IN MACHINE LEARNING
		STAT 991: TOPICS IN DEEP LEARNING

〈표 10-1〉 와튼스쿨의 경영대 학생을 위한 AI 과목 제안

AI 교육 내용 제안

전술한 내용을 종합하여 대학에서 AI 교육 모델을 〈표 10-2〉와 같이
제안해볼 수 있다. 각 셀의 내용은 가르쳐야 할 항목이며 과목은 전공별
필요에 따라 적절히 선택, 결합하여 과목을 만들수 있다. 예를 들어 기
초공통의 경우 이공계 전공은 2-3과목, 인문사회와 예술 전공은 1-2과
목으로 가르치는 것이 좋다. 학사과정과 대학원간의 과목 및 내용의 차
이를 둘 수 있다.

	이공계	인문사회	예술	비고
기초 공통	AI개론	AI개론	AI개론	통계적 머신러닝 및 딥러닝. 기초 개념, 예제 및 실습 중심
	AI 윤리 및 사회적 이슈	AI 윤리 및 사회적 이슈	AI 윤리 및 사회적 이슈	사례 및 토론 중심
	프로그래밍과 데이터분석	기초 프로그래밍과 데이터분석	기초 프로그래밍과 데이터분석	파이선 예제 및 실습 중심.데이터 분석 중심
	통계 및 확률	기초 통계 및 확률	데이터 및 디지털 개념	예제 및 모델 활용 중심
심화	센서 및 측정과 데이터 수집	데이터베이스 활용 (기초 설계 및 Query)	디지털 예술 개요 (음악,미술,무용 등의 디지 털화,창작 도구)	이공계는 센서로부터의 데이터 생산 중요, 인문사회는 대규모 데이터 의 처리 및 활용이 중요
	통계적 머신러닝 응용	통계적 머신러닝 및 딥러닝 응용 (전공별)	딥러닝 예술 응용 (전공별)	전공별 응용 예제, 실습, 프로젝트 중심
	딥러닝 응용			
	강화학습 응용			

〈표 10-2〉 전공 분야별 AI 교육 내용 제안

참고로 컬럼비아대학의 대학원 과목 GR5073 'Machine Learning for Social Sciences' 실러버스의 수업내용은 〈표 10-3〉과 같다 (Parrott, 2018). 사회과학 학생들에게 기초적인 프로그래밍 및 데이터 도구를 가르친 후에 상당 수준의 통계적 기계학습과 인공신경망을 가르치는 점에 주목할 필요가 있다.

주	내용
1	Introduction; How can Machine Learning help social scientists?
2	Software Infrastructure: Python and Jupyter Notebooks. Pandas. Matplotlib and visualization. (Git and Github extra credit posted)
3	Introduction to supervised learning, basic model selection. Linear models for Regression.
4	Linear models for Classification. Preprocessing and feature engineering.
5	Imputation and Feature Selection. Support Vector Machines.
6	Decision Trees and Random Forests. Gradient Boosting and Calibration.
7	Mid-Term Exam
8	Ensemble Models (Adaboost/XGBoost). Model evaluation and imbalanced datasets.
9	Dimensionality reduction using PCA, Clustering, Manifold Learning.
10	Resampling strategies for Imbalanced Data.
11	Working with Text as Data.
12	Neural Networks; Convolutional neural networks for image classification
13	Even more on Neural Networks Reading Assignments .
14	Final Exam
교재	○Müller, Guido: Introduction to machine learning with python (IMLP) ○Kuhn, Johnson: Applied predictive modeling (APM) ○Provost / Fawcett: Data Science for Business (DSfB) ○Tibshibani, Hastie, Friedman: Elements of Statistical Learning (ESL) ○Goodfellow, Bengio, Courville − Deep Learning (DL)

〈표 10-3〉 사회과학을 위한 AI 과목 내용 사례

맺음말

지난 50여 년간 정보화, 디지털화, 자동화에 의해 직무와 요구역량이 변화했고 대학교육과의 괴리가 심화되었다. AI는 고도의 인지능력과 경험과 판단이 필요한 비정형 업무, 전문직 업무까지 자동화하면서 이러한 추세가 확산, 가속되고 있다. 이러한 요구역량 변화에 대응하기 위해서는 대학의 교육방식, 수업방식을 혁신해야 한다. 이를 위해 수십 년 동안 제안되었지만 제대로 실천하지 못했던 상호작용과 학생참여를 강화하는 혁신적인 수업방식을 이제는 본격적으로 실천해야 한다. AI가 수업, 학습, 평가에 활용되어 이러한 혁신적 수업방식의 실천을 촉진하고 개인맞춤형 교육을 앞당기고 있다. 그러나 교수와 학생이 AI의 개념과 기능, 한계와 문제를 이해해야 제대로 된 수업혁신과 교육이 가능하다. 전술한 AI와 교육혁신의 관계를 〈그림 10-8〉과 같이 정리해볼 수 있다.

AI는 이미 이공계 연구와 교육에서 필수가 되었고 경영, 법률을 포함한

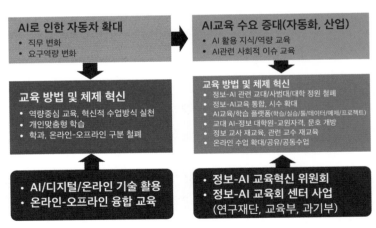

〈그림 10-8〉 AI와 교육혁신 모델

인문사회와 예술 분야에도 폭넓게 활용되고 있다. 따라서 거의 모든 전공에서 AI 교육이 필요하다. 폭증하는 AI 교육 수요를 충족하기 위해서는 우선 전공간의 벽을 허물고, 각 전공에 적합한 AI 교과목을 개발하되 전공간에 과목을 공유해야 한다. AI를 교육할 교수를 확충하고 온라인화, 디지털화되고 AI로 지능화된 강의 및 학습을 통해 교육의 효율을 높이고 협력과 공유를 확대할 수 있다. 이론보다는 연습 및 적용, 실험실습 및 프로젝트 방식으로 교육해야 한다. 고정관념을 탈피하여 AI 교육을 확산하고 AI 교수 부족 문제를 극복하기 위해서는 전공간 협력, 공유, 융합을 위한 강력한 리더십이 필요하다. 정부는 AI 대학원 등을 신설하는 데에만 집중하지 말고 각 학과에 AI 교육이 확산되도록 지원해야 한다. 연구재단, 교육부 등에서 지원하여 초중고뿐만 아니라 대학 각학과에서 AI 교육, AI 활용을 지원하고 관련 연구를 위한 AI교육지원센터를 다수 설립해야 한다.

저자 소개

이태억

1991년부터 카이스트 산업 및 시스템 공학과 교수로 재직하고 있다. 반도체 제조자동화, 반도체 공정장비 운영 최적화 및 스케줄링, 인공지능 응용, 이산사건시스템 스케줄링 및 제어 이론을 연구, 산업화하고 있다. 2011년부터 카이스트의 Education 3.0 추진단장, 교육원장, 교수학습혁신센터장, 원격교육 총장 자문역, 미래교육혁신위원장 등을 맡아 수업방식 혁신, 온라인 교육, 교육혁신을 위해 노력해왔다. 교육부의 대학 원격교육 지역센터 사업위원장 등의 원격교육 및 AI 교육 관련한 위원회 다수, 한국교육학술정보원과 네이버 커넥트 재단(IT교육 공익 서비스) 이사를 맡고 있다. '이달의 과학기술자상' (2015), '한국공학상'(2021), '올해의 KAIST인상'(2021), 'KT 석좌교수'(2022), 교육혁신 및 원격교육 확산 기여로 KAIST LINKGENESIS Best Teacher 대상(2019), 과학기술정보통신부 장관상(2021), 교육부 장관상(2021)을 수상하였다.

11장 · AI와 경영교육의 변화

　기업 경영을 둘러싼 사회, 경제, 정치, 기술적 환경이 빠르게 변함에 따라, 산업을 막론하고 경영 패러다임이 바뀌고 있다. 과거에는 효율, 통제, 안정이 경영에 있어 주요한 가치였고, 오늘날에는 여기에 분석, 통찰, 혁신이 더해질 때 치열한 경쟁에서 생존하는 조직이 될 수 있다. 현재 글로벌 시가총액 상위에 올라있고 우리 삶에 많은 영향을 미치고 있는 소위 MAAMA^{Microsoft, Apple, Alphabet, Meta, Amazon}로 일컬어지는 미국 빅테크 기업들을 보자. 이들은 기술 트렌드를 주도하며 데이터 분석을 통해 얻은 통찰을 빠르게 혁신에 반영하는 선순환 고리를 만들어내고 있기에 현재의 위상을 오랜 시간 유지하고 있는 것으로 여겨진다. 이들은 고객의 니즈를 파악하는 기술에서 더 나아가 고객의 관심을 제어할 수 있는 기술을 보유한 기업들로 각광받고 있으며, 동시에 이들의 지배력과 독점력이 갈수록 커지는 것에 대한 우려도 커지고 있는 양상이다. 이들 기업들이 다른 경쟁사들이 따라올 수 없는 위상과 경쟁력을 갖출 수 있게 된 본원적 배경은 무엇일까? 비결은 대규모 고객 기반에서 나오는 거대한 데이터의 규모, 이 데이터를 처리하고 분석할 수 있는 역량과 인프라에 있고, 그 근원에 바로 이들이 선도하고 있는 AI 기술이 있다.

　AI 기술은 이미 우리 일상 여기저기에서 활용되고 있다. 우리는 매일 인터넷 뉴스를 보면서, 유튜브나 넷플릭스에서 비디오를 검색하면서,

온라인 쇼핑을 하면서, 네비게이션으로 길찾기를 하면서 맞춤형 추천 서비스를 제공받고 있다. 이러한 데이터 기반 서비스와 AI 알고리듬 적용은 경영 전반에 확산되고 있다. 기업의 제품 설계 및 개발 시간과 비용을 절감시켜 주기도 하며, 생산 공정 최적화를 통해 제품 불량률을 획기적으로 낮춰주기도 하며, 협력사나 공급망 위험을 사전에 감지하는데 도움을 주기도 하고, 정교한 수요 예측을 통해 보다 효율적인 재고 및 물류 관리를 가능하게 하기도 한다.

그러나 가치 창출을 위해 경영에 AI 기술을 적용하는 속도는 기술 자체의 발전 속도에 비해 상대적으로 더딘 편이다. 지난 2020년 6월, 이코노미스트지의 〈Technology Quarterly〉 특집호에 소개된 2,500명의 CEO 설문조사 결과에 따르면 최고경영자 중 70%는 AI 투자 가치가 아직 기대 이하라고 응답하고 있고 40%는 전혀 얻은 게 없다고 응답하고 있다 (Economist, 2020). 주된 이유로는 기술을 경영에 효과적으로 적용하는데 미흡했다는 점과 인력 및 알고리듬 성숙도의 부족이 지목되고 있다.

이러한 사실은 AI 기술을 잘 이해한 후 어떠한 기술이 당면한 경영 문제를 해결하는 데 효과적일지 판단하고, 여러 영역의 전문가들과 함께 AI 프로젝트를 진행하여 기술과 경영의 성공적 융합을 만들어내며, 고객과 기업에게 가치를 제공하는 인력을 양성하는 것이 미래 경영대학의 주된 역할이 되어야 함을 시사하고 있다. 사실 오래 전부터 경영대학을 포함한 고등교육 분야에서 새로운 시대적 요구를 반영해야 한다는 자성의 목소리가 줄기차게 이어져왔고, 어느정도 변화의 움직임은 있었지만 그동안 다른 분야에 비해 변화와 혁신을 게을리 한 면이 없지 않다. 그러나 코로나19 팬데믹 상황이 장기화되며 기존의 정형화된 커리큘럼과 학위 프로그램, 캠퍼스 내 강의실에서의 일방향적 수업방식은 불가피한 변화의 요구에 직면하게 되었다. 코로나19 이전, 온라인 공개 강좌와 수업에서의 온라인 채널 활용은 전통적인 수업 방식에서 그저 보조적이고 보완적 역할을 하는 데 그치며 그 가치가 저평가되어왔지만, 코로나19 이후 온라인 원격학습 방식이 빠르게 자리잡으며 시장의 수용성이 생각보다 높다는 것을 확인할 수 있었다. 학우들과의 대면 소통 없이도 강의실이 아닌 가정집의 방안에서, 신록이 우거진 캠퍼스를 거니는 대신 한적한 집 근처 공원에서 산책을 하면서도 충분히 지식 습득과 학위 취득이 가능하다는 것을 확인한 것이다.

물론 초기에는 많은 혼란과 어려움이 있었지만 곧 대부분의 학생들이 상황에 유연하게 적응했으며, 기술의 발전으로 안정된 원격 수업이 가능해졌음을 알 수 있었다. 대학 교수와 행정 부서 역시 그동안 전면 도입을 꺼려온 원격수업을 위한 기술을 받아들일 수밖에 없었다. 최근까지도 대학과 관련 기관들은 보다 효과적인 온라인 수업을 위한 다양한 도구를 다루는 법, 온라인에 접속한 학생들 편의와 효율을 위해 수업 방식과 체계를 바꾸는 법, 온라인과 오프라인 강의를 적절하게 혼합하여 운영하는 법 등을 개발하고 이를 교수진에게 전파하고 있다. 지난 수십 년 동안 단 한 번도 원격 강의를 해보지 않았던 교수들도 온라인 교육시스템을 통할 경우 전통적인 강의와 비교해 보다 많은 수강생을 받을 수 있고 때로는 보다 효과적으로 토론이나 수업에 참여시킬 수 있다는 가능성을 발견하고 있다. 일부에게는 코로나19 상황에서의 한 학기 동안의 기술 습득이 지난 수십 년간의 기술 수용보다 많았을 수도 있다.

경영 패러다임 변화로 달라진 경영대학 교육 수요자의 요구, 경영대학 졸업생에 대해 기업들이 기대하는 새로운 인재상의 모습에 기반해 볼 때, 미래 경영대학의 교육은 AI 기술을 잘 이해하고 이를 적절히 경영에 활용하고 접목하여 문제를 잘 정의하며, 능률적으로 다른 구성원들과 협업할 수 있는 인재를 양성하는 방향으로 전환하는 것이 필수적이다. 그리고 2020년 초부터 이어진 코로나19 확산과 장기화로 인해 기존 교육 프로그램과 운영 방식에서 탈피해 온라인 기반 환경을 적절히 활용하는 것은 불가피한 선택이겠다. 특히 미래 교육수요자인 MZ세대는 그 어느 세대보다 온라인과 모바일 환경이 친숙하기에 더욱 그러하다.

이번 장에서는 이와 같은 외부적 상황에 기반하여 우선 AI 기술이 여러 분야의 경영에 적용되는 사례를 살펴본 후, 기존의 데이터 활용과 AI 기술 도입 간 유사점과 차이점을 알아보고자 한다. 그리고 AI 발전이 경영대학 교육에 미친 영향과 주요 대학의 대응 사례를 짚어본 후, 경영대학이 AI 기술을 효과적으로 접목하고 교육에 활용할 수 있는 요소들을 분석하여 나아가야 할 방향성을 정립해보고자 한다.

AI 기술과 경영

경영 최적화의 발전된 수단

AI 기술에 대한 경영자의 과도한 기대나 오해, 언론 매체의 과장된 보도 등은 경영에서의 적절한 AI기술 활용에 있어 오히려 장애가 되기도 한다. 예를 들어 하나의 특정 알고리듬이나 거대 AI 시스템이 경영 상의 모든 예측 문제와 의사결정을 풀어내고 기존보다 더 나은 결과를 내는 것은 현재 기술로는 거의 불가능하다. 문제의 성격이나 데이터 특성과 품질, 그리고 직면한 상황마다 어떠한 AI 알고리듬이 적합할지는 현업에서 그때그때 판단해야 한다. 최신 AI 기술 적용이 전통적인 방법에 비해 항상 더 나은 결과를 낸다고 말할 수도 없다. 많은 기업들, 특히 자원이 풍부한 대기업들은 새로운 기술들을 활용해 여러 시행착오를 거치며 이미 많은 영역에서 최적화를 지속적으로 이뤄왔기에 더욱 그러하다.

이경전 교수(2017)[1]가 2007-17년 사이 AAAI Association for the Advancement of Artificial Intelligence 학회에서 '혁신적 AI 응용상' 사례 50개를 분석한 결과에 따르면, AI 기술이 기업 경영과 조직 실무에 성과를 낸 사례 중 가장 빈도가 높은 분야는 일정계획 scheduling, 기획 planning이었으며, 사기 탐지 fraud detection, 감시와 감사 monitoring and audit, 사전경고 alert and warning가 뒤를 이었다. 그리고 조직 내의 원활한 학습 및 교육 환경 구축, 정보 필터링과 선택, 추천, 데이터 인식 후 변환 및 번역과 예측/추정 모델 활용이 그 다음에 이어진다고 밝히고 있다. 즉, 지금까지 AI 기술이 경영에 적용되는 모습은 주로 경영과학 분야에서 다루던 경영 전반의 최적화 문제를 좀 더 향상된 수준으로 고도화하는 데 주로 활용되고 성과를 보여온 것으

---

1 이경전. 인공지능, 경영 최적화의 한 방법. 응용 기술 개발 못하면 의미 없어. 동아비즈니스리뷰. 228호. 2017.

로 나타났다. 물론 향후에는 최근 급격히 발전하고 있는 딥러닝 기술을 바탕으로 영상/음성/이미지 인식 등의 기술을 경영에 활용하는 사례가 좀 더 빈번해질 것으로 예상된다.

그렇지만 아무리 AI 기술이 발전해도 당장 최고경영자의 모든 의사결정을 대체하거나 오랜 기간 현업에서 경험을 갖춘 전문가를 모두 대체하기는 어려울 것으로 보이며, 오히려 이들의 의사결정 능력을 향상시키고 업무를 보다 효율화하는 방향으로 진화될 것으로 보는 것이 타당하다. 이는 경영 의사결정에서 고려되어야 하는 모든 사항들을 AI 모델이 반영하기 어렵고, 경영 현실에서는 데이터화하기 어려운 문제들이 많은 데 기인한다. 다시 한 번 강조하면, AI 기술이 경영에 가치를 창출하기 위해서는 우수한 데이터 품질과 많은 양, 분석 모델과 알고리듬을 구현할 수 있는 기술적 역량이 필요하다.

경영에 AI 기술이 접목하는 사례에 대해 좀 더 이해를 돕고자 마케팅 분야의 경우를 집중적으로 살펴보고자 한다. Huang and Rust(2021)[2]는 AI가 마케팅 연구와 현업에서 어떻게 적용되고 있는지 기계적인 AI, 사고하는 AI, 감정을 느끼는 AI로 구분하여 설명하고 있다(표11-1 참조). 기계적인 AI의 경우, 데이터 수집과 기존 가격 책정 또는 제품 선택에 있어 자동화와 표준화를 추구한다는 데에 의의가 있다. 사고하는 AI의 경우, 알고리듬 기반의 맞춤형 상품 추천이나 광고 추천 등과 같이 개인화 서비스를 고도화하는 역할을 하고 있다. 마지막으로 감정을 느끼는 AI의 경우, 고객이 남긴 흔적을 통해 소비자에 대한 이해를 높이고 고객과 더욱 공감하며, 참여의 장을 제공하는 등 고객과의 소통을 강화하는 기능을 수행하고 있다. 제시된 프레임워크에 기반해 볼 때, 기존에

---

2 Huang MH, Rust RT. A strategic framework for artificial intelligence in marketing. Journal of the Academy of Marketing Science. 2021 Jan; 49(1):30–50.

마케팅 분야에서 수행하는 기본적인 기능들, 즉 제품, 가격, 유통, 프로모션의 4P 전략이나 고객, 비용, 편리성, 커뮤니케이션의 4C 전략 자체에는 큰 변화가 없지만 이를 고도화하고 정교화하는 데 있어 AI 기술이 유용하게 적용될 수 있음을 확인할 수 있다.[3]

〈표 11-1〉 마케팅 분야에서 AI를 사용하는 프레임워크 (Huang and Rust, 2021)[4]

	기계적인 AI	사고하는 AI	감정을 느끼는 AI
마케팅 연구	· 데이터 수집 시장과 고객 데이터 확인, 추적, 수집 및 처리 자동화	· 시장 분석 마케팅 분석에 사용해 경쟁자와 경쟁 우위 파악	· 소비자 이해 감정 데이터를 이용한 소비자 분석을 통해 고객이 원하는 것을 파악하고 잠재적인 수요를 예측
마케팅 전략 (STP)	· 고객 세분화 고객들의 선호도 패턴을 파악하고 세분화	· 타겟팅 세분화된 고객 그룹에 맞는 전략 추천	· 포지셔닝 고객의 마음을 움직이는 포지셔닝 전략 수립
마케팅 믹스 (4P/4C)	· 표준화	· 개인화	· 관계 형성
제품/고객	· 고객의 수요와 요구를 충족하는 프로세스 및 결과 자동화	· 고객의 선호도에 따른 맞춤형 제품 추천	· 고객의 감정적 요구와 수요를 이해하고 충족시킴
가격/비용	· 가격 설정과 결제 과정 자동화	· 고객의 지불 의사에 따른 맞춤형 가격 설정	· 공감하는 커뮤니케이션으로 가격 협상 및 가격 타당성 설득
유통/편리성	· 고객이 제품을 쉽게 찾을 수 있도록 제품 노출 자동화	· 고객과 소통 및 상호 작용에 중점을 둔 맞춤형 서비스	· 고객이 참여할 수 있는 경험 제공
프로모션 / 커뮤니케이션	· 고객과의 의사 소통 자동화	· 개인별 맞춤형 프로모션 콘텐츠 제공	· 고객의 반응과 감정을 파악하여 고객과 소통

〈표11-2〉는 제시된 프레임워크 아래 마케팅의 각 분야에서 실제 적용되고 있는 AI 기술 사례들을 구체적으로 제시하고 있다.

---

3 마케팅의 기본요소는 제품(product), 가격(price), 유통(place), 촉진(promotion) 등 4가지이며, 이들을 결합하여 도출한 상황분석과 전략을 4P전략이라고 칭함. 한편 4P가 공급자 관점에서의 전략이라면, 소비자 중심으로는 고객(Customer), 고객이 지불하는 비용(cost), 접근/활용 등의 편의성(convenience)과 의사소통(communication) 등 4C를 정의함. 기술발전과 시장과 소비자층이 확대되고 다양화되면서, 공급자에서 수요자에게 초점을 맞추는 방향으로 진화하고 있음.
4 Huang and Rust (2021) 논문의 Table 1의 내용을 번역함 (p.34)

구분	마케팅 분야	기계적 AI - 표준화	사고하는 AI - 개인화	감정을 느끼는 AI - 관계 형성
제품/고객	제품/ 브랜드	· 상품 선택과 수용을 확인하고 모니터링 · 브랜드 로고 디자인 개발 자동화	· Gap의 패션 트렌드 예측 분석 · 서비스 혁신을 위한 빅데이터 분석 · 텍스트 분석을 이용한 브랜드 분석 · 맞춤형 다이어트 서비스	· 챗봇에게 브랜드 성격, 개성 학습 · 시청자 감정에 따른 TV프로그램 추천 · 챗봇을 통해 소비자와 실시간 대화, 소통하고 친근한 느낌 형성
	고객 서비스	· 반복적, 일상적인 질문에 대해 챗봇 사용	· 고객의 경험적, 문화적 차이에 따른 특성을 이해하고 문맥을 파악	· 자연어 처리로 소비자 감정을 분석하고 대응 · 감정 분석 시스템은 상담사의 대화 방식을 분석하여 개선 방향 제공
가격/비용	가격 책정	· 결제 자동화 · 예시: 애플페이, 구글페이, 페이팔, 아마존 페이먼트 등	· 맞춤형 가격 책정 · 제품, 판매 채널, 고객을 고려한 가격 최적화	· B2B등에서의 가격 협상에 있어 상대방의 감정을 이해하고 대응
유통/편리성	소매업 / 프론트 라인	· 셀프 체크인/아웃 · 로봇을 이용하여 매장 내의 문제 상황 확인 (Giant Grocery) · 로봇을 이용한 음식 서빙 (HaiDiLao) · 키오스크 활용	· 고객에게 매장 내 제품 위치 등 맞춤형 쇼핑 정보제공 (Macy's) · 스마트거울로 소비자 선택 연관 추천 상품 이미지 제공 (Alibaba의 FashionAI)	· 고객들에게 인사하며 소통하는 로봇(Pepper)
	분배/ 물류/ 배송	· 포장 자동화(Cobots) · 아마존 프라임 에어와 UPS의 드론 배달 · 사물인터넷(IoT)를 이용한 제품 사용 분석 및 자동 주문	· 아마존의 예측 배송 · 도미노 피자의 자율주행 자동차 배달	· 아마존Go의 편의점은 얼굴 인식을 통해 소비자를 확인
프로모션/ 커뮤니케이션	광고/ 디지털 마케팅	· 소비자 타겟팅 자동화 · 광고를 게시할 미디어를 자동으로 선택하고 최적화 · 웹페이지 검색을 자동화하고 방문 유도 · 자동으로 키워드 광고를 업데이트 · 맞춤형 광고와 콘텐츠를 푸시 알림	· 맞춤형 콘텐츠를 작성 · 자동 광고 문구 작성 · 광고주들의 효과적 광고 제작을 도움(Kantar) · 개인화된 광고 캠페인 진행 (Harley-Davidson Albert AI) · 캠페인의 진행 상황 측정	· 맞춤형 광고 메시지에 대한 소비자 감정 분석 · 소비자 참여 장려 맞춤형 콘텐츠 제작 · 소셜 인플루언서를 머신 러닝을 이용해 파악(기아) · 대화형 콘텐츠와 소비자의 메시지에서 감정 분석

〈표 11-2〉 4P/4C를 중심으로 AI를 활용한 마케팅 사례 (Huang and Rust 2021)[5]

---

5 Huang and Rust (2021) 논문의 Table 2의 내용을 번역함 (p.35)

기존 데이터 기반 경영과 AI 기술 적용의 유사점과 차이점

사실 데이터 기반 경영이라는 이름하의 경영 활동을 통해 축적된 다양한 유형의 데이터를 활용하여 가치를 창출하는 시도는 오래전부터 이어져왔다. 주요 기업 문제를 파악하고 정성적 사고와 정량적 수단을 결합하여 데이터 분석을 통해 기업성과를 개선시키는 것을 비즈니스 인텔리전스business intelligence 또는 비즈니스 애널리틱스business analytics라고 말할수 있다. AI 기술이 본격화되기 이전부터 기업들은 수많은 데이터를 수집하고 축적해오며 주요한 의사결정에 다양한 방식으로 활용해왔다. 중요한 지표들을 모니터링하고 경영자의 요구에 맞게 가공하여 정보를 열람하고 조회하는 것에서부터 시작하여, 데이터들을 결합하고 분석하여 패턴을 찾아 의사결정에 활용하는 방향으로 진화해오고 있다. 〈그림 11-1〉은 마케팅, 재무, 인사관리, 생산운영관리 등의 경영학의 주요 세부분야에서 비즈니스 애널리틱스가 어느 영역에 어떻게 활용될 수 있는지를 상세히 보여주고 있다.

그렇다면 최근 AI 기술의 활용은 어떤 측면에서 차이가 있을까? 우선 데이터 활용 측면에서 과거에는 활용할 수 없었던 데이터를 수집하고 적용할 수 있다는 데에 있다. 과거에는 주로 숫자 중심의 데이터 활용에 그쳤다면, 최근 AI 기술은 대용량의 텍스트와 이미지 정보를 센싱sensing하여 의미를 추출하는 것을 가능케 하였다. 소셜미디어 상에서의 고객 의견들이나 사람들의 동선을 나타내는 위치 정보, 위성에서 수집된 정보 등은 기술에 기반해 새롭게 수집되는 데이터의 대표적 유형으로, 이를 통해 위에서 소개한 마케팅 사례에서 데이터 수집과 소비자 이해의 폭을 넓혔다고 말할 수 있겠다.

두번째로, 이전의 데이터 분석은 과거와 현재 데이터를 추정estimation

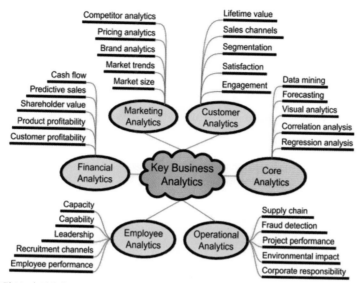

〈그림 11-1〉 경영의 세부분야 기반 비즈니스 애널리틱스 예시 (Lu, 2020)[6]

하는 것에 초점을 맞췄다면 AI 기술은 발전된 머신러닝/딥러닝 알고리듬을 활용하여 미래를 보다 정확히 예측prediction하는 것을 가능하게 하였다는 데 차이가 있다. 경영 분야에 활발히 활용되고 있는 추천 알고리듬이나 매출 예측, 제조 현장에서의 불량품 예측 진단, 그리고 특정 브랜드나 상품에 대한 고객의 감정 변화 추이 등이 이에 해당한다.

유사한 맥락으로 Davenport and Ronanki(2018)[7]는 AI 기술이 기업에 기여할 수 있는 세 가지 방법으로 비즈니스 프로세스의 자동화process automation, 데이터 분석을 통한 통찰력의 향상cognitive insight, 고객 및 직원의 참여 유도cognitive engagement를 언급하고 있다. 첫째로 비즈니스 프로세스 자동화는 기존에 사람이 반복적으로 수행하던 작업에 AI 기술을 접

6 Lu J. Data Analytics Research-Informed Teaching in a Digital Technologies Curriculum. INFORMS Transactions on Education. 2020 Jan;20(2):57-72.

7 Davenport TH, Ronanki R. Artificial intelligence for the real world. Harvard Business Review. 2018 Jan 1;96(1):108-16.

목하는 것으로 재무, 구매 등 회사가 기능을 유지하는 데 필요한 기본적 작업을 처리하는 운영 부문에서의 적용이 활발한 편이다. 단순 반복적인 지급결제 및 보상 등의 업무처리를 자동화하는 것부터, 자연어처리 기법을 활용해 주요 법률 및 계약 문서의 주요 조항을 살피고 해석하는 등의 고등한 작업까지 이 영역에 해당한다. 앞서 언급한 마케팅 사례의 '기계적인 AI'와 유사한 부분이다. 둘째로 방대한 양의 데이터에서 패턴을 감지하고 의미를 파악하는 데 AI 알고리듬을 이용하여 고객의 구매 습관을 파악하고 구매할 만한 상품을 예측하고 추천하거나, 보험사의 경우 청구 사기를 실시간으로 탐지하는 것, 제조업의 경우 생산된 제품의 품질 문제를 관리하고 불량률을 낮추도록 하는 사례 등이 통찰력의 향상이다. 앞서 언급한 마케팅 사례의 '사고하는 AI'가 주로 이에 해당한다. 셋째로 고객과 직원의 참여 유도는 24시간 챗봇을 통해 고객의 문의를 자동으로 처리하거나 보건의료분야에서 환자의 건강상태와 진료, 처방, 검진 이력을 고려해 맞춤형 건강관리 프로그램을 제안하는 것, 직원의 복리후생과 불만족 요인에 대한 문의에 효과적으로 대응하는 것이 사례가 될 수 있겠다. 앞서 언급한 마케팅 사례의 '감정을 느끼는 AI'가 주로 이에 해당한다.

요컨대, 경영에 있어 AI 기술의 적용은 기존의 데이터 기반 경영과 비즈니스 애널리틱스의 기반에서 자동화, 미래 예측, 개인화 등의 요소가 더욱 강화되는 방향으로 진행되고 있다고 볼 수 있겠다. 비약적으로 발전하고 있는 센싱 기술을 통한 추가적인 데이터 수집과 머신러닝/딥러닝 알고리듬의 활용이 이를 가능하게 하였다.

이처럼 경영 전반에서 AI 기술을 도입할 수 있는 분야와 영역은 다양하다. 성공적인 AI 도입을 위해서는 우선 기업 내에서 기술을 활용해 풀고자 하는 문제를 명확히 정의하고 그에 가장 적합한 기술이 무엇인지, 그리고 그 기술의 도입에 있어 유리한 점과 장애 요인을 명확히 파악하는 것이 중요하다. 그리고 기술을 도입하는 데 있어 조직 내에서 발생할 수 있는 병목현상이나 자원의 활용 및 분배 문제, 그리고 예상되는 비용과 편익을 명확히 할 필요가 있겠다. 한 번에 모든 것을 바꾸기보다는 점진적으로 다양하게 실험해보고 규모를 확대하는 것이 필요하며, 어느 정도 수준으로 AI 기술을 도입해 기존에 사람이 진행하고 있는 과업의 정확성과 효율을 높일수 있을지도 명확히 할 필요가 있겠다. 경영대학은 바로 이러한 판단의 역할과 책임을 수행하는 인재를 양성하는 데 주력해야 할 것이다.

AI의 발전과 경영대학 교육

AI 발전이 경영대학 교육에 주는 도전들

AI 발전과 별도로 2010년대 중반부터 경영대학의 변화 필요성에 대한 자성의 목소리는 확산되어 왔다. '파괴적 혁신disruptive innovation' 이론을 주창한 것으로 유명한 하버드 경영대학원의 클레이튼 크리스텐슨Clayton Christensen 교수는 2014년 뉴욕타임즈와의 인터뷰에서 고등교육 시장이 자신이 주창한 파괴적 혁신이 나타날 수 있는 산업이라고 강조하며, 향후 10-15년 내 미국 내 4,000개 대학 중 절반이 파산할 것이라는 전망을 내놓기도 했다.[8] 산업구조 분석 기법 모델을 제시한 것으로 유명한 같은 대학원 소속의 마이클 포터Michael Porter 교수도 일반 기업들이 효과적인 온라인 채널 통합 전략 없이는 경쟁우위를 상실할 것이라는 사실에 빗대어 대학들도 온라인이라는 채널을 어떻게 효과적으로 접목할 지에 대한 고민이 필요하다고 역설한 바 있다. 그러나 당시만 해도 온라인 채널이 기존 경영대학 교육에 미치는 영향과 변화의 속도에 대해서는 다양한 의견이 공존했으며, 경영대학의 교육 커리큘럼이 현장 실무자가 갖고 있는 문제 의식을 공유하는 방향으로 변화해야 한다는 필요성만 공감하는 수준이었다.

지난 2020년부터 우리 삶에 지대한 영향을 미치고 있는 코로나19의 확산에 따른 디지털 기반 비대면 거래의 일반화, 그리고 2016년 알파고 등장 이후 빠르게 침투하고 있는 AI의 발전은 이전의 논의를 무색하게 할 만큼 경영학 교육에 많은 도전을 주고 있다. AI의 활용을 외면하는 기업은 성장의 한계에 봉착할 가능성이 높으며, 빠른 기술 발전으로 기

---

8 Useem J. Business school, disrupted. New York Times. 2014 May 31;31.

존 경영학 이론이 적용되지 않는 분야도 늘어날 수도 있다. 수요 측면에 있어서 대학과 기업 간 지식 격차는 축소되고 있으며, 기업 내에서도 시류의 변화를 감지하고 대응할 수 있는 우수한 역량을 보유한 경영자와 직원이 늘어나고 있으며 자체적인 교육을 강화하고 있기도 하다. 코로나19 이후 기업의 조직구조와 경영시스템, 재택근무와 유연근무제와 같이 장소와 시간에 있어 일하는 방식의 혁신이 빠르게 나타나고 있다. 이에 기업들은 경영 전반에 있어 AI 기술 도입을 고민하고 있고 이에 대한 의사결정이나 기술 활용 문제에 봉착하고 있기도 하다. 따라서 경영자를 양성하고 미래 경영을 연구하는 경영대학은 현장의 경영자가 원하는 교육을 다양하게 제공해야 한다.[9]

공급 측면에 있어서도 기업들은 자사의 필요 역량을 시의성있게 학습하며 조직 구성원의 역량 향상을 위해 자체적인 교육 기능을 강화하고 있기도 한데, 미국의 아마존 캠퍼스나 국내 SK그룹의 마이서니mySUNI가 대표적 사례라고 볼 수 있다. 정규대학 틀을 벗어나 혁신적 사고와 문제 해결 기법을 가르치는 미국의 미네르바스쿨Minerva School이나 싱귤러리티 대학Singularity University, 그리고 코세라Coursera와 같은 온라인 기반 교육 채널도 빠르게 인기를 얻어가고 있다. 즉, 대학은 고등교육 시장에서의 독점적 지위를 상실해 나가고 있다고 말할 수 있겠다.

요컨대 경영대학을 둘러싼 고등교육 시장의 변화는 최근 디지털 전환 트렌드와 그 맥을 같이 한다고 여겨진다. 우선 경쟁우위에 있어서 기술의 역할이 단순히 보조적인 수준에 그치는 것이 아니라 핵심역량을 대표하는 것으로 볼 수 있고, 그 중심에 AI 기술과 디지털 채널의 활용이 있다. 기업들은 신규 채용에 있어 경영학 지식보다 지원자가 당장 자

---

9 조동성. AI시대에, 경영학 박사만 경영대 교수 돼야 하나. 동아비즈니스리뷰. 318호. 2021.

사가 필요로 하는 기술에 대한 지식을 보유하고 있는지에 더 높은 가치를 두고 있기도 하다. 한 경영대 학장은 "경영학석사MBA는 다양한 경영 관련 지식을 보유하고 학습했다는 일종의 신호로 과거에는 우수한 대학의 학위가 이를 보장해줬지만, 실제 기술 보유 여부는 채용 과정에서 체계적이고 객관적인 검증이 가능하다"며 경영대학의 위기를 설명하고 있다.[10] 또한, 학교의 정규학위를 이수하는 것보다 디지털 관련 기술과 방법론을 이수했다는 수료증과 같은 디지털뱃지digital badge가 새로운 트렌드로 나타나고 있다. 또한 경영대학에 재학하거나 재학을 희망하는 학생들이 어려서부터 온라인이나 모바일을 통한 교육에 익숙해져 있는 데 비해, 경영대학은 아직 전통적인 방법을 고수하고 있어 지원자들의 배경과 변화에 따라 바뀐 기대수준을 충족시키지 못하고 있다는 측면도 있겠다. 결과적으로 기술로 초래되는 수요 및 공급 시장의 변화들을 단순히 점진적, 일시적이라고 치부하기에는 그 영향이 파괴적이며 급진적으로 다가오고 있는 상황이다. 이에 따른 경영대학의 사업모델과 근본적 구조의 변화는 필수적이라고 볼 수 있겠다.

해외 주요 경영대학의 변화 노력

시대의 요구에 걸맞는 경영대학의 혁신을 위해 해외 주요 대학들도 빠르게 변화하고 있다. 우선 경영대학의 교수진을 더 이상 경영학을 전공한 사람들로만 구성하는 것이 아니라 AI 기술이나 통계학, 그리고 이러한 기술을 산업현장에 접목한 연구 경험을 갖고 있는 사람들을 임용하며 변화에 빠르게 대응하고 있는 양상이 두드러져 보인다. 일례로 경영학 연구를 선도하는 펜실베니아대학교University of Pennsylvania의 경영대학

---

10 Stine J, Trumbore A, Wolf T, Sambucetti H, Implications of Artificial Intelligence on Business Schools and Lifelong Learning. 2019, https://www.uniconexed.org/wp-content/uploads/2019/11/AI-Life-long-learning-Final-Report-11.04.19.pdf.

와튼 스쿨The Wharton School의 던컨 와츠Duncan Watts 교수는 거대 소셜네트워크 분석 전문가로 마이크로소프트 리서치랩에서 소셜미디어를 연구한 경험을 갖고 있고, 이전에는 컬럼비아 대학교 사회학과 교수를 역임했다. 와튼 스쿨의 생산운영관리, 정보와 의사결정 분야에 소속함과 동시에 같은 대학의 커뮤니케이션 전공, 컴퓨터와 정보과학 전공에도 겸임 교수로 이름을 올리며 다학제적 연구를 선도하고 있다. 이는 경영대학 교수의 구성이 보다 다양화되고 있는 현장을 보여주는 좋은 사례로 여겨진다. 또한 와튼 스쿨은 '디지털 전환의 다음 단계'라는 제목으로 "AI for Business" 웹페이지[11]를 신설하고 관련 분야 연구자들의 정보와 최신 연구, 관련 교과목들을 소개하고 있다. 교과목의 경우 AI 방법론에 대한 빅데이터 분석, 예측모델 분석, 머신러닝 및 데이터마이닝 수업, AI 적용과 활용에 대한 데이터 윤리, 지속가능 경영에 있어서 AI의 역할, AI와 사회 등의 교과목이 개설되어 있다. 서부의 UC Berkeley는 모든 학부생들에게 데이터과학data science을 전공필수 과정으로 이수하게 하며 일찍이 데이터과학 학과를 신설하기도 하였다.

하지만 기업뿐만 아니라 많은 국가들이 정책적으로 AI를 국가 정책의 우선순위로 삼고 있고, 관련 전문인력 양성에 많은 투자와 노력을 기울이는 상황에서, 대부분 경영대학들은 중장기적으로 큰 변화를 꾀하기보다 단기 중점과제로 AI 관련 내용을 커리큘럼에 반영하는 것으로 시작하고 있는 모습이다. 이는 당장 관련 분야 전문성을 지닌 교수진의 부족이 주요 원인이며 이를 극복하기 위해 AI 관련 기업과 파트너십을 맺기도 하고 컴퓨터공학 관련 학과와의 연합이나 컨소시엄을 통해 변화에 적응하고 있기도 하다.

11 https://online.wharton.upenn.edu/ai-business/

하버드비즈니스리뷰Harvard Business Review의 2020년 11월 〈경영대학에 있어 애널리틱스와 AI의 기회The Analytics and AI Opportunity for Business Schools〉 글에 따르면 2018년 말 기준 미국 전역에는 약 400여 개의 데이터 분석에 초점을 맞춘 프로그램이 개설되어 있으며, 단순히 경영에 있어서 분석 활용에 특화된 프로그램 개설에서 벗어나 데이터과학 및 AI의 연계로 과정이 진화되고 있다고 설명하고 있다.[12] 또한 기존 학위과정 프로그램에 집중하기보다 일반 성인들을 대상으로 AI의 활용과 이해에 대한 평생교육을 담당하는 플랫폼으로 진화해야 한다는 주장도 늘고 있다. 일례로 노스웨스턴대학교Northwestern University의 경영대학인 캘로그스쿨Kellog School of Management이 최고경영자 및 기업의 임원 등을 대상으로 제공하고 있는 〈기업 성장을 위한 AI 활용AI Applications for Growth〉 과정의 프로그램 내용이 〈그림 11-2〉에 제시되어 있다.[13] 두 달 동안 $2,600의 교육비를 받는 이 단기과정은 온라인 기반의 비학위과정으로, AI의 기본적인 기술을 이해하고, 다양한 산업과 경영 제반 분야에서의 활용 사례를 학습하며 일부 알고리듬 구현을 실제 경험해본 후, 자신이 속한 기업의 AI 활용 전략 수립과 기술 적용을 구현할 수 있도록 과정이 구성되어 있다. 이와 유사한 형태의 단기과정들이 미국 유수 대학에서 제공되고 있으며, 앞으로 다양한 계층을 대상으로 이와 같은 온라인 중심 또는 온라인과 오프라인을 혼합한 하이브리드 형태의 교육 프로그램이 경영대학에서 개설될 것으로 예상된다.

〈그림 11-2〉 노스웨스턴대학교 캘로그스쿨의 "AI Applications for Growth" 프로그램

> **모듈 1: AI 혁명: 트렌드, 도구, 적용사례**
> · 왜 AI가 변곡점인지 학습함
> · AI, 머신러닝, 딥러닝의 기본개념과 AI생태계의 핵심 플레이어에 대해 이해함
> · AI 이니셔티브 구조화를 위해 AI캔버스와 7단계 과정을 탐험함

모듈 2: AI와 고객 경험 관리

· 고객 여정에 AI를 활용한 실제 사례를 규명하기 위해 고객 경험 DNA 프레임워크를 이해함
· AI가 수요 창출, 판매 증진, 고객 서비스 강화에 사용될 수 있는지 학습함
· KNIME 분석플랫폼을 활용해 고객 세그먼트, 고객 전환율 최적화, 고객 이탈 모델을 분석함

모듈 3: AI와 생산운영관리

· AI가 어떻게 자산을 효율적으로 관리하고 비용절감과 품질 및 생산성 향상, 안전도 향상에 기여하며 생산관리를 최적화하는지 학습함
· 제품과 서비스의 생산운영관리 생태계의 5단계(구매, 제조, 저장, 물류, 배송)에서 AI 기술이 어떻게 활용되는지 학습함

모듈 4: AI와 경영지원 기능

· AI가 어떻게 중요한 경영지원기능(인적자원관리, 재무관리, IT시스템관리, 위험관리 등)을 강화하는 데 사용되는지 학습함
· AI를 활용한 채용 관리, 정보수집관리, 소프트웨어 개발, 사기 방지 등 AI의 다양한 실적용 사례를 학습함
· 구매 과정에 관여하는 AI 봇을 실제로 만들어 봄

모듈 5: 여러 산업에서의 AI 적용

· 금융, 보험, 보건의료분야에서 선도적인 AI적용 사례를 이해함
· 주요 시중은행에서 딥러닝 기술을 활용해 금융범죄를 탐지하는 케이스를 심화학습함
· 의료비용 절감과 치료효과 향상을 위해 보건의료산업에서 다양한 사업자가 어떻게 AI를 활용하고 있는지 심화학습함

모듈 6: 자율주행 분야와 AI

· 자율주행 단계와 자율주행 기술의 진화에 대해 학습함
· 적절한 자율주행 단계를 정의하기 위해 "AV 효율 프론티어" 프레임워크에 대해 이해함
· 지상, 해상, 항공 운송에 있어 자율주행 기술이 적용되는 다양한 사례를 학습함
· 자율주행차 사용화에 있어 예상되는 윤리적, 법규제 요인들에 대해 이해함

모듈 7: 기업의 전략과 플랫폼 관점에서 AI 적용 방법

· 앞서 학습한 내용을 바탕으로 조직에 적합한 AI전략을 구상함
· AI 레이더를 적용해 어느 영역에 AI 기술을 적용하는 사례를 만들지 선정함
· AI 캔버스를 활용해 선정한 사례를 구조화함
· AI 여정 및 역량 성숙도 모델을 활용해 AI 전략 로드맵을 그려봄

모듈 8: 기업의 인력, 조직, 사회 관점에서 AI 적용 방법

· AI 이니셔티브가 쉽게 실패되는 6가지 경로를 통해 위험요인을 피하는 방법을 학습함
· 어떻게 AI팀을 구성하고 역할과 책임을 부여하여 책임있고 윤리적인 방향으로 AI프로젝트를 관리할 것인지에 대한 우수사례를 학습함
· 이 과정을 구상한 AI 이니셔티브에 적용해 봄

---

12 Govindarajan V, Sikka N, The Analytics and AI Opportunity for Business Schools: A 5-Part Framework for Developing the Right Programs and Delivering the Right Curriculum, Harvard Business Review, 2020.

13 출처: https://www.kellogg.northwestern.edu/executive-education/individual-programs/online-programs/ol-ailbt.aspx

경영대학의 AI 교육을 위한 5가지 요소

경영대학의 AI 교육 혁신은 5가지 요소로 나눠서 생각해볼 수 있겠다. 우선 프로그램 측면에서 경영적 수요에 부합하는 어떠한 프로그램을 제공할 것인가? 커리큘럼 측면에서 학생들의 성공적 커리어를 위해 어떠한 교과목의 조합을 찾을 것인가? 운영 모델 측면에서 어떻게 온오프라인 교육을 접목하고 융합할 것인가? 협업 측면에서 가치 실현을 위해 누구와 어떻게 협력할 것인가? 경력관리 측면에서 관련 직종 취업을 위해 어떠한 경력관리 서비스를 제고할 것인가? 등이 핵심 질문으로 요약될 수 있다. 이를 그림으로 표현하면 〈그림 11-3〉과 같다.

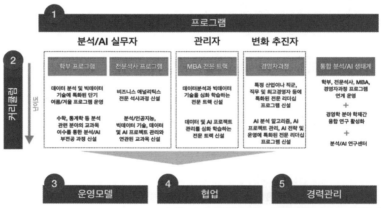

〈그림 11-3〉 경영대학의 AI 교육을 위한 5요소 프레임워크[14]

프로그램 측면에서는 AI 기반 기술을 이해하고 기술이 경영에 접목하는 배경과 맥락을 이해하여 창의적인 사고를 할 수 있도록 하며 특히 기술 기반 배경을 갖고 있는 엔지니어들과 효과적으로 팀을 구성하여 협업할 수 있는 역량을 함양하는 데에 그 주목적이 있다. 이를 위해 학부

---

14 Govindarajan and Sikka (2020)의 Figure 1을 번역함

와 전문석사에서는 AI 분야를 부전공으로 택할 수 있는 기회를 제공하기도 하며, AI 기술과 빅데이터 분석 처리, 수학과 통계학 등을 공부하며 AI 실무자를 양성하는 것이 중요하다. 경영전문석사MBA의 경우 기술에 대한 이해를 바탕으로 특정 산업에서 이를 적용한 서비스와 상품을 개발하고 운영관리를 효율화하는 것을 주도하는 오케스트라 지휘자 역할을 수행하는 것을 목표로 한다. 마지막으로 최고경영자 수준에서는 기술 관련 전략과 기술을 적절히 활용하는 리더십을 함양하는 실행력을 동반한 변화관리자를 양성하는 것을 목표로 해야하겠다.

이를 위한 커리큘럼으로 기본적인 기술 지식을 증진시키는 데이터마이닝과 데이터에 대한 기본 이해, 데이터 시각화와 예측모델링을 다루는 교과목과 함께, AI 기술을 접목시킬 수 있는 경영 문제를 잘 정의하고 관련 기술팀과의 효과적인 소통 방법을 배우는 프로젝트 관리와 스토리텔링 교과목도 신설되고 있다. 또한 데이터의 품질 이슈와 메타데이터 관리, 데이터 전략 및 파이프라인을 관리하는 데이터 거버넌스 이슈와 함께 특정 산업 및 분야의 사례연구와 마케팅/생산운영관리/재무회계/인사조직 영역 등에 AI 기술이 어떻게 접목될 수 있을지를 배우는 교과목, 그리고 변화관리 및 리더십, 윤리 관련한 교과목이 도입될 수 있겠다.

운영모델에 있어서는 최근 거스를 수 없는 온라인 교육을 어떻게 효과적으로 접목할 수 있을지에 대한 방안이 고려되어야 하겠다. 〈그림 11-4〉와 같이 과거와 같이 모든 교육 콘텐츠를 대면강의의 단일 모드에서 벗어나 많은 과정생의 기본 기술 지식 함양을 위해서는 전면 온라인 강의도 고려해볼 수 있겠다. 또한 토론 수업에 있어서는 대면 강의, 기초지식에 있어서는 녹화된 온라인 강의, 중요한 지식 전달과 소통을 위해서는 줌zoom 등을 활용한 라이브 온라인 강의나 1:1 온라인 세션 등을 고려해볼 수 있겠다.

협업 측면에서는 산업계와의 협업이 활성화되고 있는 것이 주요 특징이다. 중국의 장강경영대학원Cheung Kong Graduate School of Business, CKGSB는 기업의 최고경영자들에게 현장 경영학을 제공하는 베이징 소재 대학으로, 마이크로소프트와 함께 오프라인과 온라인을 접목한 AI Business School 프로그램을 선보인 바 있다.[15] 또한 영국의 임페리얼칼리지 경영 대학Imperial College Business School은 글로벌 경영컨설팅사인 KPMG와 함께 학생들이 배우는 데이터 분석 기술을 KPMG의 고객사 프로젝트에 접목하는 협업도 2014년부터 계속해서 진행해오며 의미 있는 성과를 거두고 있는 것으로 알려져 있다.[16] 마지막으로 경력관리 측면에서는 경영대학 졸업생의 역량이나 관심사와 잘 매칭되는 회사나 직무 추천을 위해 경력관리 서비스 자체를 고도화하는 데에 AI 기술이 직접 활용될 수도 있겠다.

	단일 모드	하이브리드
교내	• 모든 강의가 강의실에서 대면해서 진행 **적합한 영역** • 전일제 MBA와 전문석사 과정 • 최고경영자 대상 과정 • 소규모, 특정 기업이나 직무 특화 단기 과정	• 일부 강의가 온라인학습관리시스템을 통해 비실시간 녹화 강의로 진행 • 일부 강의(특히 토론 중심의 강의)는 강의실에서 대면하여 진행 **적합한 영역** • 전문석사 과정
원격	• 모든 강의가 온라인학습관리시스템을 통해 온라인으로 진행 **적합한 영역** • 대형 분석 특화 프로그램 • MOOC(무료 온라인공개강좌) • 대규모 직원대상 직무역량 향상과정	• 일부 강의가 온라인학습관리시스템을 통해 비실시간 녹화 강의로 진행 • 일부 강의(특히 토론 중심의 강의)는 정해진 시간에 줌 등을 통해 온라인 실시간으로 진행 **적합한 영역** • 파트타임 석사 프로그램 • 맞춤형 비학위 경영자과정 프로그램

〈그림 11-4〉 경영대학의 AI 교육을 위한 5요소 프레임워크[17]

15 https://english.ckgsb.edu.cn/new/microsoft-unveils-its-first-global-offline-online-dual-resource-ai-business-school-in-china/
16 https://www.businessbecause.com/news/in-the-news/3585/imperial-college-deepens-big-data-ties-with-kpmg
17 Govindarajan and Sikka (2020)의 Figure 2를 번역함

마치며

경영환경에서 AI 기술의 영향과 범위는 갈수록 확대되는 양상이며, AI 기술을 도입한 기업의 수는 업종에 관계 없이 매년 증가하고 있다. 산업을 선도하는 기업들은 AI 기술이 막연히 어렵거나 경영에의 적용이 어렵다는 편견을 뒤로 하고, AI 기술을 통해 현업의 복잡한 문제들을 효율적으로 해결하기 위해 많은 투자와 노력을 기울이고 있다. 물론 여전히 AI 도입을 통해 뚜렷한 매출 증가와 비용 절감과 같은 가시적인 성과를 거뒀다는 기업은 적은 편이다. 단순히 AI 기술을 도입하고 배포하는 것만으로는 한계가 있음을 많은 기업들이 현장에서 체득하고 있고, 따라서 기술적 변화뿐만 아니라 기업 문화를 변화시킬 때 AI의 활용 가치가 발현될 수 있음을 깨닫고 있기도 하다. 이에 많은 기업들이 사내 직원을 대상으로 데이터 분석 전문성과 AI 기술을 학습시키는 교육 프로그램을 운영하고 있으며, 단순히 기술과 데이터 분석 역량을 향상시키는 것에 그치는 것이 아닌 민첩한 실행과 변화 관리의 중요성이 강조되고 있기도 하다.

기술을 적절히 활용할 수 있는 경영현장의 문제를 재정의하고, 프로토타입을 개발하여 현장에서 테스트와 모니터링을 진행하는 등 구체적인 실행을 주도하며, 정량적 성과를 측정해서 이에 대한 피드백을 다시 반영하여 향상된 단계로 진입하는 순환고리feedback loop를 만들 수 있는 인재가 모든 기업에게 필요할 것이다. AI 이해에 기반한 실행 역량을 갖춘 경영자와 미래 경영자를 양성하는 것은 경영대학의 당면한 미션이고 이를 위한 경영대학의 변화는 필연적이라고 볼 수 있겠다. 경영대학에서 올바르게 교육받은 AI 활용 전문가는 기업 조직에서 다양한 직무와 협업을 통해 기업의 전반적인 AI 활용 역량을 향상시키고 현업에서 가치를 발현할 것이다. 이들은 어떠한 문제에 AI 기술을 효과적으로 접목할 수 있을지 기회를 포착하고, 타당성을 검증하며, 실제 적용된 AI 기술의 성과와 가치를 객관적으로 측정해내며 경영 일선의 직원들이 의사결정 과정에서 AI에 기반한 통찰력을 보다 유연하고 자연스럽게 활용하는 것을 돕는 역할을 해낼 것으로 기대한다.

이처럼 AI 기술은 잘 활용하면 기존 경영 프로세스를 효과적으로 개선하고 비용을 절감하며 고객에게 새로운 가치를 창출하는 데 유용하게 활용될 수 있다. 하지만 변화의 흐름에 도태되거나 AI 기술을 활용하더라도 그 방법과 절차가 잘못된다면 기존 경영의 가치를 파괴할 수도 있다. 새로운 시대, 변화의 양상은 학생은 단순히 강의 수강자listener에서 탐험가explorer로, 교수자는 단순히 지식의 전달자knowledge transmitter에서 배움의 조력자learning facilitator로 진화하고 있음을 직시해야 한다.

경영대학의 AI 교육 혁신에 있어 필수적인 선결 조건은 교수자의 변화일 것이다. 교수자는 일방향적인 강의 중심 교육 방식에서 탈피하여 문제 해결 방법과 경영 문제에 AI 기술을 창의적으로 활용하는 아이디어를 만들어내고 실행할 수 있도록 도움을 줄 수 있는 방향으로 나아가는 교육의 획기적인 전환이 필요하다. 이를 위해 경영대학 소속 교수자는 경영학의 세부 분야를 막론하고 AI 기술에 대한 기본적인 지식과 소양을 갖추고 빠르게 변화하는 기술을 받아들이고 본인의 학문 분야와 접목하는 시도를 끊임없이 해나가야 할 것이다. 과거에는 AI 기술이 일부 전문가의 전유물이었다면 앞으로는 AI 기술을 접목하는 방법과 도구가 점차 쉬워지고 있고, 이 도구로 무엇을 만들 수 있을지에 대해서는 무한한 가능성이 열려있다. 기본기를 다지는 동시에 시각을 넓히며, 단순하면서도 견고한 개념 증거들을 하나씩 만들어나가는 과정에서 계속된 시행착오 속에 수정, 보완해나가는 방식으로 AI 기술과 경영은 융합하고 발전해 나가야 할 것이다. 경영학 세부 분야 간의 장벽을 깨고, 학제간 융합 연구를 장려하고 활성화하기 위한 다학제적 AI연구센터를 구축하는 것도 필요하다. 이를 통해 빠르게 변화하는 기술에 있어 모든 것을 통달하고 소유하기 보다는, 접근 가능한 것부터 하나씩 익히고 빌려 쓰면서, 이론적으로 그치는 것이 아니라 실전에 적용하고 활용해보는 것이 중요하겠다. 동시에 경영대학은 유연한 사고에 기반하여 수직적, 수평적으로 협업하고 확장하며, 프로그램과 커리큘럼, 학생의 유치와 관리에 있어 AI 기술을 적극 도입할 필요가 있겠다.

저자 소개

조대곤

연세대학교 경영학/경제학 학부를 졸업하고, SK텔레콤 경영전략실에서 근무하였다. 이후, 미국 컬럼비아대학교에서 산업공학 석사, 카네기멜론대학교에서 정보시스템경영 박사학위를 받았다. 박사 학위 취득 후 포항공대 산업경영공학과에서 조교수로 임용되었고, 2015년부터 지금까지 KAIST 경영대학에 부교수로 재직중에 있다. 현재 정보미디어경영전문대학원 원장과 IT경영 분야 주임교수를 맡고 있으며, 한국경영정보학회, IT서비스학회, 한국빅데이터학회, 한국지능정보시스템학회 이사로 활동 중이다.

주로 정보경제학, 디지털미디어와 콘텐츠, 비즈니스 애널리틱스와 AI와 머신러닝 기술의 경영에의 활용을 연구하고 있으며, SK텔레콤, KB국민은행 등 국내 주요 대기업과 스타트업 등과 연구프로젝트를 진행하고 자문활동을 해오고 있다.

한국경영정보학회 최우수논문상, 대한민국 IT서비스혁신대상 학술연구부문상, 한국경영학회 신진연구자상을 수상하였으며, Marketing Science, Information Systems Research, Production and Operations Management 등 경영학 최우수 국제학술지에 논문을 게재하는 등 국내외 학술지에 30여편의 논문을 게재하였다.

12장 · AI와 금융교육의 변화

최근 20여년간 기업의 성장전략은 한마디로 '플랫폼'이다. 페이스북, 구글, 애플, 알리바바, 에어비앤비와 같은 기업들은 강력한 ICT Information and communication technology 기술을 기반으로 생산자와 소비자를 연결해주는 양면 시장 two-sided market 을 제공하는 플랫폼 비즈니스 모델로 산업 전체의 성장 동력을 이끌고 있다. 이전에는 기업들이 만든 생산품을 고객이 일방적으로 구매하는 단면 시장 one-sided market 이 주류였고, 그 가운데에서도 은행은 대표적인 단면 시장이었다. 금융서비스가 필요한 고객은 은행에 가서 정보의 우위를 가진 은행이 제시하는 서비스를 일방적으로 받아들였다. 그러나 이제 고객들은 서비스를 받기 위해 더이상 은행에 직접 갈 필요가 없다. 예치, 결제, 송금, 대출이라는 은행의 기본적인 서비스를 플랫폼 기업들도 양면 시장을 통해 제공하기 때문이다. 모바일 기기 하나로 대부분의 뱅킹서비스가 해결되고, 대출이 필요한 고객은 P2P대출 서비스를 제공하는 핀테크 기업을 통해 상대방을 찾기만 하면 된다. 이제 은행은 모든 정보를 움켜쥔 단면 시장의 키 플레이어가 아니라, 플랫폼 기업과 경쟁을 통해 수익을 만들어 내는 양면 시장의 여러 참가자들 중 하나가 되었다.

빅테크 기업이 이러한 양면 시장에서 성공할 수 있었던 이유는 많은 고객을 확보하고 고객으로부터 얻은 정보를 기반으로 이해 관계가 맞는 고객들을 연결해 줄 수 있었기 때문이다. 이러한 네트워킹 효과는 많은 데이터를 저장할 수 있도록 해주는 클라우드cloud 서비스와 AI 기술 발전으로 말미암아 가능할 수 있었다. 특히 AI의 기술은 클라우드에 저장된 대용량 데이터big data를 가치 있는 정보information로 변환 시켜주어, 기업이 정보를 이용하여 사업을 할 수 있도록 기회를 제공하였다. 그 결과 이제는 데이터 확보가 가장 중요한 능력인 시대가 된 것이다. 그동안 금융기관들은 개인이나 다른 기업들에 비해 상대적으로 많은 데이터를 갖고 있었다. 그러나 금융기관들이 가진 데이터는 주로 정형데이터인 반면, AI 기술은 비정형데이터를 정형화시켜 줌으로써 새로운 정형데이터, 즉 정보를 생산하는 방법을 제공한다.[1] 그러므로 AI 기술은 모든 산업에 영향을 미치고 있다. 특히 금융산업에 미치는 영향이 두드러지는데, 2021년 Statista의 통계에 따르면 AI 기술은 여러 산업들 가운데 금융산업에 미치는 영향력이 3위를 차지하고 있다. 그러므로 금융기관들이 이런 기술을 받아들이고 활용하는 것은 당연한 일이다. 그러나 이 모든 것은 AI 기술 지식에 능숙하고, 그 기술을 금융 현장에 적절히 활용할 수 있는 인력이 없이는 불가능하다. 따라서 현재 우리나라 금융기관들이 충분한 인력을 확보하고 있는지, 공급 기관인 학교들은 얼마나 배출할 수 있는지, 어떻게 인재를 길러내는 것이 좋은지 등이 중요한 이슈가 되고 있다

이 챕터에서는 다음과 같은 내용을 다룬다. 첫째, 현재 진행 중인 금융산업의 변화의 원인들을 살펴본다. 둘째, AI 기술이 금융기관에 미치는 영향을 업권별 (은행, 보험, 증권, 자산운용, 여신)로 살펴보고 그에 따른 금융기관들의 인력 수요 변화를 파악한다. 셋째, 공급 측면에서의 금융 교육이 어떻게 이루어지고 있는지 국내외 대학과 대학원의 사례를 통해 살펴보고 바람직한 인재 양성 방안을 제시한다.

---

[1] 형태가 있고 연산가능하면 정형 데이터이며, 비정형 데이터는 형태도 없고 연산 가능하지도 않은 데이터를 말한다. 우리가 흔히 말하는 소셜 데이터가 이에 속하며 텍스트, 영상, 음성 등의 형태로 나타난다.

변화하는 금융산업 환경

고객의 변화

먼저 금융산업에 영향을 미치는 가장 중요한 요인은 고객들의 변화이다. 밀레니얼 세대라 불리는 M세대(1981년부터 1996년 사이에 태어난 세대)가 금융의 주요 고객이 되어가고 있다. 2019년 Forbes 사설에 따르면 조만간 M세대가 축적된 부를 가장 많이 보유한 세대가 될 것으로 예상하고 있다.[2] M세대는 또한 디지털 기기에 익숙하기 때문에 직접 방문을 통한 금융거래보다는 모바일 기기를 이용한 비대면 거래를 선호하는 세대이다. 최근 전세계적인 팬데믹 현상은 비대면 금융거래를 더욱 가속화시키고 있다. 대면 고객의 감소로 인해 많은 고객을 기반으로 그동안 누려왔던 은행의 우월적 지위가 사라지게 되고 그에 따른 서비스 수익도 급격하게 줄어드는 상황이 되고 있다.

이러한 고객층의 변화는 금융기관의 여러 직무 가운데 영업과 마케팅에 가장 큰 영향을 미치고 있다. 그동안 은행은 제 발로 찾아오는 고객들 만을 상대하면 되었다. 그러나 이제는 제한된 시간과 장소에서만 제공하는 오프라인 서비스로는 언제 어디서나 금융 거래를 원하는 고객들을 만족시킬 수가 없다. 시공간을 넘어서는 온라인 중심의 고객 유치와 챗봇과 같은 비대면 서비스를 지속적으로 개발할 필요가 있다. 이제는 고객의 눈높이에 맞춰 디지털 서비스를 제공하지 않으면 현재와 미래의 고객 모두를 잃게 될 수도 있을 것이다.

---

2 https://www.forbes.com/sites/jackkelly/2019/10/26/millennials-will-become-richest-generation-in-american-history-as-baby-boomers-transfer-over-their-wealth/?sh=f89daf46c4b9

새로운 경쟁자의 등장

"스타벅스는 단순한 커피 회사가 아니라 규제 받지 않는 은행이라 해도 무방하다. 사이렌오더 하나면 전 세계 스타벅스를 별도 환전없이 이용할 수 있도록 하기 위한 구상의 일환으로 스타벅스는 백트Bakkt라는 암호 화폐 거래소 파트너로 참가했다." 하나금융그룹의 김정태 회장의 2020년 신년사 중 일부이다. 김정태 회장의 신년사에서 우리는 금융기관들이 ICT기술에 기반을 둔 빅테크 기업들이 금융산업에 진출하는 것을 얼마나 염려하는지 엿볼 수 있다. 스타벅스의 예치금deposit은 2021년 기준으로 14억 달러에 이른다. 예금 규모 기준으로 중간(50%)에 해당하는 미국 은행의 예금이 2억 달러인 것과 비교하면 김정태 회장의 우려가 과장된 것은 아닐 것이다.

금융업의 새로운 경쟁자들은 크게 빅테크 기업과 핀테크 기업으로 나누어 볼 수 있다. 먼저 빅테크 기업은 ICT 기술을 이용해 페이와 같은 간편 결제 서비스를 제공하거나 또는 온라인 은행을 직접 설립하기도 한다. 간편 결제는 은행 지점 대신에 모바일 기기 대리점을 통해 예금, 결제, 송금 업무를 하며, 빠른 시간 안에 저렴한 수수료로 서비스를 제공한다.[3] 우리나라에서도 K-bank, 카카오뱅크, 그리고 Toss bank까지 3개의 온라인은행이 설립되어 기존의 은행들과 경쟁하고 있다. 2021년 8월에 상장된 카카오뱅크가 2021년 12월 말 시가총액 기준으로 금융주 1위가 된 것을 보면 온라인 금융업의 미래는 기존의 은행들에 비해 앞으로도 성장 여력이 많이 있음을 보여준다. 토스증권과 카카오페이증권도 2020년부터 모바일 트레이딩시스템MTS을 이용하여 브로커리지 비즈니스를 하고 있다. 디지털 점포만으로 운영되어 관리비용이 낮은 점이 큰 장점이며

---

3 케냐의 이동통신 회사인 사파리콤에 의해 2007년 출시된 M-Pesa가 대표적인 간편결제 시스템이다. 은행계좌가 아닌 휴대폰에 연결된 가상 계좌에 현금을 충전해서 사용하는 금융서비스이며, 대리점에서 현금 충전도 하고 인출도 가능하다.

비대면 서비스에 익숙한 MZ세대를 중심으로 고객을 확보하는 중이다.

핀테크 기업들은 빅테크 기업과 유사한 서비스를 제공하나 대출이나 간편 송금 등 자신들만의 특화된 금융 영역에 집중하고 있다. P2P peer to peer 대출을 전문으로 하는 핀테크 기업은 기존 은행 대출 서비스를 받기 어려운 고객들에게 대출해 줄 수 있는 고객을 직접 중개함으로써 여신 업무를 대행한다. P2P대출 사업은 2021년 8월부터 온라인투자연계금융업으로 등록한 후 영업이 가능하게 되었다. 즉 P2P 대출 핀테크 기업은 대출이라는 영역에서 은행과 경쟁, 보완하고 있다. 2018년에 전 세계적으로 12,000여개였던 핀테크 기업들의 수는 2021년 2월 기준 26,000여개로 3년만에 2배 이상 증가하였으며 이러한 증가세는 앞으로도 지속될 것으로 전망하고 있다.[4] 우리나라의 핀테크 기업수는 한국핀테크산업협회에 등록된 기업을 기준으로 330여개 정도로 추산된다.[5]

핀테크 사업분야 가운데 간편송금/지급결제, PG payment gateway, 소액해외송금, P2P 대출 관련 사업이 가장 먼저 시작되었으며 가장 많은 수의 기업이 이 분야에 종사하고 있다. 그렇지만, 이들 분야는 AI 기술에 바탕을 둔 사업 영역이라기보다는 모바일 기기의 보편화로 인한 자동화 과정 Robot Process Automation, 이하 RPA에 기반을 둔 로봇 기술의 영역이라고 볼 수 있다. 비록 AI 기술에 바탕을 두지는 않았지만 전통적인 금융기관들과 경쟁하며 사업을 확장하고 있다.

데이터 공유

연구자들마다 정의가 다르겠지만, 금융기관이란 정보의 우위를 바탕

---

4 Statista, 2021년 2월
5 KOFIN (한국핀테크산업협회) homepage 참조, 2021년 8월 20일 기준

으로 중개업무를 하는 기업이라고 볼 수 있다.[6] 중개 업무는 일종의 플랫폼 비즈니스Platform Business이기도 하다. 정보 우위를 이용하여 고객의 요구를 수락할 수도 있고, 거부할 수도 있다. 그러나 최근 오픈뱅킹 서비스가 의무화되면서 은행별 정보의 독점이 어려워졌다. 고객이 소유한 여러 은행의 계좌 정보를 한 은행에서 조회할 수 있게 되었다. 한 발 더 나아가 마이데이터 사업은 고객의 승인 하에 여러 금융회사에 흩어져 있는 개인의 정보를 통합 조회할 수 있게 되었다.[7] 예를 들어 제1금융권, 제2 금융권, 증권, 카드, 보험회사 등의 정보를 한 곳에서 모두 조회할 수 있게 된다. 따라서 마이데이터 사업자로 선정된 기관은 압도적인 정보의 우위를 점할 수 있다는 것을 의미한다. 고객들의 재무 현황만이 아니라 위험 성향도 파악할 수 있어서 개별 고객에 대한 맞춤형 재무 컨설팅도 가능해진다. 예를 들어, 저렴한 금리 대출 상품을 추천할 수 있고, 보험회사간 보장 내용과 보험료 비교를 통해 새로운 보험 상품을 추천할 수도 있다. 또한 고객의 소비 패턴을 관찰한 뒤 맞춤형 소비 상품도 제시할 수 있게 된다. 고객별로 종합적 자산관리가 가능하고 심지어 의료정보를 통해 건강관리도 가능하게 할 수 있다. 이는 고객의 전반적인 생활에 영향을 미칠 수 있다는 것을 의미한다.

2021년 1월 정부는 전통적인 금융기관 14개와 핀테크 기업 14개 총 28개 기업을 마이데이터 사업자로 선정하였다. 2021년 2월부터는 공공 마이데이터서비스(공공/행정 데이터)와 연계가 가능해지면서 마이데이터 사업자는 금융정보와 공공데이터를 결합하여 보다 종합적이고 편리한 서비스를 제공할 수 있게 되었다.[8] 그러나 개인에 대한 모든 데이터

---

6 Leland and Pyle (1977), Journal of Finance, "Information Asymmetries, Financial Structure, and Financial Intermediation"
7 2020년 1월 9일 국회를 통과한 데이터 3법(개인정보 보호법, 정보통신망법, 신용정보법)에 근거한다.
8 고객이 은행에서 대출을 하기 위해 제출해야 하는 소득 증명, 세금 등 10여 건의 서류를 공공데이터 기관으로부터 은행이 직접 받을 수 있다.

를 공유한다는 것은 효율성과 종합적인 서비스를 제공한다는 면에서는 혁신적인 생각이나, 데이터의 보안에 대한 철저한 검증과 감독이 요구된다. 예를 들어, 온라인쇼핑을 통해 구매한 내역, 구매 경로, 이메일 주소, 전화번호 등 사적인 정보도 공유될 수 있다. 이런 사적인 정보는 개인 고객의 신용도를 평가하는 데 유용한 데이터로 사용될 수도 있다. 그러나 누군가에 의해 불법적인 의도로 데이터가 유출되어 사용될 수도 있고, 소장된 데이터가 해킹을 당한다면 사회적인 문제가 될 수도 있다. 일부 카드사들의 고객 정보 유출이나 페이스북 사용자의 정보 유출은 이미 잘 알려진 사실이다.[9] 또한 정보 제공의 범위도 중요한 이슈 중 하나이다. 정보제공의 최종 승인은 신용정보원에서 하게 된다. 승인된 사업자는 고객의 정보가 어떻게 사용하는 지에 대한 정확한 보고가 이루어져야 하고, 불법적인 데이터 유출을 막을 방지책도 세워져야 할 것이다. 또한 해킹에 대비한 자체내 시스템 보안도 중요하다. 데이터가 금^{gold}인 시대에 데이터를 이용해 수익을 얻을 수 있는 길은 너무도 많기 때문이다.

AI 기술과 데이터 과학의 발전

앞에서 살펴본 빅테크/핀테크 기업들은 주로 자동화과정을 통해 금융서비스를 제공하는 것으로 볼 수 있다. AI기술에 대한 정의는 용어를 사용하는 사람마다 다르지만 자동화과정은 AI기술보다 더 광범위한 기계적인 과정으로 간주되기도 한다. 이 절에서는 순수한 인공지능 기술의 하나인 머신러닝$^{machine\ learning}$(기계학습, 딥러닝을 포함한다) 기술의 발전을 통해서 금융산업이 어떻게 변화하는지 살펴보고자 한다.

---

9 세계 최대 소셜미디어 페이스북이 2021년 4월 6일 5억3000만명의 개인정보 유출과 관련된 보도 내용은 사실이라고 공식 인정했다. 공개된 데이터에 포함된 개인 정보는 페이스북ID, 위치정보, 생년월일, 전화 번호, 메일 주소 등이다. 이 가운데 미국 이용자가 3200만명 한국인 이용자 정보는 12만건 이상으로 알려졌다. 출처: 글로벌 뉴스 미디어 채널 데일리포스트, http://www.thedailypost.kr)

머신러닝 기술이란 AI의 한 영역이며, 데이터와 알고리듬을 활용해 인간이 학습하는 방식을 모방하고 점차 정확성을 개선시키는 방법론이다. 머신러닝 기술은 다양한 데이터 형태에 적용할 수 있다. 특정한 패턴을 인식하기도 하고 미래데이터를 예측하기도 한다. 증권업은 투자 산업의 특성상 머신러닝 기술을 빠르게 도입하여 리서치, 투자관리, 마케팅, 미들·백 오피스 업무 등 전반에 머신러닝 기술을 광범위하게 활용하고 있다. 특히, 투자 관리에서 알파 창출 여부는 개별증권사들의 존립과 연결되어 있는데 알파는 모델의 정확한 예측력에 의존하기 때문에 머신러닝의 중요성이 더욱 부각되고 있다. 거래집행 단계에서도 최저가 매수, 거래비용 최소화, 시장 충격 최소화를 고려한 최적 거래를 실행하기 위해 프로세스 최적화 기술을 활용하고 있다.[10]

머신러닝 기술은 로보어드바이저(Robot과 Advisor의 합성어)라는 새로운 투자 서비스도 가능하게 했다. 로보어드바이저는 기계로 하여금 과거 많은 데이터를 학습하게 하고 미래의 가치를 예측하여 더 나은 포트폴리오를 구성하게 하는 핀테크 영역이다. 인간의 생각이 배제된 채로 순전히 기계가 포트폴리오를 구성하는 것이다. 초창기 순수 로보어드바이저 기업들은 머신러닝 기술을 이용한 포트폴리오 구성이라는 마케팅 효과와 더불어 낮은 수수료와 비대면 채널을 이용한 계좌 개설이라는 장점을 부각시키면서 고객을 확보하였다. 미국의 Wealthfront나 Betterment가 대표적인 로보어드바이저 핀테크 기업들이다. 한국의 로보어드바이저 기업 중의 하나인 크래프트Qraft Technology가 미국 나스닥시장에 ETF를 상장하여 운용하고 있다. 현재는 대부분의 증권사들도 유사

---

10 대표적인 사례로, JP Morgan Asset Management는 자연어 처리, 머신러닝과 재무적 이론을 바탕으로 한 'Themebot'이라는 종목 선정 시스템과 주식거래프로그램인 'LXOM'을 개발하여 운용하고 있다. 'LXOM'은 딥러닝으로 과거 거래 내역을 분석하여 시뮬레이션을 통해 스스로 학습한 후 변화하는 시장 조건에 맞는 최적 거래를 식별하여 주문하도록 설계되어 있다.

한 로보어드바이저 서비스를 제공한다. Statista에 따르면 2023년 로보어드바이저 시장의 규모는 2020년 대비 1.5배 정도 성장할 것으로 예상한다. 그러나 최근 휴먼서비스에 대한 고객의 선호도가 증가하면서 기존의 금융투자회사들은 하이브리드 로보어드바이저를 출시하였으며 순수 로보어드바이저와 맞먹는 자산규모를 보이고 있다.

로보어드바이저의 시장의 급속한 성장에도 불구하고 로보어드바이저의 성과에 대한 평가는 거의 이루어지고 있지 않다. Betterment를 포함한 대부분의 순수 로보어드바이저 회사가 정확한 운용수익을 밝히지 않고 있어 시장수익률과의 성과 비교가 어려운 형편이다. 이 부분은 엄밀한 연구를 통해 밝혀져야 한다. 서비스를 사용하는 고객의 입장에서 펀드의 선택권을 생각한다면, 뮤추얼펀드와 같이 투명한 성과 공개가 필요하다. 또한 많은 증권사들이 AI기술을 활용하여 알고리듬을 개발하고 새로운 시스템을 운용하고 있지만, AI 알고리듬을 도입하기 전과 후의 성과 분석은 아직 제대로 보고된 바가 없다. 그러나 이런 과정들이 사람이 아니라 기계에 의해 이루어지기 때문에 비용 감소라는 측면에서 펀드의 가치 상승에는 긍정적인 영향을 미친다고 볼 수 있다.

머신러닝은 데이터의 특정한 패턴을 찾는데도 유용하게 쓰인다. 패턴 인식 기술을 이용하면 레그테크^{RegTech} 서비스도 가능해 진다. 레그테크는 규제^{regulation}와 기술^{technology}이 합성되어 생긴 용어이다. 레그테크는 은행의 중요한 업무 중 하나인 부정 거래와 불법 자금 세탁을 방지하는데 이용된다. 이제까지 부정 거래와 불법 자금을 찾아내는 일은 인간 담당자들의 몫이었다. 그러나 인간 담당자들이 모든 계좌의 모든 거래를 상시적으로 확인하는 것은 불가능한 일이다. 레그테크는 기계에게 과거의 비정상적인 사례들을 학습시키고 불법 거래 패턴을 추적하여 이상징후가 감지되는 거래를 찾아낼 수 있도록 개발된 핀테크의 영역이다. 레그테크 기업은 여러 종류의 솔루션을 제공한다. 고객의 신분 확인이나 위험인물 여부 등을 판단하기도 하며 금융 거래를 지속적으로 추적하여 사기를 탐지하거나 의심 거래를 보고하기도 한다. 나아가 국가간 환거래에 대한 보고서를 작성하기도 한다. 우리나라 은행의 경우 96% 정도가 Dow Jones에서 개발한 금융보안 솔루션을 사용하고 있다.[11] 2021년 3월부터 '특정 금융정보의 보고 및 이용 등에 관한 법률'이 시행되면서 가상 자산 사업자들도 금융보안솔루션을 필수적으로 갖춰야 한다. 그러나 머신러닝을 이용한다고 해서 비정상적인 거래를 모두 찾아낼 수는 없을 것이다. 다만, 일정한 확률 수준 이상으로 부정 거래를 예측할 수 있다면 그렇게 찾은 거래에 대해 인간 담당자가 중점적으로 관리하는 효과적인 감시체계를 구축할 수도 있다.

레그테크 기술은 불법 자금 거래를 추적하는데도 유용하지만, 금융적 포용financial inclusion이라는 은행의 이상적 목표에 도달하는데도 도움이 될 수 있다. 금융적 포용이란 개인의 순자산이나 기업 규모에 관계없이 모든 개인과 기업이 금융상품과 서비스에 접근 가능하게 하고 저렴한 비용으로 이용하도록 하는 노력을 말한다. 은행의 경우 신규 계좌 개설이 매우 어려운 이유 중 하나는 불법 거래나 자금 세탁에 계좌가 사용되는 것을 막기 위함인데, 미국은행들이 이런 AMLAnti-money laundering 고지 의무를 제대로 이행하지 않아 부가된 벌금은 2020년 한 해 동안 22억 달러에 이르고 있다.[12] 은행들은 이런 정부의 정책으로 인해 신규 고객의 계좌 개설을 과도하게 제한하고 있는 것이다. 2019년 FDICFederal Deposit Insurance Corporation의 보

---

11 Dow Jones의 금융보안솔루션인 Watchlist는 UN, EU, OFAC와 같은 국제기구와 각국 정부에 국제 제재 명단을 8시간 마다 업데이트한다.

12 https://www.finextra.com/newsarticle/39397/aml-penalties-hit-22-billion-in-2020-as-regulators-crack-down-on-financial-crimes 참조

고서에 따르면, 미국 가구의 5.4%는 은행계좌가 없는 언뱅크unbanked 가구로 분류된다. 이 숫자는 금융위기 직후인 2009년 이후로 가장 낮은 수치이다. 2017년 보고서에서는 전체 가구의 약 6.5%가 은행 계좌가 없는 것으로 나타났고, 18.7% 정도의 가구가 적절한 뱅킹서비스를 받지 못하는 언더뱅크underbanked인 것으로 보고되고 있다.[13] 이런 비율은 2011년 이후 꾸준히 감소하고 있는데, 이는 전통적인 은행들이 그동안 계좌가 없었던 사람들에게 뱅킹서비스를 제공하는, 이른바 금융적 포용financial inclusion이 이루어지고 있음을 의미한다. 이는 여러가지로 해석될 수 있다. 먼저 전통적으로 FDIC에 속한 오프라인 은행들이 온라인 은행들이나 핀테크 기업들과의 경쟁으로 인해 문턱을 낮춘 것으로 생각할 수 있다. 또는 레그테크와 같은 적절한 인공지능 기술로 인해 금융기관의 불법 거래에 대한 추적이 더 용이해졌기 때문일 수도 있다. 어느 쪽이든 금융서비스를 원하는 고객들에게는 반가운 일이라 할 수 있다.

이제까지 금융의 영역에서는 이자율, GDP, 환율과 같은 거시경제 변수나, 기업의 주가나 재무 상태를 나타내는 정형 데이터를 주로 사용하여 왔다. 반면, 최근에는 뉴스, 그림, SNS상의 대화 내용과 같이 우리가 일상에서 사용하는 언어에 수학적 규칙을 대응시켜서 담화 내용이 내포하는 의미를 찾고, 그 다음에 따라오는 내용을 예측하고자 하는 비정형 데이터 분석 방법이 활발히 사용되고 있다.[14] 이런 데이터 처리 방법을 자연어 처리 과정Natural language process, 이하 NLP이라고 하며 다양한 직무에서 활용된다. 먼저, 금융콘텐츠 서비스를 들 수 있다. NLP를 이용하여 서

---

13 5.4%는 unbanked 가구의 비율인 반면, 24%는 unbanked와 underbanked의 비율을 합한 숫자이다. Unbaked라함은 FDIC에 가입된 은행에 계좌가 없는 경우이며, underbanked라함은. FDIC의 은행이 아닌 대체 금융기관을 이용하는 경우를 말한다.

14 이러한 방법을 자연어처리 (natural language process, NLP)라고 한다. 언의의 문법적 체계를 분석하고 대응되는 규칙을 부여하여 언어 모델을 개발, 학습데이터를 구축한다. 다음에 나올 수 있는 단어나 문장을 예측하기도 한다.

비스를 제공하는 핀테크 기업은 특정한 기업에 대해 국내외 뉴스를 모아 요약하는 서비스도 할 수 있으며, SNS에 자주 언급되는 기업들과 정보도 제공할 수 있다. 재무데이터를 이용하여 애널리스트stock analysts들이 분석하는 것과 유사하게 향후 기업의 미래 가치를 전망하고, 예측을 바탕으로 긍정 또는 부정과 같은 투자 의견을 제시할 수도 있다. 투자회사들도 NLP 기술을 이용하여 SNS에 자주 언급되는 기업들을 우선적으로 테마주로 고려하고, 재무분석을 한 뒤 투자의견을 제시하기도 한다. 은행들 역시 텍스트를 이용하여 학습시키는 자체내 시스템들을 개발하고 있다. 이러한 시스템의 NLP기술의 도움으로 고객지향적 마케팅 서비스를 제공하거나 챗봇을 도입하여 뱅킹서비스의 효율성을 높이는 노력을 기울이고 있다.[15]

AI 기술의 발전이 항상 긍정적인 면만 있는 것은 아니다. 이제까지 개별 주식에 대한 종합적인 뉴스 요약이나, 매수/매도/중립과 같은 의견은 애널리스트들만이 할 수 있는 전문적인 영역이었다. 그러나 이제는 핀테크 기업들도 기존의 재무데이터와 함께 NLP 기술을 이용하여 빠른 시간 내에 기업에 대한 다양한 뉴스 분석과 같은 금융콘테츠를 제공한다. 핀테크 기업들이 발간하는 보고서는 사람의 생각과 노력으로 생산된 결과물이 아니라 로봇이 생산한 결과물이다. 로봇은 같은 시간에 애널리스트들보다 더 방대한 보고서를 만들어 낼 수 있다. NLP를 이용한 기업분석 서비스는 증권사 애널리스트의 수요를 줄이는 계기가 되어, 10여년 전만해도 증권사별로 100여명에 달하던 애널리스트의 숫자는 2021년 기준으로 59개의 증권사에 1,000여 명에 불과한 수준으로 감

---

15 KB 국민은행은 Google의 NLP 시스템 BERT를 한국어에 맞게 개선한 ALBERT를 개발하여 스타트업과 핀테크 기업 누구나 사용할 수 있도록 오픈소스로 공개할 예정이다.

소하였다.[16] 또한 AI 기술을 사용하기 위해서는 대규모 전산 비용이 소모될 수 있다. 즉, 규모가 작은 금융기업들은 AI 인프라 구축을 위한 투자가 어려워 AI 기술을 도입하지 못할 수도 있다. 자체 시스템 구축이 어려운 기관들은 이미 개발된 시스템을 구입하거나 사용료를 지불하면서 쓰게 된다. 미국의 BlackRock 자산운용사는 투자 수익 외에도 이런 B2B 테크서비스를 통해 수익을 창출하고 있다. 문제는 한 회사가 제공하는 서비스를 많은 금융회사가 사용하게 되는 경우 여러 회사가 유사한 포트폴리오를 구성하게 될 가능성이 있다. 그렇게 되면 여러 회사가 동일한 위험에 노출되어 시장에 큰 쇼크가 올 때에는 많은 금융회사의 위험관리가 어렵게 되는 일도 발생할 수 있을 것이다. 또한 로봇을 통한 펀드의 운용은 더 이상 트레이더가 필요 없다는 것을 말한다. 즉, 트레이더들에 대한 투자회사의 수요가 감소함을 의미한다. 2016년 골드만삭스는 이미 600명의 트레이더를 200명의 엔지니어로 대체하였다. 결국 400명에 대한 인건비를 줄이는 효과가 발생한 것이다. 인건비는 줄어들었지만, 양질의 일자리는 사라진 셈이다.

은행의 결제 시스템에 큰 영향을 준 기술 중 하나가 블록체인이다. 현재의 은행 결제는 중앙시스템에 의해서 통제되는데, 모든 결제에 대한 원 장부는 하나만 존재하며 은행만이 가지고 있다. 만일 은행의 전산망이 해킹이 되거나 물리적으로 파괴가 되는 일이 발생하면 그 은행은 석기시대로 돌아가게 될 것이다. 블록체인은 이런 일을 막을 수 있는 분산화 원장 기술을 제공한다. 이제까지는 은행만이 가지고 있던 원장을 여러 책임자들이 공유함으로써 은행의 원장이 소실되거나 해킹에 의해 데이터가 변질이 되더라도 다른 원장 소유자들의 데이터를 통해 복구할

---

16 금융투자협회 증권사별 금융투자분석사 현황 참조.

수 있다. 또한 분산 원장 기술은 은행의 결제 과정을 간편하게 한다. 이제까지의 해외 송금은 안전한 거래가 이루어지도록 Swift bank들 간에만 이루어졌다. 만일 거래하는 은행이 Swift bank가 아니라면 이중의 송금 단계를 거쳐야 하고, 단계마다 결제와 청산이 이루어져야 하므로 시간과 거래 비용이 적지 않게 소요되었다. 블록체인 기술이 해외 송금 거래의 안정성을 보장함으로써 이런 과정들을 생략할 수 있다. 그렇기 때문에, 해외송금이 더 이상 은행만이 할 수 있는 서비스가 아니다. 컴퓨터 회사인 IBM도 현재 송금서비스를 제공하고 있으며, 커피 회사인 스타벅스도 언제든지 할 수 있는 상황이다.

아래의 〈표 12-1〉은 이제까지 제시했던 RPA와 블록체인 기술을 포함한 AI 기술과 금융업무의 연관 관계를 요약한다.

AI기술	업무 영역	핀테크 사업
자연어 처리 및 이해	AI보고서,시각화,콘텐츠, 종목 발굴,챗봇	컨설팅/리서치, 핀테크SI
감성분석		
컴퓨터 비젼		
이상징후탐지	compliance,불법자금 추적	레그테크
전자 인증	바이오 인증,고객 확인	보안 인증
추천엔진	개인별 맞춤 서비스	마케팅, 로보어드바이저
머신러닝(딥러닝)	모델링,예측,위험 관리,신용 평가	금융투자, 자산관리
프로세스 최적화	자산 배분,매매 전략 실현, 최적 매매 타이밍	자산관리
프로세스 자동화(RPA)	미들,백 업무 보고서	핀테크SW, 데이터 서비스
블록체인	지급,결제,송금	간편결제, PG,블록체인,소액 해외 송금, P2P금융

〈표 12-1〉 AI 기술과 연관 업무영역 및 관련 핀테크 사업 분야

금융 인력 수요

「2020년도 금융보험산업 인력 현황 보고서」에 따르면, 2019년 기준 금융·보험업 종사자의 평균임금은 전체 산업 평균임금의 1.97배이나 월 평균 근로 일수나 근로 시간은 산업 전체와 유사한 것으로 나타났다.[17] 즉, 금융산업은 타 산업에 비해 양질의 일자리를 제공한다고도 볼 수 있다. 그러나 최근 AI 기술이 적극적으로 금융 산업에 활용되면서 금융 인력에 대한 수요가 변화하는 것을 볼 수 있다. 먼저 금융기관의 어느 직무에서 수요가 증가하고 어느 직무에서 감소하는지 살펴볼 필요가 있다. 수요의 변화는 앞으로 어떻게 금융 인력을 공급해야 하는 지에 대한 중요한 지표가 되기 때문이다.

금융 인력 현황

우리나라 금융 인력의 현황과 수요에 대한 전망은 한국금융연구원이 2021년 발간한 「금융인력 기초통계 분석 및 수급전망」 보고서를 참조하였다.[18] 보고서에 따르면 금융회사에 재직 중인 총 임직원 수는 2020년 6월 기준으로 270,452명이다.

〈그림 12-1〉에 나타난 금융기관 임직원의 직무별 비중을 보면 금융산업 전체로 영업·마케팅이 60% 정도를 차지하고 있고 경영관리와 마케팅을 합하면 평균 78.3%에 이르고 있다. 지점과 같은 창구 업무를 통해 서비스를 제공하는 금융기관에게는 당연한 인력 구조이다. 자산운용업권의 경우 다른 업권에 비해 상대적으로 낮은 비중을 보이는 이유는 업무의 특성상 영업이나 마케팅보다는 자산운용과 자산관리 직무의 비

---

17 2020년도 금융보험산업 인력 현황 보고서 (금융·보험산업 인적자원개발위원회, 금융투자협회)
18 염형석, 2021, 한국금융연구원 "금융인력 기초통계 분석 및 수급전망"

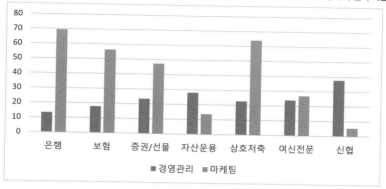

〈그림 12-1〉 업권별 총 인력에 대한 경영관리와 마케팅 직무 영역의 인력 비중

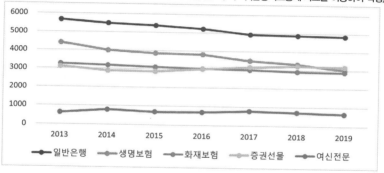

〈그림 12-2〉 금융 업권별 점포수 추이 (금융기초통계 자료를 이용하여 작성)

중이 많기 때문이다. 자산운용업의 경우 총 인원의 53.4%가 자산운용과 자산관리 업무를 담당하고 있다.

〈그림 12-2〉는 업권별 점포 수 추이를 나타낸다. 전체적으로 점포의 수는 감소하고 있으나 증권업의 점포 수는 약간 증가하는 경향을 보이고 있다. 특히 은행의 감소세가 두드러지는데 금융감독원의 2021년 상반기 자료에 의하면, 2020년 말에서 2021년 상반기에만 은행 점포 300여 개가 사라진 것으로 나타났다. 이는 COVID-19으로 인해 창구 고객의 수가 감소한 결과로도 볼 수 있지만, 근본적으로는 고객들의 비대면

선호 현상에 기인한 것이라고 할 수 있다. 일시적인 현상이라면 굳이 점포를 폐쇄하지는 않을 것이기 때문이다. 여신업의 점포 수 감소는 카드업의 점포 감소에 기인하며, 증권업의 경우는 자산운용업의 회사 수가 증가하면서 점포수가 약간 증가하는 경향을 보이고 있다.

최근 은행들은 마케팅 분야에 AI기술 도입을 준비하고 있다. KB국민은행은 Google이 제공하는 NLP 서비스인 BERT를 한국어의 실정에 맞게 개선한 KB-ALBERT를 개발하여, 챗봇/콜봇과 같은 고객서비스를 제공할 예정이다. 이는 영업과 마케팅 인력의 감소를 의미한다. 한국금융연구원이 발표한 2021년 〈금융인력 기초통계 분석 및 수급전망〉에 따르면 보험, 증권, 여신에서 2019년 9월부터 2020년 8월 사이에 16,579명의 이·퇴직자가 발생한 것으로 보고되고 있다. 그 중 30% 정도가 비자발적 이직자인데 이는 지점 축소에 따른 지점 직원 감소 외에 중개인, 애널리스트, 설계사와 같이 AI 기술의 영향을 많이 받는 부서 위주로 직원이 감소했을 것으로 예상된다. 반면, 자발적 이직도 전체 이직자의 66.6%에 달하는데, 이는 최근 인력 수요가 증가하는 핀테크 기업으로 이동했을 가능성을 생각해 볼 수 있다. 특히 자산운용 업권에서 자발적 이직자가 전체의 88.9%인 것을 보면 전통적인 자산운용업계에서 로보어드바이저나 자산관리 핀테크 기업으로의 이동도 이·퇴직자 발생의 중요한 원인이 될 수 있을 것이다.

〈그림 12-3〉은 현재 금융기관의 인력 현황과 미충원율을 보여준다.[19] 이 그림에서도 금융산업 전체 인원은 전체적으로 소폭 감소하는 추세임을 확인할 수 있다. 그러나 미충원율을 보면 2018년 하반기부터 증가하

---

19 산업인력현황 보고서 – 금융·보험 ISC – 금융·보험산업 인적자원개발위원회(2020)의 〈그림 27〉. 여기에 나타난 금융기관 총 인원은 전속 보험설계사를 포함한 인원으로, 2020년 6월 기준 461,825명임. "금융인력 기초통계 분석 및 수급전망"에서 제시한 총 임직원 수와의 차이는 이 때문에 발생.

기 시작해서 2019년 10%에 달했다. 전체 인원은 감소하지만 미충원율이 증가했다는 것은 금융기관이 원하는 새로운 인재를 충원하지 못하는 것으로 볼 수 있다.

〈그림 12-3〉 금융 및 보험업의 현원 및 미충원율 추이

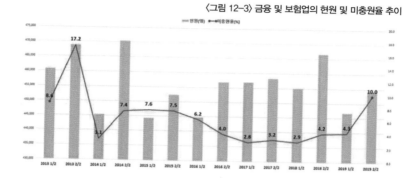

미충원의 원인은 금융기관이 필요로 하는 인재와 시장에 공급되는 인력이 다르기 때문에 발생하는 것으로 볼 수 있다. 금융회사들의 홈페이지나 신문 기사는 금융기관의 구인난을 보여준다. 특별히 디지털, IT 인력 채용에는 "연봉 1.5배 더 주고, 워라밸 보장하겠다"(매일경제 2021년 8월 18일자)와 같은 파격 조건도 보인다. 그만큼 원하는 인재 확보에 어려움이 있음을 알 수 있다. 이는 2019년도 하반기부터 이어져온 현상이다. 이런 현상의 주요 원인은 금융기관이 원하는 인재가 카카오나 네이버와 같은 빅테크 기업들이 원하는 인재상과 겹치기 때문이다. 게다가, 금융산업에서는 ICT 능력뿐만이 아니라 거기에 금융 지식을 합쳐진 융복합형 인재를 선호하는데 이는 핀테크 기업이 원하는 인재들과 동일하다. 이러한 융복합형 인재를 단기간에 배출하기에는 쉽지 않기 때문에 인력수급 불균형 현상은 당분간 지속될 것으로 보이며 장기적인 안목에서 인력 공급 계획을 세울 필요가 있다.

수요 전망

금융위원회의 「금융인력 기초통계 분석 및 수급전망」 보고서는 거시경제 모델에 의한 수요 전망과 설문 조사에 따른 수요 분석을 제시하고 있다. 설문 조사에 따르면 금융회사들이 2020년 9월 이후 1년 이내에 추가로 채용할 것으로 예상되는 인원은 약 4,500명 정도이다. 그러나 'AI기술이 (설문지에서는 4차산업혁명이라고 지칭[20]) 향후 금융 인력 수요를 감소시킨다'라는 문항에 대해 긍정적으로 응답한 비율은 77.9%나 되어 '인력 수요를 증가시킨다'라고 응답한 22.1%를 압도하고 있다. 동일한 문항에 대해 은행업과 증권업 종사자의 응답만을 보면 75%가 감소할 것으로 답한 반면 25%는 증가할 것으로 예측하고 있다. 특히, 은행업의 경우 수요가 증가할 것이라고 대답한 25%의 응답자 가운데 절반 정도가 영업과 마케팅 분야에서의 수요증가를 예측하고 있다. 이는 응답자가 마케팅 직무에 AI 기술 인력이 필요할 것임을 인지한 것으로 볼 수 있다.

반면 자산운용업에서는 인력이 감소할 것으로 응답한 비율과 증가할 것으로 응답한 비율이 각각 51.9%와 48.1%로 유사하게 나타나고 있다. AI 기술이 인력수요에 미치는 영향에 대해 긍정적인 예상과 부정적인 예상이 비슷한 것을 보면 AI 기술 가운데 머신러닝과 같이 학습을 통해 자산을 관리하는 기술의 효과를 확신하지 못하는 것으로 해석할 수 있다. 금융인력 수요가 감소할 것이라고 응답한 사람들에 대해 감소 이유를 묻는 설문의 결과도 이를 뒷받침한다. 감소 요인에 대한 응답순위를 보면 1위는 판매채널 비대면화, 2위는 AI 활용 증가에 따른 업무 자

---

20 4차산업혁명이라 함은 제조업과 정보통신기술(ICT)의 융복합화로 생산성을 증가시키는 차세대 산업과정을 일컫는다. 주로 쓰이는 기술은 AI(Artificial intelligence)기술로 총칭되는 머신러닝 (딥러닝), 빅데이터, 사물인터넷, 자연어 처리 등을 말한다.

동화, 3위는 융합화로 가용 유휴인력 증가, 4위는 업무별 디지털화 진전으로 인한 인력 대체 등으로 나타나고 있다. AI 기술로 인해 금융 인력 수요가 늘어날 것으로 답한 응답자들이 제시한 증가 이유로는 ICT 관련 수요(49%), 디지털 관련 운영, 관리 인력 수요 증가(24%) 등이 꼽히고 있다. 새로운 비즈니스의 수용, 실물경제 구조 전환 관련 일자리 창출 등은 후순위 요인으로 지목되었다.

거시경제 모델에 따른 금융 인력 수요 전망은 실물경제 성장에 대한 시나리오별로 다르게 나타나고 있다. 실질부가가치 성장속도에 대해 빠름, 동일, 느림의 세 가지 시나리오를 가정하고 있는데 2021년대비 2025년에는 금융인력 수요가 각각 1,091명, 625명, 101명 증가하는 것으로 예측되고 있다. 이 수치를 증가율로 변환하면 각각 0.14%, 0.08%, 0.01%이며, 2001년부터 20년간 연 평균 0.25%의 취업자수 증가율에 훨씬 못 미친다. 우리 나라 실물 경제가 빠르게 성장하는 경우에도 이렇게 낮은 증가율을 보인 것을 보면 금융산업 분야에서의 신규 인력 수요는 감소하는 추세로 보아야 할 것이다.

공급 전망

금융인력 공급 규모를 예측하는 것은 쉽지 않다. 〈금융인력 기초통계 분석 및 수급전망〉 보고서에서는 공급규모를 경상계열 졸업생의 수로 추정하고 있는데, 그 이유는 전체 금융인력 가운데 50%이상이 경상계열 전공자이기 때문이다. 2019년 기준으로 경제나 경영 전공자 46,005명과 금융, 회계, 세무 전공자 8,244명을 합한 55,249명의 졸업생을 공급 인력 규모라고 추정하였다. 그러나 금융권은 최근 들어 ICT 전문 인력 보강을 원하고 있어, 공학계열가운데 컴퓨터 통신 전공자 졸업생의 일부는 금융업에 종사하게 될 것으로 보인다. 이런 맥락에서 24,636명의 ICT 졸업생을 공급 규모에 포함시킨다면[21], 총 8만여 명의 금융 인력을 대학이 배출한다고 볼 수 있다. 이는 동보고서에서 설문조사를 통해 얻은 4,500명의 금융 인력 수요를 훨씬 상회하는 규모이다. 그러나 〈그림 12-3〉이 보여주는 것처럼 미충원율의 증가는 현재 금융산업의 필요에 적합한 인재를 학교가 배출해내지 못함을 의미한다. 즉, 인공지능 기술에 익숙하고 파이썬과 같은 컴퓨터 언어에 능통할 뿐만이 아니라 데이터를 자유롭게 다룰 줄 아는 그런 인재는 부족하다고 볼 수 있다.

---

21 교육통계연보 참조

인재 양성

앞에서 언급한 바와 같이 향후 금융분야에 필요한 인재는 금융지식뿐만 아니라 컴퓨터 언어와 데이터 분석에 익숙한 융복합형 인재이다. 이러한 금융 전문 인력은 대학교육보다는 주로 대학원교육에서 양성되고 있으며, 그 가운데서도 MBA 또는 금융에 특화된 과정을 통해 인재들이 배출된다. 일반 MBA 재무트랙은 금융시장에 대한 전체적인 이해와 투자금융과 자산운용에 대한 전문 운용 인력 배출을 목표로 하는 반면, 금융전문 과정은 목적에 따라 다양한 과정으로 개설된다.

최근 금융 산업에서 필요로 하는 인재를 배출하기 위해 경영대학원들은 기존의 금융 교과목 외에 프로그래밍, 정형·비정형 데이터 분석, 머신러닝 등의 교육을 강화하고 있다. 금융이라는 도메인 지식 외에 디지털 지식을 추가하고 있는 것이다. 이렇게 경영대학원 과목에 기술적 과목이 추가되는 것과 유사하게 최근에는 공과대학에서도 기존의 공학적 지식 외에 금융 과목을 추가로 개설하면서 경영대학원과 유사한 금융 특화 과정을 만들고 있다. 수업 형태로는 전일제와 시간제 두 종류의 과정이 있으며, 수학 기간은 과정에 따라 1년에서 3년 정도이다. 팬데믹으로 인한 일시적인 현상일 수도 있지만, 금융에 특화된 방법론 습득을 주 목적으로 하는 과정에서는 주로 온라인 교육으로 과정을 개설하고 있다.

개별 대학 사례

해외 대학의 경우 AI 기술과 관련된 금융교육과정들은 경영대학보다는 공과대학을 중심으로 과정이 개설되고 있다. 엔지니어링 관점에서 금융 지식을 전달하고 데이터 분석 교육을 하는 것으로 볼 수 있다. 스탠포드 대학의 경우 세 종류의 유사한 관련 과정 – FAGP^{Financial} Analytics Graduate Program, MS in DSA^{MS program in Data Science and Analytics}, MCFP^{Mathematical and Computational Finance Program} – 을 공과대학에서 제공한다. 이 과정들의 인재 양성 목표는 다음과 같다.

첫째, 통계적 관점과 머신러닝 관점에서 데이터분석을 위한 개념적 사고의 틀을 형성하게 한다. 둘째, 확률적 추론과 의사 결정을 도와주는 통찰력을 형성한다. 셋째, Modelling 능력을 배양한다. 넷째, Case나 실제 사례를 통해 실용적인 관점에서의 도전 과제 분석과 같이 주로 방법론적 접근을 한다. 과정 내에서의 전문 분야도 금융 수학, 금융 통계학, 금융 기술, 금융 시장으로 세분화되어 있다. FAGP와 MS in DSA가 데이터와 추론, 의사결정에 집중하는 반면, MCFP는 프로그래밍과 금융지식에 집중하는 차이를 보이고 있다. 전일제 MS과정이 경영대학원보다 주로 공과대학에서 열리는 이유는 AI와 관련한 기술적인 부분들을 가르치기에는 공과대학이 더 적합하기 때문으로 보인다.

최근 해외 대학에서 제공하는 AI기술 교육의 특징은 짧은 수학 기간(주당 4-6 시간, 총 6주)과 특정한 방법론 또는 사업 영역에 집중하는 단기 과정이 개설되고 있다는 점이다. 이런 프로그램은 짧은 시간에 관심있는 새로운 기술을 습득할 수 있게 한다는 면에서 이미 취업 중인 사람들도 수강할 수 있는 장점이 있다. 또한 이수 후에는 수료증을 수여하고 있어 새로운 직장을 찾을 때에도 관련 분야의 전문가로 인정받을 수도 있게 된다. 수업료도 약 2천-3천 달러 수준으로 다른 MBA 수업료에 비해 아주 저렴한 편이다.

대표적인 예로, MIT에서는 'Blockchain Technologies: Business

innovation and application' 그리고 'Machine learning in business' 와 같은 AI 기술에 집중하면서 경영을 접목한 과정을 개설하고 있다. 반면, 경영대학 중심으로 이루어지는 단기과정들은 핀테크의 특정 영역에 집중하여 과정을 개설하고 있다. 토론토대학의 경영대학원에서는 'FinTech: Future of Payment'라는 지급결제와 관련한 창업을 위한 과정을 개설하고 있다. 지급결제 핀테크 창업을 위해서 필요한 기술과 기반 시설, 국제 결제를 위한 법적인 절차 등을 교육 과정에 담고 있다. 이런 수업들은 온라인으로 진행되고 있어서 지역에 관계없이 수강할 수 있다. 펜실베니아 대학의 와튼 스쿨은 핀테크 전반에 대한 6주 단기 과정을 제공한다. 토론토대학과는 달리 한 주에 한 분야씩 핀테크 영역 전반에 대한 과정을 개설하여 학생들에게 제공하고 있다.

국내 대학의 경우도 AI 기술에 대한 교육과정은 공과대학 중심으로 교육되고 있으나, 산업별 응용보다는 AI 기술 그 자체에 집중하고 있는 점이 다르다고 볼 수 있다. 고려대학교와 서울대학교가 이런 경우에 해당한다. 금융 산업에의 적용은 개별 연구실 단위로 이루지고 있다. 반면에 연세대학교는 의료, 공학, 금융, 법학 등 여러 산업에 대한 응용을 목적으로 한 인공지능대학원을 설립하였다. 이곳에서 수학하는 학생들은 다양한 산업에서 AI 기술이 어떻게 응용되는지 배울 수 있다. 다만, 여러 분야의 산업을 다루는 관계로 금융에 관한 교과목의 개설이 적은 편이다. 성균관대학교 경영전문대학원 핀테크 MBA는 기업체 임직원을 대상으로 금융, 데이터 사이언스, AI 등의 융합교육을 통해 핀테크 전문가 양성을 목표로 하는 시간제 프로그램이다. 기간은 2년이며 선택 분야로 핀테크, 데이터 애널리틱스, 금융이 있다.

KAIST 금융 전문대학원

KAIST AI 대학원은 AI 근본 원리에 집중하여 핵심 AI 기술 개발을 목표로 연구와 교육 과정을 개설하고 있다. 반면, 경영대학 소속의 금융 전문대학원에서는 AI 기술을 금융 산업에 적용하는 것을 목표로 수업 과정을 개설하는데. 이미 개발된 AI 이론을 받아들이고 그 위에 금융 지식domain knowledge을 더하여 금융산업 현장에서 필요로 하는 인재 양성을 목표로 하고 있다. AI 기술 교육은 대전캠퍼스의 전산학부가, 핀테크 창업 분야는 테크노경영대학원이 그리고 블록체인 기술은 정보미디어대학원이 담당하여 협업으로 교육 과정이 이루어지고 있다. 또한 실무적인 지식습득을 위해서 핀테크 산업체에서 활동하는 전문가들도 다수 강사진에 포함되어 있다

KAIST 금융전문대학원은 전일제 과정인 FMBA^{Finance MBA}와 MFE Master in Financial Engineering, 시간제 과정인 DFMBA^{Digital finance MBA}로 구성되어 있다. FMBA과정은 투자금융과 자산운용 분야를 중심으로 회계, 금융기관 경영, 금융정책 등을 포함하여 금융 전문지식 습득과 함께 거시적인 통찰력을 균형 있게 함양하도록 교육 과정이 설계되어 있다. 금융 프로그래밍, 금융 데이터베이스 등의 교과목이 필수로 지정되어 데이터 분석 능력을 강화하고, 사례연구 및 실습을 통하여 학교에서 배운 금융 이론을 현업에서 적용을 할 수 있게 하고 있다. FMBA 졸업생들은 투자은행, 기업금융, 자산운용, 파생 및 구조화 상품 판매, 애널리스트 분야로 진출하게 된다.

같은 전일제 프로그램인 MFE과정은 2021년까지는 금융공학 과정과 Finance Analytics 과정으로 나누어 학생들을 선발하여 다른 교육 과정으로 진행되었으나 2022년부터는 통합과정으로 운영되며, 학생들의 선

택에 따라 하나 또는 두 과정 모두를 전공할 수 있게 된다. 필수 교과목으로는 금융 수학, 전산 수학, 통계, 금융프로그램, 투자론 등이 있다. 개인별로 연구능력을 갖춘 국제적 금융공학 현장 전문인력을 양성하기 위해 석사 학위논문을 필수로 정하고 있다. 금융 현장에 필요한 역량을 갖춘 인재를 배양하기 위해 수학적 능력과 coding 능력을 갖춘 학생들을 선발하여 왔으며, 정규수업 시작 전에 2주간 동안 수학과 통계학, coding의 기초 지식을 배워 정규 수업에서는 곧바로 높은 수준의 강의가 이루어지도록 하고 있다. 졸업 후에는 이른바 quant라고 하는 신용분석가, 포트폴리오 관리자, 위험관리 전문가, 알고리듬 트레이더, 핀테크 기업 등에 진출한다.

시간제 프로그램인 DFMBA는 앞의 두 프로그램과는 달리 인공지능 및 머신러닝 등의 데이터 사이언스 지식을 더한 금융과 데이터 사이언스 융합 교과과정으로서 디지털 금융 전문 인력 양성을 목표로 설립되었다. 인공지능과 데이터 사이언스, 핀테크 창업, 금융투자 및 자산운용의 세 분야 전문가를 배출하기 위해 교과목이 구성되어 있다. 교과목 체계는 세 단계로 나누어져 있다. 첫 단계에서 학생들은 기초적인 코딩 능력과 데이터를 다루는 과목을 수강한다. 또한 다른 대학들과는 달리 DFMBA는 금융과 AI 기술에 대한 윤리 강의를 개설한다. AI 기술자들과 금융 산업 전문가들에게는 다른 사업의 종사자들보다 더 강한 윤리 의식이 요구되기 때문이다. '금융 윤리와 사회적 책임', '윤리와 안전' 두 과목이 필수교과목으로 지정되어 있어 도덕적 해이나 불법적인 행위를 사전에 방지하도록 교육한다. 또한 AI 기술은 '블랙박스'라는 인식이 있어서 AI 기술이 투명하고 적법하게 운용되기 위해 윤리 교육은 반드시 필요한 교육이라고 할 수 있다. 그 다음 단계로는 디지털 기초 교육과 기본적인 금융 기초 개념을 교육하며, 마지막 단계로 세 개의 집중 분야가운데 학생들이 적성에 맞게 선택한 분야에 대한 교육이 이루어진다. 단계별 교과목 수강을 통해 학생들은 핀테크 창업과 금융 산업의 디지털 전환을 위한 능력을 갖춘 금융인력으로 양성될 것이다.

이런 과정들이 제공되기 위해서는 우수한 교수진 확보가 가장 중요한 전제 조건이다. 그러나 이런 과목들을 경영대학원 자체 교수진으로만 운영되기에는 한계가 있을 수 있다. 미국의 뉴욕대학교는 여러 단과대학의 교수진이 합동하여 경영대학원 강의를 개설하고 있다. KAIST 금융전문대학원의 경우에도 금융공학이라는 특수한 과정을 이미 보유하고 있기 때문에 다양한 배경을 가진 교수진이 있다. 산업 현장의 전문가들인 졸업생들은 금융 산업의 디지털 전환에 기여하고 있을 뿐만 아니라 특강 등을 통해 현장에서의 경험을 학생들과 공유해 주고 있다. 최근 서울캠퍼스로 이전한 AI대학원의 교수진과의 협력을 통해 AI 기술에 관한 더 전문적인 강의도 제공할 수 있을 것으로 기대한다.

재교육

3장에서 제시된 설문조사의 결과는 AI 기술이 금융 산업의 일자리를 전체적으로 감소시킬 수 있다고 예상하고 있다. 특히 창구 업무 담당자들은 자발적이든 비자발적이든 금융산업의 디지털화에 적응하지 않으면 도태될 가능성도 있다. 한국금융연수원은 금융기관 재직자들을 위한 대표적인 재교육기관이다. 디지털지식이 익숙하지 않은 재직자들을 위해 블록체인, 빅데이터, 인공지능, 비즈니스의 4단계로 구성된 디지털금융과정을 제공하고 있다. 디지털금융과정에는 2018년 기준으로 58개의 과정이 개설되었고, 연수 인원도 4,814명에 달했다. '금융 ICT 트렌드 및 기술 분석', 'R고 보면 쉬운 빅데이터 분석'과 같이 실제적인 코딩 기술 과정도 개설하고 있다. 교육 방식은 대면과 비대면 형태로 제공되고 있다. 최근에는 자금세탁방지 전문가 양성을 위해 자금세탁방지AML와 테러자금조달금지CFT에 관한 교육과정도 강화하고 있다. 2018년에는 '고객확인제도CDD/EDD 실무', '의심거래보고STR 실무', 'AML/CFT 검사기법 및 지적 사례', '경영진이 알아야 할 자금세탁방지 핵심포인트' 등 신규 과정을 추가 개발해 총 10개 과정에 걸쳐 1만여 재직자를 대상으로 연수를 실시하기도 했다. 향후 머신러닝이 접목된 유사 과목이 개설된다면 레그테크 분야의 발전과 실무 적용에도 도움이 될 것으로 보인다.

금융연수원을 통한 재교육 외에 자체 내 재교육 프로그램을 운영하는 금융기관들도 있다. 싱가포르 OCBC Bank는 자사 그룹에 종사하는 전 직원에게 디지털 기술을 교육하고 개발하는데 2천만 달러를 투자하는 대규모 디지털 전환 계획을 발표하였다. 기존의 지점 창구 관리자도 3년이면 데이터 과학자가 될 수 있도록 하는 것을 목표로 한다. OCBC Bank의 계획은 디지털화에 따른 인력 감축을 최소화하기 위한 전략으로 보인다. 디지털 능력을 갖춘 신입 인재 선발에는 많은 비용이 드는 것도 사실이다. 만일 재교육을 통해 기존 직원의 디지털 역량을 강화시킬 수 있다면 안정적으로 융합 금융 인력을 확보하는 한 가지 방법이 될 수도 있을 뿐만이 아니라 고용 안정을 통해 사회적인 비용을 줄이는 역할까지 할 수 있을 것이다.

국내 금융기관에도 이와 유사한 사례가 존재한다. NH농협금융그룹은 농협금융 디지털전환 추진을 위해 고려대학교 산학협력단과 MOU를 체결하였다. 두 기관은 인공지능을 활용한 금융서비스의 효과적인 제공 방안에 대해 공동 연구를 수행할 뿐만 아니라 고려대학교의 빅데이터 기반 AI 전문 기술을 활용해 농협 금융의 디지털 전환을 이끌어갈 전문 인력 양성을 위한 교육과정을 개발하기로 하였다. 하나은행은 Digital Warrior Program을 통해 현업 인력을 재교육시키고 있는데 디지털 '리스킬Reskilling'을 통해 현업 역량과 디지털 역량을 모두 갖춘 '양손잡이형' 인재 확보를 목표로 하고 있다. 반기 별로 이삼십 대 기존 인력 가운데 40명을 선발하고 KAIST 컴퓨터공학과에 보내어 AI 기술을 습득하게 한다. 6개월 이상 연수 과정을 마친 직원들은 정보통신기술(ICT) 부서에 재배치된다.

단기 과정

핀테크의 발전은 금융교육시장에도 영향을 주어 단기 과정의 형태로 강좌들이 개설되고 있다. 단기 과정은 금융산업 영역의 특정한 부분만을 집중적으로 교육한다. MBA나 금융 석사과정을 통해 금융산업에 대한 지식을 얻기 위해서는 1~3년이라는 긴 시간과 적잖은 비용이 소요된다. 그러나 특정한 금융 분야에만 관심이 있는 경우 단기 과정을 통해 적은 비용으로 단기간에 필요한 지식을 습득할 수 있다. 예를 들어 뱅킹 서비스 가운데 지급결제 분야의 핀테크에 관심이 있다면 위에서 언급한 토론토대학교University of Toronto에서 제공하는 온라인 단기 과정을 선택할 수 있다. 또는 머신러닝이나 블록체인 기술을 배우기 원한다면 MIT에 개설된 단기 과정을 통해 가능하다.

국내 대학에서는 경영대학원내에 이와 같은 분야별 단기 과정을 제공하는 대학이 없어 KAIST의 사례만을 보고한다. KAIST 금융전문대학원에서는 분기별로 한 영역씩 1년에 4개의 단기 과정을 제공한다. 구체적으로는 디지털 트랜스포메이션 과정, 클라우드컴퓨팅 빅데이터분석 과정, 블록체인 과정, 인공지능과 기계학습 과정이 있다. 교육기간은 대략 5개월에 걸쳐 총 61시간이지만 분야별로 탄력적으로 운용된다. 강사진은 주로 현장 전문가들로 구성되어 있어서 AI 기술들이 금융산업 현장에서 어떻게 응용되는지 구체적인 사례들을 배울 수 있다. 수료 후에는 KAIST 디지털금융 전문가과정 수료증을 수여한다. 최근 단기 과정에 대한 수요가 급증하여 입학 정원도 25% 증가한 50명을 선발하고 있다.

증가하는 교육 수요는 start-up 기업들도 감당하고 있다. 핀테크 분야에 대한 강의와 AI 분야의 기술적인 강의를 일반인을 대상으로 제공한다. Coursera와 유사하게 일반 대학에서 제공되는 강의를 연계하여 제공하기는 하지만 대학과 연계하여 학위를 수여하지는 않는 차이점이 있다.[22]

미래 교육

이제까지는 현재의 디지털 금융 교육이 어떻게 진행되는지 살펴보았다. 그러나 더 발전적으로 나아가기 위해 우리에게 부족한 부분은 없는지 점검해 볼 필요가 있다. 우리나라가 4차산업혁명의 선두주자가 되기 위해서는 앞으로 해야 할 일이 많다. 한국정보화진흥원[NIA]이 발표한 '2019년 NIA AI Index'에 따르면 우리나라가 인공지능 특허 보유 수를 비롯 AI 분야의 주요 지표에서 전세계 3위인 것으로 나타났다. 그러나 내용을 보면 1위인 중국이나 2위인 미국과 비교하면 그 차이가 많다는 것을 알 수 있다. 더욱이, AI 대학원과 같이 미래 AI 인재 양성을 위한 인프라와 AI 기업 수는 조사 대상 중 최하위이어서 우리나라의 AI 미래가 밝지만은 않다. 금융 AI 기술이 같은 전철을 밟지 않기 위해서는 교

---

22 FinEDU가 대표적인 기업 가운데 하나이다.

육분야에서 다음의 내용들이 반영되었으면 한다. 첫째, 조기교육 (중등 또는 대학)을 통해 컴퓨팅 사고력을 기를 수 있도록 한다. 수학이 단순 계산을 넘어 논리적 사고력을 키우는 것처럼 컴퓨팅 사고력 역시 단순 코딩을 넘어 컴퓨팅 사고력을 통해 어떤 프로젝트가 주어지더라도 전체적인 설계와 입출력을 예상할 수 있는 능력이 길러져야 할 것이다.

둘째, 현재 국내 대학에서 진행되는 디지털 인력 양성 외에, 좀 더 근본적인 AI 원리를 이해하고 그 위에 금융 지식을 자유자재로 활용할 수 있는 능력을 키워야 한다. 대학원 전문 과정은 많은 비용이 소요되기 때문에 지원하는 인원이 적을 수 있다. KAIST DFMBA와 같이 공공기관에서 학비가 보조 된다면 많은 인원이 지원하여 산업에서 필요한 인재가 적절히 공급될 수 있을 것이다. 또한 MS 학위를 가진 인력 외에 AI 기술에 익숙하며 금융산업에 대한 이해가 있는 박사 인력도 필요할 수 있다. 일반 금융 박사 과정을 이수하는 학생들에게도 AI 과정과 연계하여 전공을 선택한 경우에 재정적인 지원이 주어진다면 우수한 잠재적 금융 전문 인력을 확보하게 될 것이다. 교육을 위한 교수진 확보는 무엇보다 중요하다. 그러나 충분한 교수진의 확보는 단기적으로는 어려울 수 있으므로 금융과 AI가 연계된 협동 과정을 만들어 운영하는 것도 단기적인 해결책이 될 수 있을 것이다.

셋째, GitHub와 같이 다양한 기술을 갖춘 AI 전문가들이 서로 만나 기술을 공유하고 협력하여 각자의 능력을 더욱 발전시킬 수 있는 인프라 구축이 필요하다. KB국민은행은 자신들이 개발한 KB_ALBERT를 오픈소스로 공개하기로 하였다. 자연어 처리 기술은 주로 영어 위주로 개발이 되었다. 한국어는 영어와는 다른 문법적 구조를 가진 언어이기 때문에 한국어만의 특성을 살린 기술이 필요하다. 다른 누군가가

ALBERT 소스 위에 발전된 시스템을 만들 수 있다면 분명히 진일보한 한국어 기계학습 모델이 될 것이다. 이런 AI 기술은 빅데이터를 저장할 수 있는 클라우드 공간이 있어 가능했다. 클라우딩 서비스는 데이터의 보안을 생명으로 한다. 그러므로 데이터 저장을 위한 인프라 구축도 필요하고 보안을 담보할 수 있는 법률적 정책 수립도 필요하다. 이런 사업은 몇몇 기업의 힘으로는 어려울 것이다. 이해 관계가 없는 국가기관이나 연구소 등을 통해 이런 연구 사업이 진행되는 것이 바람직할 것이다. 누구든지 참여할 수 있는 한국판 GitHub나 메타버스 환경에서 작동하는 연구소가 생긴다면 특정한 교육자가 있는 것이 아니라 자발적 참여자들이 자신의 지식을 공유하고 서로를 교육하는 것도 미래의 교육에서 가능할 수 있을 것이다.

연구동향

그동안 일부 공학적 기술은 기술 분석이라는 이름으로 투자 전략에 사용되어 왔다. 또한 기존의 데이터 분석을 이용해서 패턴을 찾고자 하는 노력이나 시계열분석을 이용한 미래 데이터의 예측 등은 과거 수십년 전부터 시도되어 왔다. 그러나 최근 AI 기술 중 하나인 딥러닝을 이용하여 자산가격을 예측한 논문이 발표되었다.[23] Gu, Kelly and Xiu(2020)은 자산 가격 예측에 있어서 기존의 단순회귀분석을 이용한 예측력보다 머신러닝tree, neural network을 통한 예측력이 더 우수하다는 것을 보였다. 다르게 표현하면, 딥러닝 모델을 이용한 투자자는 다른 모델을 이용한 투자자들보다 더 좋은 투자성과를 얻을 수 있다는 것이다. 이런 결과를 얻을 수 있었던 이유는 딥러닝 방법이 회귀분석 방법에 비해

---

23 Gu, Kelly, and Xiu (2020, Review of Financial Studies), "Empirical Asset Pricing via Machine Learning".

비선형적인 점프를 더 잘 예측했기 때문이라고 밝혔다. 논문은 머신러닝이 가지고 있었던 overfitting 문제를 정교한 검증과정을 통해 해소하고 모델을 구축하였다. 그렇다고 해서 이 논문이 의미하는 바가 딥러닝 모델을 통해 투자자들이 '지속적인' 수익을 얻을 수 있다는 것은 아니다. 이 논문이 게재된 이후로 많은 투자자가 유사한 모델을 쓴다면 더이상 러닝으로 인한 추가 수익은 없어질 것이기 때문이다. 이 논문은 그 동안 잘 설명이 되지 않던 주식시장의 위험 프리미엄을 설명하는 하나의 방법을 제시했다는 것을 의미한다.

Gu, Kelly and Xiu(2020)는 딥러닝 분석을 정형 데이터에 적용하여 위험 프리미엄을 설명한 반면, Berg et al.(2018)은 비정형데이터를 이용하여 개인의 신용도를 평가하고 있다. 저자들은 독일 전자상거래를 이용한 고객들이 주문을 하면서 사용한 이메일, 주문 경로 등 디지털 발자국 digital footprint을 이용해서 고객의 신용도를 평가한 결과 전통적인 신용평가기관보다 더 정확하게 신용도를 예측하였다는 결과를 보고하였다.

이와 같이 산업에서 먼저 차용되어 많은 변화를 이끌어 낸 AI 기술들을 이제는 연구자들도 주목하기 시작했고 더 깊이 연구가 진행된다면 풍부한 교육자료를 제공하게 될 것이다. 이는 AI 기술이 금융 및 자본시장을 더욱 효율적으로 만드는 데도 기여할 수 있음을 의미한다.

결론

비대면 뱅킹서비스를 선호하는 MZ세대가 주요 경제 주체가 되면서 금융 산업의 디지털 전환은 선택이 아닌 필수가 되었다. AI기술은 금융 산업과 인력 구조에도 영향을 미치고 있다. 과거 금융권이 원하는 인재와 현재 필요로 하는 인재상은 달라졌다. 대학들은 이런 인재들을 배출하려고 새로운 과정을 만들고 필요한 과목들을 개설하기 위해 노력하고 있으나 단시간 안에 필요 인원을 채우기는 쉽지 않은 것도 사실이다.

변화의 시기에 일시적인 수요 공급의 불균형이 발생하는 것은 자연스러운 일이기도 하다. 금융기관들도 기존 인력의 디지털 재교육을 통해 이런 간극을 채우는 프로그램을 만들고 있으며, 기존 금융 지식을 갖춘 인력에 디지털 지식을 보완하는 재교육은 훌륭한 인재 양성 방법이다. 또한 단기 과정 프로그램은 제한된 시간과 저렴한 비용으로 관심있는 분야를 선택 집중할 수 있는 기회를 제공한다. 핀테크 사업에 진출하기를 원하는 사람은 이런 과정을 통해 새로운 관련 지식을 얻을 수도 있다.

과거 ATM^{Automated Teller Machine}이 등장했을 때 은행의 창구 직원들은 모두 해직이 될 것으로 예상한 적이 있었다. 그러나 그런 일은 발생하지 않았다. 창구 직원을 챗봇이 완벽하게 대체하는 정도의 발전된 AI기술이 조만 간에 실현되는 것도 쉬워 보이지는 않는다. 학교는 AI 기술에 능숙한 인재를 배출하기 위한 새로운 교육과정들을 개발하고, 금융 기관들은 기존의 현장 지식을 갖춘 인재를 교육기관들과 협력하여 재교육할 수 있다면 적어도 금융산업 안에서는 인간과 기계간의 상생의 시대를 살아가는 좋은 방법이 될 수도 있을 것이다.

저자 소개

현정순

연세대학교 수학과를 졸업하고, 미국 University of Rochester에서 수학으로 박사를 받았다. 2000년 KAIST 금융공학연구센터 연구원으로 부임하였고, 현재는 KAIST경영대학 경영공학부 부교수로 재직중이다. 연구분야는 신용파생상품 가격결정이론과 금융기관의 위험관리이다.

13장 · 기존 산업체 인력의 AI 교육 방안

ILSVRC^{ImageNet Large Scale Visual Recognition Challenge}는 이미지 속 사물이 어떤 것인지 분류해내는 세계대회이다. 2011년 1위 알고리듬은 top-5 error[1]가 25% 수준이었으나 2012년 AlexNet이라는 컨볼루션 신경망 Convolutional Neural Network 기반의 딥러닝 모델은 16% 오차 수준이라는 획기적인 성능을 보여주었고 인공지능 시대의 개막을 알렸다. 이에 응답하듯 2013년 MIT 테크놀러지 리뷰는 세상을 바꿀 10대 기술에 딥러닝 기술을 포함시켰고, 많은 연구자들이 딥러닝 기술 개발에 박차를 가하기 시작하였다. AlexNet으로부터 3년 뒤 2015년 Kaiming He의 ResNet은 오차율 3.6%로 사람보다 훨씬 이미지 분류를 잘 하는 인공지능을 만들어냈다. 2022년 현재 오차율은 1% 미만으로 이미지 분류기는 사실상 인공지능이 정복한 주제로 평가받는다.

우리는 2016년 4월 알파고의 충격을 아직 잊지 못한다. 이세돌 9단이 알파고에 4:1로 패하면서 인간이 이길 것이라는 세간의 예상은 완전히 뒤집혔다. 이세돌과의 대전에 앞서 2015년 판후이와 대결하던 알파고는 이미 ELO 점수[2]가 3,586으로 인간 최고수 수준이었으며, 1,202개

---

1 ImageNet 데이터베이스는 1024개의 사물들의 이미지로 구성되어 있다. ILSVRC 대회에서는 제시된 이미지가 어떤 것인지를 5번의 기회를 주고 맞추도록 하는데 그럼에도 불구하고 맞추지 못한 비율을 top-5 error 라고 부른다. 사람의 top-5 error는 5.1% 정도로 알려져 있다.

2 ELO 점수는 체스, 바둑과 같은 대전 게임에서 플레이어들 간의 상대적인 실력을 평가하기 위해 설계되었다. 바둑의 경우, 인간 최고수 수준이 약 3,600점 수준이다.

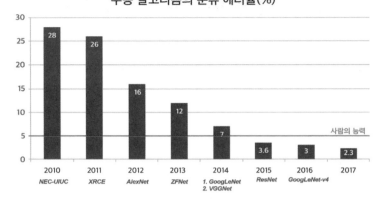

〈그림 13-1〉 ILSVRC 우승 알고리듬의 top-5 error율 비교. (출처: https://bskyvision.com/425)

의 CPU와 176개의 GPU를 사용하던 무거운 모델이었다. 그러나 이세돌 9단과의 대결에서는 단지 48개의 TPU[3]를 사용하였음에도 ELO 점수가 4,500에 육박하였다. 이후 1년 뒤인 2017년에는 TPU 1개만을 사용하는 알파고 마스터 버전이 공개되었다.

이미지 분류나 바둑과 같이 처음 딥러닝이 적용되고 난 후 2~3년 내에 인간 수준을 훌쩍 뛰어넘는 결과를 보여주는 예는 매우 많다. 기존에는 지식이 수십 년 쌓여가면서 조금씩 기술이 발전했다면, 이제는 수 년 만에 새로운 기술이 말그대로 쏟아져 나오는 시대이다.

이렇게 빠른 AI 기술 변화 속에서 AI 지식을 보유하고 있는 개발자들은 산업 내 수요에 비해 그 숫자가 턱없이 부족한 실정이다. 그나마 실력있는 AI 개발자들은 글로벌 기업, 대기업 연구소, 스타트업 등 산업 전반에서 대활약 중이며, 그들이 AI 교육을 위한 강사로 활동하는 것은 사실상 어렵다. 따라서 기존의 강사 기반의 IT 교육 기관들은 실력있는 AI 강사를 구하기 어렵고, AI 교육 시장에서 제대로 된 역할을 하지 못하고 있다.

---

3 TPU는 Tensor Processing Unit으로 기존의 CPU나 GPU에 비해 보다 더 딥러닝 연산에 특화시킨 처리 장치이다.

AI+X의 시대로

2020년 이전까지 인공지능 모델에 대한 연구가 주를 이루었다면, 2020년 이후로는 연구 결과를 산업 전반으로 확장하는 AI+X의 시대가 열리고 있다. 딥러닝 기술은 많은 분야에서 기존 알고리듬의 성능을 손쉽게 뛰어 넘을 수 있기 때문이다. 전자, 기계, 화학, 의학, 바이오, 원자력 등 그 분야를 가리지 않고 딥러닝 기술의 적용이 시도되고 있다. AI에 각 분야의 도메인 지식이 결합되어 응용되는 것을 AI+X 라고 부른다. AI+X 에서는 새로운 모델의 개발보다 현장의 데이터에 대한 이해를 바탕으로 기존 모델들을 활용하는 데 초점이 맞춰져 있다.

2017년, 미국 워싱턴 대학교의 아론 리 박사는 딥러닝 기술을 활용하여 노년 황반변성[4]을 진단하는 기술을 개발했다. 연구진은 그 기술과 약 10만건의 망막 스캔 데이터를 이용하여 노년 황반변성 환자를 87% 이상의 확률로 식별할 수 있었다. 그 때 사용된 딥러닝 모델은 최신 모델이 아닌 2014년에 개발된 VGGNet 을 수정한 버전이었다. AI를 다양한 도메인에 적용하는 데 있어서 중요한 것은 모델의 성능을 올리는 것이 아

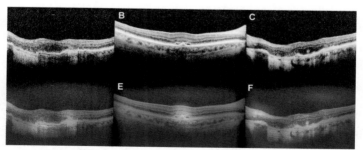

〈그림 13-2〉 AI+의료 의 예. 인공지능이 노년 황반변성이 발생한 부분을 잘 찾아내고 있다.
(출처: Deep learning is effective for classifying normal versus age-related macular degeneration OCT images, Ophthalmology Retina, Vol 1, Issue 4, 2017)

---

4 황반변성이란 망막 중심부에 위치한 황반에 변화가 생기면서 시력장애가 생기는 퇴행성 질환이다.

니다. 그보다는 도메인 지식을 가지고 있는 전문가가 데이터를 잘 가공하고 기존의 딥러닝 모델을 각 분야에 맞게 수정해도 충분히 좋은 결과를 얻을 수 있다. 아론 리 박사의 결과는 이를 보여주는 단적인 예이다.

AI+X 를 위한 교육에 반드시 필요한 것은 산업별 도메인 지식과 데이터이다. 그런데 대학은 산업별 도메인 지식보다는 이론과 연구에 강점이 있다. 심지어 연구를 위해서는 산업 내 사적인private 데이터보다는 이미 공개된 공적인public 데이터를 기반으로 모델별 성능을 비교하는 것이 더 선호된다. 모델의 성능을 비교할 때는 모두가 같은 데이터로 비교하는 것이 공정하게 평가할 수 있기 때문이다.

기존 IT/SW 교육 기관들의 상황은 더욱 좋지 않다. 산업체 인력이 실력있는 AI 개발자가 되기 위해서는 고도의 수학mathematics 지식과 개발능력 모두가 필요하다. 일반적인 개발자 교육에서는 수학 지식이 거의 필요하지 않았다. 따라서 대부분 SW개발 능력을 키우기 위한 커리큘럼에 치중되어 있었으며, 대부분 단기 교육 후 취업, 재취업을 시키는 방식으로 특화되어 있었다.

한국경제연구원의 AI 인재현황 및 육성방안 전문가 의견조사 보고서

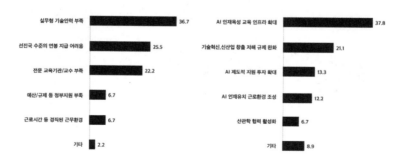

〈그림 13-2〉 AI 인재현황 및 육성방안 전문가 의견 조사 결과.
　　　　　(좌) AI 인력 확보 애로요인 (우) AI 인재 양성을 위한 개선과제
　　　　　(출처 : 한국경제연구원)

에 따르면, 〈AI인력 확보에 가장 큰 애로요인〉으로 실무형 기술인력 부족 (36.7%)을 꼽고 있다. 이것은 AI+X 를 위한 인재 교육의 대안이 필요하다는 반증이기도 하며, 동 보고서의 〈AI 인재 양성을 위한 개선과제〉에서도 가장 시급한 과제로 AI 인재육성 교육 인프라 확대를 제안하고 있다.

기존의 IT/SW 교육 기관들은 SW 인재를 양성하는 데에는 적합할 수 있으나 빠르게 변화하는 AI 기술을 가르치기에는 역부족이다. 빠른 AI 기술변화에 맞춘 강사 및 커리큘럼 구비가 어렵고, 단기간에 스킬만 가르쳐서는 고도의 수학 지식과 개발 능력 두가지 모두를 만족하는 교육을 제공할 수 없다. 또한 도메인 지식과 데이터를 활용한 교육이 불가능함에 따라 실무형 인재를 키울 수도 없었다. 따라서 새로운 방식으로 AI 교육을 시도하는 기관들의 필요성이 점점 대두되어 갔다. 본 장에서는 이런 배경에서 새로이 등장한 4가지 형태의 혁신적인 교육 방식과 서비스 플랫폼을 소개하고자 한다. 〈표 13-1〉은 4가지 혁신적인 AI 교육 방식을 보여주고 있다.

	교육 방식	대표적인 예
기업 주도형	도메인 지식을 가지고 있는 교육생을 각 산업별 프로젝트에 맞게 기업이 직접 가르치는 방식	LG, SK, KT
커뮤니티형	강사 없이 교육생들 간의 협업, 공동 프로젝트, 토론, 서로 가르치기 등을 통해 성장하는 방식	모두의연구소 AI혁신학교AIFFEL(아이펠) 이노베이션 아카데미
지식 공유형	지식을 가지고 있는 누구나 강의 영상을 올릴 수 있는 온라인 강의 공유 플랫폼	유데미(Udemy) 클래스101 탈잉 인프런(Inflearn)
전문가 강의형	분야별 전문가를 섭외하여 강의 형태로 빠르게 지식을 전달하는 방식	코세라(Coursera) 유다시티(Udacity) 패스트캠퍼스

〈표 13-1〉 혁신적 교육 방식의 비교

기업 주도형

　기업 주도형은 실무형 AI 인재 부족 현상으로부터 출발한다. 전통적인 기업이 AI 기술 기업으로 변화하기 위해서는 결국 도메인 지식과 AI 기술을 모두 습득한 실무형 인재가 필요하다. 이러한 실무형 인재를 양성하기 위해 처음 생각해볼 수 있는 방법은 AI 전문가에게 도메인 지식을 교육하는 것이다. 하지만 이들은 AI 전문지식은 높은 수준이지만, 도메인 지식이 낮아 현장 실무 교육을 지원해 주어야 한다. 문제는 현장 도메인 영역이 너무 광범위 하여 체계화된 도메인 지식 커리큘럼을 만드는 것이 사실상 불가능하다는 것이다. 따라서 기업 주도형은 도메인 전문가에게 AI 활용 방법을 교육하는 방식으로 이루어진다.[5] 기업 주도형으로 AI 재교육을 실행하기 위해서는 많은 자본과 인력이 필요하므로, 현재 국내에서는 LG, SK, KT 등 대기업 위주로 진행되고 있다. 각 기업별 사례를 보다 구체적으로 살펴보도록 하자.

LG

　LG는 임직원들의 AI 재교육을 위해 2019년부터 고급문제해결과정 Expert Course이라는 인재육성 프로그램을 LG AI연구원 주도하에 자체적으로 운영중에 있다. 본 교육 과정은 전사 프로그램으로 LG화학, LG디스플레이 등 전 계열사 임직원들의 실력 향상을 그 목적으로 하고 있다. LG는 이 과정을 통해 도메인 전문가를 중급 수준의 AI 실무형 인재로 육성하고 있다.

　교육 프로그램은 교육 대상을 잘 선정하는 것이 매우 중요한데, 본 고

5　2021년 9월 27일 〈AI강국 코리아로 가는 길〉 웨비나에서 진행된 배경훈 LG AI연구원장의 발표 내용을 참고하였음.

급문제해결과정의 경우 '계열사 도메인 전문가 중 AI 기술을 활용하여 해결하고자 하는 현업 과제가 있고, 머신러닝/딥러닝에 대한 기본 역량을 보유한 인원'으로 대상을 명확히 하고 있다. 본 교육에 대한 참여 조건은 크게 두 가지인데, 하나는 AI를 활용하여 풀 수 있는 문제(또는 그것을 해결할 때 필요한 데이터)의 명확한 정의이고, 다른 하나는 기초적인 머신러닝/딥러닝 역량을 보유하고 있어야 한다는 것이다. 도메인 전문가라면 문제를 충분히 정의할 수 있을 것으로 생각해 볼 수 있다. 하지만 기초적인 머신러닝/딥러닝 역량은 임직원 개인이 스스로 공부를 해야 얻을 수 있는 것이다. 이것은 사내 교육, 외부 교육, 온라인 강의 등으로 충분히 해결될 수 있음을 가정했다고 판단된다.

본 고급문제해결과정은 주당 3일, 12주간 LG AI 연구원 내 AI 전문가가 1:1 멘토로 매칭되어 도제식 교육을 통해 현업 과제를 해결해 내는 방식이다. 1:1 도제식 방법은 도메인 실무자를 교육시키는 가장 빠르고 가장 효과적인 방법 중 하나이다. 고급문제해결과정을 통해 진행한 프로젝트의 예를 살펴보자. LG생활건강에서 생산중인 모발케어 상품은 동일 제품이라도 용량, 패키징, 가격 또는 이벤트 행사 기간에 따라 판매량이 급변하는 상품이다. 교육에 참여한 도메인 전문가는 기존의 수요예측 방법이 정확도가 낮아 재고 관리에 어려움이 많다는 현업 과제를 발굴하였고, 12주 과정 동안 행사 정보 기반의 수요 예측 모델을 개발하여 기존 60%에 해당하는 수요예측 정확도를 85%로 끌어올렸으며, 효율적인 생산 계획으로 재고 효율을 높여 매년 1.2억 상당의 연매출 상승 효과에 기여하였다.

AI 전문가 멘토 1인이 여러명의 도메인 실무자를 교육시키는 것이 아닌 1:1 교육이라는 점에서 LG가 AI 인재 육성에 얼마나 공을 들이고 있는지 알 수 있다. AI 전문가는 교육 전담이 아니라 회사 내 기술적 난제를 풀기 위한 연구인력이므로, 계열사의 모든 임직원들을 가르치는데는 한계가 있을 수밖에 없다. LG는 이 문제를 지식 전파 문화를 통해 해결한다. 고급문제해결과정은 약 50명의 계열사 임직원이 입과생으로 들어오며 12주간의 멘토링을 통해 현장의 문제를 AI 기술을 활용하여 풀어내는 프로젝트 기반의 학습 프로그램이다. 이 50명은 교육을 마친 후 각자의 회사로 돌아가 다시 주변의 동료들에게 이 경험과 지식을 공유한다. 또한 매년 도메인 전문가들이 학습 과정 중 수행한 프로젝트는 전 계열사에 공개된 후 투표를 통해 시상이 되는 등 AI 활용 확산에 다각도의 노력을 기울이고 있다.

〈그림 13-4〉 LG 의 고급문제해결과정 사내 교육으로부터 얻은 프로젝트 결과들. 추후 공개 투표를 통해 우수 프로젝트 시상이 이루어진다.

LG는 이에 그치지 않고, 석박사급 AI 전문 인재 육성을 위해 사내에 2021년 AI대학원을 신설하였다. LG AI대학원은 석사과정AI Master Degree 과 박사과정AI Doctoral Degree으로 구성되며, 졸업생은 실제 SCI 수준의 저널을 게재할 정도의 실력을 가지고 있어야 학위를 받을 수 있다. 또한 실제 기업의 제품에 적용할 수 있는 프로젝트의 내용으로 논문을 작성하기 때문에 보다 실무에 초점을 두고 있는 교육과정이다. LG AI대학원이 기존의 대학원과 가장 다른 점은 학습 기간에 있다. LG AI 대학원은 석사 과정의 경우 풀타임 9개월, 박사 과정의 경우 파트타임 18개

3부 AI 인재양성과 교육 혁신

월 과정이며 인공지능 연구개발에 꼭 필요한 17가지 교과목을 바탕으로 압축적인 교육 경험을 통해 빠르게 인재를 육성할 수 있는 시스템이다. 기업 입장에서 볼 때 기존의 대학원 과정은 빠른 AI 기술 발전에 대응하기에 너무 많은 학습 시간을 요구하고 있으며, 논문 게재를 목적으로 한 연구는 바람직하지 않게 생각된다. 현재 자체적으로 교육 프로그램을 확보하기 위해 AI연구원내 박사 학위를 보유한 13명의 리더(지도교수)가 직접 학생들을 관리하며 도메인 전문가를 AI 전문 인재로 키워내고 있다.

SK

2020년 1월, SK는 AI, DT^{Digital Transformation} 등 새로운 미래역량과 행복, 사회적 가치 등 그룹의 경영철학을 담은 8개 분야의 학습 콘텐츠를 담은 온라인 학습 플랫폼 mySUNI를 제작하였다. SK mySUNI 는 2021년 5월 기준 현재 11개 분야(칼리지)의 900여 과정에서 2600여 시간 분량의 방대한 교육 콘텐츠를 확보하였다. 따라서 이토록 방대한 교육 콘텐츠 플랫폼을 통해 디지털 리터러시와 같은 기초 수준의 학습부터 CDS과정, 기계학습 엔지니어^{ML Engineer} 과정 등 핵심적인 직무/역할에 해당하는 학습까지 임직원들의 다양한 수준을 고려한 맞춤형 교육을 제공할 수 있다. 계열사 포함 7만명의 SK 임직원들이 수많은 콘텐츠 속에서 본인에게 맞는 전문 콘텐츠를 선택하여 수강이 가능하다. 잘 갖춰진 교육 플랫폼과 콘텐츠의 힘, 그리고 경영진의 의지를 반영하듯 임직원들은 누적 360만 시간 이상 학습에 참여했으며 SK의 인재 육성에 큰 힘이 되고 있다.[6]

---

6 본 문단에 나온 숫자는 Korea IT Times 기사를 참고하였음. www.koreaittimes.com/news/articleView.html?idxno=106258

〈그림 13-5〉 SK mySUNI 학습 플랫폼

　SK mySUNI와 다른 기업 주도형 교육 프로그램과의 가장 큰 차이점은 내부에서 만든 교육 콘텐츠 뿐 아니라 외부에서 제작한 교육 콘텐츠도 mySUNI 교육 플랫폼 내부에 연동되게 한 것이라고 할 수 있다. 자체 교육 플랫폼을 가지고 있다는 것은 회사 외부로 방출이 불가능한 자사 데이터를 활용하여 교육 콘텐츠를 만들 수 있다는 뜻이 된다. 그러므로 자사에 특화된 실무형 AI 인재를 양성할 수 있는 커리큘럼을 구성할 수 있다. 이보다 더 중요한 장점은 임직원 교육생들이 어떤 방식으로 학습하고 어떻게 성장하는지 로그 분석을 통해 알 수 있다는 것이다. mySUNI는 임직원들의 교육 행동 데이터를 추출하고, 데이터 기반으로 행동 패턴을 분석하여 교육 효과, 만족도, 역량 성장도 등 보다 더 나은 교육 플랫폼이 될 수 있게 발전시켜 나간다.

　또한 SK도 LG의 경우와 비슷하게 3~6개월 정도의 교육기간동안 실무형 AI 전문가를 양성하는 교육 프로그램을 지니고 있다. 서울대, 포항공대 등 대학과의 협력으로 SK의 데이터와 SK를 위한 프로젝트로 구성된 타겟 교육 프로그램을 만들어서 운영하고 있다. 예전 외부 교육기관에 의해 교육을 진행했을 때는 교육 기관들이 가진 커리큘럼 위주의 교육을 진행했기에 범용적인 사례만을 학습할 수밖에 없었다. 하지만 이제는 SK에 꼭 맞는 맞춤형 교육 프로그램을 만들어 도메인 전문가를 AI 전문가로 탈바꿈시키고 있다.

KT

KT는 통신기업Telco에서 디지털 플랫폼 기업Digico으로 변신을 선언하고, AI를 업무에 활용할 수 있는 실무형 인재 1,500명을 2022년까지 직접 육성하고자 미래인재육성 프로젝트를 가동하였다. 이 프로젝트 역시 도메인 지식을 보유한 내부 직원들을 AI 인재로 양성하는 전사 AI 인재육성 프로그램으로 그 핵심은 실전 프로젝트, 실전 플랫폼, 그리고 역량 평가라고 할 수 있다. 그리고 그 노하우를 바탕으로 AIFB AI Fundamentals for Business라는 인증 시스템을 개발하였다. AIFB는 비즈니스 현장의 다양한 데이터를 분석하고 AI 모델을 개발할 수 있는 실무 AI 활용역량을 검정하는 자격인증 시험이다. 따라서 기업 실무에서 실제 사용하고 있는 기업사례 기반 문제를 출제하고, 실질적인 AI 활용능력을 평가하기 위해 100%실기평가로 개발되었다. 재미있는 사실은 단순히 인증시험만 만들어 둔 것이 아닌 AIFB 자격인증 시험을 준비할 수 있는 교육 플랫폼 AIFB Ready 를 제공한다는 점이다. KT의 AI 개발자가 직접 강의하고 코칭하며 기업 실무 AI 활용 중심의 강의와 실습을 제공하여 기업 주도형 교육 플랫폼으로서의 핵심 기능을 모두 갖추었다. 또한 실습 플랫폼 AIDU에서는 웹 기반으로 AI 개발에 필요한 데이터 분석 도구와 GPU 자원을 제공하고 있으며, Auto ML 기반으로 코딩없이 마우스클릭 만으로 데이터 분석, 처리, AI 모델링까지 가능한 AI 개발 툴을 제공하고 있다.

KT 의 AIFB 교육시스템의 특이한 점은 KT의 AIFB는 자체 교육 뿐

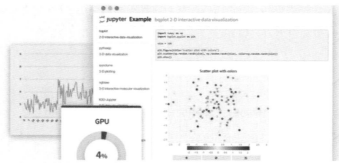

〈그림 13-6〉 KT의 실습플랫폼 AIDU. (출처 : ktaidu.kt.co.kr)

〈그림 13-7〉 KT AI One Team 참여기관들 (출처 : ktaidu.kt.co.kr)

아니라 외부 기업에까지 공개되어 활용되고 있다는 것이다. 대부분의 기업 주도형 교육은 해당 기업만을 위해 제작되어 대외적으로 공개가 되지 않는 반면, KT는 현대중공업, 비씨카드, 한국조선해양 등 기업들과 단국대학교, 홍익대학교 등 대학교, 경기도일자리재단, 한국표준협회 등 공공기관에까지 본 교육서비스를 제공하고 있다(유료).

또 다른 KT만의 특징이 있는데 국내 대표 산학연이 그룹을 이루어 인재육성을 위한 협력체 AI One Team을 구성하고, 함께 AIFB를 만들고 활용해 나간다는 점이다. AI One Team은 LG전자, 동원, 에트리, KAIST 등 11개 기관으로 구성되며, AIFB 문항을 검수하는 등 공동으로 AI 교육 플랫폼을 구축하고, AI DX 성공사례를 타 산업/기업에 확산하고 AI 생태계 조성을 위해 노력하고 있다.

커뮤니티형

AI기술이 이렇게 급격히 발전할 수 있었던 이유를 하나만 꼽으라면, 그것은 공유 문화에 있다고 말할 수 있다. 서로의 연구 결과를 논문으로 작성하고 공유하는 아카이브Arxiv, 힘들게 개발한 코드를 누구나 사용할 수 있게 오픈하는 깃허브Github, 서로 자료를 공유하고 토론하는 레딧Reddit, 서로 모르는 것을 물어보고 답하는 스택오버플로우Stack overflow 등 수많은 공유 플랫폼이 존재했기에 AI는 눈부신 발전을 이룩할 수 있었다. 이러한 공유 플랫폼은 혼자서 공부하고 성장하는 것이 아닌 다른 사람과 사람을 연결해주는 네트워크의 역할을 해냈고, 공유 플랫폼의 발달은 같은 AI 개발자들끼리 커뮤니티를 형성하여 함께 성장하는 문화를 만들어 갔다.

우리나라에서도 2015년 'AI Korea'라는 페이스북 커뮤니티를 시작으로, 모두의연구소, 텐서플로우 코리아 등 다양한 인공지능 커뮤니티들이 만들어지기 시작했다. 커뮤니티에서 활동하던 사람들은 자기주도적으로 빠르게 정보를 획득하고 함께 지식을 나누며 성장할 수 있었다. 커뮤니티 활동은 학습 방법에도 영향을 미치게 되어, 자기주도성 기반의 실습과 서로 가르치기와 같은 능동적 학습이 가능하게 했다.

이러한 커뮤니티 방식이 교육에 접목되기 시작한 것은 우연이 아니다. 빠르게 변하는 AI 지식을 커리큘럼을 구성해 학생들에게 제공해주는 교육 방식은 빠르게 변하는 AI를 가르치기에 그 속도가 너무 느리다. 누군가 커리큘럼을 설계하고, 그 커리큘럼에 맞게 콘텐츠를 제작하고, 그 콘텐츠를 바탕으로 수업을 진행할 때 즈음에는 이미 새로운 신기술들이 쏟아져 나온 상태이다. 커넥트재단의 이효은 매니저는 모두콘

2019MODUCON 2019에서 인생의 초반부에 대학 교육을 받고 그것으로 평생을 버틸 수 있었던 기존의 교육에서 이제는 평생에 걸친 학습을 해나가야 하는 Life-long learning의 시대가 왔으며, 테크 교육의 미래는 커뮤니티에 있다고 하였다.[7] 교재도 없고, 강사도 없이 학생들이 스스로 배워나가는 프랑스의 에꼴42는 2013년 처음 개교된 이후, 현재 전세계 38개 학교로 확장되었다. 능동적 학습을 유도하는 커뮤니티형 교육 기관들이 빠른 성장을 보여주는 단적인 예이다. 본 절에서는 우리나라의 대표적인 커뮤니티형 교육 기관과 프로그램들을 살펴보도록 하겠다.

모두의연구소

모두의연구소https://modulabs.co.kr는 하고 싶은 연구가 있다면 누구나 연구실을 만들 수 있고, 재미있는 연구실이 있다면 누구나 참여할 수 있는 오픈형 연구 커뮤니티이다. 그래프 신경망을 활용한 추천시스템 연구실GBRS LAB, 인공지능 기술을 이용해 음악과 관련된 연구를 진행하는 Rubato LAB, 김안과와의 협력으로 안과 질환의 치료 예후 예측 모델을 연구하는 OAI LAB, AI 아이돌 그룹 이터니티[8]로 유명한 펄스나인과 함께 디지털 휴먼에 대한 연구를 진행하는 Visual AI LAB 등 다양한 수준 높은 연구가 이루어지고 있다.

연구 결과물은 홈페이지, 유튜브 등을 통해 공유되며, 매년 12월 모두의연구소 컨퍼런스 모두콘MODUCON에서 발표된다. 모두콘은 강연비 없이 연사들의 자발적 참여로 AI 및 최신 기술에 대한 지식을 나누는 나눔의 장이다. 2018년 300명 참가자 규모로 시작된 모두콘은 2019년 500

---

7 모두콘 2019 교육 세션에서 발표된 커넥트재단의 이효은 TF장의 "테크를 만드는 커뮤니티, 커뮤니티를 만드는 테크"에서 발췌되었으며, 발표 영상은 다음 링크의 유튜브에서 확인 가능하다. www.youtube.com/watch?v=MgR85tKEkhs
8 이터니티는 2021년 3월 데뷔한 AI 11인조 여성 걸그룹이다. 특히 이터니티 멤버 다인의 No Filter 싱글앨범 뮤직비디오는 오픈 4개월만에 200만뷰 이상을 기록했다.

〈그림 13-8〉 모두의연구소에 개설된 연구실들

명, 2020년에는 36명의 연사, 1000명이 넘는 참가자가 함께하는 컨퍼런스로 성장하였다.

모두의연구소는 연구실LAB 뿐 아니라 풀잎스쿨Flipped School이라는 커뮤니티 모임도 운영을 하고 있다. 풀잎스쿨은 연구에 필요한 지식을 함께 모여 배우는 일종의 코스웍coursework이다. 누군가 커리큘럼을 설계해 주는 방식이 아닌 연구원들이 스스로 과정을 기획하고 만들기 때문에, 빠르게 기술 트렌드를 반영하여 과정들이 생겨나고 사라진다.

2021년 11월 현재 모두의연구소에는 연간 120여개의 연구모임이 만들어지고, 약 2000여명의 멤버십 연구원들이 함께 활동한다. 이들은 NeurIPS, CVPR 등 메이저 AI 국제 컨퍼런스에서 총 6편의 논문을 발표하였으며, 〈딥러닝 교과서〉, 〈파이썬과 케라스로 배우는 강화학습〉, 〈텐서플로와 머신러닝으로 시작하는 자연어 처리〉 등 다양한 책을 발간

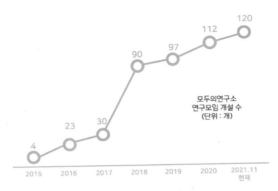

모두의연구소
연구모임 개설 수
(단위 : 개)

〈그림 13-9〉 모두의연구소에 개설된 연구 모임 수 추이

〈그림 13-10〉 모두의연구소 연구 프로젝트 결과물들. (좌) 거북목 판단기 앱 제작 (우) 비접촉식 호흡 측정기

하였다. OpenAI Retro Contest나 KITTI Monodepth 대회, LivDet 위조 지문 인식 대회 등 다양한 대회에 참가하고, 자율주행 자동차 시뮬레이터, 거북목 측정기, 비접촉식 호흡 측정기, IoT 스마트 농장 등 다양한 연구 프로젝트를 진행했다.

AI 혁신학교 아이펠

AI 혁신학교 아이펠AIFFEL은 인공지능을 배우고 싶어하는 청년들에게 교육의 기회를 제공해주기 위해 모두의연구소가 설립한 교육기관이다 https://aiffel.io. 〈그림 13-11〉은 우리나라의 인공지능 교육 과정 현황을 보

3부 AI 인재양성과 교육 혁신

여준다. 인구의 20%가 모여 살고 있는 서울에 인공지능 교육의 80%가 몰려 있으며, 강원, 경북, 전북, 제주에는 아예 인공지능 교육 과정 자체가 없다(2021년 04월 기준). 아이펠은 지역의 청년들은 인공지능 교육을 받을 수 있는 기회조차 제공되지 않는 현재의 문제를 해결하고자 설립되었다. 지방에 인공지능 교육이 없는 이유는 재정의 부족 때문만은 아니다. 정부는 한국판 뉴딜의 핵심으로 인재양성을 꼽고 있고, 고용노동부는 AI, 빅데이터 등 20개 신기술 분야의 인력양성을 위한 협업 예산 1조 6,000억 원을 투자한다고 발표하였다. 인력양성 사업에 대한 예산은 해마다 커지고 있지만 그럼에도 불구하고 지방의 교육 형편은 크게 나아지지 않고 있다. 그 이유는 지방에서는 실력있는 인공지능 강사를 구할 수 없기 때문이다.

2021년 4월 현재 인공지능 교육 과정 현황(온오프믹스 정보 기반)

서울 49
인천·경기 4
강원 0
대전/충청/세종 2
대구/경북 0
부산/울산/경남 3
광주/전남 4
제주 0

〈그림 13-11〉 인공지능 교육 과정 현황. (2021년 04월 기준) (출처 : http://www.aitimes.com/news/articleView.html?idxno=138142)

강사가 없이도 인공지능을 가르치기 위해서 아이펠은 실습형 교육 콘텐츠와 커뮤니티형 교육에 집중했다. 60여 명의 콘텐츠 크리에이터는 실습하면서 배울 수 있는 Learning-by-Doing 컨셉의 프로젝트 노드[9]를 제작하여 학생들에게 제공한다. 또한 아이펠의 학습관리 시스템에는 리눅스Linux, 텐서플로우Tensorflow, 쿠다

---

9   아이펠의 학생들은 노드(node)라고 불리는 콘텐츠를 매일 동료와 함께 학습한다. 노드는 코딩과 이론을 함께 배우도록 실습형으로 제작되었으며, 노드 하나의 학습시간은 약 4~8시간 분량이다.

〈그림 13-12〉 아이펠의 학습 노드. AI on Web 기술이 적용되어 학습 시스템내에서 코딩 및 실습이 가능하다.

Cuda와 같은 OS나 라이브러리 설치 없이도 웹브라우저 하나만 있으면 코딩환경이 갖춰지는 AI on Web 기술이 적용되어 있다. 처음 인공지능을 접하는 학생들은 개발 환경 셋팅에 매우 힘들어 하는데 이 AI on Web[10] 기술은 진입장벽을 낮추어 준다. 아이펠에서는 학습 플랫폼의 콘텐츠들을 혼자 배우는 것이 아닌 동료와 함께 토론 학습을 진행한다. 학교 내에서는 상대평가를 하지 않기 때문에 친구가 경쟁자가 아닌 동료가 되어 서로 가르쳐주고 함께 프로젝트를 진행한다.

아이펠의 교육 우수성은 산업계에서도 인정을 받고 있다. 차량 공유 유니콘 기업 쏘카SOCAR는 모빌리티 데이터 분석에 대해 전문적으로 가르치는 아이펠X쏘카 캠퍼스를 개소하였다. 아이펠 쏘카 캠퍼스에서 학생들은 쏘카의 6명의 엔지니어와 함께 제작한 전문 노드를 함께 학습하며, 우수 졸업생은 쏘카 입사 특전이 주어져 기업과의 상생도 이루어지고 있다.

6개월간 진행되는 장기 무료교육임에도 아이펠의 평균 수료율이 92.4%

---

10 코딩 실습 툴을 웹브라우저에서 실행할 수 있도록 모두의연구소에서 만든 기술. 현재 구글, 아마존 등 외부 GPU 서버와 연동되도록 구성되어 모바일 기기에서도 인공지능 개발을 위한 실습이 가능하다.

에 달한다는 점은 커뮤니티형 학습 방법이 얼마나 우수한지 보여주는 또 하나의 증거이다. 강사없는 AI 혁신학교 아이펠은 이러한 혁신성을 바탕으로 서울, 인천, 대전, 대구, 울산, 부산 등 전국 7개 캠퍼스가 개소되어 있다.

이노베이션 아카데미(42Seoul)

이노베이션 아카데미https://innovationacademy.kr는 과학기술정보통신부와 서울시가 2019년에 설립한 소프트웨어 인재 양성 기관으로, 프랑스 에꼴42의 교육 프로그램을 기반으로 한 42서울https://42seoul.kr을 운영하고 있다. 42서울은 교수, 교재, 학비가 없는 3무 혁신 교육기관으로, 100개 이상의 프로젝트를 통해 배우는 PBLProject Based Learning 방식의 학습 커리큘럼을 가지고 있다. 학생들은 실습을 통해 객체지향 프로그래밍, 알고리듬과 인공지능, 웹, 보안, 데이터베이스 등 17가지 소프트웨어 역량 향상을 위한 기술을 배울 수 있다. 42서울에는 다른 교육기관에는 없는 특별한 코드리뷰 시스템이 존재한다. 프로젝트 수행 후 학생들이 서로 코드리뷰를 해주는 피어리뷰 시스템이 그것이다. 42서울의 학생들은 서로 다른 역량과 관심을 가진 동료의 평가와 피드백을 받으며 성장한다.

42서울 역시 2년간의 장기 교육과정이므로 강사 없이도 학생들이 학습에 몰입할 수 있는 장치가 반드시 필요하다. 지정 일수까지 과제를 수행 못하면 과정을 더 이상 진행할 수 없는 블랙홀 제도, 포인트 제도, 레벨업 시스템, 배지 시스템등 다양한 게이미피케이션이 도입된 것 역시 큰 특징이다.

특히 42서울에는 교재가 없기 때문에 주어진 과업을 달성하기 위해 자기주도적 정보 취득, 적극적 동료학습이 필수적이다. 이렇듯 학생들

〈그림 13-13〉 커뮤니티형 교육의 우수성을 전세계에 알린 에꼴 42 네트워크 (출처 : 42 Seoul | 주요사업 | 이노베이션 아카데미 (innovationacademy.kr))

간의 소통에 운영진의 간섭이 최소화 되므로, 커뮤니티형 학습의 특징인 운영 효율성[11](학생 수 대비 교수/운영자 비율)을 극대화시킬 수 있다. 효율성의 극대화는 확장하기 용이함을 의미하며, 에꼴42가 42서울, 42토쿄 등 전세계 38개 캠퍼스로 어떻게 확장될 수 있었는지 잘 설명해주고 있다.

---

11 커뮤니티형 교육기관 에꼴 42의 학교 운영 효율성은 약 50 정도 수준(자체 조사 기준)으로, 서울대학교의 학교 운영 효율성(학생 수/교원 수)=5.3(2020년 4월 기준)에 비해 매우 높다.

지식 공유형

　다수의 지식 공유자가 누구에게나 지식을 공유하고 수익을 벌 수 있는 플랫폼들이 등장하고 있다. 해외 사례로는 2010년에 설립된 유데미https://udemy.com가 대표적이며, 국내에도 2015년부터 클래스101https://class101.net, 탈잉https://taling.me, 인프런https://inflearn.com과 같은 지식 공유형 기업들이 많이 등장하고 있다. 이들이 보유한 강좌들은 개발, 금융, 디자인, 외국어, 뷰티/헬스 등 다양한 분야에서 활동하고 있는 개인 콘텐츠 공급자들이 제작한다.

　따라서 지식 공유형 플랫폼은 기존의 교육기관들이 가지지 못한 몇 가지 장점을 가지고 있다. 먼저 지식 공유형 플랫폼의 강좌 가격은 상당히 저렴하다. 플랫폼 사업자는 콘텐츠 공급자 개인과 직접 수익쉐어의 형태로 계약을 맺는 형태이고, 단지 유통을 맡을 뿐이기 때문이다. 또한 다수의 지식 공유자가 활동하는 지식 공유형은 커뮤니티형과 마찬가지로 급변하는 시대에 맞게 빠른 콘텐츠 확보가 가능하다. 따라서 많은 지식 공유형 플랫폼들이 성장과 평생 학습에 초점을 맞추어 홍보하고 있다. 마지막으로 강좌들이 현업에서의 경험을 전수하는 측면이 강하며 매우 실무적이다. 이론에만 집중하기보다 바로 현장에 적용할 수 있다는 점에서 이들의 성장은 필연적이라고 할 수 있다.

　최근 많은 기업은 성장형 인재를 선발하기를 갈망한다. 성장형 인재들은 이러한 지식 공유형 플랫폼의 주요 고객이기에 이제는 교육을 복지의 차원에서 제공해주는 경우가 많아지고 있다. 지식 공유형 플랫폼은 AI 재교육에 특화된 교육 솔루션은 아니지만 복지의 개념으로 접근했을 때 큰 힘을 발휘할 수 있다. AI 교육에 국한되지 않고 주제를 특정

〈그림 13-14〉 성장과 평생 학습(Life-long Learning)을 강조하는 지식 공유형 플랫폼들 (좌)유데미 (우)인프런

하지 않기에, 전사 임직원들의 다양한 성장을 이끌어 줄 수 있기 때문이다. AI 재교육을 희망하는 임직원들은 수많은 강의 중 본인이 원하는 AI 관련 강의를 찾아서 들으면 된다.

유데미, 인프런, 클래스101, 탈잉

유데미는 183,000개의 동영상 강의가 업로드 되어 있는 글로벌 최대 지식 공유형 플랫폼이다. 8000여 개 강의의 탈잉, 2,000여 개 강의의 인프런과 클래스101에 비해 엄청난 규모임을 알 수 있다. 유데미의 파이썬 강좌의 경우 3,300만명 이상이 학습했으며, 이런 규모의 경제 실현으로 강좌당 15,000원 수준으로 공급하고 있다. 머신러닝 과정은 660만

Python 강의

다음 관련 Python 개발, IT 및 소프트웨어
👥 34,887,515명의 학습자

다음 강의로 시작해 보세요

최고 인기   신규 강의   초급자 인기 강의

파이썬 Python 3 입문 - 미국 실리콘밸리 스타일의 코드로 실...
酒井 潤 (Jun Sakai), Haesung Hwang (황혜성)

따라하며 익히는 파이썬 데이터수집 마스터
Namsoo Jang

[한글자막] 머신러닝의 모든 것 with Python, R
Kirill Eremenko, Hadelin de Ponteves, 웅진띵...

파이썬(Python)과 로블록스 (Roblox)로 메타버스(Metaverse...
메피노 주식회사

[한글
100기
Dr. Ang

〈그림 13-15〉 3천만 명 이상이 유데미의 파이썬 과정을 수강했다.

명 이상이, 인공지능 과정은 230만 명 이상이 수강하여 AI 시대의 새로운 교육 시스템을 실현하고 있다.

유데미는 개발자뿐 아니라 다른 여타 영역의 주제들에 대해서도 상당한 콘텐츠와 학습자를 보유하고 있다. 포토샵 디자인 과정은 1,000만 명 이상, 영어 학습 과정은 500만 명 이상의 학습자가 과정을 선택하였다.

반면 국내의 지식 공유형 플랫폼은 개발자 과정과 일반 직무과정이 분리되어 발전하는 모습이다. 인공지능 및 소프트웨어 개발은 인프런이 국내에서는 가장 많은 학습자를 보유하고 있으며, 일반 직무과정은 클래스 101과 탈잉이 선도하고 있다. 하지만 3개의 업체 모두를 합쳐도 유데미 1개의 업체의 규모에 미치지 못하여 국내 시장 자체가 작다는 것을 짐작할 수 있다. 시장이 작기 때문에 지식 공유자의 수도 적을 수밖에 없어 양질의 콘텐츠가 올라오기 어렵다는 의미이기도 하다.

〈그림 13-16〉 인프런의 인공지능 과정들

전문가 강의형

　네트워크 기술의 발전, 영상 콘텐츠 소비의 확대, 유튜브/비메오 등 동영상 플랫폼의 성장으로 한 번 녹화해 둔 전문가의 강의를 전 세계로 퍼트릴 수 있는 시대가 되었다. 스탠포드 Fei-Fei Li 교수의 컴퓨터 비전 강의인 CS231n은 유튜브에 공개되 270만 명 이상이 시청하였다. 국내에도 많은 대학에서 이 교재를 가지고 가르칠 정도로 높은 수준과 친절한 설명을 두루 갖추었다. 이렇듯 실력 있는 전문가 1명의 강의가 지식을 배우고자 하는 수백만의 사람들에게 전달될 수 있는 시대가 열렸다. 전문가의 강의는 빠르고 효율적이며 무엇을 배워야 하는 지 모르는 진입자들에게 효과적인 이정표의 역할을 해줄 수 있다. 이런 전문가들의 강의를 모아서 서비스하는 교육 플랫폼들이 2012년 MOOC^Massive Open Online Course라는 이름으로 등장하기 시작했다. MOOC 플랫폼의 3대장이라고 할 수 있는 코세라^Coursera, 유다시티^Udacity, eDX 는 모두 이 시기부터 시작되었다. 우리나라도 교육부에서 2015년 K-MOOC 를 만들어 누구나 무료로 인터넷을 통해 대학 및 각종 기관들의 강의를 들을 수 있도록 하였다. 미국은 학교 또는 기업주도로 만들어진 반면, 우리는 정부 주도로 만들어진 점이 다르다고 할 수 있다. 국내에도 기업 주도의 전문가 강의형 교육 플랫폼인 패스트캠퍼스가 2015년 설립되었다. 패스트캠퍼스의 전문가 강의형 교육은 고품질의 강의 내용을 제공해야 하므로 강사비 등 제작단가가 높을 수밖에 없다. 따라서 비교적 비싼 교육비를 지불할 수 있는 성인 교육에 특화되어 제공되고 있으며, 많은 기업 및 개인이 패스트캠퍼스의 인공지능 강의를 가지고 재교육을 받고 있다.

코세라, 유다시티, 패스트캠퍼스

코세라는 2012년 스탠포드 대학의 Andrew Ng 교수와 Daphne Koller 교수가 설립한 MOOC 플랫폼이다. 스탠포드, 미시건, 펜실베니아 등 200개 이상의 대학과 기업이 협력하고 있으며, 우리나라에도 카이스트, 포항공대, 성균관대, 연세대학교가 참여하고 있다. 학습자가 8700만명이 넘고 2021년 4월에는 뉴욕 증시에 상장할 정도로 성장하였다. 코세라가 대학 위주의 전문가 강의형 플랫폼이라면, 유다시티는 기업 위주의 전문가 강의로 구성되어 있다. 유다시티는 약 3개월정도의 수업과정을 이수하면 나노디그리Nanodegree를 수여하고 취업 등에 연계되도록 구성되어 있다. 특히 이러한 수업과정은 기업이 원하는 주제로 기업 내 전문가들과 함께 만들어진다. 가령 유다시티의 Autonomous Systems 코스는 BMW, Mercedes Benz 와 함께 제작되어 보다 실무적인 능력 함양에 초점을 맞추고 있다.

코세라가 대학, 유다시티가 기업 중심의 전문가 강의형이라면, 패스

〈그림 13-17〉 검증된 실무 역량을 지닌 개인 중심의 전문가 강의형 플랫폼 패스트캠퍼스

트캠퍼스는 개인 중심의 전문가 강의형이다. 패스트캠퍼스는 어떤 분야에 사람들이 관심이 있는지 빠르게 파악하고 업계에서 인정받는 전문가를 섭외하여 강의를 제작한다. 덕분에 실무 역량이 필요로 되는 학생들에게 전문 실무 지식을 빠르게 제공할 수 있어 큰 인기를 끌고 있다.

AI 재교육 : 혁신의 현실적인 문제들

　이제 막 인공지능으로 전공을 정하고 배워 나가는 학생과 달리 산업체 인력들은 업무를 진행하면서 AI 재교육을 받아야 한다. 2-4년간의 학위 과정들은 업무와 학업을 병행하는 데 적합하지 않다. 그런 면에서 유데미, 코세라, 유다시티 등 해외 교육 플랫폼들과 모두의연구소, 인프런, 패스트 캠퍼스 등 국내 교육 플랫폼들의 새로운 교육적 시도들은 매우 반갑다. 매우 수동적일 수밖에 없는 기존의 교육 시스템은 강사 1인의 지식에만 의존하므로, 그 강사가 모든 걸 알 수 없을 정도로 빠른 기술 변화를 가르치기에는 적합하지 않다. 데이터와 많은 계산량을 필요로 하는 인공지능 기술의 특성상 교육 기관의 강사보다 기업 내 임직원의 업무 역량이 더 고도화되는 추세도 교육의 혁신을 부추기고 있다. 하지만 이런 시도들은 아직 10년밖에 되지 않았다. 고대 그리스부터 이어져 내려온 제도화된 교육 시스템에 비하면 턱없이 그 역사가 짧다. 당연히 혁신적 교육 시도들은 아직은 불완전하며 이들 역시 다양한 현실적인 문제점을 안고 있다.

　먼저 기업 주도형 AI 교육을 살펴보자. 기업 주도형 AI 교육은 기업 스스로가 필요로 하는 도메인에 특화시켜 커리큘럼을 만들 수 있다. 교육 받은 산업체의 인력들을 바로 현장에 적용 가능할 정도로 효과적이며 실제로 기업 내에서 큰 성과를 이루고 있다. 하지만, 기업이 도메인에 특화된 AI 교육 과정을 모두 설계하고 제작하는 것은 쉬운 일이 아니다. 기업 내외부의 전문가들을 교육에 투입해야 하고, 교육에 사용할 데이터, 코드 등을 가공해야 한다. 이를 위해 필요로 되는 1인당 교육 비용[12]이 크게 증가하게 된다. 또한 교육에 대해 각 부서별 이익이 첨예하게

12　기업 주도형 교육의 경우, AI 개발자를 양성하기 위해 들어가는 비용이 1인당 5천만 원 이상일 것으로 추정되고 있다.

대립할 수 있어서 이들을 한방향으로 이끌어 내기 위해 오너의 결단 및 지원이 필요하다. 따라서 기업 주도형 AI 교육은 LG, SK, KT와 같은 대기업에서 전사적인 지원을 해줄 때에만 가능한 방식이다. 기업 내부에 AI 전문가가 많지 않은 많은 비IT분야의 대기업이나 중견/중소기업들은 기업 주도의 AI 교육 방식을 사용하기 어렵다.

커뮤니티형 AI 교육은 자기주도성 기반의 실습과 지식 공유와 같은 능동적 학습이 가능하게 했다. 교육의 효율성도 높아 저렴한 비용으로 교육의 기회를 제공해 줄 수 있음은 물론이고 그 학습 효과까지 뛰어나다. 하지만 커뮤니티형 AI 교육은 커뮤니티 내 전문가의 유무가 커뮤니티 멤버들의 실력 향상에 큰 영향을 미친다. 물론 실력이 비슷한 사람들끼리의 토론으로도 의미 있는 결과를 이끌어 낼 수도 있지만 그 시간이 오래걸리고 답을 못찾은 상태로 토론이 끝나는 경우도 많다. 또한 커뮤니티 내 전문가가 있더라도 전문가들만의 사일로가 생긴다면, 역시나 같은 문제가 발생할 수 있다.

지식 공유형 AI 교육은 누구나 자신이 지닌 지식을 공유할 수 있기 때문에 단기간에 다양한 분야의 강의를 확보할 수 있다. 플랫폼의 특성상 이들은 강사의 퀄리티를 고민하기 보다는 어떤 강의가 인기가 있을지는 시장의 반응에 맡기는 것이 대부분이다. 따라서 AI 강사가 될 수 있는 허들이 비교적 낮다. 결국 플랫폼 내에 좋은 AI 강의와 그렇지 못한 강의가 섞여 있게 되고, 학습자는 비용을 지불하고 학습을 시작한 후에야 강의의 품질을 알 수 있다. 지식 공유형 AI 교육 방법에는 강의 품질의 편차 외에 또 다른 문제가 있는데 그것은 바로 커리큘럼의 체계화이다. 어떤 강의가 올라올지는 전적으로 강사의 의도에 달려있으며, 그 강의도 작은 주제로 나뉘어 올리는 경우가 많다. 지식 공유형 플랫폼을 사용해 AI 교육을 받고자 하는 사람은 그 강의들을 조합해 스스로 커리큘럼을 설계해야 한다. 따라서 이 방식은 체계적으로 하나의 주제에 대해 가르치는 데 취약할 수밖에 없다.

마지막으로 전문가 강의형은 고품질의 영상강의를 만나볼 수 있어 빠르게 지식을 늘리는데 효과적이다. 형식 자체는 기존의 전통적인 교실의 모습을 온라인으로 옮겼다고도 볼 수 있지만, 그럼에도 불구하고 강사의 역량이 매우 뛰어나므로 비용을 지불하는 학습생들이 배우고자 하는 의지만 있다면 많은 것을 얻어갈 수 있다. 하지만, 이런 전문가를 섭외하고 콘텐츠를 제작하는 데에는 많은 비용이 들어가며 따라서 교육비 자체가 매우 고가이다. 유다시티는 3개월에 약 150만 원 상당의 교육비를 요구하며, 패스트캠퍼스 레드는 하나의 주제에 대한 교육과정이 30~40만 원 정도 선이다. 또한 강의 콘텐츠를 제작한 후에도 딥러닝 라이브러리 버전의 변경, 새로운 후속 기술의 등장에 따라 강의 콘텐츠를 수정해야 하는데 전문가와의 계약은 1회성인 경우가 많아 콘텐츠의 수명이 매우 짧다는 것 역시 큰 단점이 된다.

미래를 위한 진화

이러한 혁신적 교육 방식들은 기존의 교육 시스템보다 빠르게 변화하고, 폭넓게 대응 가능하며, 보다 실무적인 솔루션을 제공함으로써 점차 시장의 지배력을 확장해 나가고 있지만, 아직은 많은 현실적인 문제들을 안고 있다. 그렇다고는 해도 이들은 등장한지 10년도 채 되지 않았으며, 지금도 끊임없이 발전해 나가고 있는 현재진행형 교육 방식이다.

본 챕터에서 살펴본 4가지 유형(기업 주도형, 커뮤니티형, 지식 공유형, 전문가 강의형)의 AI 재교육 방식은 저마다 서로 다른 장점과 단점

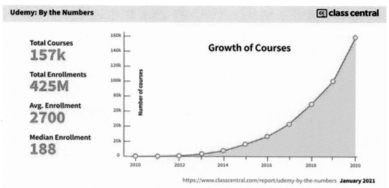

〈그림 13-17〉 검증된 실무 역량을 지닌 개인 중심의 전문가 강의형 플랫폼 패스트캠퍼스

을 지니고 있다. 각 방식들이 빠르게 커리큘럼을 구성해 내듯, 이들 교육 방식은 빠르게 서로의 장점을 흡수하며 진화하고 있다.

기업주도형 AI 교육은 기초 교육을 인프런, 엘리스, 탈잉 등의 동영상 교육으로 외주화 하고, 도메인 특화 교육은 내재화 하여 속도와 효율성 두마리의 토끼를 잡아내고 있다. 기초 교육의 경우 반드시 기업이 자체 제작할 필요가 없으며, 퇴근 후 자발적으로 본인의 역량 개발에 힘쓰는 MZ 세대의 특성을 고려할 때 외주화된 기초 교육을 복지차원에서 제공해주는 것이 바람직하다고 판단한 듯 하다.

커뮤니티형 AI 교육은 커뮤니티 구성원에게 도움이 될 외부 전문가들이 자문활동에 참여하는 형태로 시스템이 개편되고 있다. 이노베이션 아카데미에서는 현업 경험이 충분한 멘토단을 구성하여 학생들을 서포트 하고 있으며, 모두의연구소에는 외부 교수가 함께 연구원들과 논문을 작성하는 등 다양한 형태의 협업이 진행중이다. 또한 모두의연구소는 아이펠AIFFEL 온라인 교육 플랫폼을, 이노베이션 아카데미는 공유형 학습 플랫폼 Project X 을 개발 운영하고 있어 전문가 강의형과 지식 공유형의 장점을 흡수해 나가고 있다.

지식 공유형 AI 교육은 강의 품질의 편차 문제와 전체 커리큘럼 구성의 어려움 문제를 콘텐츠 수를 늘림으로써 해결해 나가려는 모습이다. 수많은 물품을 판매하는 온라인 쇼핑몰에서는 소비자의 상품평과 구매량으로 좋은 상품인지 아닌지 구별할 수 있다. 마찬가지로 지식 공유형 교육 플랫폼 역시 정말 많은 강의 콘텐츠를 확보하고 있다면 강의 품질의 편차는 문제가 되지 않을 것이다. 또한 커리큘럼의 문제도 에듀테크 기술을 통해 해결이 가능하다. 온라인 쇼핑몰에서 관심 물품을 추천하듯 추천 알고리듬을 이용해 다음에 들을 강의를 소개하는 방법도 점차 고도화 될 것이다. 특히 기존 개발자용 콘텐츠가 부족했던 클래스 101과 탈잉은 공격적으로 개발자용 콘텐츠를 확보하고 있으며, 개발자용 콘텐츠가 강했던 인프런은 역으로 커리어, 교양, 마케팅 등 다양한 분야로 확장해 나가고 있어 많은 교육 플랫폼 기업들이 격돌중이다.

전문가 강의형 AI 교육은 높은 수강료를 유지해야 운영 가능하다. 따라서 수강생이 직접적으로 수익을 얻을 수 있는 시장으로 점점 포커싱되는 추세이다. 취업을 시켜주겠다는 패스트캠퍼스의 네카라쿠배[13]과정, 코드스테이츠의 데이터 분석가 부트캠프 과정 등이 좋은 예이다. 또한 기존 직장인들의 커리어 변경을 통해 이직 또는 연봉 인상이 가능함을 보여주는 것 역시 전문가 강의형 AI 교육의 홍보 포인트가 된다. 유다시티의 나노디그리 역시 빠른 커리어 변경을 원하는 학습자의 니즈를 반영했다고 할 수 있다. 특히 전문가 강의형 교육 제공자는 높은 수강료에 맞게 높은 수익률을 자랑한다. 뉴욕 증시에 이미 상장된 코세라를 비롯 유다시티, 패스트캠퍼스 등 본 카테고리의 교육 제공자는 큰 기업규

---

13 '네이버, 카카오, 라인, 쿠팡, 배민'에 취업을 시켜주겠다는 의미로 각 회사의 앞글자를 따서 부름.

모 만큼이나 안정적이고 많은 전문 콘텐츠를 확보하고 있어 기업 교육과 연계해 시장을 계속 확대해 나가고 있다.

제조업에 특화된 기존의 교육 시스템은 AI 기업들의 니즈를 만족하지 못했고, 그 기업에서 영리활동을 해야만 하는 개개인들은 새로운 교육 시스템을 필요로 하게 되었다. 이러한 작금의 상황에서 2010년 초반부터 시작된 새로운 교육 방식의 공급자들은 10년의 기간 동안 교육계의 큰 변화를 가져온 주역이 되었다. 4차 산업을 이끌어 나가고 있는 AI 지식에 대한 갈망이 철옹성 같던 기존의 전통적 교육이 아닌 혁신적인 교육 공급자들을 만들어 내고 있다. 그리고 그 혁신적 교육 공급자들은 성공적 런칭에 만족하지 않고 서로 다른 방식의 교육을 지속적으로 접목하여 정반합의 새로운 교육 플랫폼으로 거듭나고 있다. 다음 10년이 기대되는 이유이다.

저자 소개

김승일

2015년, 누구나 연구실을 만들고 참여할 수 있는 열린 연구소인 〈모두의연구소〉를 설립하였다. 모두의연구소는 인공지능과 관련된 300개 이상의 연구모임을 운영하고 있다. 최근에는 인공지능 교육 기회의 불평등 문제를 해결하기 위해 누구나 인공지능을 배울 수 있는 AI 혁신학교 AIFFEL(아이펠)을 설립하였다. AIFFEL에는 강사가 없으며, 방대한 양의 프로젝트 기반의 학습 컨텐츠와 토론식 수업 문화를 특징으로 한다. 현재 서울, 인천, 대전, 대구, 울산, 부산 등 7개의 캠퍼스가 개소되었다. 또한 서울과 같은 대도시가 아닌 강사를 구하기 어려운 지방에도 청년들에게 AI 교육의 기회를 전파하고 있음을 인정받아 2021년 카카오 임팩트 펠로우로 선정되었으며, 최근 이노베이션 아카데미 재단의 이사로도 활동중이다. 정보통신 발전 유공 국무총리 표창 및 과학기술정보통신부 장관 표창을 수상하였다.

부록

AI 용어 및 알고리듬 정리 • KAIST 권순재 경영대학 박사과정생

참고문헌

AI 용어 및 알고리즘 정리

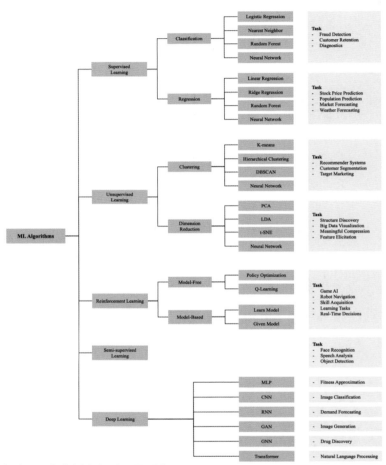

〈그림 부록-1〉 머신러닝 알고리즘 분류 체계

위 그림은 다양한 머신러닝 알고리즘을 크게 다섯 분류로 나눠 정리한 것
이다. 머신러닝 알고리즘은 학습 방법에 따라 크게 네 분류(Supervised

Learning, Unsupervised Learning, Reinforcement Learning, Semi-supervised Learning)로 나누어진다. Neural Network의 경우 위의 네 분류에 모두 포함될 수 있어 최하단에 Deep Learning으로 별도 정리하였다. 위 분류 체계의 말단에 위치한 알고리듬은 해당 분류에 속하는 알고리듬 중 유명한 것들을 추려 정리한 것이며, 그 외에도 수많은 알고리듬이 있으나 분량 상 생략하였다. 그림의 가장 우측에는 해당 분류 체계에 속하는 알고리듬이 사용되는 real-world task 중 대표적인 것들을 추려 mapping하였다.

아래는 각 알고리듬 분류 체계에 대한 설명이다.

Supervised Learning

Supervised learning(지도 학습)은 라벨이 있는 훈련 데이터를 입력받아 함수를 유추해내기 위한 기계 학습 방법이다. 훈련 데이터는 일반적으로 입력 객체에 대한 속성을 벡터 형태로 포함하고 있으며, 각각의 벡터에 대해 원하는 결과(정답)가 무엇인지 표시되어 있다. 이렇게 학습된 모델 중 연속적인 값을 출력하는 것을 regression이라고 하고, 주어진 입력값이 어떤 종류의 값인지 표식하는 것을 classification이라 한다.

Classification

◇ Logistic Regression: 독립 변수의 선형 결합을 이용하여 사건의 발생 가능성을 예측하는 방법으로, 로지스틱 함수를 이용하여 종속 변수를 범주형 데이터로 예측한다.

◇ Nearest Neighbor: n개의 데이터가 주어졌을 때 어떠한 요청에 대한 응답으로 이들 중 가장 비슷한 것을 고르는 방법으로, k개의 가장 가까운 점을 찾는 알고리듬을 k-NN이라고 한다.

◇ Random Forest: 훈련 과정에서 구성한 다수의 decision tree로부터 가장 많이 예측한 결과를 최종 분류 결과로 선택하는 알고리듬이다.

Regression

◇ Linear Regression: 종속 변수와 한 개 이상의 독립 변수 간의 선형 상관 관계를 모델링하는 회귀분석 기법이다.

◇ Ridge Regression: 회귀계수의 크기가 너무 커지지 않도록 페널티를 부여하여 계수의 크기를 제한하는 정규화 방법을 적용한 회귀분석 기법이다.

◇ Random Forest: 훈련 과정에서 구성한 다수의 decision tree가 예측한 값들의 평균을 계산하여 결과를 예측하는 알고리듬이다.

Unsupervised Learning

Unsupervised learning(비지도 학습)은 라벨이 없는 훈련 데이터를 입력받아 데이터가 어떻게 구성되었는지를 알아내기 위한 기계 학습 방법이다. 유사한 특성을 가진 데이터들끼리 묶어내는 것을 clustering(군집화)이라 하고, 데이터가 가진 특성(변수) 중 중요한 것들만 선별하는 것을 dimension reduction(차원 축소)라고 한다.

Clustering

◇ K-means: 주어진 데이터를 k개의 군집으로 묶는 알고리듬으로, 각 군집 간 거리 차이의 분산을 최소화하는 방식으로 동작한다.

◇ Hierarchical Clustering: 비슷한 군집끼리 묶어가면서 최종적으로는 하나의 케이스만 남을 때까지 군집을 묶는 알고리듬이다.

◇ DBSCAN(Density-Based Spatial Clustering of Applications with Noise): 주어진 데이터에서 일정 수준 이상의 밀도를 가진 부분을 하나의 군집으로 인식하여 군집을 묶는 알고리듬이다.

Dimension Reduction

◇ PCA(Principal Component Analysis): 직교 변환을 사용하여 고차원의 데이터를 저차원의 데이터로 환원시키는 알고리듬이다.

◇ LDA(Latent Dirichlet Allocation): 자연어 처리에 주로 사용되는 토픽 모델링 기법으로, 주어진 문서에 대하여 각 문서에 어떤 주제들이 존재하는지를 예측한다.

◇ t-SNE(t-Stochastic Neighbor Embedding): 비선형 차원 축소 기법으로, 고차원 데이터를 2, 3차원 등으로 줄여 시각화하는 데 유용하게 사용되는 알고리듬이다.

Reinforcement Learning

Reinforcement learning(강화 학습)은 행동심리학에서 영감을 받은 기계 학습 방법으로, 어떤 환경 안에서 정의된 에이전트가 현재의 상태를 인식하여 선택 가능한 행동들 중 보상을 최대화하는 행동 혹은 행동 순서를 선택하는 알고리듬으로 구성된다. 이러한 문제는 매우 포괄적이기 때문에 게임 이론, 제어 이론, 운용 과학, 정보 이론, 시뮬레이션 기

반 최적화, 다중 에이전트 시스템, 통계학, 유전 알고리듬 등의 다양한
분야에서 연구된다. 에이전트가 환경의 모델에 접근하거나 학습하는지
여부에 따라 model-free 알고리듬과 model-based 알고리듬으로 나뉜
다.

Model-Free

◇ Policy Optimization: 명시적으로 정책을 설정하고, 가장
최근의 정책에 따라 행동하면서 모인 데이터를 사용해 각각
업데이트하는 알고리듬이다. 대표적인 예시로는 A2C/A3C,
PPO 등이 있다.

◇ Q-Learning: 명시적인 정책을 설정하는 대신 최적의 행동
가치 함수(Q)를 설정하고, 이를 최대화하는 알고리듬이다.
대표적인 예시로는 DQN, C51 등이 있다.

Model-Based

◇ Learn the Model: 에이전트가 환경을 관찰할 때마다 모델
에 관하여 어떤 것이 최적인지를 계산하는 알고리듬으로,
대표적인 예시로는 MBMF 등이 있다.

◇ Given the Model: 에이전트가 현재 정책에서 샘플링된 계
획에 대한 행동 후보를 만들어내는 알고리듬으로, 대표적인
예시로는 AlphaZero 등이 있다.

Semi-supervised Learning

Semi-supervised learning(준지도 학습)은 라벨이 있는 데이터와 없는

부록

데이터를 모두 훈련에 사용하는 기계 학습 방법이다. 라벨이 있는 데이터를 사용하여 지도학습을 할 때는 라벨이 없는 데이터를 추가로 사용하여 성능을 향상시키고, 라벨이 없는 데이터를 사용하여 비지도학습을 할 때는 라벨이 있는 데이터를 추가로 사용하여 새로운 데이터를 어느 군집에 넣을지 결정함에 있어 도움을 받을 수 있다. 대개의 경우 이러한 방법에 사용되는 훈련 데이터는 라벨이 있는 데이터가 적고 라벨이 없는 데이터가 많은데, 이를 통해 라벨링에 소요되는 시간과 비용을 절감할 수 있다.

Neural Network (Deep Learning)

◇ MLP(Multi-Layer Perceptron): 가장 기본적인 형태의 신경망으로, 퍼셉트론으로 이루어진 층 여러 개를 순차적으로 연결해놓은 형태로 이루어져있다. 입력층과 출력층 사이에 한 개 이상의 은닉층을 두어 비선형적으로 분리되는 데이터에 대해서도 학습이 가능하다.

◇ CNN(Convolutional Neural Network): Convolution(합성곱) 연산을 활용하여 2차원 데이터의 공간 정보를 유지한 상태로 학습이 가능한 신경망 모델이다. 입력 데이터에 필터를 적용한 후 활성화 함수를 반영하는 convolution layer와 출력 데이터의 크기를 조절하는 pooling layer의 조합으로 이루어져 있으며, 사진 및 영상 처리에 특히 우수한 성능을 보인다. 대표적인 구조로는 AlexNet, ResNet 등이 있다.

◇ RNN(Recurrent Neural Network): 유닛 간의 순환적 연결 구조를 갖는 것이 특징인 신경망이다. 이러한 구조는 신

경망 내부에 상태를 저장할 수 있게 해주므로, 순방향 신경망과 달리 내부의 메모리를 이용해 시퀀스 형태의 입력을 처리할 수 있다. 따라서 RNN은 문장이나 음악과 같이 길이가 가변적인 시퀀스 데이터를 처리하는 데 유용하다. RNN은 신경망 내에 추가적인 저장공간을 가질 수도 있는데, 이 저장공간이 그래프의 형태를 가짐으로서 시간 지연의 기능을 하거나 피드백 루프를 가질 수도 있다. LSTM, GRU 등이 이와 같은 방법을 통해 기존 RNN의 구조를 변경하고 단점을 보완한 모델이다.

◇ GAN(Generative Adversarial Network): Generator(생성자)와 discriminator(판별자) 두 개의 모델이 동시에 적대적인 과정으로 학습하는 구조를 가진 신경망이다. 생성자는 실제 데이터 분포를 학습하여 새로운 데이터를 만들어내고, 판별자는 원래의 데이터인지 생성자가 만들어낸 데이터인지를 구분한다. 생성자의 학습 과정은 이미지를 잘 생성해서 판별자를 속일 확률을 높이고, 판별자의 학습 과정은 생성자가 만들어낸 데이터를 제대로 구분하는 확률을 높이는, 두 모델 간의 minimax game이라고 볼 수 있다. 이 과정을 통해 학습된 신경망은 학습 데이터와 놀라울 정도로 유사한 데이터를 새롭게 생성해낼 수 있으며, 대표적인 구조로는 DCGAN, CycleGAN, StyleGAN 등이 있다.

◇ GNN(Graph Neural Network): Node와 edge로 이루어진 그래프 형태의 입력값을 받아 노드와 노드 사이의 관계를 모델링하는 신경망이다. GNN은 주로 연결관계와 이웃들의

상태를 이용하여 각 노드의 상태를 학습하고 마지막 상태를 통해 예측을 수행한다. 그래프를 사용하기 때문에 소셜 네트워크나 미디어의 영향, 바이러스 확산 등을 연구하고 모델링할 때 유용하게 사용할 수 있다. GNN에 convolution 개념을 적용한 신경망 구조를 GCN이라고 한다.

◇ Transformer: Attention 메커니즘을 활용하여 기존 RNN의 순차적인 연산에서 벗어나 병렬처리를 가능하게 만든 신경망이다. 본래 자연어 처리에 활용되었으나, vision transformer의 등장 이후 컴퓨터 비전에도 활발히 활용되고 있다. Transformer의 등장으로 RNN의 단점이 극복됨에 따라 LSTM을 비롯한 많은 자연어 처리 알고리듬이 transformer에 의해 대체되는 추세이다. OpenAI에서 만든 GPT-3, Google에서 개발한 BERT 등이 모두 이 transformer를 활용한 모델이다.

참고문헌

3장

OECD Employment Outlook 2019: The Future of Work /OECD(Apr. 2019)

The macroeconomic impact of artificial intelligence/pwc(Feb.2018)

Jobs Lost, Jobs Gained: Workforce Transitions in A Time of Automation)/McKinsey Global Institute(Nov. 2017)

AI 2041/Kai-Fu Lee

The Economics of Artificial Intelligence: An Agenda/ National Bureau of Economic Research Conference Report(2019)

인공지능 윤리와 거버넌스 /인공지능 법학회(2021.1)

AI와 고용, 경제성장, 불평등: 최근 문헌 개관과 정책 함의/ 김영식(2019.10)

인공지능(AI)의 경제적 영향과 향후 정책방향에 대한 시사점 : 조세 및 사회보장제도를 중심으로/이상엽, 이동규(2020.9)

'산업용 로봇 보급이 고용에 미치는 영향'/ 한국은행(2021.1.25.)

기술혁신이 고용구조 변화에 미치는 효과/ 한국고용정보원(2020.12)

4장

Goldfarb, A., and Tucker C., "Digital Economics" Journal of Economic Literature, 57(1), 2019, pp. 3-43.

PWC, Sizing the Prize: PwC's Global Artificial Intelligence Study: Exploiting the AI Revolution, 2017.
McKinsey Global Institute, Modeling the impact of AI on the world economy, 2018.

Accenture, How AI Boosts Industry Profits and Innovation, 2017

S. Makridakis, "The forthcoming Artificial Intelligence (AI) revolution: Its impact on society and firms" Futures, 90 (2017), pp. 46–60.

Tom. M. Michell, Machine Learning, 1997, McGraw–Hill.

한경무크 넥스트 유니콘 AI스타트업 100, 2021, 한국경제신문.

6장

Bloomberg (2020), Big Tech Swallows Most of the Hot AI Startups.

Economist (2020), Artificial intelligence and its limits: An understanding of AI's limitations is starting to sink in.

Gershgorn, Dave (2010.4.16), How Google Aims To Dominate Artificial Intelligence, Popular Science. (https://www.popsci.com/google-ai/)

Iansiti, Marco, and Karim Lakhani (2020), Competing in the age of AI, Harvard Business Review Press.

Kurzweil, Ray (2005), 특이점이 온다, 김명남 · 장시형 역(2007), 김영사.

McKinsey Global Institute (2018), Notes from the AI Frontier: Modeling the Impact of AI on the World Economy.

Samsung SDS (https://www.samsungsds.com/kr/insights/SmartFactory_AI.html)

Statista (https://www.statista.com/chart/18819/worldwide-market-share-of-leading-cloud-infrastructure-service-providers/)

World Economic Forum (https://www.weforum.org/agenda/2016/01/the-fourth-industrial-revolution-what-it-means-and-how-to-respond/)

Sharma, Manu (2020.3.10), Navigating the New Landscape of AI Platforms, Harvard Business Review (https://hbr.org/2020/03/navigating-the-new-landscape-of-ai-platforms)

Vincent, James (2017.3.18), Google's latest platform play is artificial intelligence, and it's already winning, The Verge. (https://www.theverge.com/2017/5/18/15657256/google-ai-machine-learning-tensorflow-io-2017-platform-play)

Yu, Kelvin (2019.7.26), "No, AI Does Not Lead to Monopoly Markets." (https://medium.com/profiles-in-entrepreneurship/no-ai-does-not-lead-to-monopoly-markets-7368ac4f536b)

양희태 외(2018), 인공지능 기술 전망과 혁신정책 방향: 국가 인공지능 R&D 정책 개선방안을 중심으로, 과학기술정책연구원.

이지효(2016), 대담한 디지털 시대, 알에이치코리아.

최병삼·김창욱·조원영(2014), 플랫폼, 경영을 바꾸다, 삼성경제연구소.

최병삼·양희태·이제영(2016), 제4차 산업혁명의 도전과 국가전략의 주요 의제, STEPI Insight, 과학기술정책연구원.

7장

Albus, J. 1991. Outline for a theory of intelligence, IEEE Transactions on Systems, Man, and Cybernetics, 21(3), May/Jun.

Lee, K. and Hwangbo, Y., Definition and Recognition of AI and its Influence on the Policy: Critical Review, Document Analysis and Learning from History, in Artificial Intelligence for Social Good, ISBN 979-988-77283-0-6, Association of Pacific Rim Universities & Keio University, 2020.

Mitchell, T., Machine Learning, McGraw Hill, 1997

Nilsson, N. 2010. The Quest for Artificial Intelligence: A History of Ideas and Achievements. UK, Cambridge University Press.

Stone, P., Brooks, R., Brynjolfsson, E., Calo, R., Etzioni, O., Hager, G., . . . Tambe, M. (2016). Artificial Intelligence and Life in 2030: One Hundred Year Study on Artificial Intelligence. Report of the 2014 study panel, Stanford University

8장

Carl B. Frey, and Michael A. Osborne, The Future of Employment: How Susceptible Are Jobs to Computerisation?, Technological Forecasting and Social Change, January 2017, 114, 254-280.

CIFAR, Building an AI World: Report on National and Regional AI Strategies, May 2020.

Department for Education, GCSE and A Level Students to Receive Centre Assessment Grades, August 17 2020.

Element AI, Global AI Talent Report, 2019.

Gartner, Hype Cycle for Artificial Intelligence 2019, July 2019.

McKinsey Global Institute, Notes from the AI Frontier: Modeling the Impact of AI on the World Economy, 2018.

The White House, Preparing for the Future of Artificial Intelligence, October 2016.

부록

European Commission, Coordinated Plan on Artificial Intelligence, April 2018.

European Commission, Artificial Intelligence for Europe, April 2018.
James Highthill, Artificial Intelligence: A General Survey, 1973.

Marvin Minsky, Seymour Papert, Perceptrons: An Introduction to Computational Geometry, 1969.

McKinsey, The State of AI in 2020, November 2020.

The White House, The National Artificial Intelligence Research and Development Strategic Plan, October 2016.

The White House, Artificial Intelligence, Automation, and the Economy, December 2016.

Federal Ministry of labour and Social Affairs of Germany, Work 4.0 White Paper, March 2017

OpenAI, AI and Compute, May 16th 2018.

Harvard Berkman Klein Center, Principled AI: Mapping Consensus in Ethical and Rights-based Approach to Principled AI, 2020.

James Bessen, Learning by Doing: The Real Connection between Innovation, Wages, and Wealth, Yale University Press, 2015.

Michael Kearns and Aaron Roth, Ethical Algorithm, Oxford University Press, 2020.

ProPublica, Machine Bias: There's Software Used across the Country to Predict Future Criminals. And It's Biased against Blacks, May 23 2016.

The Economist, An Understanding of AI's Limitations Is Starting to Sink in, June 13th 2020.

The New York Times, New Navy Device Learns by Doing, July 8th 1958.

The White House, The American AI Initiative: The US Strategy for Leadership in Artificial Intelligence, February 2019.

T Bolukbasi, KW Chang, JY Zou, V Saligrama, AT Kalai, Man is to Computer Programmer as Woman is to Homemaker? Debiasing Word Emdeddings, Advances in neural information processing systems 29, 4349-4357, 2015.

김진형, KAIST 김진형 교수에게 듣는 AI 최강의 수업, 매일경제신문사, 2020.

관계부처 합동, 인공지능 국가전략, 2019.12.

지디넷코리아, 디지털 뉴딜 성과 살펴보니 디지털 경쟁력 커지고 수출 투자 늘고, 2022.1.26. (zdnet.co.kr/view/?no=20220126143213)

한국지능정보사회진흥원, 2020 정보화통계집, 2020.

한국개발연구원, AI에 대한 기업체 인식 및 실태조사, 2020.

(맥킨지 2021.6) Marco Dondi, Julia Klier, Frederic Panier, and Jorg Schubert, "Defining the skills citizens will need in the future world of work" McKinsey & Company https://www.mckinsey.com/industries/public—and—social—sector/our—insights/defining—the—skills—citizens—will—need—in—the—future—world—of—work June 25, 2021

(RS 2012) Shut down or restart?: The way forward for computing in UK schools. The Royal Society. 2012

(SPRI 2021) "디지털 대전환 시대의 모든 아이를 위한 보편적 정보 교육 확대 방안", https://spri.kr/posts/view/23226?code=research 정보교육확대추진단, jun. 2021

(Wing 2006) Jeannette Wing, "Computational Thinking" Communications of ACM Vol. 29, No. 3 pp32—35, Mar. 2006

(WEF2020) "Schools of the future: Defining New Models of Education for the Fourth Industrial Revolution. World Economic Forum, https://www.weforum.org/reports/schools—of—the—future—defining—new—models—of—education—for—the—fourth—industrial—revolution, 2020

(KERIS 2020). SW교육으로 만들어가는 미래학교-국가별 SW교육 현황. 한국교육학술정보원.

(KERIS 2021) 2021년 SW·AI교원 연수 계획(안) 한국교육학술정보원.

한국정보교사연합회(2021). 한국정보교사연합회 설문조사 자료.

Artificial Intelligence Index Report 2021: Measuring trends in Artificial Intelligence (2021), Stanford University.

Morkunaite, Kristina (2019), "A Secular Decline in Capital Productivity in G7 Countries," Intereconomics, vol. 54, no. 6, 385—390.

Metzarchive, Rachel (2018), "We still don't know much about the jobs the AI economy will make—or take," MIT Technology Review, June 5, 2018.

Susskind, Richard and Susskind, Daniel (2015), The Future of the Professions: How Technology Will Transform the Work of Human Experts, OUP Oxford.

Frey, Carl B. and Osborne, Michael A. (2017), "The future of employment: How susceptible are jobs to computerisation?", Technological Forecasting and Social Change, vol. 114, 2017, pp. 254—280.

Pfeiffer, Sabine (2018), "The 'Future of Employment' on the shop floor: why production jobs are less susceptible to computerization than assumed", International Journal for Research in Vocational Education and Training, vol. 5, issue 3, pp. 208—225.

Baxter, Gordon, Rooksby, John Richard Newton, Wang, Derek, and Khajeh—Hosseini, Ali. (2012), "The ironies of automation: still going strong at 30?", Proceedings of the European Conference on Cognitive

Ergonomics, 2012.

Bessen, James (2016), "How computer automation affects occupations: Technology, jobs, and skills", Boston University School of Law, Law and Economics Research Paper 15-49.

Brynjolfsson, Erik, Rock, Daniel, and Syverson, Chad (2018), "AI and the modern productivity paradox: a clash of expectations and statistics", MIT IDE Research Brief vol. 2018.01.

Feinstein, Charles H. (1998), "Pessimism Perpetuated: Real Wages and the Standard of Living in Britain during and after the Industrial Revolution", The Journal of Economic History, vol. 58, no. 3, pp. 625-658.

Mourshed , Mona, Farrell, Diana, and Barton, Dominic (2013), "Education to employment: Designing a system that works", McKinsey & Company Report, Jan. 1, 2013.

차세대 공학교육혁신방안 연구 (2015), 차세대공학교육위원회, 한국공학한림원, 2015.

Bughin, Jacques, Hazan, Eric, Lund, Susan, Dahlström, Peter, Wiesinger, Anna, and Subramaniam, Amresh (2018), "Skill Shift: Automation and the future of the workforce", McKinsey & Company, May 23, 2018.

창의적 공과교육 (2016), 한국과학기술한림원.

Raza, Sobia (2020), Artificial intelligence for genomic medicine, PHG Foundation, University of Cambridge.

KBSI (2021), "알파고동생 '알파폴드2'도 뛰어든 단백질 구조 연구", 한국기초과학지원연구원 공식 블로그, 2021. 3. 30, https://blog.naver.com/open_kbsi/222292765475

Hertzmann, Aaron (2018), "How Photography Became an Art Form", medium.com 블로그.How Photography Became an Art Form | by Aaron Hertzmann | Medium, July 24, 2018.

Johnson, Brendan and Shen, Francis X. (2021), "Teaching Law and Artificial Intelligence", Minnesota Journal of Law, Science and Technology, vol. 22, no. 2, pp. 23-42.

Parrott, Michael D.(2018), Syllabus for Course GR5073 "Machine Learning for Social Sciences", http://qmss.columbia.edu/sites/default/files/QMSS%20GR5073%20Machine-Learning-Syllabus%2020183%20Parrott.pdf

---

11장

The Economist. Businesses are finding AI hard to adopt, Technology Quarterly section. June 13, 2020. https://www.economist.com/technology-quarterly/2020/06/11/businesses-are-finding-ai-hard-to-adopt.

Davenport TH, Ronanki R. Artificial intelligence for the real world. Harvard Business Review. 2018 Jan 1;96(1):108-16.

Govindarajan V, Sikka N. The Analytics and AI Opportunity for Business Schools: A 5-Part Framework for Developing the Right Programs and Delivering the Right Curriculum. Harvard Business Review. 2020.

Huang MH, Rust RT. A strategic framework for artificial intelligence in marketing. Journal of the Academy of Marketing Science. 2021 Jan; 49(1):30–50.

Lu J. Data Analytics Research-Informed Teaching in a Digital Technologies Curriculum. INFORMS Transactions on Education. 2020 Jan;20(2):57–72.

Stine J, Trumbore A, Woll T, Sambucetti H. Implications of Artificial Intelligence on Business Schools and Lifelong Learning. 2019. https://www.uniconexed.org/wp-content/uploads/2019/11/AI-Life-long-learning-Final-Report-11.04.19.pdf.

Useem J. Business school, disrupted. New York Times. 2014 May 31;31.

이경전. 인공지능, 경영 최적화의 한 방법. 응용 기술 개발 못하면 의미 없어. 동아비즈니스리뷰. 228호. 2017.

조동성. AI시대에, 경영학 박사만 경영대 교수 돼야 하나. 동아비즈니스리뷰. 318호. 2021.

13장

Curtis P. Langlotz et al., "A Roadmap for Foundational Research on Artificial Intelligence in Medical Imaging: From the 2018 NIH/RSNA/ACR/The Academy Workshop", Radiology, 2019

Cecilia S. Lee et al., "Deep learning is effective for classifying normal versus age-related macular degeneration OCT images", Ophthalmology Retina, Vol 1, Issue 4, 2017

한국경제연구원, 〈AI 인재현황 및 육성방안〉 보고서, 2019

배경훈, 〈AI강국 코리아로 가는 길〉 웨비나, AI 미래포럼, 2021

이효은, 〈테크를 만드는 커뮤니티, 커뮤니티를 만드는 테크〉, MODUCON2019, 2019.

김승일, 〈AI 리터러시 : 서울에만 몰려있는 인공지능 교육〉, AI 타임즈, 2021

부록

Jordan, M. I., & Mitchell, T. M. (2015). Machine learning: Trends, perspectives, and prospects. Science, 349(6245), 255–260.

LeCun, Y., Bengio, Y., & Hinton, G. (2015). Deep learning. nature, 521(7553), 436–444.

Mahesh, B. (2020). Machine Learning Algorithms-A Review. International Journal of Science and Research (IJSR).[Internet], 9, 381–386.

Ray, S. (2019, February). A quick review of machine learning algorithms. In 2019 International conference on machine learning, big data, cloud and parallel computing (COMITCon)(pp. 35–39). IEEE.

Angra, S., & Ahuja, S. (2017, March). Machine learning and its applications: A review. In 2017 International Conference on Big Data Analytics and Computational Intelligence (ICBDAC) (pp. 57–60). IEEE.

Shinde, P. P., & Shah, S. (2018, August). A review of machine learning and deep learning applications. In 2018 Fourth international conference on computing communication control and automation (ICCUBEA) (pp. 1–6). IEEE.

Velandia, N. S., Beleno, R. D. H., & Moreno, R. J. (2017). Applications of deep neural networks. International Journal of Systems Signal Control and Engineering Application, 10(1–6), 61–76.

Liu, W., Wang, Z., Liu, X., Zeng, N., Liu, Y., & Alsaadi, F. E. (2017). A survey of deep neural network architectures and their applications. Neurocomputing, 234, 11–26.

AI와 사회 변화 지금 우리는 무엇을 준비해야 하는가

초판 1쇄 인쇄 2022년 6월 15일
초판 3쇄 발행 2023년 11월 23일

지은이 소이경제사회연구소 AI연구회
펴낸곳 MID(엠아이디)
펴낸이 최종현
기 획 김동출
편 집 김동출
디자인 박명원

주 소 서울특별시 마포구 신촌로 162, 1202호
전 화 (02) 704-3448   **팩스**   (02) 6351-3448
이메일 mid@bookmid.com   **홈페이지** www.bookmid.com
등 록 제2011 - 000250호
ISBN 979-11-90116-68-8 (93330)